Achtenhagen

Didaktik des Rechnungswesens

Frank Achtenhagen (Hrsg.)

Didaktik des Rechnungswesens

Programm und Kritik eines wirtschaftsinstrumentellen Ansatzes

GABLER

Professor Dr. Frank Achtenhagen ist Geschäftsführender Leiter des Seminars für Wirtschaftspädagogik an der Georg-August-Universität Göttingen.

CIP-Titelaufnahme der Deutschen Bibliothek

Didaktik des Rechnungswesens : Programm und Kritik eines wirtschaftsinstrumentellen Ansatzes / Frank Achtenhagen (Hrsg.). – Wiesbaden : Gabler, 1990
ISBN 3-409-13375-5
NE: Achtenhagen, Frank [Hrsg.]

Der Gabler Verlag ist ein Unternehmen der Verlagsgruppe Bertelsmann International.

Lektorat: Ute Arentzen

Druck und Bindung: Lengericher Handelsdruckerei, Lengerich/Westf.
Printed in Germany

ISBN 3-409-13375-5

Vorwort

Dieser Band ist im Kontext des Forschungsprojekts "Lernen, Denken, Handeln in komplexen ökonomischen Situationen - unter Nutzung neuer Technologien in der kaufmännischen Berufsausbildung" entstanden, das wir in Göttingen durchführen und das vom Bundesminister für Bildung und Wissenschaft, vom Niedersächsischen Minister für Wissenschaft und Kunst und vom Niedersächsischen Kultusminister gefördert wird. Im Rahmen dieses Projektes geht es darum, wie angesichts der zunehmenden Verbreitung der neuen Informations- und Kommunikationstechniken die kaufmännische Erstausbildung, insbesondere im Bereich der ökonomischen Kernfächer, konsolidiert, zielgerichtet weiterentwickelt bzw. umgestaltet werden sollte. Bei unserer Arbeit, die in Zusammenarbeit mit kaufmännischen Schulen in Feldstudien inzwischen den Stoff mehrerer Monate evaluiert, neu konstruiert und wiederum evaluiert hat, stellten wir fest, daß es notwendig wäre, die Entwicklungsarbeiten in umfassende curriculare Konzepte einzubetten. Bei der Neuplanung der einzelnen Unterrichtseinheiten, die zugleich die Fragen eines möglichen Computereinsatzes mit zu berücksichtigen hatte, stießen wir viel schneller als erwartet auf den Sachverhalt, daß sich im Fach Rechnungswesen - das gilt aber auch für die Betriebswirtschaftslehre - ganz unterschiedliche didaktische Prinzipien mischen. Diese ergänzen sich zum Teil, zum Teil sind sie aber auch unverträglich. Wenn hier auf explizit begründete und legitimierte Akzentuierungen und Entscheidungen verzichtet wird, dann lassen sich weder ein ökonomisches Denken stimmig fördern noch die didaktischen Möglichkeiten eines Computereinsatzes, der dessen Ausformung ja stützen soll, voll ausschöpfen.

Vor diesem Hintergrund haben wir beschlossen, ein Symposium zur curricularen, didaktisch-methodischen und medialen Ausgestaltung des Rechnungswesenunterrichts durchzuführen. Zur Vorbereitung erstellten Peter Preiß und Tade Tramm, als Mitglieder der Projektgruppe, ein Grundsatzpapier, das Experten, die damit zugleich zu dieser Veranstaltung eingeladen wurden, vorher zugestellt wurde.

Als Referenten wurden Kollegen aus der Wissenschaft und Schulpraxis gewonnen, die sich zu Problemen des Rechnungswesenunterrichts bereits in Buch- und Aufsatzform geäußert bzw. selbst einschlägige Lehrwerke verfaßt hatten. Wir hatten zugleich die Bitte ausgesprochen, in den Vorträgen auf unser Konzept einzugehen, es zu bestätigen, Kritik zu üben und gegebenenfalls Alternativen zu entwickeln. Eine vergleichbare Bitte wurde - zusammen mit unserem Text - den übrigen Teilnehmern vorgelegt, die ebenfalls unter Aspekten des Sachverstands und der Repräsentativität für die kaufmännische Erstausbildung eingeladen worden waren.

So konnten wir Vertreter der Wirtschaft, der Lehrerverbände und der Wissenschaft, des Niedersächsischen Kultusministeriums, der niedersächsischen Bezirksregierungen, der niedersächsischen Studienseminare für das Handelslehramt sowie der mit uns kooperierenden Schulen begrüßen.

Die Festlegung der Teilnehmerzahl und die Gestaltung des Programms, das viel Zeit für die Diskussionen vorsah, dienten beide dem Zweck, Raum für Auseinandersetzungen zu schaffen. Daß uns dies gelungen ist, zeigen erste, äußerst positive Berichte in verschiedenen Zeitschriften zu unserem Symposium. Es wurde allgemein anerkannt, daß die Erhaltung bzw. eine notwendige Verbesserung der Qualität der kaufmännischen Erstausbildung entscheidend an der Klärung der curricularen, didaktisch-methodischen und medialen Fragen hängt. Nur auf Ganzheitlichkeit der Lösungen zielende Konzeptionen, die zugleich Haupt- und Nebenziele bezeichnen und in ihrer Wirkung abschätzen, vermögen die Technisierungstendenzen angemessen aufzugreifen und zugleich die Entwicklung sogenannter "Schlüsselqualifikationen" oder eines "vernetzten Denkens" zu stützen. So ging es in diesem Symposium - bei Beachtung der von den Lehrplänen und den Prüfungsmodalitäten ausgehenden Restriktionen - vor allem um Perspektiven einer zukunftsweisenden kaufmännischen Erstausbildung, die zugleich eine solide Basis für betriebliche, schulische und überbetriebliche Weiterbildungsprozesse bildet.

Dieser Band enthält die überarbeiteten Referate. Er dokumentiert den Diskussionsstand und eröffnet Perspektiven für die weitere Ausgestaltung des Rechnungswesenunterrichts sowie seiner Verknüpfung mit der Betriebswirtschaftslehre. Zugleich wird gezeigt, wie die neuen Informations- und Kommunikationstechniken zu integrieren wären. Ich bedanke mich bei allen Referenten und bei allen Teilnehmern für die konstruktiven Beiträge. Mein Dank gilt auch allen Mitgliedern der Projektgruppe, die auf vielfältige Weise zum Gelingen der Tagung beigetragen haben. Gabriele Dorstewitz und Ernst G. John haben die organisatorischen Probleme gelöst. Anke Moeller hat in Zusammenarbeit mit den Autoren die Last der Manuskriptgestaltung getragen. Den Projektförderern sowie der Georg-August-Universität sei für die finanzielle Unterstützung gedankt.

Daß alle Beteiligten einmütig den Wunsch geäußert haben, wir mögen schnellstens vergleichbare Tagungen zur Didaktik der übrigen ökonomischen Kernfächer durchführen, war für uns ein Hinweis darauf, dieses Symposium zur rechten Zeit geplant und durchgeführt zu haben. Mögen seine Ergebnisse dementsprechend bei der Überarbeitung der Leitlinien für das Fach Rechnungswesen berücksichtigt werden!

Frank Achtenhagen

Jürgen Reimers

Grundzüge einer Didaktik des Faches Rechnungswesen

Urs M. Rickenbacher

Didaktik des Rechnungswesens aus Schweizer Sicht

Hans Fritz Gross

Die Neue (pagatorische) Didaktik des Rechnungswesens

Harald Wedell

Einige Aspekte zur Grundlagenausbildung im "Betriebswirtschaftlichen Rechnungswesen" an wissenschaftlichen Hochschulen unter Berücksichtigung der Situation von Studienanfängern mit abgeschlossener kaufmännischer Berufsausbildung

F r a n k   A c h t e n h a g e n

Lernen, Denken, Handeln in komplexen ökonomischen Situationen: Perspektiven für das Fach Rechnungswesen

I

Mit unserem Forschungsprojekt "Lernen, Denken, Handeln in komplexen ökonomischen Situationen - unter Nutzung neuer Technologien in der kaufmännischen Berufsausbildung" haben wir im Bereich der didaktischen Diskussion zum Wirtschaftslehreunterricht bewußt Neuland beschritten. Wir unternehmen den Versuch, vor dem Hintergrund einer Reihe von Analysebefunden konstruktive Vorschläge zur Gestaltung des Unterrichts in den ökonomischen Kernfächern zu unterbreiten.

Die Analysebefunde lassen sich in aller Kürze wie folgt zusammenfassen:

(a) Betrachtet man die Vorgaben für den Wirtschaftslehreunterricht, wie sie als Lehrpläne, Lernmaterial (besonders die Lehrbücher für die Hand der Schüler) sowie als Prüfungsaufgaben vorliegen, so läßt sich feststellen (vgl. die Zusammenfassung bei KRUMM 1973; REETZ/WITT 1974; ACHTENHAGEN 1984; REETZ 1984):

- Die Lernziele und Lerninhalte sind nur unzureichend operationalisiert.
- Sie sind nicht auf Verwendungssituationen hin bezogen.
- Sie sind nicht schülerbezogen; es bleibt unklar, welche Schülerfähigkeiten vorausgesetzt werden.
- Die Lernziele und Lerninhalte sind von der betrieblichen Realität abgelöst.
- Sie sind "zerfasert" und
- bevorzugen eine "Schreib- und Ladentischperspektive".
- Es besteht ein Übergewicht juristischer Inhalte, wobei diese zumeist unterhalb der Paragraphenebene eingeführt werden.
- Mit der Form der externen Zwischen- und Abschlußprüfungen werden diese Tendenzen über das Prüfungssystem festgeschrieben und noch verstärkt.

(b) Empirische Erhebungen zur Unterrichtsplanung und -durchführung zeigen (vgl. ACHTENHAGEN 1984; SEMBILL 1984; ACHTENHAGEN/JOHN/LÜDECKE/PREISS/SEEMANN/SEMBILL/TRAMM 1988; SEEMANN/TRAMM 1988)

- eine Favorisierung des fragend-entwickelnden, lehrerzentrierten Unterrichts sowie
- eine Benachteiligung gerade schwächerer Schüler im Unterricht.

Man darf vermuten, daß in bezug auf den letzten Punkt drei Effekte sich wechselseitig verstärken:
- Das Eindringen neuer Schülergruppen (mit schlechteren Berechtigungen) in den kaufmännisch-verwaltenden Bereich;
- die große Stoffülle, wobei die einzelnen Bereiche weitgehend unverbunden nebeneinander stehen;
- die unpräzisen Unterrichtsvorgaben.

Bereits diese Analyseergebnisse - für sich genommen - legen nahe, die Didaktik der ökonomischen Kernfächer zu überdenken, neue Ansätze zu entwickeln und diese zu erproben. Die seit dem Erscheinen des Buches von SAVARY 1675 fast unverändert gebliebene Struktur der kaufmännischen Erstausbildung (vgl. GOLAS 1969) ist jedoch nicht allein hierdurch in Frage gestellt. Einen anderen Auslöser einer notwendigen konstruktiven Reform bilden die bereits spürbaren bzw. direkt antizipierbaren Auswirkungen der demographischen sowie der technischen und ökonomischen Entwicklung. Die Einführung der neuen Informations- und Kommunikationstechniken steht dabei im Zentrum, wenngleich die hiermit verbundenen inhaltlichen Probleme, von denen her erst sich die Möglichkeiten des Computereinsatzes angemessen bestimmen lassen, für die didaktische Diskussion meines Erachtens eine größere Bedeutung besitzen. Als Rahmenbedingungen lassen sich für die kaufmännische Erstausbildung und Weiterbildung danach festhalten:

(1) Die demographische Entwicklung führt dazu, daß einerseits in absehbarer Zeit die Zahl derjenigen abnimmt, die eine Erstausbildung beginnen, daß sich aber andererseits viele Beschäftigte und Beschäftigungslose mit einer früheren und damit nicht aktuellen Ausbildung auf dem Arbeitsmarkt befinden, was ein Weiterbildungsbedürfnis hervorruft.

(2) Die technologische Entwicklung im Zusammenhang mit der Einführung der neuen Informations- und Kommunikationstechniken weist Besonderheiten auf, die sich von Innovationsschüben vergangener Jahre unterscheiden:

* Relativ schnelle Veränderungstendenzen auf breiter Ebene infolge der Universalität des Einsatzes der Mikroelektronik;
* zunehmende Abstraktion von Tätigkeiten infolge der Verlagerung bisher sinnlich wahrnehmbarer Arbeiten, denen sich Informationsverarbeitungs- und Handlungsalgorithmen zuordnen lassen, in

Computer und computergesteuerte Maschinen;
* steigendes Risiko bei Störungen in technischen Systemen, die im kaufmännischen Bereich weniger die Mitarbeiter direkt in Gefahr bringen, wohl aber die Leistungs- und Zahlungsfähigkeit der Unternehmen;
* steigende Gefährdung der Wettbewerbsfähigkeit und damit aller Arbeitsplätze eines Unternehmens bei unterlassener Nutzung der neuen Techniken;
* zunehmende Integration bisher getrennter Funktionen - zum Teil über die Grenzen traditioneller Berufsfeldeinteilungen hinweg, wie sie beispielsweise im CIM-Ansatz (Computer integrated manufacturing) für die moderne Fabrik zum Ausdruck kommt.

(3) Spekulationen bezüglich der längerfristigen technologischen Entwicklung erzeugen Ängste und bewirken Fehlsteuerungen der aktuell notwendigen beruflichen Erstausbildung und Weiterbildung.

(4) Durch das Vordringen der neuen Informations- und Kommunikationstechniken wird eine Vernetzung der Berufs- und Privatsphäre ermöglicht, was Konsequenzen für das traditionelle Verständnis des Verhältnisses von beruflicher und allgemeiner Bildung hat.

(5) Es ergibt sich damit die Notwendigkeit einer intensivierten institutionellen Absicherung von Weiterbildungsmaßnahmen; ein solches Vorgehen muß ein Überdenken der gesamten beruflichen Erstausbildung und Weiterbildung im Gefolge haben und damit auch die inhaltliche und organisatorische Neuordnung der beruflichen Erstausbildung.

Die betriebliche Ausbildung steht als Folge der technologischen wie demographischen Entwicklung vor speziellen Problemen:

(1) Es existieren zunehmend geringere Möglichkeiten, konkret und anschaulich Erfahrungen zu erwerben; zudem werden viele Routinetätigkeiten, die gerade auch von Auszubildenden durchzuführen waren, mit Hilfe entsprechender EDV-Programme abgewickelt.

(2) Mit einer verstärkten Routinisierung kaufmännischer Tätigkeiten wächst der Bedarf an erfahrenen Mitarbeitern, die in Nicht-Standard-Situationen selbständig adäquat agieren. Damit ist die Notwendigkeit bezeichnet, auf kaufmännischen und technischen Inhalten aufbauend auch allgemeinere soziale, kommunikative Fähigkeiten zu entwickeln.

(3) Die Qualität der Ausbildung wird weitgehend anhand des Abschneidens in den Industrie- und Handelskammer-Prüfungen beurteilt. Dieses ist aber dann äußerst problematisch, wenn programmierte Prüfungen in der Form von multiple choice-Aufgaben, die auf isoliertem und teilweise veraltetem Faktenwissen aufbauen, vorherrschen.

(4) Gerade im kaufmännisch-verwaltenden Bereich fehlen in vielen Betrieben Ausbildungsorte, die - den Lehrwerkstätten bzw. Lehrecken im gewerblich-technischen Bereich vergleichbar - größere Anschaulichkeit und bessere Vermittlung von Routinen ermöglichen; die mit der Modellierung von komplexen Situationen zusammenhängenden Probleme sind weitgehend ungelöst.

(5) Mit rückläufigen Jahrgangsstärken müssen die Betriebe über attraktive Aus- und Weiterbildungsprogramme ihren Personalbestand sichern. Zugleich haben sie sich auf einen veränderten und zunehmend heterogenen Bildungsstand ihrer Mitarbeiter einzustellen.

Diese Rahmenbedingungen beeinflussen die Entwicklung des Rechnungswesens bzw. stehen hiermit in einer Wechselwirkung:

(1) Es wird immer schwieriger, die Verfahren und Verarbeitungsprozeduren des Rechnungswesens sinnlich wahrzunehmen.

(2) Die Verfahren des Rechnungswesens werden immer mehr verfeinert - insbesondere an den Nahtstellen von Pagatorik und Kalkulatorik.

(3) Die Bedeutung von Nebenrechnungen, die in das Rechnungswesen integriert sind, nimmt zu.

(4) Die Internationalisierung des Unternehmensgeschehens erzwingt Ausdifferenzierungen sowohl im Hinblick auf die beiden vorgenannten Punkte (2) und (3) als auch in bezug auf abweichende Bewertungs- und Abrechnungsvorschriften anderer Länder.

Alle diese Punkte erfordern es, über die Einführung in den Rechnungswesenunterricht im Kontext der ökonomischen Kernfächer nachzudenken und in sich stimmige, lehr- und lerneffektive Verfahren zu entwickeln. Nur so ist dann auch die Grundlage für das Verständnis und die sichere Beherrschung der sich anschließenden Verfeinerungen gegeben. Die allgemeine Unsicherheit angesichts dieser Situation läßt sich insbesondere im betrieblichen Bereich ablesen; denn hier muß ja auf die neuen Herausforderungen im Interesse der Unternehmenssicherung bereits reagiert werden: ein entscheidendes Argument für die Beibehaltung und den Ausbau des Dualen Systems. Indizien hierfür sind beispielsweise die Einrichtung von Übungsfirmen oder Lernbüros in den Betrieben oder die Ausweitung und Intensivierung des betriebsinternen Unterrichts; die traditionellen Ausbildungsmuster, die gegebenen Curricula, die didaktisch-methodischen Verhaltensmuster sowie die medialen Stützungen sind in eine Legitimationskrise geraten (für die Schweiz vgl. DUBS 1989; für die Berufsbildung allgemein: DFG-SENATSKOMMISSION FÜR BERUFSBILDUNGSFORSCHUNG 1989).

II

In den beiden Büchern von REETZ 1984 und ACHTENHAGEN 1984 ist der Umschlag von der Analyse zur Konstruktion bereits angedeutet, wobei eine Aufteilung in eher curriculare bzw. eher didaktisch-methodische Fragen gegeben ist - eine Aufteilung, die sich von der Entstehungsgeschichte der beiden Texte her erklärt, da den ersten Fassungen Kurseinheiten der Fernuniversität Hagen zugrunde gelegen und die Autoren nach Absprache entsprechende Schwerpunktsetzungen vorgenommen hatten.

Angesichts der gegenwärtigen Situation sind wir davon überzeugt, daß nur sorgfältige, mittel- und langfristig angelegte Forschung hier angemessene Lösungen erbringen kann. Das heißt, es gilt, einen langen Atem zu haben. Gerade weil die Probleme sich so drängend stellen, benötigt man Zeit und Muße, sie zu bearbeiten. Vor dem Hintergrund unserer bisherigen Forschungserfahrungen in Göttingen halten wir es für erfolgversprechend, den von uns entwickelten Forschungstyp einer "mittelfristigen Curriculumforschung" (vgl. ACHTENHAGEN/MENCK 1970; ACHTENHAGEN/WIENOLD 1975) mit einem ebenfalls von uns erprobten lehr-lern-theoretischen Ansatz (vgl. WIENOLD/ACHTENHAGEN/VAN BUER/OLDENBÜRGER/RÖSNER/SCHLUROFF 1985) zu verknüpfen (vgl. ACHTENHAGEN/JOHN/LÜDECKE/PREISS/SEEMANN/SEMBILL/TRAMM 1988, bes. S. 5ff.). Dazu gehört vor allem, daß die gegenwärtige Unterrichts- und Ausbildungspraxis mit ihren Problemen ernst genommen wird, daß die Evaluations- und Konstruktionsprozesse vor Ort erfolgen, daß sich Wissenschaft auf die Probleme von Schülern, Auszubildenden, Lehrern, Ausbildern, Schulen und Betrieben einläßt. Indem Wissenschaft versucht, selbst konstruktiv zu werden, tritt sie in Konkurrenz zu den Institutionen der Ausbildungspraxis, die bisher ein Monopol besaßen. Ob es Software oder Bücher sind, ob es sich um Muster traditionellen Frontalunterrichts handelt, ob ein Rückgriff auf uralte und doch nicht systematisch genutzte didaktische Arrangements (wie Planspiele, Fallstudien, Lernbüros, arbeitsanaloge Lernaufgaben) stattfindet, alles dieses ist damit auch auf Seiten der Wissenschaft zu prüfen, auszuwählen und zu erproben. Das reicht bis hin zur Übernahme von Unterricht durch Mitglieder der Projektgruppe.

Bei der Durchführung, Beobachtung und Evaluation von Unterricht, die in jeweils zwei Parallelklassen in zwei Schulen erfolgt, so daß pro Fach vier Lehrer beteiligt sind, erfassen wir die Art und Weise, in der die Inhalte vermittelt und vom einzelnen Schüler aufgenommen werden - und das über längere Zeiträume hinweg. Inhaltlich konzentrieren wir uns - bei expliziter Berücksichtigung des Einsatzes der neuen Informations- und Kommunikationstechniken - auf die beiden Fächer Betriebswirtschaftslehre und Rechnungswesen. Dabei sind über die entsprechenden Lehrpläne im Rahmen des Berufsgrundbildungsjahres im Berufsfeld Wirtschaft und Verwaltung für das 1. Ausbildungsjahr die Lernziele und Lerninhalte von 27 anerkannten Ausbildungsberufen sowie der Grundstufe kaufmännischer Berufsfachschulen angesprochen.

Die bisherigen Neukonstruktionen decken ungefähr ein halbes Jahr ab. Dabei stützen wir uns in der Abfolge Evaluation, Konstruktion, Evaluation, Konstruktion usw. auf die Auswertung der Evaluation (d.h. Videoaufzeichnungen des Unterrichts, Ergebnisse von Klassenarbeiten etc.), auf wissenschaftliche Anregungen, auf die Phantasie der Lehrer und Beobachter, auf die systematische Beobachtung des Vorwissens und der Fähigkeiten der Schüler. Die technischen und organisatorischen Gegebenheiten der Schulen (z.B. Computerausstattung, Vorhandensein und Ausstattung eines Verkaufsraums) stecken den Rahmen ab.

Warum gehen wir so vor? Alle unsere didaktischen Analysen, Evaluationen konkreten Unterrichts und konstruktiven Vorschläge erfolgen unter der Annahme, daß es wünschenswert wäre, über ein integratives Konzept zu verfügen. Allerdings muß man für den gegenwärtigen Zustand des Rechnungswesenunterrichts klar herausstellen, daß die Forderung nach einem solchen integrativen Konzept nicht restlos eingelöst werden kann. Es gilt weiter, was ich als Ergebnis unserer Analysen herausgestellt habe: "Ein **aufgeklärt-pragmatischer Eklektizismus** ist die Leitidee, die m.E. heute die didaktische Entwicklungsarbeit bestimmen muß" (ACHTENHAGEN 1984, S. 11). Das heißt aber nicht, daß fachdidaktische Konstruktion einer Beliebigkeit der Argumentation ausgeliefert wäre. Es gibt sehr wohl Kriterienbündel, die eine notwendige Balance zwischen ökonomischen Anforderungen und personaler Entwicklung herstellen, wobei diese Zielgebung durchaus nicht auf den Wissenschaftsbereich beschränkt ist. Gerade in führenden Unternehmen wird die Bedeutung von Lernprozessen herausgestellt, die zu einem qualitativ hochstehenden und individuell mit dem Blick auf die Ganzheitlichkeit betrieblicher Leistungsprozesse ausgezeichneten Arbeitsverhalten führen. Adäquatheit der Lernprozesse im Hinblick auf wissenschaftliche Erkenntnisse, Anforderungen im Arbeitsalltag und die Persönlichkeitsstruktur der Auszubildenden sind hier zentrale Kriterien (vgl. REETZ 1984), wobei wir in unserem Projekt zentral das pädagogische Eigenrecht und die Förderung der Jugendlichen herausstellen.

So plausibel nun diese Kriterienkataloge sind, so schwierig gestaltet sich ihre fachdidaktisch-konstruktive Umsetzung - was indirekt beispielsweise in der bei REETZ 1986 zu findenden Rhombendarstellung des Kriterienausgleichs angedeutet ist:

- Im Wissenschaftsbereich zeigt sich, daß die Vorstellungen über den Aufbau, die Einordnung und die Schwerpunktsetzungen des Rechnungswesens keineswegs so einheitlich und selbstverständlich sind, wie dieses die gängigen Lehrbücher - sowohl im Bereich der Hochschulen als auch im Bereich des Kaufmännischen Schulwesens - nahelegen. Dieser Sachverhalt überrascht zunächst; denn gerade die Eindeutigkeit des Buchführungssystems und seiner Algorithmen stützen ja die Vermutung eines einheitlichen, weitgehend konsensfähigen Wissenschaftssystems. Die Beiträge in diesem Band zeigen, daß dieses nicht der Fall ist. Damit steht der Rechnungswesenunterricht in einer Reihe mit anderen Fächern, selbst mit der Mathematik; denn auch hier konnten sorgfältige Analysen belegen, in welchem Maße verschiedene wissenschaftliche Auffassungen zu gänzlich unterschiedlichen Konzepten des Mathematikunterrichts geführt haben (vgl. hierzu LENNÉ 1969; ACHTENHAGEN 1971; als neueren Beleg aus psychologischer Sicht vgl. REUSSER 1989).

- Im Hinblick auf den Anwendungsbezug stellen sich die Fragen der Auslagerung des Rechnungswesens gerade bei Klein- und Mittelbetrieben sowie der Aufsplitterung und Komplexion etc. gerade bei größeren. Kennzeichnend ist zur Zeit zugleich seine zunehmende Unanschaulichkeit, wobei sich dieses Kriterium sowohl auf den Computereinsatz als auch auf die Algorithmen selbst bezieht (hier mag ein Blick auf die Konzepte in der ZEITSCHRIFT FÜR BETRIEBSWIRTSCHAFT reichen).

- Im personalen Bereich spielt die zunehmende Heterogenität der Vorwissens- und Wissensbestände eine entscheidende Rolle.

Akzeptiert man diese Feststellungen der Heterogenität und der Widersprüche innerhalb der wichtigsten fachdidaktischen Konstruktionskriterien, dann muß man Schwerpunktsetzungen vornehmen, indem man sich begründet jeweils entscheidet. PREISS/TRAMM zeigen dieses exemplarisch. Zugleich wird damit - obwohl im ersten Moment eher als Nachteil interpretierbar - ein Vorzug unseres Vorgehens deutlich: Indem wir wissen und dieses auch zugeben, daß es konkurrierende Prinzipien gibt, sind wir gezwungen, Vor- und Nachteile, erwünschte Haupt- und Nebeneffekte sowie unerwünschte Nebeneffekte unserer Konstruktion zu bezeichnen. Hiermit wachsen sowohl Glaubwürdigkeit als auch Akzeptanz unserer fachdidaktischen Konstruktionsvorschläge. Ich vermute, es ist gerade das Zudecken der Nebenwirkungen, was eine allgemeine Akzeptanz curricularer, didaktisch-methodischer und medialer Handlungsempfehlungen auf Seiten der Abnehmer beeinträchtigt.

In unserem Vorschlag zur Behandlung des "Kassenbuchs" oder zur Durchführung einer "körperlichen Inventur" werden die Vorteile eines derartigen Vorgehens herausgestellt. Zugleich aber machen wir darauf aufmerksam, daß

- das Vorgeben von Istbeständen mehr Vorbereitungsaufwand erfordert als das schlichte Saldieren;
- die Zählarbeit an den Regalen Rückfragen an den Lehrer mit sich bringt, die ihn durchaus von anderen Tätigkeiten absorbieren;
- die Beaufsichtigung der Computereingaben ebenfalls die Präsenz des Lehrers erfordert;
- die Stundenaufteilung über die Woche ein ganzheitlich strukturiertes Vorgehen behindern kann;
- die komplexe Unterrichtsgestaltung völlig neue Anforderungen an die Unterrichtsvorbereitung und -nachbereitung stellt.

Die Planung muß von daher

- die sorgfältige Bestandsfortschreibung im Warenverkaufsraum über das Jahr hinweg,
- den eventuellen Einsatz zweier Lehrer zu bestimmten Unterrichtsphasen,
- die Sicherheit im Umgang mit dem Computer

vorsehen. Das Neuartige besteht darin, daß man sich als Lehrer nicht mehr nur aus Büchern vorzubereiten braucht, sondern seine Handlungen - mehrdimensional und verzweigt - präzise und zeitgerecht planen muß. Handlungsorientierter Unterricht für die Schüler setzt eine exakte Unterrichtsvorbereitung auf Seiten des Lehrers voraus. Wenn nämlich diese präzise Organisation der Lehrertätigkeit unterbleibt, dann fällt aller Voraussicht nach ein modern konzipierter Unterricht in seiner Wirksamkeit hinter die eines überwiegend fragend-entwickelnd aufgebauten Lehrschemas zurück.

Wir sind uns darüber im klaren, daß wir mit diesen Vorschlägen in hohem Maße den Lehrer als didaktischen Fachmann fordern. Wir tun dieses, weil wir der festen Überzeugung sind, daß nur so die kaufmännischen Schulen sich gegenüber den forcierten Anstrengungen in den Betrieben und den überbetrieblichen Ausbildungsstätten behaupten können; denn es ist dort unübersehbar, in welchem Maße Techniken der Weiterbildung, die durchaus Ähnlichkeiten zu unseren Vorschlägen aufweisen, ohne allerdings entsprechend evaluiert zu sein, bereits Eingang in die kaufmännische Erstausbildung finden.

III

Unsere bisherigen Veröffentlichungen sowie der Beitrag von PREISS/TRAMM in diesem Band zeigen, wie wir versuchen, den Rechnungswesenunterricht stimmig für einen längeren Zeitraum zu konzipieren. Die Beiträge der anderen Autoren bestätigen unseren Ansatz selbst da, wo sie abweichen; denn allen Texten ist gemeinsam, daß sie sich um die Herausstellung durchgängiger Kriterien bemühen und sich gleichzeitig nicht der Tatsache verschließen, nach der die Festlegung für einen Haupteffekt sehr oft das Auftreten von unerwünschten Nebeneffekten im Gefolge haben kann. Diese Sichtweise charakterisiert sehr viel besser den - so mißverständlich genannten - "Implikationszusammenhang" didaktischer Entscheidungen (vgl. BLANKERTZ 1975, S. 94ff.; in bezug auf den Ansatz von HEIMANN/OTTO/SCHULZ siehe auch HEYMANN 1975).

REIMERS zeigt, in welchem Maße es möglich und nötig ist, Fragen des Rechnungswesens ganzheitlich zu behandeln und zugleich in ökonomischen, politischen und privaten Erfahrungshorizont zu verankern. Eine Balance von berufspraktischen Bezügen und Anschaulichkeit für den Schüler ist zu finden und durchzuhalten. Von daher ist eine Integration der ökonomischen Kernfächer erwünscht. Die einzelnen Vorschläge werden mit Beispielen unterlegt.

RICKENBACHER diskutiert die für die Schweiz seit 1986 gültige Konzeption des Rechnungswesenunterrichts, wobei er zeigt, wie unter den restriktiven Lehrplanvorgaben, die unter anderem "Buchhaltung" und "Kaufmännisches Rechnen" zusammenfassen, didaktische Freiräume zu definieren sind. Als Zielsetzung hebt er eine Bildung zur Berufsfähigkeit hervor; diese setzt einen Unterricht voraus, der neben dem Vorstellen von Systemen und Gesamtzusammenhängen auch den Techniken eine große Bedeutung beimißt; denn gerade über buchhalterische Kenntnisse ließe sich ein Verständnis grundlegender betriebswirtschaftlicher Probleme erschließen.

Der Beitrag BRUNNERS ist auf Beispiele konzentriert, die deutlich machen, in welchem Maße Kompromisse, die unter schulischen Aspekten oder unter dem Einfluß der Programmierten Prüfungen gefunden werden, den Aufbau eines systematischen, praxisadäquaten Wissens gefährden können. In die Fragen des Rechnungswesens sollte praxisnah, EDV-gerecht, wissenschaftsbezogen mit betriebswirtschaftlicher Einbettung eingeführt werden.

GROSS stellt seinen aus der pagatorischen Theorie entwickelten Ansatz als ein Modell dafür vor, wie wissenschaftsbezogene und -gestützte Inhalte sich mit lerntheoretischen Annahmen verknüpfen lassen.

So faszinierend dieses Vorgehen ist, so stößt es dennoch auf Grenzen seiner allgemeinen Umsetzbarkeit, da er mit Ansätzen konkurriert, die sowohl im inhaltlichen Bereich (z.B. Bilanzmethode) als auch im didaktischen und lernpsychologischen Bereich (z.B. Denk- und Handlungspsychologie) anderen Konzepten folgen. Gerade die Unterschiede im Inhaltsbereich lassen die Einführung dieses Ansatzes im Anfangsunterricht, für den er als besonders geeignet angesehen wird, als schwierig erscheinen; denn Kommunikationsmöglichkeiten werden aufgrund der terminologischen Varianten erschwert.

WEDELL bezieht seine Ausführungen primär auf die universitäre Ausbildung im Bereich des Rechnungswesens, wobei er Beziehungen zum Vorwissen von Absolventen beruflicher Schulen herstellt. Er übt konsequent Kritik an der als zu einseitig interpretierten Perspektive des Buchungstechnikers. Demgegenüber betont er die Bedeutung betriebswirtschaftlicher Fragestellungen bei der Behandlung von Instrumenten des Rechnungswesens, die er vor allem im Hinblick auf ihre Informations- und Kontrollfunktion behandelt. Dabei sollte auch auf Verknüpfungen von einzel- und gesamtwirtschaftlichen Informationszielen und Rechengrößen eingegangen werden. Gerade wenn man die Entscheidungsorientierung hervorhebt, gewinnt die Einbindung der EDV ihren spezifischen Wert.

Als eine Ergänzung aus der Arbeit der Projektgruppe stellen PREISS/SEEMANN einen Vorwissenstest zum Rechnungswesenunterricht vor. Die Itemanalysen zeigen, an welchen Stellen die Schüler über ein Vorwissen verfügen; damit sind zugleich Hinweise dafür gegeben, wie man derartige Wissensbestände bei der Einführung neuer Inhaltsbereiche bzw. beim Belegeinsatz nutzen kann.

Insgesamt stellen die Beiträge ein eindeutiges Plädoyer für die Verbesserung des Rechnungswesenunterrichts dar. Der Fortschritt liegt für mich darin, daß sämtliche Überlegungen konstruktiv gehalten sind und selbst da wo sie das aus Zeit- und Platzgründen nicht einlösen, nachdrücklich für ganzheitliche fachdidaktische Lösungen eintreten. Daß nicht alle Fragen gelöst - und auch beim gegenwärtigen Stand der Didaktik nicht gelöst sein können - verdeutlichen die KERNPUNKTE DER DISKUSSION, zu denen durchaus kontroverse Ansichten vorgetragen wurden. Diese Kontroversen lassen sich nicht rational auflösen; wo aus einem Gesamtzusammenhang heraus, in dem ihnen ein bestimmter Platz zugewiesen und zugleich Vor- und Nachteile ihrer Behandlung beschrieben werden, gewinnen sie ihren je spezifischen Stellenwert. Hier liegt für mich der entscheidende Fortschritt für die didaktische Diskussion zum Rechnungswesenunterricht: Deutlich gemacht zu haben, daß wir über die Behandlung vereinzelter Probleme stimmige Gesamtkonzepte zu entwickeln haben. Daran werden sich auch die bisher vorliegenden Lernmaterialien und die Prüfungspraxis messen lassen müssen.

Literaturverzeichnis

Achtenhagen, Frank: Analyse der Mathematikdidaktik - analysiert von einem Nichtmathematiker. In: Pädagogische Rundschau (25) 1971, S. 538 - 549.

Achtenhagen, Frank: Didaktik des Wirtschaftslehreunterrichts, (Leske) Opladen 1984.

Achtenhagen, Frank/John, Ernst G./Lüdecke, Sigrid/Preiß, Peter/Seemann, Heiko/Sembill, Detlef/Tramm, Tade: Lernen, Denken, Handeln in komplexen ökonomischen Situationen - unter Nutzung neuer Technologien in der kaufmännischen Berufsausbildung. In: Zeitschrift für Berufs- und Wirtschaftspädagogik (84) 1988, S. 3 - 17.

Achtenhagen, Frank/Menck, Peter: Langfristige Curriculumentwicklung und mittelfristige Curriculumforschung. In: Zeitschrift für Pädagogik (16) 1970, S. 407 - 429.

Achtenhagen, Frank/Wienold, Götz: Lehren und Lernen im Fremdsprachenunterricht, 2 Bände, (Kösel) München 1975.

Blankertz, Herwig: Theorien und Modelle der Didaktik, 9. Auflage, (Juventa) München 1975.

DFG-Senatskommission für Berufsbildungsforschung: Berufsbildungsforschung an den Hochschulen der Bundesrepublik Deutschland - Eine Denkschrift, Bonn 1989 (erscheint 1990 im VCH-Verlag, Weinheim).

Dubs, Ralf: Kaufmännische Berufsbildung für die Zukunft. Studie erstellt im Auftrag der Schweizerischen Bankgesellschaft und des Schweizerischen Kaufmännischen Verbandes, (Institut für Wirtschaftspädagogik an der Hochschule St. Gallen) St. Gallen 1989.

Golas, Heinz: Didaktisch-historische Analyse des Betriebswirtschaftskundeunterrichts, Diss. rer.pol. Berlin 1969.

Heymann, Hans-Werner: Zusammenhänge zwischen Unterrichtsvariablen, insbesondere zwischen Lernmethoden und Lerninhalten. In: Frey, Karl et al. (Hrsg.): Curriculum-Handbuch, Band II, (Piper) München, Zürich 1975, S. 69 - 76.

Krumm, Volker: Wirtschaftslehreunterricht. Analyse von Lehrplänen und Lehrinhalten an Kaufmännischen Berufs- und Berufsfachschulen in der Bundesrepublik Deutschland, (Klett) Stuttgart 1973.

Lenné, Helge: Analyse der Mathematikdidaktik in Deutschland, (Klett) Stuttgart 1969.

Reetz, Lothar: Wirtschaftsdidaktik, (Klinkhardt) Bad Heilbrunn (Obb.) 1984.

Reetz, Lothar: Konzeptionen der Lernfirma. In: Wirtschaft und Erziehung (38) 1986, S. 351 - 365.

Reetz, Lothar/Witt, Ralf: Berufsausbildung in der Kritik: Curriculumanalyse Wirtschaftslehre, (Hoffmann und Campe) Hamburg 1974.

Reusser, Kurt: Verstehen lehren: Verstehen als psychologischer Prozeß und als didaktische Aufgabe. In: Beiträge zur Lehrerbildung (7) 1989, S. 131 - 148.

Savary, Jacques: Le parfait négociant (1675); deutsche Übersetzung: Der vollkommene Kauff- und Handelsmann, Genf 1676 (Nachdruck: Frankfurt a.M. (Verlag Sauer & Auvermann KG) 1968.

Seemann, Heiko/Tramm, Tade: Überlegungen zur Analyse von Lehr-Lern-Prozessen in ökonomischen Kernfächern. In: Zeitschrift für Berufs- und Wirtschaftspädagogik (84) 1988, S. 33 - 50.

Sembill, Detlef: Modellgeleitete Interaktionsanalysen im Rahmen einer forschungsorientierten Lehrerausbildung - am Beispiel von Untersuchungen zum "Kaufvertrag". Berichte des Seminars für Wirtschaftspädagogik der Georg-August-Universität (Bd. 7), Diss. rer. pol. Göttingen 1984.

Wienold, Götz/Achtenhagen, Frank/van Buer, Jürgen/Oldenbürger, Hartmut-A./Rösner, Hannelore/Schluroff, Michael: Lehrerverhalten und Lernmaterial in institutionalisierten Lehr-Lern-Prozessen - am Beispiel des Englischanfangsunterrichts, Berichte des Seminars für Wirtschaftspädagogik der Georg-August-Universität, Band 9-1, 9-2, 9-3, Göttingen 1985.

P e t e r   P r e i ß   und   T a d e   T r a m m

Wirtschaftsinstrumentelle Buchführung - Grundzüge eines Konzepts der beruflichen Grundqualifikation im Umgang mit Informationen über Mengen und Werte

0 Vorbemerkungen

Ausgangspunkt unserer konzeptionellen Überlegungen ist die Notwendigkeit einer systematischen inhaltlichen und methodischen Revision kaufmännischer Grundbildung angesichts der curricularen Herausforderung und der didaktischen Chancen, die sich mittel- und unmittelbar aus der zunehmenden Verbreitung der neuen Informations- und Kommunikationstechniken im kaufmännisch-verwaltenden Berufsfeld ergeben. Am Beispiel des Bildungsangebots der zweijährigen Berufsfachschule Wirtschaft versuchen wir seit 1985 im Rahmen des Projekts "Lernen, Denken, Handeln in komplexen ökonomischen Situationen - unter Nutzung neuer Technologien in der kaufmännischen Berufsausbildung" in Zusammenarbeit mit zwei Berufsbildenden Schulen in Niedersachsen inhaltlich und methodisch neu konzipierte Lernangebote zu entwickeln und zu erproben (das Projekt wird durch den Bundesminister für Bildung und Wissenschaft, den Niedersächsischen Minister für Wissenschaft und Kunst und den Niedersächsischen Kultusminister gefördert). Wir bleiben dabei im Rahmen der bestehenden Fächerschneidung, auch wenn wir die inhaltliche "Abstimmung" dieser Fächer vor dem Hintergrund einer "integrativen Ökonomiekonzeption" vornehmen. Durch die Orientierung an den niedersächsischen Richtlinien für den Unterricht in den berufsbezogenen Fächern im Berufsgrundbildungsjahr Wirtschaft und Verwaltung, die auf der Grundlage des von der Konferenz der Kultusminister beschlossenen Rahmenlehrplans von Lehrern, Arbeitgeber- und Arbeitnehmervertretern gefaßt wurden, wird die sofortige Übertragbarkeit der Neukonstruktionen in weite Bereiche der kaufmännischen Berufsausbildung ermöglicht. Schwerpunkt unserer bisherigen Arbeit waren die Fächer Betriebswirtschaftslehre und Rechnungswesen (als Berichte über die bisherige Arbeit: ACHTENHAGEN/PREISS/ENGELHARDT/JOHN/LÜDECKE/SEEMANN/SEMBILL/WOLF 1987; ACHTENHAGEN/TRAMM/PREISS/SEEMANN/JOHN/SCHUNCK 1990).

Dieser Text versteht sich in diesem Rahmen als "Werkstattbericht" aus dem Bereich Rechnungswesen. Daß dabei die Bezüge zum Gesamtzusammenhang des Projekts im allgemeinen und zu Fragen der Betriebswirtschaftslehre im besonderen nicht ausgeblendet werden können, wird sich immer wieder zeigen.

Zunächst soll erläutert werden, welche Absicht wir mit der Präsentation unserer Überlegungen zum jetzigen Zeitpunkt verbinden.

Unsere Entwicklungsarbeit geht bewußt davon aus, daß Neukonstruktionen sehr sorgfältig an die bestehende Praxis angebunden werden müssen, damit

- Handlungs- und Erfahrungswissen der Praxis integriert werden kann;
- keine unkontrollierbare Komplexität des Veränderungsprozesses eintritt;
- es unter den Aspekten der Legitimation und der Akzeptanz gelingt, sie mit den handlungsleitenden subjektiven Theorien der Lehrer zu verbinden (ACHTENHAGEN 1984, S. 50ff.; ACHTENHAGEN/TRAMM 1983, S. 548ff.).

Allerdings darf dieser Reformansatz nicht zu einer nur in der Methodik verbesserten Fortschreibung bestehender didaktischer Handlungsmuster führen; denn es gilt, die curriculare Herausforderung aufzugreifen und die didaktischen Chancen wahrzunehmen, die sich mit der Verbreitung der neuen Informations- und Kommunikationstechniken verbinden. Zugleich zeigt die fachdidaktische Diskussion, daß auch erfahrene Schulpraktiker, Vertreter der Studienseminare und Lehrbuchautoren mit dem derzeitigen Stand des Buchführungsunterrichts unzufrieden sind (vgl. z.B. WALTERMANN 1976; GROSS 1978; 1988; KISSLING/WELZEL 1985; REIMERS 1987; BRUNNER 1987; HENGSTEBECK/HABERKORN 1987; WELLER 1987; als Überblick REINISCH 1981; 1983).

Wir meinen, mit unserer Entwicklungsarbeit nunmehr einen Punkt erreicht zu haben, an dem wir - ausgehend von tradierter Praxis (und unter Einbeziehung auch "bewährter" Lehrmittel) - erste Grundzüge einer veränderten (und hoffentlich auch verbesserten) Unterrichtskonzeption dieses Faches verdeutlichen und zur Diskussion stellen können. Diese - durch didaktische Analysen angeregte und im wesentlichen an systemorientierten Ansätzen und kognitionspsychologischen Lehr-Lern-Prinzipien orientierte - Konzeption nimmt sowohl die Kritik als auch eine Reihe von Anregungen bestehender fachdidaktischer Überlegungen zum Rechnungswesenunterricht auf, läßt sich jedoch nicht einseitig einem der dort konkurrierenden Ansätze zuordnen. Damit verbinden wir die Hoffnung, festgefahrene Argumentationsmuster und Positionen in der fachdidaktischen Diskussion aufbrechen und zugleich neue Impulse liefern zu können.

Die nachfolgenden Ausführungen sind so strukturiert, daß im **ersten Kapitel** unter fachdidaktischen Aspekten die Notwendigkeit einer Diskussion des Rechnungswesenunterrichts begründet wird, in der curriculare, inhaltliche und methodische Fragen systematisch aufeinander bezogen werden. Im **zweiten Kapitel** stellen wir Grundzüge unserer wirtschaftsinstrumentellen Konzeption des Rechnungswesenunterrichts vor. Im **dritten Kapitel** werden die Bedingungen unserer Entwicklungsarbeit skizziert und die leitenden Gestaltungsprinzipien erläutert, die wir unseren Konstruktionen zugrunde gelegt haben bzw. die uns bei den weiteren Konstruktionen leiten sollen. Im **vierten Kapitel** schließlich wollen wir zeigen, wie wir diese Überlegungen bei der Konzeption des Gesamtlehrganges als auch einzelner Unterrichtseinheiten praktisch umsetzen.

1 Curriculare Funktion und Unterrichtspraxis des Faches Rechnungswesen

Neben den curricularen Herausforderungen und didaktisch-methodischen Chancen, die sich mit der Verbreitung der neuen Informations- und Kommunikationstechniken verbinden, ergeben sich für den Rechnungswesenunterricht weitere Impulse aus veränderten Normierungen im Gefolge der rechtlichen Harmonisierungsbestrebungen in der Europäischen Gemeinschaft (Bilanzrichtliniengesetz, neuer Großhandelskontenrahmen).

Die gegenwärtige fachdidaktische Diskussion greift jedoch diese Probleme nicht konstruktiv genug auf, was wir vor allem darauf zurückführen, daß
- weder in bezug auf den **Gegenstand**
- noch hinsichtlich der **argumentativen Bezugspunkte**

dieser Diskussion eine klare Linie auszumachen ist. Entsprechend schwer fällt es, die einzelnen Argumentationsbeiträge aufeinander zu beziehen und damit einen inhaltlichen Fortschritt dieser Diskussion zu erkennen. Diese Einschätzung soll etwas näher präzisiert werden.

Fachdidaktische Beiträge zum Rechnungswesenunterricht behandeln unterschiedliche Fragenkomplexe. Ohne Anspruch auf Vollständigkeit lassen sich unterscheiden:

- Aussagen zur derzeitigen Praxis des Rechnungswesenunterrichts, zu seinen Schwachpunkten und zu Bedingungen seiner Reform;

- Aussagen zur curricularen Orientierung des Rechnungswesenunterrichts, d.h. insbesondere dazu, welche Qualifikationsleistungen dieser Unterricht zu erbringen habe;

- Aussagen zu verschiedenen fachdidaktischen Strukturierungsprinzipien, so insbesondere die bekannten Diskussionen um "Bilanzmethode" versus "Kontomethode" oder um den "pagatorischen Ansatz" als Alternative zur "konventionellen" Sicht der Buchführung;

- Aussagen zur fachwissenschaftlichen Verankerung des Rechnungswesenunterrichts und zum Verhältnis dieses Faches zu den anderen wirtschaftlichen Kernfächern;

- Aussagen zur Modellierung des Lehrstoffes (insbesondere im Zusammenhang mit der Entscheidung für bestimmte Kontenrahmen);

- Aussagen zum Einsatz des Computers im Rechnungswesenunterricht bzw. zur Reaktion des Rechnungswesenunterrichts auf den Einsatz der EDV in der beruflichen Praxis;

- Aussagen zu didaktisch-methodischen Einzelfragen, insbesondere zur Behandlung ausgewählter Inhaltsbereiche im Unterricht.

Das Problem liegt nicht darin, daß die Diskussion derart facettenreich ist. Unbefriedigend ist vielmehr, daß der wechselseitige Zusammenhang dieser Fragenkomplexe zu wenig beachtet wird. Dies wird noch deutlicher, wenn man sich anschaut, von welchen Zielen und Grundsätzen, von welchen theoretischen Annahmen her argumentiert wird, kurz: welches die curricularen Begründungsmuster dieser Argumentation sind. Im Hinblick auf Funktion und Weiterentwicklung des Rechnungswesenunterrichts lassen sich idealtypisch zumindest drei argumentative Bezugspunkte unterscheiden:

- Die Betonung der immanenten Systemlogik der Buchführung und daraus resultierend der didaktischen Notwendigkeit, den Schülern ein Verständnis des (Schul-)Buchführungssystems als Ganzes zu vermitteln, aus dem heraus die Buchung einzelner Geschäftsfälle abgeleitet werden kann. Kennzeichnend für diese **wirtschaftspropädeutische Argumentationsrichtung** ist

  (a) die relativ starke Vernachlässigung der instrumentellen Anbindung des Rechnungswesens an betriebswirtschaftliche Gestaltungs-, Lenkungs-, Führungs- und Kontrollaufgaben; betriebswirtschaftlich relevante Anwendungen (Bewertungsfragen, Abgrenzungen, Bilanzanalyse) stehen erst am Ende des Lehrgangs;

  (b) das Argument von der sachlogisch determinierten Auswahl und Sequenzierung der Inhalte. Da diese Sequenz elementenhaft-synthetisch angelegt ist, seien die Bearbeitung komplexer Aufgaben, die dann der Praxis entsprächen, und die Verdeutlichung des pragmatischen Sinnbezugs des Rechnungswesens eben erst am Ende des Lehrgangs möglich;

(c) eine sich weitgehend aus der verselbständigten Tradition des Schulfaches begründende Reduktion und Modellierung der Lerninhalte; mit Rücksicht auf eine schülerangemessene Aufbereitung und Repräsentation des Buchführungssystems werden Veränderungen in der Praxis bzw. der Bezugswissenschaft nur mit großen Verzögerungen berücksichtigt; zugleich wird an überkommenen Instrumenten und Techniken festgehalten (T-Konten, Schulkontenrahmen u.a.m.).

- Die Betonung der Notwendigkeit einer Orientierung an den konkreten Anforderungen der vorfindbaren und sich wandelnden Berufspraxis, wobei sowohl technische als auch rechtliche und organisatorische Entwicklungen einbezogen werden. Im Zentrum dieser **situationsbezogen-funktionalen Argumentationsrichtung** steht das curriculare Postulat, daß die zu vermittelnden Qualifikationen auf die Bewältigung konkreter Lebenssituationen hin auszuwählen bzw. zu rechtfertigen seien. Bei der Auswahl, Reduktion und Modellierung der Inhalte wird entsprechend besonderes Gewicht darauf gelegt, daß die Lerninhalte (Sach- und Verfahrenskenntnisse, Fähigkeiten und Fertigkeiten) und zum Teil auch die Medien (Hard- und Software) möglichst nah an der gegenwärtigen bzw. antizipierten beruflichen Praxis ausgerichtet seien. In zunehmendem Maße finden dabei auch Anforderungen Berücksichtigung, die sich aus privaten oder gesellschaftlich-politischen Situationszusammenhängen ergeben.

- Die Betonung des **Instrumentalcharakters des Rechnungswesens** im Zusammenhang mit der zielorientierten Steuerung betrieblicher Prozesse führt diese Argumentationsfigur weiter. Im Vordergrund steht hierbei jedoch nicht mehr allein die funktionale Aufgabenerfüllung an einem konkreten Arbeitsplatz, sondern die Befähigung zur kognitiven Orientierung in ökonomischen Lebensbereichen, zum Verstehen von Zusammenhängen und damit zum Beurteilen und zur aktiven Mitgestaltung und Mitbestimmung. Charakteristisch für diesen Begründungsansatz ist die Forderung nach einer expliziten inhaltlichen Verzahnung des Rechnungswesens mit den anderen ökonomischen Kernfächern von Anfang an; kennzeichnend ist weiterhin der ausgeprägte Bezug auf wissenschaftliche Konzepte aus dem Bereich der Betriebswirtschaftslehre. Entsprechend wird bei der Auswahl, Reduktion und Modellierung der Lerninhalte unter diesem Aspekt Wert darauf gelegt, daß die Funktion des Rechnungswesens als Führungs-, Steuerungs- und Kontrollinstrument der Unternehmung und daß das Wechselverhältnis von logistisch-operativen "Basisprozessen" und den korrespondierenden Wertströmen einerseits sowie deren Abbildung im Informationssystem Rechnungswesen andererseits deutlich herausgearbeitet werden.

Die lebhafte Diskussion um Funktion und Gestaltung des Rechnungswesenunterrichts kann als Indiz dafür gesehen werden, daß das traditionelle Selbstverständnis des Faches grundlegend in Frage gestellt ist. Damit wird zugleich seine Weiterentwicklung für erforderlich gehalten, wobei allerdings ein erhebliches Orientierungs- und Systematisierungsdefizit besteht, wenn es darum geht, die Richtung und die Maximen dieser Entwicklung festzulegen und zu begründen.

Dieses Defizit äußert sich auch in der Art, wie die fachdidaktische Diskussion geführt wird. Nach unserer Einschätzung wechselt die Argumentation häufig zwischen den drei Argumentationsebenen, ohne daß die grundsätzliche Diskussion um das Verhältnis dieser Ebenen zueinander - die im Kern eine curriculare Diskussion wäre - inhaltlich ausgetragen würde. Im Vordergrund stehen dabei vornehmlich Kontroversen um inhaltliche Detailfragen oder methodische Probleme.

Um hier weiterzukommen, halten wir es für notwendig, die erforderliche Weiterentwicklung des Rechnungswesenunterrichts in der Weise zu stützen, daß die Frage nach der curricularen Funktion und Ausrichtung dieses Faches systematisch in die Diskussion einbezogen wird. Wenn es gelänge, bezüglich der Funktion und der Leitideen des Faches einen breiten Konsens zu erzielen, ließe sich auf dieser Basis zielgerichtet diskutieren, welche Inhalte sich die Schüler in welcher Sequenz und mit welchen Lernformen aneignen sollten. Dies darf allerdings nicht in der Weise mißverstanden werden, daß wir eine abstrakt-abgehobene Diskussion curricularer Grundprobleme führen wollten, bevor wir uns "konkreten" inhaltlichen und methodischen Fragen zuwendeten. Das curriculare Problem wird erst in konkreten inhaltlichen und methodischen Fragen plastisch und sollte deshalb auch in deren Zusammenhang diskutiert werden. Uns geht es primär darum, daß diese Argumentationsebene **systematisch** in die Diskussion einbezogen wird, daß erkannt wird, in welcher Weise Einzelfragen letztlich über die Ausrichtung im curricularen Bereich entschieden werden, und daß deshalb diese Ausrichtung der Begründung, der Kritik und eines möglichst weitgehenden Konsenses bedarf.

Die gegenwärtige fachdidaktische Diskussion scheint davon geprägt zu sein, wahrgenommene Orientierungsdefizite der Unterrichtspraxis im Sinne bestimmter Inhalts-, Sequenzierungs-, und/oder Methodenentscheidungen zu beheben. Dabei wird zugleich jedoch der Eindruck vermittelt, Entscheidungen für oder gegen bestimmte Alternativen könnten mit Einzelargumenten begründet werden. Uns scheint es dagegen notwendig, Einzelentscheidungen im Rahmen einer Gesamtkonzeption unter Berücksichtigung mehrerer Kriterien abzuwägen. In manchen Fällen sind auch vordergründig gegensätzlich erscheinende Positionen vereinbar. Wünschenswert ist, daß auf Einzelargumente zunächst im gleichen Kriterienbereich eingegangen wird, bevor in andere Kriterienbereiche oder auf die unterrichtsmethodische Argumentationsebene gewechselt wird.

Im Rahmen einer mittelfristigen Perspektive scheint es uns sinnvoll und möglich, curriculare Überprüfungen auf der Ebene einzelner Unterrichtsfächer anzugehen, ohne dabei die globalere und langfristig angelegte Strategie der Curriculumrevision, wie sie von ROBINSOHN 1967 formuliert wurde, zu vernachlässigen (ACHTENHAGEN/MENCK 1970).

Ebenso wie die langfristige Strategie ROBINSOHNs beginnt die mittelfristig-fachdidaktische Strategie der Curriculumentwicklung mit Bestandsaufnahmen zu Situationen und geforderten Funktionen, notwendigen Qualifikationen sowie Bildungsinhalten und -gegenständen (ROBINSOHN 1967) in relevanten Bezugssystemen. Diese Bestandsaufnahmen beziehen sich sowohl auf die Wissenschaft sowie die Lebens- und Berufswelt als auch auf die vorhandenen Lehrpläne, den realisierten Unterricht und auf die fachdidaktischen Erkenntnisse. Durch die vorläufige Beschränkung auf einzelne Fächer werden überschaubare und in akzeptabler Zeit zu bewältigende Arbeitsgebiete geschaffen. Notwendig erscheinende Veränderungen können im Rahmen dieses Ansatzes in beherrschbaren Teilschritten auf ihre Realisierbarkeit sowie auf Haupt- und Nebeneffekte hin überprüft werden, bevor sie in Empfehlungen, Lehrpläne und Ausbildungsordnungen übernommen werden. Dabei erweist es sich als zweckmäßig, die curriculare Fragestellung um die Perspektive der Lehr-Lern-Forschung zu erweitern (ACHTENHAGEN/TRAMM/PREISS/SEEMANN/JOHN/SCHUNCK 1990).

Auch bei dieser mittelfristigen Fragestellung erscheint es sinnvoll, vorgefundene und neugestaltete Curriculumelemente an den von ROBINSOHN (1967, S. 47ff.) postulierten, sich überlappenden Kriterien zu prüfen:

- Bedeutung "im Gefüge der Wissenschaft" und damit "auch als Voraussetzung für weiteres Studium und weitere Ausbildung";

- Leistung für allgemeines Weltverstehen (und -verhalten) zur Orientierung in einer Kultur und zur Interpretation ihrer Phänomene;

- Funktion in spezifischen Verwendungssituationen des privaten und gesellschaftlichen (und damit auch beruflichen) Lebens.

Als Orientierungsraster für die curriculare Argumentation bietet sich eine Ausdifferenzierung der ROBINSOHNschen Kategorien an, anhand derer auch thematische Schwerpunktsetzungen und unterrichtsmethodische Präzisierungen vorgenommen werden können.

Die Abbildungen 1 bis 3 sollen die Spannweite der curricularen Orientierung aufzeigen. Dabei können u.E. alle aufgeführten Unterpunkte als Ausgangspunkt curricularer Argumentationen dienen. Für die berufliche Grundbildung im Fach Rechnungswesen werden in unserer Konzeption jedoch durchaus Schwerpunkte gesetzt, die wir in den folgenden Abbildungen durch eine doppelte Umrahmung kenntlich gemacht haben. Ideal erscheint es uns, wenn im Rahmen dieser Schwerpunktsetzung Inhalte und Methoden so gewählt werden, daß möglichst viele weitere curriculare Bereiche abgedeckt werden können. Mit dieser exemplarischen Schwerpunktsetzung auf der Grundlage curricularer Leitkategorien wenden wir uns im Interesse eines stringenten Curriculums gegen eine Interpretation unserer Überlegungen, die auf eine Streuung oder Gleichverteilung der Inhalte auf alle curricularen Bezugsfelder hinausliefe.

Abbildung 1: Identifikation von Verwendungssituationen, für die durch Lerngegenstände des Rechnungswesens qualifiziert werden soll

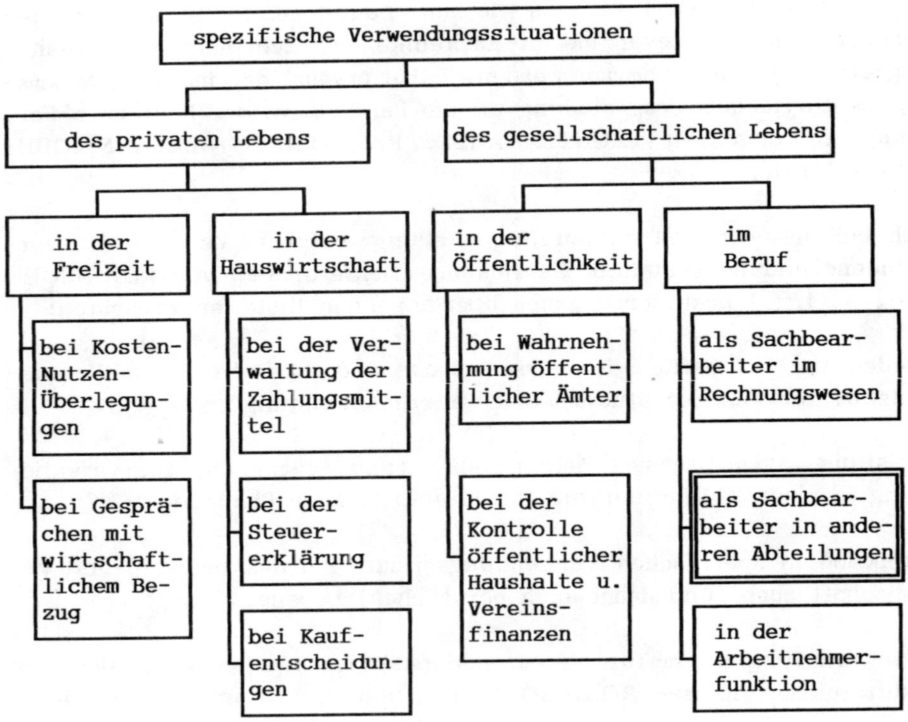

Wenn hier spezifische Verwendungssituationen als Bezugspunkte der curricularen Argumentation eingeführt werden, so erfolgt dies nicht im Sinne einer nur funktionalen Qualifizierung, sondern vor dem Hintergrund eines bildungstheoretisch und bildungspolitisch zu rechtfertigenden normativen Qualifikationsbegriffs (REETZ 1984, S.13ff.; ACHTENHAGEN/TRAMM/PREISS/SEEMANN/JOHN/SCHUNCK 1990). Bezogen auf die kaufmännische Berufsbildung kommt als curriculare Leitkategorie für die Funktionsermittlung hinsichtlich des Umgangs mit Informationen über Mengen und Werte u.E. primär nicht die eng begrenzte Anwendungssituation "Sachbearbeiter im Rechnungswesen" in Betracht. Die curriculare Argumentation sollte sich vielmehr allgemein am "Sachbearbeiter in anderen Abteilungen" orientieren, weil zu vermuten ist, daß die sachgerechte Produktion, Umformung, Aggregation und Interpretation von Informationen in allen kaufmännischen Tätigkeitsfeldern an Bedeutung gewinnen wird. Dies insbesondere auch deshalb, weil es hierüber möglich wird, die eigene Tätigkeit in den Zusammenhang des gesamten Geschäftsablaufs zu stellen und zugleich die Voraussetzungen und die (wahrscheinlichen) Konsequenzen des eigenen Tuns besser abzuschätzen. Des weiteren wird hiermit eine Voraussetzung dafür geschaffen, neuere umfassende Steuerungsinstrumente der Unternehmensführung in ihrer Funktionsweise zu verstehen.

Bei der Präzisierung der anzustrebenden Qualifikationen sollte man nicht nur von den gegenwärtigen Minimalvorschriften zur Rechnungslegung für kleine Unternehmen des nationalen Handelsrechts ausgehen, sondern besonders die tatsächlichen Verfahrensweisen in den Unternehmen berücksichtigen. Da die Finanzbuchhaltung zunehmend über Rechenzentren oder Standardsoftware abgewickelt wird, sind diese Situationen über die Organisations- und Softwaredokumentationen gut erschließbar. Hierüber sollte zumindest in diesem Teilbereich sowohl ein empirisch-prognostischer als auch ein intentional-normativer Vorgriff auf künftige Lebenssituationen möglich sein (WITT 1983, S. 130).

Durch den zunehmenden EDV-Einsatz verändern sich Arbeitsinhalte und -verfahren in allen betrieblichen Abteilungen. Drei Tendenzen gewinnen dabei im Hinblick auf die Rechnungsweseninhalte besondere Bedeutung:

1. Die **quantitative Ausdehnung** des Informationssystems durch Erfassung von Detailinformationen über Bestände und Bewegungen im Bereich der Industrie (Produktionsplanungs- und -steuerungssysteme) und des Handels (Warenwirtschaftssysteme). Dies hat für die Mitarbeiter im Einkauf, Lager und Verkauf zur Folge, daß sie Veränderungen im Realitätsbereich (z. B: ordnungsgemäßer oder fehlerhafter Wareneingang, Verderb oder Abgang von Materialien, Erzeugnissen oder Wa-

ren) unverzüglich in das Informationssystem übertragen müssen, damit Dispositionen auf der Grundlage des gespeicherten Datenbestands (z.B. Nachbestellung, Sortimentsänderung u.v.a.m.) ökonomisch sinnvoll vorgenommen werden können. Für die Heranbildung eines entsprechenden Verantwortungsgefühls bei allen kaufmännischen Mitarbeitern erscheint es uns notwendig, schon im Rahmen der Grundbildung Verständnis für die Bedeutung von Mengen- und Wertinformationen zur Steuerung betrieblicher Prozesse im Hinblick auf ökonomische Ziele zu vermitteln. Hierfür bietet der Rechnungswesenunterricht deshalb besondere Chancen, weil dort real-operatives betriebliches Geschehen über die Handlungen und Reflexionen der Schüler mit den finanziellen Zielgrößen Umsatz, Gewinn und Zahlungsmittelbestand verbunden werden kann.

2. Die Ausweitung der **integrativen Anwendungen**, bei der bisher getrennte betriebliche Funktionen über Abteilungsgrenzen und zum Teil auch über Unternehmensgrenzen hinweg zusammengefaßt werden. Diese Integration verlagert Funktionen der Datenerfassung und der Journalerstellung vom Rechnungswesen in die Fachabteilungen und deren Aufgabengebiete (z.B. Auftragsbearbeitung, Bestellwesen, Lohn- und Gehaltsabrechnung). Damit lösen Informationsverarbeitungsprozesse in diesen Fachabteilungen unmittelbar die Prozesse der Finanzbuchhaltung und Kostenrechnung aus. Zugleich können die Fachabteilungen im Rahmen ihrer Aufgabenlösungen auch auf die Daten der Finanzbuchhaltung und Kostenrechnung direkt zugreifen (z.B. Prüfung von Kreditwürdigkeit, Lieferfähigkeit und Preisuntergrenze bei der Auftragsannahme).

3. Die **qualitative Erweiterung** der Funktionen und Ressourcen des Informationssystems durch zunehmende Unterstützung von Planungs-, Kontroll- und Präsentationsaufgaben. Diese Erweiterung erfolgt nicht nur auf der Ebene der Unternehmensführung, sondern bei allen Stellen, die in abgegrenzten Teilbereichen Entscheidungsbefugnisse haben. Während die quantitative und integrative Ausweitung vorwiegend mit zentralisierter Datenverarbeitung über Großrechner und Terminals erfolgt, geschieht die qualitative Erweiterung über dezentralisierte, oft individualisierte, Informationsverarbeitung mit leistungsfähigen Personal-Computern. Modellrechnungen, Simulationen, Soll-Ist-Vergleiche, spezielle Auswertungen nach verschiedenen Kriterien, Ergebnisaufbereitungen in Text, Datentabellen und Grafiken werden von einem großen Softwareangebot an "Endbenutzer-Werkzeugen" unterstützt. Auch wenn dies bisher in sehr geringem Umfang geschieht (EDING 1987, S. 407ff.), sollte aus pädagogischer Sicht nicht auf ein geringes Qualifizierungsbedürfnis geschlossen werden, sondern eher darauf, daß

entsprechende Qualifizierungen am Arbeitsplatz bisher nicht erfolgen. Sowohl aus betrieblichen Gründen könnten langfristig Mitarbeiter mit entsprechenden gestalterischen Fähigkeiten für organisatorisch überlassene Freiräume gefragt werden als auch aus den Interessen der arbeitenden Menschen heraus könnten Zugänge zu individuell gestaltbaren Auswertungsmöglichkeiten von Datenbeständen interessant werden. Mit der Einbeziehung dispositiver Elemente sehen wir sowohl eine Unterstützung der instrumentellen Betrachtung des Rechnungswesens als auch methodische Chancen für die Verbesserung von Lernprozessen durch Bereitstellung von alternativen Handlungsmöglichkeiten und den Wechsel der Präsentationsformen.

Abbildung 2: Relevanz von Lerngegenständen des Rechnungswesens für verschiedene Wissensbereiche

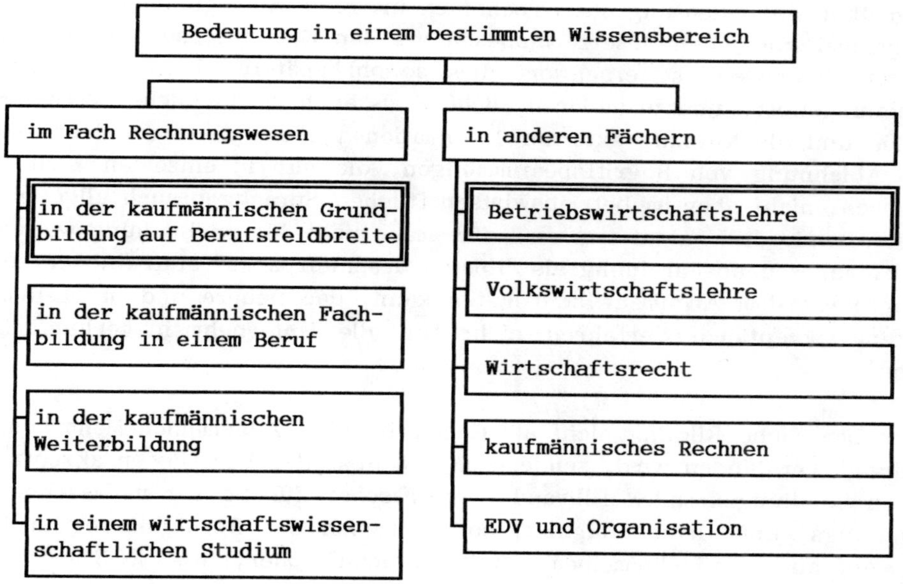

Lerngegenstände des Rechnungswesens sind zum einen hinsichtlich ihrer Stellung innerhalb eines im Anspruchsniveau zu bestimmenden fachsystematischen Kurses und zum anderen im Hinblick auf ihre Leistung für das Verständnis von Inhalten und Zusammenhängen anderer Fächer zu begründen. Beide Aspekte stehen in einem Zusammenhang; denn die inhaltliche Ausprägung anderer Fächer wirkt ihrerseits auf den Rechnungswesenunterricht zurück.

Im Kontext unseres Projekts legen wir den Akzent auf die berufsfeldbreite kaufmännische Grundbildung und auf eine integrative Sicht von Aspekten der Betriebswirtschaftslehre und des Rechnungswesens. Bei der curricularen Argumentation ist zu beachten, daß die Qualität dieser Integration wiederum stark davon abhängt, an welchen fachwissenschaftlichen Bezugsmodellen man sich orientiert.

Neben der besonderen Berücksichtigung von Inhalten, die wir in einem geschlossenen fachsystematischen Kurs für die Grundbildung auf Berufsfeldbreite und dem damit eng verbundenen Unterricht im Fach Betriebswirtschaftslehre als zentral erachten, ist auch zu berücksichtigen, daß die Fachbildung in einem speziellen Beruf sowie Weiterbildungsmaßnahmen und eventuell auch ein wirtschaftswissenschaftliches Studium bestimmte Anforderungen an die Beherrschung von Grundfertigkeiten und Begriffsinhalten stellen. Wenn in der Grundbildung Begriffe nicht in der allgemein üblichen Bedeutung oder Techniken in freier Auslegung des Gestaltungsspielraums, den Gesetze insbesondere den Kleinunternehmen lassen, vermittelt werden, so erschwert dies sowohl späteres Lernen im Fach Rechnungswesen und in anderen Fächern als auch die fachliche Kommunikation und die Nutzung externer Informationsquellen. Dies veranlaßt uns zur Ablehnung von Begriffsbestimmungen, die nur in einzelnen Bilanztheorien, nicht aber im betriebswirtschaftlichen Sprachgebrauch allgemein üblich sind. Es bedeutet auch, daß man nicht ältere Buchungsweisen (z.B. Fahrzeugabschreibung als "Kosten des Fuhrparks" statt "Abschreibung") mit dem Argument beibehalten kann, daß neuere und in breitem Umfang akzeptierte Verfahren nicht für alle Unternehmen verbindlich seien.

Wenn berufliche Bildung nicht als Gegensatz zur "Allgemeinen Menschenbildung" verstanden wird, sondern als ein über den beruflichen akzentuierten Handlungskomplex führender spezifischer Zugang zur umfassenden Handlungs- und Urteilsfähigkeit, so stellt sich der Berufsbildung auch die Aufgabe, zu allgemeinem "Weltverstehen" oder, wie ROBINSOHN (1967, S. 47) an gleicher Stelle sagt, zur "Orientierung innerhalb einer Kultur" und zur "Interpretation ihrer Phänomene" beizutragen. Dabei ist der an spezifische Kenntnissen gebundenen Orientierungsfähigkeit im eigenen Berufsfeld aufgrund der gesellschaftlichen Erwartungen und des individuellen Lebensschwerpunktes des Lernenden eine vorrangige Stellung einzuräumen. So müßte beispielsweise eine kaufmännische Berufsbildung auch dazu befähigen, Wirtschaftsnachrichten und -kommentare oder die vom Gesetzgeber für die Öffentlichkeit vorgesehenen Jahresabschlüsse von Unternehmen lesen und interpretieren zu können. Die Befähigung zur einfachen Rezeption und Beurteilung veröffentlichter Jahresabschlüsse gewinnt im Hinblick auf den Rechnungswesenunterricht wegen der Begrifflichkeit und Darstellungsform besondere Bedeutung, weil damit auch dem Lernenden in der Grundbildung eine Zielorientierung für den Erwerb von Rechnungswesenkenntnissen gegeben werden kann, die über beruflich-funktionale Verwendungssituationen hinausgeht. Der Rechnungswesenunterricht kann dazu beitragen, über die Rezeption der in den lokalen oder überregionalen Tageszeitungen veröffentlichten Kurzfassungen der Jahresabschlüsse großer Unternehmen einen Beitrag für die allgemeine Orientierung in seiner näheren und weiteren Umgebung zu schaffen. Nicht zuletzt verbindet sich mit diesen Hinweisen auf die allgemeine Orientierungsleistung des Rechnungswesens auch die Erwartung, daß die Lernenden hierüber eine positive Grundeinstellung zu ökonomischen Fragestellungen insgesamt entwickeln können, was wiederum weitere Lernprozesse begünstigt (BECK 1989, S. 588ff.).

Abbildung 3: Identifikation von Lerngegenständen im Hinblick auf "allgemeines Weltverstehen"

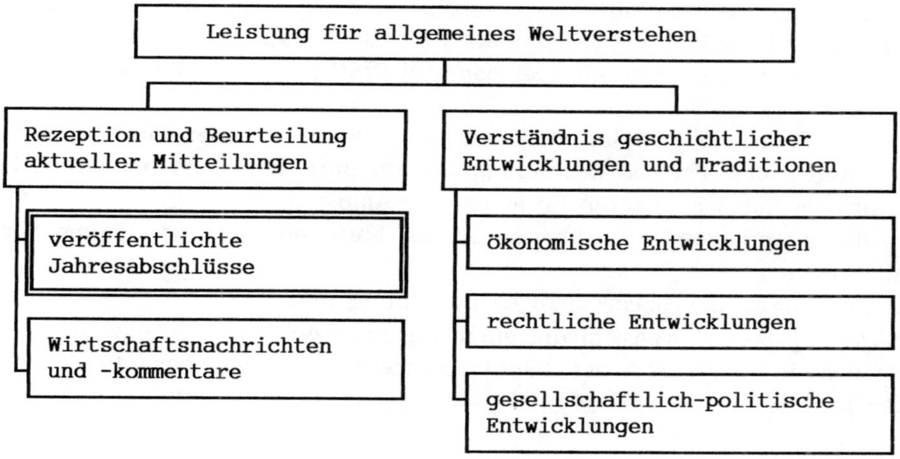

Lerngegenstände des Rechnungswesens können auch im Hinblick auf die Ausbildung eines geschichtlichen Verständnisses im Berufsfeld beurteilt werden. Hier ist der Beitrag bestimmter Buchhaltungsformen und Gewinnermittlungsverfahren für die breite Durchsetzung des technischen Fortschritts zu erwähnen (vgl. hierzu PRINZ 1989, insbesondere den Abschnitt "Gewinnberechnung als Motor der Rationalisierung"). Ferner gibt es Zusammenhänge von Entwicklungen im politisch-rechtlichen Bereich (Steuern, Subventionen, Arbeitnehmerbeteiligung, Publizierungspflichten, Inkasso- und Verwaltungsaufgaben) und dem jeweiligen Stand des Rechnungswesens. Bei der Curriculumkonstruktion sollte bedacht werden, daß das Rechnungswesen nicht nur Instrument der Unternehmensführung ist, sondern daß den jeweiligen Verfahrens- und Rechenschaftslegungsvorschriften auch bestimmte politische Vorstellungen und Absichten entsprechen.

Für die Weiterentwicklung der fachdidaktischen Diskussion kommt es entscheidend darauf an, inhaltliche und methodische Entscheidungen im Rechnungswesencurriculum in rationaler Argumentation zu begründen. Eindimensionale Begründungsansätze sind dabei abzulehnen; das Spektrum relevanter Bezugsbereiche wurde soeben umrissen. Wir verstehen diese Bereiche nicht als konkurrierende Felder, sondern vielmehr als Hinweise auf die unterschiedlichen Dimensionen eines einheitlichen Qualifikationskonzepts, in dessen Zentrum das zu kompetenter und verantwortlicher Lebensgestaltung fähige Subjekt steht.

Ein Hauptproblem aus pragmatischer Sicht besteht nun darin, die für die Konstruktionsarbeit erforderliche Komplexität so weit zu reduzieren, daß man handlungsfähig bleibt. Wir glauben, daß dieses durch die Ausrichtung an einer systemorientierten Konzeption der Betriebswirtschaftslehre möglich ist; denn hier sind in hohem Maße Gesichtspunkte enthalten, die den drei genannten Kriterienbereichen ROBINSOHNs gerecht werden.

Bevor dies näher begründet wird, muß die Frage nach der Funktion und der Leitidee des Faches Rechnungswesen weiter präzisiert werden. Es geht uns im Rahmen unseres Projektes vorrangig
- um die grundlegende Einführung in die Funktion und das System der Buchführung,
- die im Rahmen der beruflichen Grundbildung und
- im thematischen Zusammenhang einer integrativen Ökonomiekonzeption
- vor dem Hintergrund eines handlungsorientierten Lernkonzepts zu leisten ist.

2 Zur Begründung der curricularen Ausrichtung an einer wirtschaftsinstrumentellen Konzeption des Rechnungswesenunterrichts

2.0 Vorbemerkungen

Der Rückgriff auf eine systemorientierte Konzeption erlaubt eine integrative Sicht von Betriebswirtschaftslehre und Rechnungswesen, wie sie sowohl der fortgeschrittenen betrieblichen Praxis als auch neueren wissenschaftlichen Konzepten entspricht. Zugleich wird es damit möglich, nicht nur dem curricularen Grundsatz der Wissenschaftsorientierung zu genügen, sondern auch weitere wesentliche Aspekte der allgemeinen Curriculumdiskussion systematisch zu berücksichtigen:

- So erfordern die berufliche und gesellschaftliche Praxis in immer stärkerem Maße kognitive Orientierungsleistungen in komplexen Systemzusammenhängen, d.h. die Fähigkeit zum "Systemdenken" (ULRICH 1985).

- Diese Fähigkeit zum Systemdenken in ökonomischen Zusammenhängen beruht auf Prinzipien, die weit über den ökonomisch-beruflichen Bereich hinaus Gültigkeit haben; Beispiele hierfür sind Anwendungen der systemtheoretisch-kybernetischen Denkweise auf ökologische, verkehrs- und siedlungspolitische, auf technische, biologische Fragestellungen und nicht zuletzt im Bereich der EDV (vgl. z.B. VESTER 1984).

- Der systemorientierte Ansatz ist auf eine recht begrenzte Anzahl von inhaltlichen und formalen Grundprinzipien zurückzuführen (z.B.: System, Umsystem, Subsystem; Austauschbeziehungen, d.h. Input-Output-Betrachtungen; Dynamik und Gleichgewicht u.a.m.), die auch die formale Konstruktion des Rechnungswesensystems bestimmen und die schon am Beispiel recht einfach modellierter Systeme erarbeitet werden können.

- Schließlich weist der systemorientierte Ansatz eine normative Ausrichtung auf, die mit pädagogischen Menschenbildannahmen und Leitvorstellungen in hohem Maße verträglich ist (vgl. ULRICH 1984).

Damit erscheint es uns möglich, die im 1. Kapitel entfaltete Spannweite curricularer Argumentation in ein bezugswissenschaftliches Grundmodell zu integrieren und darauf aufbauend Unterrichtsinhalte und -methoden in angemessener Komplexität für unterschiedliche Lernergruppen zu bestimmen. Dieses Verfahren zur Erzeugung lernerangemessener Komplexität geht über bisherige Verfahren der didaktischen Reduktion/Transformation hinaus, weil nicht die Vereinfachung wissenschaftlicher Aussagen und situativer Repräsentationen in der Form relativ isolierter Lerninhalte erfolgt, sondern ein in sich stimmiger komplexer Lerninhaltsbereich im Sinne einer "kleinen Ganzheit" (ULRICH 1985) als Modell geschaffen wird. Dabei ist die Verträglichkeit der Einzelbeziehungen in diesem Modell mit wissenschaftlichen Aussagen und der allgemeinen Lebenserfahrung notwendig, um gegenwärtiges und späteres Lernen nicht zu behindern.

2.1 Funktion des Rechnungswesens im Rahmen einer systemorientierten Sicht des Betriebes

Die "systemorientierte Betriebswirtschaftslehre" versteht sich als pragmatische Wissenschaft, als "notwendige Vorstufe zu einem sinnvollen praktischen Handeln" für alle Menschen, die "mit-gestaltend auf die Unternehmung und mit-bestimmend auf die Unternehmungsaktivitäten einwirken" wollen (vgl. ULRICH 1984, S. 32). Sie nutzt zur Beschreibung, Erklärung und Prognose wirtschaftlicher Strukturen und Prozesse das Instrumentarium der Kybernetik bzw. der allgemeinen Systemtheorie. Hierin ist der wesentliche Grund dafür zu sehen, daß die Überlegungen der Systemorientierten Betriebswirtschaftslehre und die der Handlungs- und Kognitionstheorie, aus denen heraus sich unser Konzept handlungsorientierten Lernens begründet, durchaus aufeinander zu beziehen sind.

Die Charakteristika der inhaltlichen Rekonstruktion des Systems Betrieb im Rahmen dieses Ansatzes lassen sich in Anlehnung an das von ULRICH in St. Gallen entwickelte Konzept in einigen Punkten und ohne Anspruch auf Vollständigkeit zusammenfassen:

1. Die Unternehmung wird **formal** als ein offenes, komplexes, dynamisches sowie ziel- und zweckorientiertes System aufgefaßt, das in seiner Verflechtung mit der Umwelt beschrieben und analysiert wird; **inhaltlich** wird die Unternehmung als "produktives soziales System" gekennzeichnet (ULRICH 1970), also als strukturierter Sozialverbund "zur Erzeugung von Leistungen für Institutionen und Individuen ihrer Umwelt" (ULRICH 1984, S. 24). Unter dem Aspekt der Formalzielorientierung der Unternehmung ließe sich diese inhaltliche Kennzeichnung noch um den Gesichtspunkt der Wertschöpfung ergänzen.

2. Die Unternehmung wird gedanklich aufgegliedert "in operationelle Vollzugs- und Versorgungsbereiche und in einen diese überlagernden Führungsbereich"; durch weitere Aufgliederung ergeben sich die einzelnen Funktionsbereiche der Unternehmung, welche wiederum als "inputverarbeitende und outputorientierte (Sub-)Systeme" beschrieben werden können (ULRICH 1984, S. 40).

3. Es werden verschiedene "Dimensionen der Unternehmung" unterschieden, "um das Unternehmungsgeschehen und die entsprechenden Gestaltungsprobleme in materieller, sozialer, kommunikativer und wertmäßiger Sicht herausarbeiten zu können" (ebenda). Aus unserer Perspektive sind vor allem die kommunikative Dimension und die Wertdimension des Unternehmungsgeschehens interessant:

   - "durch die Unterscheidung einer **'kommunikativen Dimension'** wird die Unternehmung als informationsverarbeitendes System dargestellt und die Betriebswirtschaftslehre für die Aufnahme von Erkenntnissen und Methoden der modernen Datenverarbeitung geöffnet" (1984, S. 26). Ergänzend ist hier auf die herausragende Bedeutung hinzuweisen, die ULRICH der Dimension Information für das Unternehmensgeschehen beimißt; denn wir müssen uns die "materiellen und sozialen Dimensionen ... immer überlagert vorstellen von Informationsnetzwerken, vor allem zur Lenkung der entsprechenden Subsysteme" (1984, S. 39); dieses Informationsnetzwerk wird bei der Beschreibung zum Subsystem "Informations-Versorgung" zusammengefaßt. Dadurch wird erreicht, "daß beispielsweise das Rechnungswesen nicht mehr als etwas für sich, sondern als wesentlicher Bestandteil des Informationssystems der Unternehmung erscheint" (ULRICH 1984, S. 38f.).

- "der klassisch-wirtschaftswissenschaftliche Ansatz kann in der '**wertmäßigen Dimension**' voll entwickelt werden, wobei dem Studierenden jedoch nicht nur die Notwendigkeit, sondern auch die Grenzen der monetären Betrachtung gezeigt werden können und dargestellt werden kann, daß auch ethische, in Lebensanschauungen und gesellschaftlichen Wertsystemen verankerte Normen im Unternehmungsgeschehen eine wichtige Rolle spielen" (ULRICH 1984, S. 26).

4. Es werden "drei Kategorien von Gestaltungs- und Lenkungsproblemen" unterschieden, um typische Probleme der Unternehmungsführung herausarbeiten zu können:
   "- Probleme der Bestimmung der Ziele, welche das System erreichen soll.
   - Probleme der Gestaltung eines zielentsprechend handlungsfähigen Systems (Organisation).
   - Probleme der Abwicklung der zielorientierten Handlungen im System" (operatives Management) (ebenda, S. 40f.).

   Diese Problemkategorien finden sich sowohl auf der Ebene des Gesamtsystems als auch bei allen funktionalen Teilsystemen der Unternehmung.

Dies mag hier zur Charakterisierung des systemorientierten Ansatzes der Betriebswirtschaftslehre genügen. Auf dieser Grundlage können wir nunmehr sehr komprimiert die Argumente zusammenfassen, die uns veranlaßt haben, die Systemorientierte Betriebswirtschaftslehre als fachwissenschaftliches Bezugsmodell für unsere konstruktiven Arbeiten insgesamt - und damit auch im Bereich des Rechnungswesens - zu wählen.

1. Die systemorientierte Betrachtung ermöglicht eine funktional-integrative Darstellung der verschiedenen Leistungsbereiche einer Unternehmung. Insbesondere hebt sie den handlungslogischen Zusammenhang der betrieblichen Basisprozesse mit Steuerungs-, Regelungs- und An-

passungsprozessen des Gesamtsystems hervor sowie die Verknüpfung von Realgüter-, Nominalgüter- und Informationsströmen.

2. Die Heraushebung relativ dauerhafter formaler Strukturmerkmale der betrieblichen Prozesse wird Prinzipien exemplarischen Lernens gerecht. Die Transfermöglichkeiten auf der Grundlage struktureller Erkenntnis dürften wesentlich größer sein als beim Erlernen unverbundener Sachverhalte (MESSNER 1978).

3. Der Systemansatz steht in engem Zusammenhang mit entscheidungsorientierten Ansätzen der Betriebswirtschaftslehre (vgl. z.B. HEINEN 1974, S. 31ff.); er ermöglicht eine integrative Sicht der unterschiedlichen betriebswirtschaftlichen Entscheidungsprobleme. Damit trägt der Systemansatz zur Einheitlichkeit des Erkenntnisgegenstandes bei.

4. Die Systemorientierte Betriebswirtschaftslehre versteht die Unternehmung als zweck- und zielorientiertes System; damit sind die Wertorientierung wirtschaftlichen Handelns, der Bereich ethischer und gesellschaftlich-normativer Fragen und Begründungen integrale Bestandteile dieses Ansatzes.

5. Der Ansatz der Systemorientierten Betriebswirtschaftslehre fördert ein "Systemdenken", das im Gegensatz zum verbreiteten "linearen Denken" den Anforderungen komplexer, vernetzter, intransparenter und normativ ambivalenter Situationen eher gerecht wird (vgl. ULRICH 1984, S. 52ff.; DÖRNER et al. 1983).

6. Die Systemorientierte Betriebswirtschaftslehre ist mit den in den gegenwärtigen Rechnungslegungsvorschriften verwirklichten Ideen der statischen, dynamischen und organischen Bilanzauffassungen verträglich, deckt aber auch Weiterführungen im Sinne stärkerer finanzwirtschaftlicher, sozialer und umweltorientierter Rechenschaftslegung ab.

2.2 Curriculare Konsequenzen einer wirtschaftsinstrumentellen Konzeption des Rechnungswesenunterrichts

Vor diesem Hintergrund können wir nunmehr die curriculare Funktion genauer bestimmen, die wir dem Fach Rechnungswesen im Rahmen einer integrativen Ökonomiekonzeption auf systemorientierter Grundlage beimessen:

Die Schüler sollen das Rechnungswesen und speziell die Buchführung als Kern des **Informationssystems** einer Unternehmung begreifen. Sie sollen erkennen, daß sich im Zahlenwerk der Buchführung das Leistungspotential der Unternehmung und die Leistungsprozesse der Unternehmung in verdichteter und abstrakter Form widerspiegeln. Sie sollen dieses Instrumentarium für die Planung und Überprüfung ihres Handelns nutzen können. Ferner sollen sie die Bedeutung der Rechenschaftslegung durch die Unternehmensleitung erkennen. All dies setzt voraus, daß die Schüler aus den Zahlen des Rechnungswesens wieder eine lebendige Vorstellung von den zugrundeliegenden Prozessen rekonstruieren können.

Das Informationssystem wird erst verstanden werden können, wenn seine Funktion und seine Aufgabe den Schülern plausibel werden; dasselbe gilt für das Rechnungswesen bzw. für die Buchführung. Entsprechend ist zu fordern, daß den Schülern die pragmatische Sinnorientierung des Rechnungswesens vermittelt wird. Diese ist jedoch kein zusätzlicher Lerninhalt, keine vor- oder nachgeschobene Lektion zu den "Aufgaben der Buchführung". Sie muß vielmehr Ausgangspunkt und integrativer Bestandteil des Buchführungsunterrichts sein, auf den dieser immer wieder Bezug nimmt. Entsprechend ist unsere soeben aufgestellte Forderung dahingehend zu modifizieren, **daß den Schülern das Rechnungswesen aus seiner pragmatischen Sinnorientierung heraus vermittelt werden soll.**

Wenn dieses gelingt, ist die Frage nach der inhaltlichen Abstimmung von Rechnungswesen und Betriebswirtschaftslehre weitestgehend obsolet.

Die herausragende Rolle des Rechnungswesens im Informationssystem der Unternehmung wird deutlich, wenn man berücksichtigt, daß hier das Leistungspotential und die Leistungsprozesse der Unternehmung auf ihre **Wertdimension** hin reduziert abgebildet werden und daß damit die Voraussetzung dafür geschaffen wird, den Beitrag der auf der logistischen Ebene stattfindenden Leistungsprozesse zur Erreichung **wirtschaftlicher Formalziele** zu erfassen. Erst hierdurch wird es möglich, die zweckgerichteten Leistungsprozesse im Hinblick auf den "Wertschöpfungsprozeß" der Unternehmung zu optimieren. Anders gewendet: Ohne das Instrumentarium des Rechnungswesens wäre es nicht möglich, den Beitrag logistischer bzw. operativer Prozesse zur Erreichung der Formalziele der Unternehmung zu erfassen. Das System Unternehmung erhielte mithin keine Rückmeldung hinsichtlich der für sein Überleben und seine Entwicklung zentralen Zieldimension. Eine unter wirtschaftlichen Gesichtspunkten sinnvolle, und das heißt eben formalzielorientierte, Planung und Steuerung wäre nicht realisierbar.

Entsprechend diesem wirtschaftsinstrumentellen Grundverständnis des Faches ist das System des Rechnungswesens im Hinblick auf drei Funktio-

nen zu vermitteln, die inhaltlich den Bereich der Haupt- und Nebenzwecke der Buchführung nach LEFFSON (1972, S. 49ff.) abdecken:
- Rechenschaftslegung (gegenüber Geldgebern, Arbeitnehmern, Öffentlichkeit) einschließlich der Dokumentation;
- Unternehmenssteuerung (Logistik, Kalkulation, Liquidität);
- Ermittlung entziehbarer Mittel (Gewinnausschüttung, Steuern, Arbeitnehmerbeteiligung, Kapitalrückzahlung).

Zusammenfassend kann gesagt werden, daß für das Verständnis ökonomischer Systeme die Einbeziehung des Rechnungswesens konstitutiv ist. Erst hierüber werden ihr Sinn, ihr wirtschaftlicher Zielbezug verständlich und damit auch die Kriterien, die ihrer Gestaltung und ihren operativen Prozessen zugrunde liegen. Umgekehrt gilt, daß für das Verständnis des Rechnungswesens der Bezug zu seiner Funktion im Kontext betriebswirtschaftlicher Aufgaben und Fragestellungen grundlegend ist.

Wir fassen die didaktischen Konsequenzen unserer Überlegungen in drei Thesen zusammen:

(1) Das Rechnungswesen darf weder seinen Bezug zu den logistischen Prozessen bzw. zur operativen Basis des Unternehmens noch zu den übergeordneten Entscheidungs-, Steuerungs-, und Kontrollprozessen verlieren.

* Konstrukte und Zahlen des Rechnungswesens sind **"Abstraktionen"**; ihnen liegen logistische Vorgänge und Wertströme zugrunde. Diese müssen für die Schüler erschließbar bleiben. Dies heißt umgekehrt, daß die Abstraktionen aus der konkreten Anschauung heraus abgeleitet werden müssen.

* Die **Entstehung** der Daten des Rechnungswesens muß für die Schüler nachvollziehbar bleiben. Die meisten Konzepte des Rechnungswesens sind **"Komplexionen"**, d.h. verdichtende Superzeichen. Die Entstehung solcher Komplexionen muß den Schülern nicht nur bekannt sein; sie sollten sie selbst problemlösend und handelnd vollzogen haben.

* Eine entsprechende **Schrittfolge** könnte etwa lauten: Verständnis der Vorgänge auf der logistischen Dimension, der korrespondierenden Vorgänge auf der wertmäßigen Dimension, der begleitenden Informationsströme **und dann** der Konzepte des Rechnungswesens und ihrer konkreten (d.h. in Zahlen gefaßten) Ausprägung.

(2) Die Daten des Rechnungswesens stehen zueinander in spezifischer Beziehung; insbesondere gehen sie selbst wieder in bestimmter Weise als Elemente in "Superzeichen" höherer Ordnung ein. Meist erweist sich der Zweck bestimmter Daten erst dann, wenn auf der Ebene der höchsten Superzeichen - an der Spitze der Hierarchie - operiert wird. Diese Zweckbindung der Konstrukte des Rechnungswesens muß von den Schülern erschlossen werden und ihnen erkennbar bleiben.

(3) Über den Einsatz der Elektronischen Datenverarbeitung wird eine zusätzliche Stufe der Abstraktion realisiert, und auch die Prozesse der Erzeugung von Komplexionen sind dann für die Schüler nicht mehr unmittelbar erfahrbar (z.B. Automatisierung der vorbereitenden Abschlußbuchungen in manchen FIBU-Programmen, automatische Buchung der Umsatzsteuer u.a.m.). Hier muß über den Rechnungswesenunterricht die im alltäglichen Arbeitsvollzug nicht mehr gegebene Transparenz erzeugt werden.

3 Grundzüge des Konzepts

3.0 Gesamtzusammenhang des Projekts

Ohne dies hier genauer ausführen und begründen zu können, läßt sich die Anlage unseres Projekts "Lernen, Denken, Handeln in komplexen ökonomischen Situationen - unter Nutzung neuer Technologien in der kaufmännischen Berufsausbildung" in vier Punkten andeuten (vgl. ACHTENHAGEN/TRAMM/PREISS/SEEMANN/JOHN/SCHUNCK 1990):

- Wir sehen die neuen Informations- und Kommunikationstechniken als curriculare Herausforderung und didaktische Chance für die berufliche Bildung und das berufsbildende Schulwesen.

- Die notwendige Curriculumentwicklung sollte als kooperativer Prozeß von Schulpraxis, Schulverwaltung und Wissenschaft organisiert werden: In einem evaluativ-konstruktiven Ansatz der Curriculumentwicklung gilt es, Evaluation und Konstruktion systematisch miteinander zu verknüpfen.

- Wir streben eine stärkere inhaltliche Integration der ökonomischen Kernfächer an; dabei konzentrieren wir uns zunächst aus pragmatischen Gründen auf die Fächer Rechnungswesen und Betriebswirtschaftslehre. Wir hoffen damit, die Zerfächerung des ökonomischen Curriculums überwinden zu können, ohne daß auf organisatorischer Ebene ein "Superfach" eingeführt werden muß. In der Orientierung an Konzepten der Systemorientierten Betriebswirtschaftslehre sehen wir einen, auch im curricularen Begründungszusammenhang tragfähigen inhaltlichen Bezugspunkt dieses Integrationsversuchs.

- Unsere Analyse- und Konstruktionsarbeiten orientieren sich an einem Konzept handlungsorientierten Lernens, woraus sich Postulate für die inhaltliche und formale Qualität des Lernhandelns, für die Qualität der medialen Repräsentation von Lerngegenständen und für die Sequenzierung der Lernerfahrungen ableiten und begründen lassen.

Auch wenn im folgenden der Rechnungswesenunterricht im Vordergrund steht, können unsere Konstruktionen in bezug auf den Betriebswirtschaftslehreunterricht wegen der Einheitlichkeit der angestrebten Lernprozesse nicht völlig ausgeblendet bleiben.

Für den BWL-Unterricht haben wir ein Planspiel und eine darauf bezogene Unterrichtskonzeption zur Einführung in die Betriebswirtschaftslehre über das Thema "Leistungsprozesse in Wirtschaft und Verwaltung" erarbeitet und erprobt (PREISS 1988a; ACHTENHAGEN/PREISS 1990; ACHTENHAGEN/TRAMM/PREISS/SEEMANN/JOHN/SCHUNCK 1990). Die lehrplankonforme Grundidee dieser Unterrichtsreihe liegt darin, daß die Schüler die Chance erhalten sollen, sich in handelnder Auseinandersetzung mit dem Planspiel ein von Beginn an ganzheitliches, jedoch zunächst noch wenig ausdifferenziertes internes Modell eines Unternehmens aufzubauen, auf das die folgenden Lernprozesse Bezug nehmen können. Der Begriff der Ganzheitlichkeit hebt dabei ab auf die Einheit von Funktion, Ziel, Struktur und Prozeß der Unternehmung.

Das Lernangebot ist hierbei so strukturiert, daß die Schüler sich systematisch die verschiedenen Dimensionen des betrieblichen Geschehens erschließen. Beginnend mit der logistischen Dimension werden im zweiten Schritt die korrespondierenden Wertströme akzentuiert; anschließend werden die Gesichtspunkte der Kapitalbindung und der Zahlungsströme herausgearbeitet. Bezogen auf jede dieser Dimensionen werden spezifische (Teil-)Ziele der Unternehmenstätigkeit angesprochen und über Kennzahlen operationalisiert.

In diesem Planspiel ist der Betrieb als offenes System modelliert, durch das wechselseitig miteinander verflochtene Realgüter- und Nominalgüterströme fließen, die von entsprechenden Informationsströmen begleitet werden. Wir sehen in diesem Planspiel ein notwendiges Komplement zu unserer Rechnungswesenkonzeption, die die Gewinnermittlung nicht an den Anfang stellt. Im Planspiel, das ein Einprodukt-Unternehmen modelliert, können wir eine vereinfachte Form der Gewinnermittlung in einen sinngebenden Zusammenhang mit der Unternehmenssteuerung stellen. Dieses Planspiel ist andererseits so konzipiert, daß dort eine Finanzplanung analog zur Kassenbuchführung möglich ist und daß, sobald im Fach Rechnungswesen das Inventar eingeführt ist, dieses auch den Schülern in Betriebswirtschaftslehre als Arbeitsunterlage zur Berechnung der Liquidität ihres Unternehmens ausgehändigt werden kann.

Wir haben gesehen, daß die Systemorientierte Betriebswirtschaftslehre die Bedeutung der Informationsströme für die Steuerung und Rechenschaftslegung des Systems Unternehmung betont. Hier liegt die Schnittstelle zum Rechnungswesen; genau dieses muß über den Rechnungswesenunterricht deutlich gemacht werden. An dieser Stelle wird die instrumentelle Bedeutung des Rechnungswesens deutlich, und es konkretisiert sich die didaktische Chance, handlungs- und problemorientiert zu unterrichten und von verschiedenen Fächern her ein einheitliches Verständnis des Systems Unternehmung aufzubauen. **Das Postulat lautet: Für ein ökonomisch-sinnhaftes Verstehen des Systems Unternehmung ist das informatorische Subsystem Rechnungswesen konstitutiv; für das Fach Rechnungswesen muß entsprechend der Bezug zu seiner wirtschaftsinstrumentellen Funktion grundlegend sein.**

Bei unseren bisherigen Entwicklungsarbeiten und Evaluationen im Fach Rechnungswesen haben wir diese Leitgedanken in bezug auf die Einführung in dieses Fach konkretisiert und erprobt. Dazu gehören die im folgenden vorzustellenden computergestützten arbeitsanalogen Lernaufgaben im Kontext der Unterrichtsreihen "Kassenbericht", "Von der Inventur zur Bilanz", "Bestandsfortschreibung in Konten". Damit sind wir in der Lage, Ansätze für ein konsistent begründetes Gesamtkonzept zu skizzieren **und** seine Grundgedanken an bereits ausgearbeiteten Unterrichtseinheiten exemplarisch zu verdeutlichen.

3.1 Lehrstoffabgrenzung und Prinzipien der Makrosequenzierung für die Phase der berufsfeldbreiten Grundbildung

Zur Erläuterung unseres Konzepts der Einführung in die Systematik der Buchführung sollen zunächst die Bestimmung des Lerngegenstandes (Lehrstoffabgrenzung, inhaltliche Modellierung, didaktische Reduktion) und die Makrosequenzierung des Lehrganges, also die Frage nach dessen umfassendem Aufbauprinzip, thematisiert werden.

Unsere Entscheidungen in diesem Bereich wurden von drei Gesichtspunkten bestimmt:

- Die intentionalen und inhaltlichen Vorgaben des Lehrplanes haben für uns grundsätzlich Gültigkeit; seine sequentiellen Implikationen sind zwar nicht verbindlich, durften andererseits aber auch nicht ignoriert werden.

- Unser mittelfristiger, evaluativ-konstruktiver Ansatz gebot es, die bisherige Unterrichtspraxis und die Handlungserfahrung von Praktikern systematisch zu berücksichtigen.

- Vorgaben und bisherige Praxis waren vor dem Hintergrund unserer theoretischen Überlegungen und Erkenntnisse zu überprüfen, bewußt beizubehalten, weiterzuentwickeln oder gegebenenfalls zu revidieren. Zugleich führten unsere kompetenz- und lerntheoretischen Annahmen natürlich auch zu konstruktiven Gestaltungsvorstellungen, die es auf Vorgaben und bewährte Praxis zu beziehen galt.

Die inhaltlich-thematische Ausrichtung der Lehrplanvorgaben zum Fach Rechnungswesen soll im folgenden hauptsächlich über die kritische Analyse der Stoffanordnung bzw. -strukturierung erschlossen werden. Zu begründen ist dies damit, daß im Fall der Buchführung der Erkenntnisgegenstand sachlogisch relativ klar abgegrenzt ist. Entsprechend besteht in der Praxis und im fachdidaktischen Schrifttum weitgehend Konsens darüber, welche Inhalte zu vermitteln sind. Die Frage nach dem Detailliertheitsgrad des Lehrstoffes wird als Problem der didaktischen Reduktion in Abhängigkeit vom Bildungsziel, von den Schülervoraussetzungen und vom Zeitbudget entschieden.

Der zentrale Konfliktpunkt liegt in der Frage, in welcher inhaltlichen Abfolge die Schüler in das System der Buchführung eingeführt werden sollen (vgl. GROSS 1978, 1984; REINISCH 1981; WALTERMANN 1976). Der im Anhang wiedergegebene, für uns geltende Lehrplan (vgl. S. 91ff.) erlaubt hierzu folgende Feststellungen:

- Der Grobaufbau der Lerninhalte folgt mit gewissen Modifikationen der traditionellen und zugleich am weitesten verbreiteten "Bilanzmethode". Deren Grundprinzip liegt darin, die Konten und deren Systematik sowie die Buchungsregeln aus dem Verständnis der Bilanz heraus zu entwickeln.

- Modifiziert wird dieser Ansatz in zweifacher Weise:
  1. Durch die Vorschaltung des Inhaltsbereichs "Inventur, Inventar" (DER NIEDERSÄCHSISCHE KULTUSMINISTER 1987, S. 14), was verbreiteter Praxis im Unterricht und auch in Lehrbüchern entspricht. Die Begründung liegt darin, daß so die gesetzliche Notwendigkeit

der Inventar- und Bilanzerstellung erläutert, das Zustandekommen der Bilanz verdeutlicht und die doch recht abstrakten Begriffe der Bilanz besser veranschaulicht und organisch eingeführt werden können (vgl. GROSS 1978, S. 33).

2. Durch die erste "Annäherung" an das Rechnungswesen über das Thema "Einnahmen- und Ausgabenrechnung", mit dem die Sequenz eröffnet wird. Wir vermuten, daß damit bezweckt werden soll, in Anknüpfung an den privaten Erfahrungsbereich der Schüler den Sinn systematischer Aufzeichnungen zu thematisieren und zu typischen Darstellungsformen (Vorspalte, Hauptspalte, ggf. Kontoform) und Verfahren (Saldieren) des Rechnungswesens hinzuführen. Der Lehrplan gibt hierüber jedoch keinen präzisen Aufschluß. Keinesfalls kann aus der Einführung über die Einnahmen-Ausgabenrechnung gefolgert werden, daß der Lehrplan etwa dem von GROSS 1978 in Anlehnung an KOSIOL entwickelten "Pagatorischen Ansatz" oder der von WALTERMANN 1976 propagierten "Kontomethode" folgt; denn beide Ansätze sind nicht mit der Gesamtstruktur der Stoffabfolge im Lehrplan vereinbar.

- Ungewöhnlich ist die Tatsache, daß die Einheit "Grundlagen der Buchführung", in der unter anderem Aufgaben, rechtliche Grundlagen und Grundsätze der Buchführung angesiedelt sind, am Ende des Lehrgangs steht. Wie sollen Schüler, so ist zu fragen, den Instrumentalcharakter, die Struktur und die Prinzipien der Buchführung erfassen, wenn deren grundlegende Funktion ihnen nicht klar ist. Dies legt die Vermutung nahe, daß die angesprochenen "Grundlagen der Buchführung" sukzessive im Laufe des Lehrgangs eingeführt werden und das abschließende Curriculumelement ihrer Wiederholung und Systematisierung dienen sollen. In analoger Weise ist auch hinsichtlich des Inhaltsbereichs "5.1 Buchung nach Belegen" zu argumentieren, wenn man sich beispielsweise das Lernziel "die Bedeutung des Belegs als Buchungsunterlage erkennen" anschaut (DER NIEDERSÄCHSISCHE KULTUSMINISTER 1987, S. 15).

Wir sehen diese Inhaltsstruktur als durchaus kompatibel mit unserer Grundkonzeption an. Wie noch zu zeigen sein wird, begründet gerade das von konkurrierenden Ansätzen kritisierte "ganzheitlich-analytische" Charakteristikum dieses Vorgehens (vgl. z.B. WALTERMANN 1976, S. 199f.), das in der Kritik fälschlich mit deduktivem Vorgehen gleichgesetzt wird, seine Eignung im Rahmen eines handlungsorientierten Unterrichts. Um dieses Potential auszuschöpfen, müssen bei der Auswahl und Akzentuierung der Lerninhalte, aber auch bei der methodischen Gestaltung des Lernprozesses folgende Aspekte besonders beachtet werden:

- Obwohl buchungstechnische Fähigkeiten und Fertigkeiten nicht vernachlässigt werden dürfen, sollte im Vordergrund das Verständnis des Buchführungssystems in seiner instrumentellen Funktion stehen.

- Um komplexe Systeme lernend zu erschließen, ist es zweckmäßig, anhand vereinfachter Modelle deren Funktion und die in der Struktur des Systems angelegte spezifische Problemlösung zu verdeutlichen. Solche vereinfachten Modelle erlauben es in einem sehr frühen Stadium des Lernprozesses, die für das System konstitutiven Merkmale in ganzheitlich-analytischer Vorgehensweise und zugleich am konkreten Beispiel induktiv verfahrend herauszuarbeiten. Im Fortgang des Lernprozesses gilt es, dieses Grundmodell in zunehmendem Maße auszudifferenzieren und anzureichern. Dabei ist dann auch ein elementenhaft-synthetisches Vorgehen möglich, bei dem man sich auf einzelne Bausteine konzentrieren kann, ohne den Gesamtzusammenhang aus dem Auge zu verlieren.

  Konkret scheint uns der Aufbau eines solchen Bezugsmodells für die Buchführung möglich und erforderlich, um
  + anhand der Lektion "Kassenbericht" exemplarisch die Notwendigkeit regelmäßiger, geordneter und ordentlicher Aufzeichnungen, das Prinzip der buchmäßigen Fortschreibung von Anfangsbeständen und das Prinzip des abschließenden Soll-Ist-Vergleichs als adäquate Problemlösung erarbeiten zu können;
  + so die Bilanz als ein die Wertdimension akzentuierendes Modell des Leistungspotentials der Unternehmung und der hierauf bezogenen Rechtsansprüche zu erarbeiten. Die Buchführung läßt sich auf dieser Grundlage als Instrument zur Lösung des Problems einführen, daß die Daten der Bilanz mit dem ersten Geschäftsvorfall bereits überholt sind und sich somit als Grundlage einer zielorientierten Unternehmensführung und Erfolgskontrolle nicht mehr eignen. Die Form der kontinuierlichen Bestandsfortschreibung kann dann in Analogie zum Kassenbuch erarbeitet werden.

- Entscheidend für eine solche Strategie wird es sein, im Rahmen der Erweiterung auf alle Vermögensgegenstände und Schulden insbesondere die in der Bilanz enthaltenen abstrakten Begriffe anschaulich zu erarbeiten, damit sie den Schülern klar und lebendig verfügbar sind.

  Dies erfordert, daß
  + diese Begriffe genetisch aufgebaut werden, d.h, daß die darin enthaltenen Objekte und Rechtsverhältnisse in ihrem spezifisch betrieblichen Zusammenhang zu veranschaulichen und an den Beginn der systematischen Begriffsbildung zu stellen sind;

+ diese Veranschaulichung - wo immer dies möglich ist - lerneraktiv erfolgt, d.h. durch konkreten Umgang mit Objekten oder deren sinnfälligen Repräsentationen, durch Vollzug realitätsanaloger Informationsgewinnungs- und -verarbeitungsprozesse.

3.2 Prinzipien des Lernhandelns im Rechnungswesenunterricht

Wenn wir unseren Ansatz als "handlungsorientiert" bezeichnen, so soll damit auch zum Ausdruck gebracht werden, daß wir sowohl bei der Planung und Durchführung von Unterricht als auch bei dessen Analyse das **Handeln des Schülers**, die individuelle aktive Auseinandersetzung des Lernenden mit dem Lerngegenstand unter den Bedingungen der jeweils konkreten Lernumwelt, in den Mittelpunkt stellen. Wir bezeichnen diese zum Zwecke des Wissens- und Kompetenzerwerbs erfolgende Aktivität der Schüler als "Lernhandeln" (vgl. TRAMM 1984).

Zentral ist dabei die Betonung der "**Aktivität**" des Lernenden und die Tatsache, daß diese Aktivität immer zugleich eine "äußere" und eine "innere" Komponente aufweist. Die Bedeutung der **äußeren Komponente** liegt darin begründet, daß Lernen immer den Kontakt mit der Umwelt voraussetzt, weil es ja letztlich darauf zielt, den Lernenden zur Bewältigung und Gestaltung von Lebenssituationen zu befähigen. Die gegenständliche und soziale Umwelt liefert in vielfältiger Form die Impulse, die Herausforderungen und Anforderungen, die Informationen und Hilfestellungen und schließlich die Rückmeldungen für dieses Lernhandeln. Vor allem aber liefert sie die Lerngegenstände, die sich der Lernende aneignen soll. Der Begriff der Aneignung verweist auf die **innere Komponente** des Lernhandelns, also darauf, daß die äußeren Bedingungen nur insofern lernbedeutsam werden, als sie intern widergespiegelt werden. Lernhandeln umfaßt also immer auch wesentlich kognitive, gedankliche Aktivität. Auf der Grundlage der bereits erworbenen individuellen Wissenssysteme werden Situationen wahrgenommen und gedeutet, werden Handlungsziele definiert, Handlungspläne entworfen oder bereits bewährte Handlungswege aus dem Gedächtnis abgerufen, wird die Handlungsausführung reguliert und wird schließlich das Handlungsergebnis wahrgenommen und beurteilt.

Im Zuge dieser miteinander verbundenen äußerlichen und innerlichen Aktivitäten macht der Lernende Erfahrungen mit seiner Umwelt, mit sich selbst und mit der Qualität seiner Handlungen. Er stößt auf Materialien, auf Ideen, auf Probleme, die ihm bisher unbekannt waren; er bemerkt Lücken, Widersprüche in seinem Wissen, hat aber auch "Aha-Erlebnisse"; er fühlt sich immer sicherer beim Kontieren von Belegen, stellt aber auch fest, daß Kunden humorvoll formulierte Briefe nicht immer unbedingt "witzig" finden, u.a.m. Kurz: Er gewinnt Anstöße, die dazu führen, daß sich die Wissensbasis seines Handelns weiterentwickelt und daß ihm künftig qualifizierteres Handeln und weiteres Lernen möglich sind.

In dieser Hinsicht sind plakativ verwandte pädagogische Grundsätze wie "vom Leichten zum Schweren", "vom Bekannten zum Unbekannten" oder "vom Einfachen zum Komplexen" in Frage zu stellen (vgl. WITTMANN 1989, S. 235ff.). Forschungsergebnisse und darauf basierende Modelle aus dem Bereich der Motivationspsychologie zeigen, daß nicht die leichten Aufgaben am meisten motivieren (HECKHAUSEN 1988, S. 266ff.).

Informationstheoretische Modelle erklären, daß nicht das Vorfinden von Bekanntem, sondern ein mittlerer Grad von erstmaliger und bestätigender Information ein Optimum für die Informationsaufnahme schafft (E.U. v. WEIZSÄCKER 1986, S. 98ff.). Deshalb ist es plausibel, daß auch nicht das "Einfache" im Gegensatz zum "Komplexen" per se für die Gestaltung von Lernaufgaben bevorzugt werden darf. Man sollte berücksichtigen, daß Lernprozesse auch außerhalb der Schule in äußerst komplexen Umwelten stattfinden. Die Problematik dieser außerschulischen Lernprozesse liegt weniger in der Überforderung der Lernenden, sondern mehr in den zeitlichen und materiellen Aufwendungen (Kosten, Risiko) sowie der Verallgemeinerbarkeit. Die Problematik schulischer Lernprozesse, die nicht auf den Prinzipien des Lernhandels basieren, liegt in der Umsetzung theoretischer Kenntnisse in praktische Handlungen und in Behaltensleistungen, die über Klassenarbeits- und Prüfungstermine hinausreichen.

Diese - hier nur verkürzt angedeuteten - Überlegungen führen uns dazu, auch die Frage nach der inhaltlichen und formalen Qualität des Lernhandelns in den Mittelpunkt unserer Argumentation zu stellen. Bezogen auf die Gestaltung von Unterricht fragen wir danach,

- **welche inhaltlichen Erfahrungen** den Lernenden ermöglicht werden, welche Phänomene, Objekte, Vorgänge, Begriffe, Zusammenhänge etc. den Schülern in welcher Form und in welchem Zusammenhang zugänglich gemacht werden (vgl. SEEMANN/TRAMM 1988);

- wie anspruchsvoll die Handlungsanforderungen sind, die die Schüler im Zuge des Lernhandelns zu bewältigen haben. Das **Anspruchsniveau** läßt sich dabei unter drei Aspekten präzisieren:

  * Wie vollständig sind die Handlungen im Sinne der Einheit von Zielbildung, Handlungsplanung, Handlungsausführung und Handlungskontrolle sowie ihrer Bewertung?

* Wie problematisch sind die Handlungen i.S. der Notwendigkeit, als Antwort darauf selbständig neue Lösungen gedanklich zu entwerfen?

* Wie komplex sind die Handlungen in dem Sinne, daß sie sich aus einer unterschiedlich langen Abfolge von Teilhandlungen zusammensetzen?

- wie ausgeprägt das **Reflexions- und Systematisierungsniveau** des Lernhandelns ist, oder anders gewendet: In welchem Maße gelingt es, ein Wechselspiel von handlungs- und problembezogener Erfahrung und begrifflich-abstrakter Reflexion und Systematisierung zu verwirklichen? Erst über solche Prozesse wird es nach unserer Überzeugung möglich, im unmittelbaren Erfahrungskontext gewonnenes Wissen in bestehende Strukturen einzuordnen, zu generalisieren und für zukünftige Situationen anwendbar zu machen.

Mit diesen Fragen ist zugleich unsere Zielsetzung hinsichtlich der Gestaltung des Lernhandelns deutlich geworden. Einige weitergehende Präzisierungen wollen wir - in Form von didaktischen Postulaten - unmittelbar auf den Rechnungswesenunterricht bezogen vornehmen:

- Die Schüler sollen sich Begriffe, Konzepte, Theorien, Techniken und Operationen des Rechnungswesens sowohl inhaltlich erschließen - d.h. ihre **Bedeutung**, ihre inhaltliche Substanz erarbeiten - als auch in ihrer **Bedeutsamkeit** erfahren - d.h. sie aus ihrem pragmatischen Sinnbezug heraus als Mittel zur Erklärung und Gestaltung relevanter Lebenszusammenhänge, hier also zur Beurteilung und Steuerung von Unternehmensprozessen, entwickeln und sie darauf rückbeziehen.

- Die Schüler sollen dementsprechend von Beginn an mit komplexen Problemen und Situationen konfrontiert werden, deren Struktur realitätsnah, deren Inhalt subjektiv bedeutungsvoll und deren Präsentation auf den Erfahrungs- und Erwartungshorizont der Schüler bezogen ist. Dabei ist es durchaus zulässig, daß derartige Situationen auch Elemente enthalten, die noch außerhalb des aktuellen Lernhorizonts der Schüler liegen. Das didaktische Dogma, daß im Unterricht nichts unaufgeklärt bleiben dürfe, führt entweder zu künstlich simplifizierten und damit künftig den Lerngegenstand verfälschenden Lernsituationen oder aber dazu, daß der Unterricht in einer Vielzahl von Erklärungsversuchen zerfasert, die meist die Schüler überfordern und die Lehrer frustrieren. Alltäglicher Lernerfahrung entspricht es dagegen durchaus, sich damit zu begnügen, daß nur Teile bzw. Aspekte einer Situation voll verstanden sind und daß andere Bereiche zunächst einmal als gegeben hingenommen werden.

- Die Schüler sollen die Lösung dieser Probleme bzw. die Bewältigung oder Gestaltung dieser Situationen sowohl gedanklich antizipativ als auch operativ handelnd vollziehen und schließlich begrifflich-systematisch generalisieren und beurteilen. Begriffliche Reflexion, gedankliche Antizipation und operative Ausführung sind aufeinander bezogene Aspekte eines einheitlichen Lernprozesses.
- Um ein derartiges Lernhandeln zu ermöglichen, ist es wichtig, die Lerngegenstände in anschaulicher, erfahrungsoffener, realistischer und kontinuierlicher Weise zu modellieren und im Unterricht zu repräsentieren.

  * **Anschaulich** hebt die Notwendigkeit hervor, daß die Inhalte und Strukturen der Lerngegenstände dem erkennenden Zugriff seitens der Schüler zugänglich sind. Dieser Zugriff kann im praktischen Handeln und Problemlösen, in der eher distanzierten Analyse oder auch in der deutenden Betrachtung erfolgen. Deshalb ist Anschaulichkeit mehr als nur "Bildhaftigkeit"; wesentlich ist vielmehr, daß die zu vermittelnde Struktur tatsächlich in der medialen Repräsentation enthalten ist und daß sie durch das Lernhandeln erschlossen werden kann. Konkret bedeutet dies: Wenn Prozesse Gegenstand des Unterrichts sind, sollten sie auch prozeßhaft-dynamisch abgebildet werden; wenn es um das Verstehen von Systemstrukturen geht, sollte auch die Ganzheit dieser Struktur zugänglich sein; wenn es um operative Handlungsvollzüge geht, sollte über diese nicht nur gesprochen werden, sondern die Schüler sollten sie ausführen, etc.

  * Der Aspekt der **Erfahrungsoffenheit** führt diese Überlegung fort: Insbesondere in Abhängigkeit von der medialen Repräsentation der Lerngegenstände variiert die Möglichkeit der Schüler, den Umfang und die Art der bereitgestellten Informationen selbst zu definieren; und damit verbunden variiert auch die Anforderung, selbst Informationen zu beschaffen, zu erzeugen, zu verarbeiten oder auszuwählen. Deutlich wird dies, wenn man etwa einen Beleg und eine schriftliche Beschreibung eines Geschäftsvorfalls ("Zielverkauf von Waren") unter diesem Aspekt miteinander vergleicht.

  * **Realistisch** bezieht sich auf den Aspekt, daß die Lernobjekte des Unterrichts exemplarische Verkörperungen von Lerngegenständen sind, anhand derer die Schüler ein inneres Modell, d.h. strukturiertes Wissen über Funktion, Merkmale und Eigenschaften dieser Gegenstände erwerben. Der Lernerfolg ist nur möglich, wenn die Lernobjekte tatsächlich die wesentlichen materiellen und strukturellen Merkmale des Lerngegenstandes abbilden. Darüber hinaus sollten sie den lebensweltlichen Originalen (das können Objekte, Handlungen, Syste-

me, Begriffe, Ideen u.a.m. sein) in der Präsentation und Verwendung so ähnlich wie möglich sein, um Interesse zu wecken, das Wiedererkennen zu erleichtern und auch eine ganzheitlich-sinnliche Wahrnehmungs- und Erfahrungskomponente zu berücksichtigen. Seine Grenzen findet dieser Grundsatz vor allem dann, wenn es um die didaktisch erforderliche Akzentuierung und Reduktion von Lerngegenständen geht.

Ein wichtiger Teilaspekt dieses Postulats liegt in der Forderung, bei der Modellierung des Bezugsunternehmens, also auch bei der Fall- und Aufgabengestaltung, realistische Zahlen zu verwenden. Hinter dieser Forderung steht die Überlegung, daß durch diese Zahlen die Wertebene des Modellunternehmens ausgeformt wird und daß entsprechend diese Daten in sich (im Verhältnis der Zahlen zueinander) und im Verhältnis zu den abzubildenden Leistungsprozessen stimmig sein müssen. Weiterhin sollten diese Zahlen nicht im eklatanten Widerspruch zu den Alltagserfahrungen der Schüler stehen, und sie sollten nicht falsche empirische Annahmen oder Schlußfolgerungen nahelegen.

* Als Lerngegenstand des Rechnungswesenunterrichts kann die abstrakte und komplexe Abbildung des Leistungspotentials und der Leistungsprozesse einer Unternehmung auf der Wertebene angesehen werden. Dabei kommt dem Wechsel der Abstraktionsebene zwischen konkreten Objekten und Leistungen in der Unternehmung und ihren abstrakten Äquivalenten im Zahlensystem der Buchführung erhebliche Bedeutung zu. Wenn dabei das konkrete Unternehmensmodell, auf das der Unterricht Bezug nimmt, ständig wechselt, so ist zu erwarten, daß es den Schülern schon auf der konkreten Vorstellungsebene kaum gelingen kann, ein bedeutungshaltiges, gut strukturiertes inneres Abbild dieser Modellunternehmung(en) aufzubauen. Vor diesem Hintergrund halten wir es für angebracht, den Rechnungswesenunterricht möglichst **kontinuierlich** auf **ein** Modellunternehmen zu beziehen, dessen Struktur- und Leistungsmerkmale sich die Schüler in zunehmendem Maße vorstellen können. Dies schließt nicht aus, daß bereits aufgebaute Inhalte auf andere "Modellunternehmen" bezogen werden, vor allem aber bedeutet es, daß beim Aufbau neuer Inhalte Bezug auf das vertraute Modellunternehmen genommen wird. Da sich diese Anbindung idealiter durch den gesamten Lehrgang zieht, zahlen sich auch Bemühungen aus, den Vorstellungsgehalt, der sich mit diesem Unternehmen verbindet, durch besondere didaktische Maßnahmen zu steigern.

- Im Zentrum des Lernhandelns sollte in diesem Sinne die Bearbeitung arbeitsanaloger Lernaufgaben mittlerer Komplexität stehen, deren innerer Zusammenhang über den durchgängigen Bezug auf den Geschäftsablauf eines einheitlichen Modellunternehmens zu sichern ist. Bei der Modellierung dieses Bezugsunternehmens sollte Wert darauf gelegt werden, daß die verwendeten Daten in sich stimmig, in der Dimensionierung nicht offenkundig unrealistisch sind und daß sie keine falschen Schlußfolgerungen über ökonomische Sachverhalte nahelegen. Die Bearbeitung der arbeitsanalogen Lernaufgaben sollte möglichst unter Einsatz praxisadäquater Arbeitsmittel erfolgen; dies betrifft vor allem die Verwendung realitätsnaher Belege sowie den Einsatz der elektronischen Datenverarbeitung. Hierauf wird weiter unten noch näher eingegangen. Bei der Konstruktion derartiger Lernaufgaben sollte bedacht werden, daß auch umfangreiche Arbeiten mit Routineelementen, wie sie im Rahmen einer realistischen Modellierung entstehen, ein didaktisches Potential besitzen. Beispielsweise können dadurch Vereinfachungs- und Verkürzungsschritte, wie sie im Rechnungswesenunterricht häufig plausibel gemacht werden müssen - etwa beim Übergang vom Inventar zur Bilanz -, besser verständlich werden. Zum anderen liegen hier Gelegenheiten, das Gelernte zu üben und Fertigkeiten auszuprägen. Bei der Bearbeitung sehr umfassender Lernaufgaben bietet es sich zudem an, arbeitsteilig vorzugehen und die Teilergebnisse anschließend gemeinsam zu integrieren. Dabei ist die objektbezogene Arbeitsteilung der funktionalen vorzuziehen, weil sie die ganzheitliche Vorgangsbearbeitung ermöglicht. Ein solches arbeitsteiliges Vorgehen bringt auch die Chance mit sich, erleben zu können, wie Aggregationen auf höherer Ebene von der Qualität der Einzelarbeit abhängig sind.

3.3 Der "Buch-Ist-Vergleich" als zentrales Element eines wirtschaftsinstrumentellen Rechnungswesenunterrichts

In kritischen Auseinandersetzungen mit dem Buchführungsunterricht werden häufig extremer Formalismus und Detaillismus beklagt, und es wird als grundlegend angemahnt, mit den Schülern ein umfassendes **Verständnis des Systems der Doppelten Buchführung** zu entwickeln. Wir schließen uns dieser Kritik grundsätzlich an, meinen aber, daß die empfohlene "Therapie" zu kurz greift, genauer: daß sie eine wesentliche Verständnisstufe überspringt. Noch bevor nämlich das Prinzip der rechentechnisch begründeten doppelten Verbuchung (vgl. SCHNEIDER 1987, S. 97f.) erarbeitet wird, nach dem die Buchführung durchgeführt wird, muß den Schülern klar werden, welche Funktion und welchen systematischen Status die buchmäßige Bestandsfortschreibung im wertebezogenen

Informationssubsystem der Unternehmung einnimmt. Im Zentrum muß hierbei die Frage stehen, in welcher Weise die Daten der Inventur (Ist-Bestände) und die Daten der Buchführung (Soll-Bestände oder in Abgrenzung zu Planungsdaten: Buch-Bestände) aufeinander bezogen sind und handelnd aufeinander bezogen werden. "Ohne Inventur kann ein Jahresabschluß nur formell, nicht aber materiell 'richtig' sein" (SEICHT 1986, S. 351). SCHNEIDER (1987, S. 98) verweist darauf, daß das Rechenergebnis "Gewinn" erst infolge der Inventur zum Indikator für die Vermögensmehrung wird und, daß sich damit die technische Problemstellung des Kontenabschlusses mit einer wirtschaftlichen Sicht verbindet.

Wir wollen diese Überlegung präzisieren und beziehen uns zu diesem Zweck auf einen sehr pointierten, kritischen Artikel, den WELLER 1987 in der Zeitschrift "Wirtschaft und Gesellschaft im Unterricht" veröffentlicht hat. WELLER erläutert das Problem anhand eines kleinen Beispiels, das wir hier wörtlich wiedergeben (S. 176):

"Ein renommierter Unternehmer aus meinem Erfahrungsbereich hatte mich vor wenigen Monaten gebeten, an einem Vorstellungsgespräch mit Bewerbern um einen Ausbildungsplatz teilzunehmen. Es hatten sich achtzehn kaufmännisch vorgebildete Jugendliche (überwiegend Absolventen des Wirtschaftsgymnasiums und des Kfm. Berufskollegs) vorgestellt. Ich habe den Kandidaten, die im Unterrichtsfach Rechnungswesen Höchstnoten vorweisen konnten, folgende Aufgabe vorgelegt:

> **Sollsaldo Konto Bank 2.000,-- DM, Guthaben laut Kontoauszug der Bank 1.000,-- DM. Bilanzansatz Bank?**

Nicht ein einziger Bewerber war in der Lage, auch nur annähernd die richtige Lösung aufzuzeigen. Wenn überhaupt eine Antwort gegeben werden konnte, so diese: 'In der Bilanz stehe der Saldo vom Konto Bank mit 2.000,- DM'."

WELLER kommt zum Schluß, die Bewerber hätten hiermit gezeigt, daß sie die Bilanz als Sammelbecken von Kontensalden der Buchführung mißverstehen würden. Wir haben diesen kleinen Versuch mit Studenten der Wirtschaftswissenschaften mit abgeschlossenem Vordiplom wiederholt und können den Befund und die Interpretation WELLERs nur bestätigen. Es liegt auf der Hand, diese Fehlleistung nicht den Lernenden anzulasten, sondern nach dem "Defekt" im Lehrgang der Buchführung zu suchen. Hier lassen sich nun in der Tat eine Reihe von Merkmalen finden, die als "falsche Weichenstellungen" für den Lernprozeß interpretiert werden können:

- In den meisten Buchführungsbüchern werden die Geschäftsgänge von Beginn an in der Weise zum Abschluß geführt, daß die Salden der einzelnen Konten in eine "Abschlußbilanz" übertragen werden ("von der Eröffnungsbilanz bis zur Schlußbilanz"). Die Bilanz dient allein dazu, die Richtigkeit der Buchungen rechnerisch zu überprüfen.

- Eine Richtigstellung erfolgt hier in der Regel im Zuge der Einführung von "Eröffnungsbilanzkonto" und "Schlußbilanzkonto"; dies ist oft auch der Ort, an dem das Verhältnis von Ist- und Buch-Rechnung angesprochen wird. Allerdings wird in dieser Unterrichtseinheit i.d.R. überwiegend darauf geachtet, rein formal-buchungstechnisch die Funktion dieser Hilfskonten zu erarbeiten. Selbst wenn das Soll-Ist-Verhältnis thematisiert wird, scheint es schwierig, die zuvor erlernte Fehlorientierung aufzuheben. Dies auch deshalb, weil weiterhin die Salden der Konten ohne einen Bezug zur Inventur (Ausnahme: Warenbestandskonto) rechnerisch zusammengestellt werden; nur heißt das "Sammelkonto" nun nicht mehr "Bilanz", sondern "SBK". Daß es Unterricht geben soll, in dem ein Geschäftsgang nur dann als abgeschlossen betrachtet wird, wenn die Schüler direkt aus den Werten des SBK eine "Abschlußbilanz" erstellen, kann angesichts dieser verbreiteten Fehlorientierung nicht überraschen.

- "Die sog. 'Vorbereitenden Abschlußbuchungen' werden dem Schüler stets schematisch vorgegeben (z.B. Abschreibungen auf Anlagen) und nicht aus den Ergebnissen der Inventur entwickelt" (WELLER 1987, S. 177). Problematisch ist dabei vor allem, daß Bewertungsfragen ausgeblendet werden und somit ein zentraler unternehmerischer Handlungsspielraum nicht nur nicht thematisiert, sondern systematisch verdeckt wird.

- In die gleiche Richtung zielt der Hinweis darauf, daß beim Abschluß der Konten die Werte der Inventur grundsätzlich unbeachtet bleiben. Daran ändern auch salvatorische Klauseln, wie z.B. "Die Buchwerte entsprechen den Inventurwerten", nichts, die vorwiegend vom Bemühen der Lehrbuchverfasser zeugen, sich gegen inhaltliche Kritik abzusichern. Solange derartige Formeln für die Schüler praktisch folgenlos bleiben, d.h. die von ihnen erwartete Art der Aufgabenbearbeitung nicht verändern, werden sie auch für die Schüler bedeutungslos im wahrsten Sinne des Wortes bleiben. Die Konsequenzen liegen auf der Hand: Da Differenzen zwischen Inventurwerten und den Kontensalden nicht auftreten, erübrigt sich die Frage nach möglichen Ursachen solcher Differenzen. Und es erübrigt sich die Notwendigkeit, derartige Differenzen über Korrekturbuchungen auszugleichen. Somit wird hier eine Chance vertan, immer wieder auf den Primat der Ist-Bestände gegenüber den Buch-Beständen und damit auf Wesen und Funktion der Buchführung einzugehen. Die unmittelbaren Konsequenzen zeigt das

WELLERsche Beispiel nachdrücklich. SEICHT (1970, S. 24ff.) verweist darauf, daß Bilanzen aus dem Hauptbuch ohne Berücksichtigung der Inventur nur Probebilanzen oder unechte Vermögensbilanzen sind, und daß historisch gesehen eine "entscheidende Verbesserung der Bilanz bzw. der Bilanzierung ... mit der Einführung der Inventur und deren Verwendung zur Kontrolle der Buchsalden erreicht wurde" (ebenda, S. 25).

- Da die Werte der Inventur faktisch keine Rolle spielen, da weder Bewertungsfragen von Beginn an systematisch einbezogen werden noch Differenzen zwischen Ist- und Buch-Beständen auftreten, erweist es sich als äußerst schwierig, die Hauptabschlußübersicht funktions- und zweckbezogen einzuführen. Tatsächlich handelt es sich hierbei wohl auch um eine relativ "ungeliebte" Unterrichtseinheit, die eher den fatalen Ruf der Buchführung festigt, ein blutleer formalistisches Unterrichtsfach zu sein, als daß die Chance genutzt würde, die Verbindung zu datengestützten betriebswirtschaftlichen Entscheidungsprozessen herzustellen. Als "Probebilanz" und Instrument zur Ausübung von Wahlrechten erlangt sie jedoch einen formellen und materiellen Sinn.

Auf der Basis dieser Kritik läßt sich unsere Position folgendermaßen zusammenfassen:

Der ökonomisch-sinngebende Systemaufbau der Doppelten Buchführung kann nur vermittelt werden, wenn zuvor die Funktion der Buchführung plausibel erarbeitet wird und wenn das Verhältnis von Ist- und Buch-Bestandserfassung den Schülern klar und plausibel ist. Dies kann nicht durch eine abstrakt-systematische Unterrichtslektion zum Thema "Notwendigkeit und Aufgaben der Buchführung" o.ä. zu Beginn des Lehrgangs allein geleistet werden.

Deshalb sollten noch vor der Einführung in das System der Doppik die Idee der buchmäßigen Fortschreibung periodisch ermittelter Ist-Bestände problembezogen erarbeitet und daraus die Grundform des Verhältnisses von "Bestandsermittlung", "Buchführung" und "Abstimmungsprocedere" entwickelt werden. Hierfür bietet sich nach unserer Überzeugung das Thema "Kassenbericht" in hervorragender Weise an. Hierauf wird unten konkretisierend eingegangen (S. 54ff.).

Wenn dieses Grundschema einmal aufgebaut ist, sollte im Fortgang des Lehrgangs darauf beständig Bezug genommen werden. Hieraus lassen sich die Aufgaben der Inventur, der Charakter der Buchführung sowie die Modalitäten des Abschlusses einschließlich erforderlicher Korrekturbuchungen begründen. Wir halten es dabei für wichtig, möglichst schnell diesen Grundzusammenhang im Bereich der Buchführung herzustellen. Dies ist durchaus schon auf der Ebene reiner Bestandsvorgänge möglich; Soll-Korrekturen würden sich hier z.B. auf Verschiebungen in der Vermögensstruktur beziehen. Eine ausführlichere Darstellung unserer Sequenzidee findet sich im Kapitel 4.

3.4 Die Mittlerfunktion des Beleges zwischen den realen Vorgängen und deren Abbildung im Informationssystem der Unternehmung (Buchführung)

Eine zentrale Aufgabe des Rechnungswesensenunterricht sehen wir darin, den Schülern den Wechselbezug zwischen dem Zahlenwerk des Rechnungswesens auf der einen und dem zugrundeliegenden tatsächlichen Leistungspotential und den real ablaufenden Transformationsprozessen auf der anderen Seite verständlich zu machen. Die Schüler sollten dieses Wechselverhältnis durch ständige "Übersetzungsleistungen" weitestgehend internalisieren. Die Erreichung dieses Ziels wird wesentlich dadurch bestimmt, in welcher Weise Geschäftsvorfälle im Unterricht präsentiert werden. Hierbei messen wir der Verwendung realitätsnaher Belege im Unterricht besondere Bedeutung bei.

Im Grunde lassen sich zwei Phasen der Repräsentation der Modellunternehmung im Unterricht unterscheiden. Die **erste Phase** betrifft die Abbildung der Vermögens- und Schuldenposten im Zuge der "Ist-Aufnahme", der Inventur. An das Modellunternehmen kann dabei herangeführt werden:

- durch körperliche Inventur in kleinen, abgegrenzten Teilbereichen (vorzugsweise Kassen- und Lagerbestand);

- durch medial gestützte Veranschaulichung des Anlagevermögens, wobei sowohl realitätsanaloge Arbeitsunterlagen, wie z.B. Anlagekarteikarten, als auch didaktisch ergänzende Medien, wie Bilder, Filme, Grundrisse etc., des Modellunternehmens in Frage kommen;

- durch den Einsatz realitätsanaloger Unterlagen im Zusammenhang mit der Buchinventur, vor allem bei Forderungen und Verbindlichkeiten.

Die **zweite Phase** der Repräsentation betrifft die fortlaufende Veränderung der Vermögens- und Schuldenposten, also die Buchführung im eigentlichen Sinne. Hierbei werden bekanntlich die Prozesse nicht direkt verfolgt, sondern anhand von Belegen erfaßt, die als Teil des Informationssystems die Real- und Nominalgüterströme bzw. -transformationen begleiten und dokumentieren. Diese Belege haben mithin eine gewisse Drehscheibenfunktion:

- Sie übersetzen Vorgänge von der Ebene konkreter Güterströme bzw. Gütertransformationen auf die Ebene des Informationssystems, d.h. sie leisten eine **Abstraktion** von den Besonderheiten des jeweiligen Vorgangs auf das unter dem Aspekt der Vermögens- und Kapitalveränderung Bedeutsame. Sie **verdichten** durch die Verwendung der Fachterminologie Sachverhalte. Und sie **dokumentieren**, d.h. objektivieren, schließlich Ansprüche der Unternehmung gegenüber Dritten bzw. Dritter gegenüber der Unternehmung. Immer jedoch lassen sie den Rückschluß auf die zugrundeliegenden Vorgänge mehr oder weniger eindeutig zu.

- Zugleich sind die Belege Ausgangspunkt weiterer Abstraktions- und Verdichtungsvorgänge, die im Rahmen der Buchführung bis hin zur Buchung im Hauptbuch führen.

Beide Aspekte sind realiter untrennbar miteinander verbunden und scheinen uns gleichermaßen bedeutsam. In der gängigen Unterrichtspraxis wird demgegenüber vorwiegend mit verbal präsentierten Geschäftsvorfällen nach dem Muster "Wareneinkauf auf Ziel" gearbeitet. Diese Praxis führt nach unserer Überzeugung sehr leicht dazu, daß die tatsächlichen Ereignisse, die den Geschäftsvorfall begründen, hinter das begrifflich-abstrakte Stereotyp zurücktreten. Vor allem aber wird der Schüler nicht mehr zur eigenständigen Analyse des relativ komplexen Belegs und des hierüber dokumentierten betrieblichen Geschehens, zur Unterscheidung des Wesentlichen vom Unwesentlichen oder zur Abstraktion angehalten. Unterbleibt dann beim Operieren auf der begrifflich-abstrakten Ebene eine veranschaulichende Konkretisierung, so wird einer bedeutungsarmen Vorgangsbeschreibung der entsprechende Buchungssatz nur schematisch zugeordnet. Der Bezug zum tatsächlichen Geschehen und seinen Auswirkungen in einer (wenn auch imaginär-modellhaften) Unternehmung droht damit verloren zu gehen (REIMERS 1987a). Fehlendes Verständnis bei der Bildung von Buchungssätzen wird meistens erst dann entdeckt, wenn die Grenzen des Auswendiglernens erreicht werden.

Wir halten es für geboten, von Beginn an konsequent mit Belegen zu arbeiten. Nur am Rande sei hier erwähnt, daß damit natürlich auch ein grundlegendes Prinzip ordnungsgemäßer Buchführung für den Unterricht ernst genommen wird.

Bei diesem arbeitsanalogen Vorgehen sollte immer wieder gleichermaßen der Bezug zu den realen betrieblichen Vorgängen, die mit dem Beleg dokumentiert werden, und zu den daraus resultierenden Veränderungen in der Vermögens- und Kapitallage der Unternehmung hergestellt werden. Erst wenn die Schüler die Verknüpfung beider Aspekte relativ sicher beherrschen, sollte die abstraktere Form der Präsentation von Geschäftsvorfällen, die verbale Fallbeschreibung, verwendet werden.

Wir denken, daß gerade mit diesem Vorgehen Entwicklungen der Berufspraxis bezüglich der integrierten Datenerfassung und des "beleglosen" Datenaustausches mit automatischer Buchung Rechnung getragen wird, da nicht der Buchungssatz und die Buchung, sondern das Verständnis für die realitätsgerechte Datenerfassung und deren Auswirkung zum Hauptziel der Ausbildung wird. Die Buchungssätze sowie das Buchen und Abschließen der Konten sehen wir als ein geeignetes Mittel an, diese Zusammenhänge über die Tätigkeit des Schülers herzustellen.

3.5 Zur Integration der EDV in den Rechnungswesenunterricht

Die anwendungsorientierte Integration der EDV in den Rechnungswesenunterricht erfolgt unter curricularen und unterrichtsmethodischen Gesichtspunkten. Das curriculare Element liegt primär in der Vermittlung von Auswirkungen des EDV-Einsatzes auf die Arbeitsbedingungen und in der grundsätzlichen Befähigung zur Nutzung des Computers als Hilfsmittel für fachliche Aufgaben. Die Auswirkungen des Computereinsatzes erstrecken sich auf die Übernahme von Algorithmen in Programme, die nur mittelbare Zugänglichkeit von Informationen und die Verlagerung fort von Routinearbeiten und hin zu dispositiven und interpretierenden Tätigkeiten. Diese Verschiebungen sind nur erfahrbar, wenn auch die herkömmlichen Arbeitstechniken erworben werden. Allerdings sind beide Arbeitstechniken unter didaktischen Gesichtspunkten aufeinander abzustimmen.

Die EDV-Integration in die kaufmännischen Kernfächer Betriebswirtschaftslehre und Rechnungswesen sollte durch eine Kern- und Vertiefungsinformatik (DUBS 1985, S. 318) in einem eigenständigen Unterrichtsfach ergänzt werden. Durch die Integration in die kaufmännischen Kernfächer kann deutlich werden, daß betriebswirtschaftliche Problemstrukturen durch den EDV-Einsatz beeinflußt werden. Wir sprechen uns deutlich dagegen aus, spezifische fachliche Anwendungen im Fach "EDV/Organisation" anzusiedeln; wir schließen uns dabei in bezug auf die kaufmännische Berufsausbildung einer von SCHEER 1987 für die Hochschulausbildung getroffene Aussage an: "Die alleinige Behandlung des EDV-Einsatzes durch die Wirtschaftsinformatik würde diese wegen der Stoffülle nicht nur überfordern, sondern vor allem den falschen Schluß erzeugen, daß die Stoffinhalte der Allgemeinen und der speziellen Betriebswirtschaftslehre(n) unverändert bleiben könnten" (S. 186f.).

Die curriculare Herausforderung und die Chancen dieser EDV-Integration in die kaufmännischen Kernfächer liegen in einer Qualifikationsstrategie, die neueren Konzeptionen der EDV-Nutzung (z.B. CIM, Warenwirtschaftssysteme) entspricht. Die ganzheitliche Gestaltung von Vorgangsketten und die ganzheitliche Vorgangsbearbeitung am einzelnen Arbeitsplatz (SCHEER 1989) liegt auch im Interesse einer handlungsorientierten Didaktik, aber nicht nur als technische Abwicklung, sondern verbunden mit Prozessen der Reflexion und Verallgemeinerung - einem Lernen im und am Modell (vgl. TRAMM 1984).

Die auch der CIM-Konzeption zugrundeliegende Sicht des Rechnungswesens als Abbildung wertorientierter Prozesse, die auf operativen Prozessen aufbauen und im Dienste von Berichts- und Kontrollsystemen stehen (SCHEER 1989), entspricht unserer intendierten Verbindung der Buchungen mit der betrieblichen Realität einerseits und deren wirtschaftlicher Interpretation andererseits. Die curriculare Integration im Sinne einer Handlungsorientierung verlangt auch, daß Schüler befähigt werden, den Computer als Werkzeug für verschiedene Aufgaben zu nutzen. Hard- und Software sollten allgemeinen Standards entsprechend gestaltet sein, damit die Bedienung leicht erlernbar und die erworbenen Fertigkeiten vielseitig transferierbar sind (vgl. PREISS 1988a; 1988b).

Mit der Softwaregestaltung eng verbunden sind die methodischen Chancen des EDV-Einsatzes. Für Lernprozesse sind an die Software Anforderungen zu stellen, die in der Berufspraxis nicht immer erfüllt werden müssen. Umgekehrt kann es auch sein, daß bestimmte Datenschutz- und Datensicherheitsvorkehrungen der Berufspraxis beim Lernen störend wirken würden. Dies hat zur Folge, daß besonders für den Anfangsunterricht - will man auch dort die Chancen der EDV-Integration nutzen - spezielle unterrichtsgeeignete Software entwickelt werden muß und noch keine kommerziellen Anwendungsprogramme eingesetzt werden können. Dennoch sollte es u.E.in der Fachausbildung auch Ziel des Unterrichts sein, an kommerzielle Finanzbuchhaltungs- und evtl. auch Anlagenbuchhaltungs- und Kostenrechnungsprogramme im Sinne einer anwendungsorientierten EDV-Integration heranzuführen. Dies kann ein Beitrag dazu sein, daß der Rechnungswesenunterricht sich nicht von den Verfahrensweisen der Berufspraxis ablöst.

Unterrichtsgeeignete Software unterscheidet sich prinzipiell von Lernprogrammen, die für das Selbststudium konzipiert wurden, da sie nur systemimmanente Kontrollen (Soll-Haben-Abstimmung, Plausibilitätskontrollen etc.) enthält und nicht einzelne Eingaben mit vorgegebenen richtigen Lösungen vergleicht.

Bei der Gestaltung von Unterrichtssoftware für das Fach Rechnungswesen ist zu berücksichtigen, daß Lernprozesse begünstigt werden, wenn Zwischenergebnisse und evtl. auch Verarbeitungsalgorithmen sichtbar gemacht werden können. Die Veränderung früherer Eingaben im Sinne von "Was-wäre-wenn"-Überlegungen kann auch bei rein administrativen Arbeiten sinnvoll werden, wenn die Folgen verschiedener Handlungsalternativen schnell ermittelt werden sollen. Besonders wichtig erscheint es uns, wirtschaftliche Sachverhalte in verschiedenen Repräsentationsformen (Texte, Daten und Grafiken) darzustellen. Ferner ist darauf zu achten, daß die Komplexität von Benutzeroberfläche (Bildschirmmasken oder Ausdrucke), Informationssystem (Instrumente, Kontensystem etc.) und zugrundeliegendem Modellunternehmen (Bestände, Geschäftsvorfälle) je nach Lernervoraussetzungen und pädagogischer Intention variiert werden kann. Entsprechend unseren bisherigen Erfahrungen empfehlen wir dafür eine Parametersteuerung, die von dem Lehrer keine Programmierkenntnisse verlangt.

Weitere Anforderungen an Software für den Anfangsunterricht im Rechnungswesen sind gemäß unserer Konzeption:
- die Übernahme von Daten aus einem schulischen Warenwirtschaftssystem;
- die Verträglichkeit mit der Terminologie des Lehrplans und des eingeführten Lehrbuchs;
- die Unterstützung unterrichtsvorbereitender Arbeiten (Anlegen von Konten, Anfangsbestandserfassung, Ausdruck von Arbeitsblättern);
- die doppelte Mandantenfähigkeit (mehrere Unternehmen für mehrere Klassen);
- die Netzwerkfähigkeit (zur gemeinsamen Arbeit an einem Datenbestand);
- die Anwendbarkeit in der Lernbüroarbeit.

Für die gerätetechnische Organisation der EDV-Integration bieten sich bei entsprechender Softwareflexibiliät und Hardwareausstattung mehrere Varianten an. Grundsätzlich ist die PC-Technologie am flexibelsten, da Einzelplatz-Systeme, Stand-alone-PCs und vernetzte Systeme mit integrem Datenbestand möglich sind. Folgende Varianten sind dabei denkbar:

(a) Einsatz eines mobilen Personal-Computers im Klassenzimmer mit Projektionsmöglichkeit des Bildschirminhalts;
(b) Unterricht mit Übungen in einem mit wenigen PCs ausgestatteten Klassenraum;

(c) Übungen (evtl. auch Unterricht) in einem computerausgestatteten Lernbüro;
(d) Übungen in einem Computersaal.

Wir bevorzugen die Variante (a), weil bei ihr die erforderliche didaktische Verknüpfung der EDV-Lösung mit der manuellen Durchführung am besten zu verwirklichen ist. Diese Konzeption geht davon aus, daß Kleingruppen (zwei Schüler) abwechselnd verschiedene Aufgaben am Computer lösen, während die anderen Schüler diese auf traditionelle Weise mit Arbeitsblättern in Angriff nehmen. Besonders wichtige Schritte und grafische Veranschaulichungen können über Großbildprojektionen der ganzen Klasse dargeboten werden.

Ein wesentliches Merkmal unserer Konzeption besteht darin, daß die Arbeit am Computer strukturidentisch mit der manuellen Arbeit ist, daß jedoch bestimmte Arbeitsschritte computerunterstützt erfolgen und somit auch die Leistungsfähigkeit des Computers bezüglich Rechenleistung, Datenzugriff, grafischer Präsentation und Druckausgabe erlebt werden kann. Andererseits hat sich die manuelle Bearbeitung aber auch an den durch den EDV-Einsatz in der Berufspraxis veränderten Qualifikationserfordernissen zu orientieren - allerdings unter Berücksichtigung didaktischer und lernpsychologischer Kriterien. Aufgrund dieser Überlegungen legen wir Wert auf die Arbeit mit konkreten Belegen, Journalen und Konten, auch wenn deren Funktionen in der Berufspraxis zunehmend von der EDV übernommen werden. Entscheidungen und Handlungen aufgrund der Werte des Rechnungswesens werden aber weiterhin von dem zu qualifizierten Sachbearbeiter erwartet. Abbildung 4 skizziert grob die Entwicklung der Buchführung und unsere Konzeption der EDV-Integration in den Rechnungswesenunterricht.

4 Unterrichtseinheiten zur praktischen Umsetzung der Konzeption

4.0 Vorbemerkungen

Die folgenden Ausführungen stellen eine Mischung dar: Zum Teil berichten wir über Entwicklungen, die wir bereits über mehrere Jahre hinweg erprobt haben und die sich bewährt zu haben scheinen; zum Teil handelt es sich um Überlegungen, wie auf der Grundlage unserer Gesamtkonzeption im Rahmen der kaufmännischen Grundbildung der Rechnungswesenunterricht weitergeführt werden sollte. Es ist unser Anliegen, Alternativen zu tradierten Lehrstoffstrukturierungen und Schwerpunktsetzungen aufzuzeigen und zur Diskussion zu stellen. Diese Alternativen sollen einen mittleren Weg zwischen den Extremen der technisch-instrumentellen

Abbildung 4: Wie soll die kaufmännische Ausbildung auf die Entwicklung in der Praxis reagieren?

Tendenzen: zunehmende Komplexität,
zunehmende Zahl von Routinefällen,
zunehmender Verlust unmittelbar wahrnehmbarer Informationsmedien

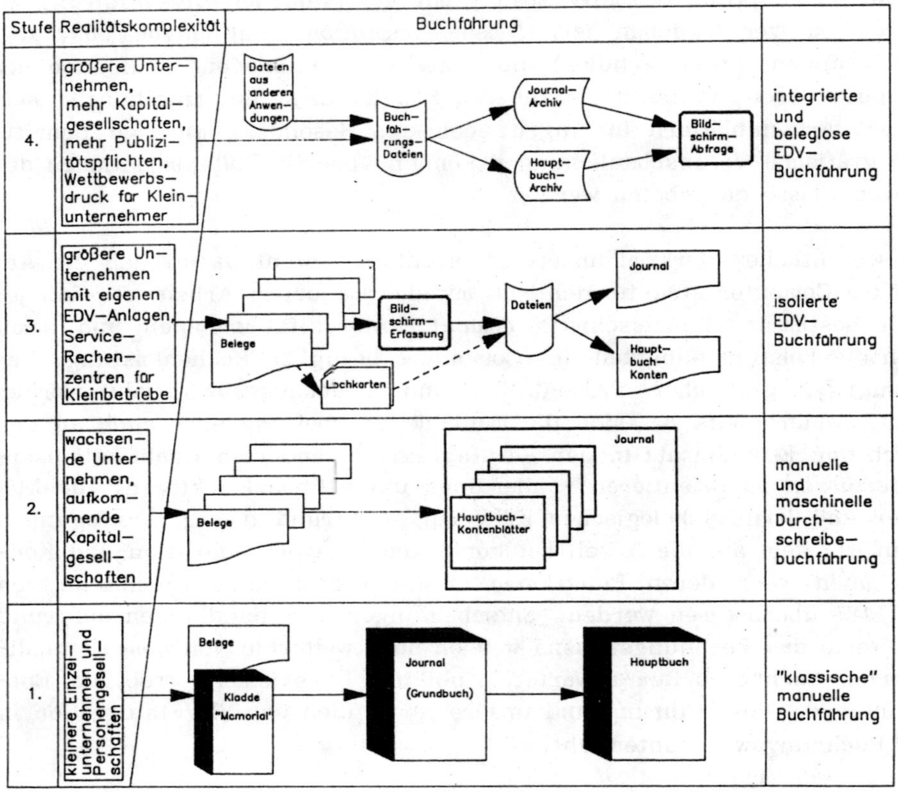

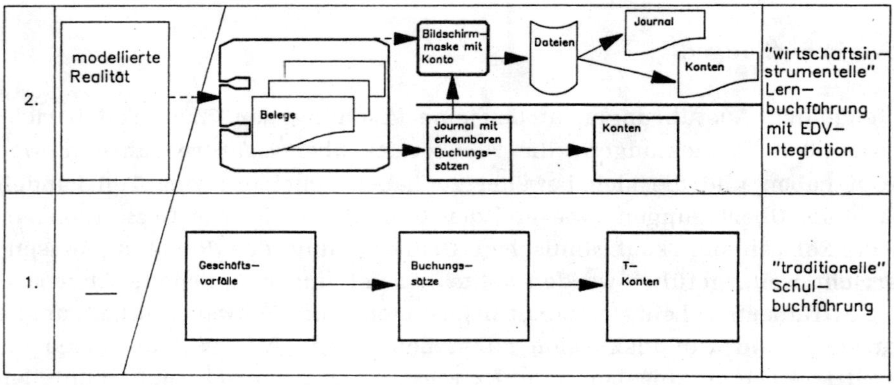

und der überwiegend abgehoben-interpretierenden Sicht des Rechnungswesens zeigen. Die technisch-instrumentelle Sicht, die die Hauptaufgabe des Anfangsunterrichts in der Vermittlung des **Systems** der Doppelten Buchhaltung sieht und wirtschaftliche Interpretationen an das Ende des Lehrgangs stellt, lehnen wir ab, weil hier verkannt wird, daß Sinnvermittlung Lernprozesse fördert und nicht mit unnötiger Komplexität anreichert. Die Gegenposition der abgehobenen Reflexion anhand von Materialien, die von den Schülern nicht selbst erstellt werden, lehnen wir vor allem aus zwei Gründen ab: zum einen, weil bei ihr die Gefahr der Vernachlässigung von Rechen- und Buchungstechnik besteht, zum anderen, weil sie die Bedeutung von Handlungen für den Aufbau kognitiver Strukturen nur unzureichend beachtet.

4.1 Der Kassenbericht als Grundmodell des Buch-Ist-Vergleichs

Als in den Lehrgang einführende Unterrichtseinheit bietet sich ein Themengebiet an, das
- an die Vorerfahrung aller Lernenden anknüpft,
- Erwartungen bezüglich berufsorientierter und auch sonst verwertbarer Qualifikationen entspricht,
- bereits wesentliche Grundstrukturen des Faches erkennen läßt und
- zu den zentralen Arbeitstechniken hinführt.

Wir sind der Auffassung, daß dieses in besonderem Maße von einer Unterrichtsreihe "Kassenbericht" geleistet werden kann. Als Leitidee formulieren wir, daß die Schüler
- am Beispiel des Kassenbuchs Sinn und Zweckmäßigkeit regelmäßiger und ordentlicher Aufzeichnungen über die Änderung von Vermögensgegenständen erfahren;
- am Kassenbuch exemplarisch die Grundidee der buchmäßigen Fortschreibung von Ist-Beständen und die Funktion des regelmäßigen Vergleichs der Ist-Bestände mit den Buch-Beständen erarbeiten;
- die für die Erstellung eines Kassenberichts erforderlichen Arbeitsschritte sachlich und formal korrekt ausführen und in ihrem Zweckbezug erläutern können.

Die **Zweckmäßigkeit** geordneter Aufzeichnungen über die Bestände und über die Bewegungen in einem Zeitraum zur Kontrolle und zur Gewinnung von handlungsrelevanten Informationen kann an diesem Themengebiet erarbeitet werden. Staffel-, Kontorechnungen und Zähllisten können als **Instrumente**, Summenbildung, Saldierung und Abstimmung des Buch-Bestandes mit einem Ist-Bestand (einschließlich der Behandlung von Differenzen) können als **Techniken** der Buchführung eingeführt werden. Entscheidungen über zweckmäßige Bestandszusammensetzungen (Wechselgeld versus Risiko) können erörtert, aggregierte Werte (Summe der Einzahlungen, Bestandsveränderungen) können analysiert und interpretiert werden, und die Behandlung auftretender Differenzen kann problematisiert und geübt werden. Durch den EDV-Einsatz wird es möglich, solche Betrachtungen, Analysen und Interpretationen durch Grafiken zu stützen. Mit unseren Entwürfen einzelner Unterrichtseinheiten im Rahmen einer Gesamtkonzeption streben wir bestimmte Haupt- und Nebeneffekte an. Die unterrichtliche Durchführung mit der Evaluation im Rahmen unseres Projekts sowie die fachdidaktische Diskussion können Hinweise auf Probleme und nicht beabsichtigte Nebeneffekte liefern, die zu Modifikationen unseres Ansatzes führen. Im folgenden unterbreiten wir allerdings aus Platzgründen unsere Vorschläge überwiegend eindimensional, d.h. wir verzichten auf die Darstellung möglicher Ketten von Haupt- und Nebeneffekten.

Für die praktische Durchführung des Unterrichts sind Kassenbestände, Ein- und Auszahlungsvorgänge sowie das Kassenbuch und eine Bargeldaufnahmeliste zu modellieren. Bei der Einführung erachten wir es als sinnvoll, konkrete "Modelle" von Bargeld und Belegen mit in den Unterricht zu bringen; bei den folgenden Übungen genügt dann ein Informationsblatt. Die Gestaltung des Arbeitsblattes "Kassenbuch" sollte u.E.der später praktizierten Kontenform (T-Konto oder dessen tabellarische Variante) entsprechen. Die Bargeld-Zählliste sollte die Stückelung des Geldes pro Nennwert enthalten und damit im Grundaufbau der bei der Wareninventur einzusetzenden Zählliste entsprechen.

Die ersten arbeitsanalogen Lernaufgaben sollten so modelliert sein, daß keine Differenzen zwischen Buch-Bestand und Ist-Bestand auftreten. "Was-wäre-wenn"-Überlegungen können dann zur Behandlung von Differenzen (Fehlbetrag, Mehrbestand) überleiten. Es widerspräche den Grundintentionen unseres Ansatzes, wenn auf einem Bestandskonto der Endbestand als Saldo ermittelt würde. Es muß von Anfang an deutlich werden, daß End- und Anfangsbestände aus der "Realität" stammen und nicht aus dem Hauptbuch. Dementsprechend legen wir besonderes Gewicht darauf, daß der Schlußbestand des Kassenbuchs nicht durch Saldierung buchmäßig ermittelt, sondern daß er als Ergebnis der körperlichen Bestandserfassung ins Kassenbuch übernommen wird. Erst im Anschluß daran erfolgen die (zunächst probeweise) Aufsummierung der Kassenbuchspalten, gegebenenfalls eine Überprüfung der Zählung und die Buchung eventueller Fehl- bzw. Mehrbeträge sowie schließlich der formgerechte Abschluß des Kassenbuchs.

Der Hinweis auf die Notwendigkeit dieses Vorgehens erfolgt deshalb so nachdrücklich, weil
- nur so der Charakter des **Buch-Ist-Vergleichs** plausibel verdeutlicht wird;
- nur so aus dem Vorgehen heraus deutlich wird, daß der **Ist-Bestand** das entscheidende **Datum** ist;
- nur so neben der formalen auch die **materielle Richtigkeit** des Abschlusses gesichert und die Summengleichheit zweier Spalten als sinnvolles Kontrollprinzip erkannt werden;
- nur so der Anspruch auf Verwendung "**arbeitsanaloger Lernaufgaben**" einzulösen ist: Das oben beschriebene Vorgehen entspricht dem tatsächlichen Ablauf in der Berufspraxis;
- demgegenüber die meisten Lehrbücher und die tradierte "**Schulbuchführung**" ein Verfahren nahelegen, bei dem der Schlußbestand des Kassenbuches durch Saldierung rechnerisch ermittelt wird.

Abbildung 5: Kassenbestand und Kassenbuch

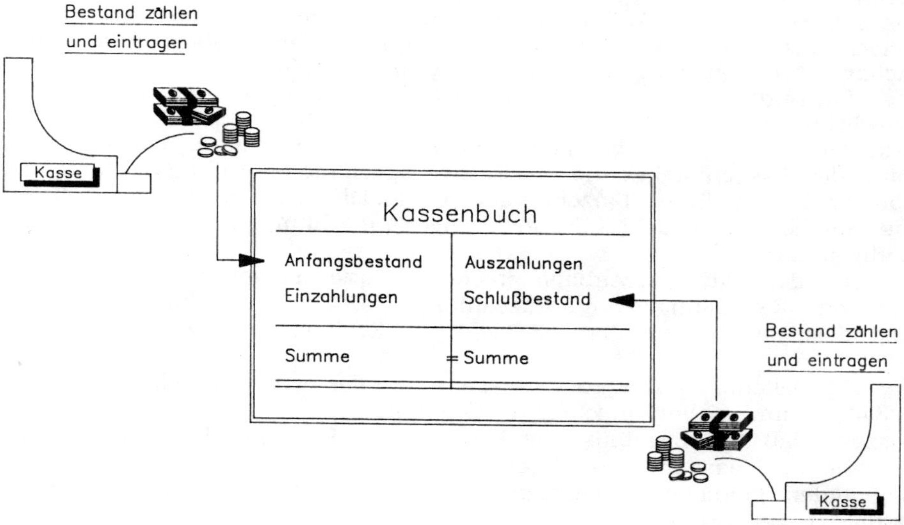

Die intentionale Ausrichtung dieser Unterrichtsreihe kann anhand folgender Lernziele verdeutlicht werden, wobei wir auf eine weitergehende Präzisierung verzichten (vgl. hierzu ACHTENHAGEN 1984, S. 102ff.):

Die Schüler sollen
- wissen, daß die Bargeldbestände eines Unternehmens unabhängig von der konkreten Aufbewahrungsart als Kassenbestand oder Kasse bezeichnet werden;

- Beispiele für arbeitstäglich anfallende Bareinnahmen und Barausgaben nennen können;
- erkennen, daß die Einzahlungen und Auszahlungen grundsätzlich im Zusammenhang mit der Erfüllung des Geschäftszweckes stehen;
- wissen, daß, und begründen können, weshalb Unternehmen Kassenbestände nicht unbegrenzt anwachsen lassen, sondern Barmittel zur Bank bringen;
- wissen, daß, und begründen können, weshalb Unternehmen nicht den gesamten Bargeldbestand bei Kreditinstituten deponieren;
- begründen können, weshalb in Unternehmen die Kassenführung oft an viele Mitarbeiter delegiert wird;
- erklären können, weshalb die Führung der Kasse in besonderem Maße Sorgfalt, Aufmerksamkeit und Kontrolle erfordert;
- verstehen, daß auch Dritte ein Interesse an einer ordnungsgemäßen Kassenführung haben;
- erkennen, daß die schriftliche Aufzeichnung von Kassenbestandsbewegungen ein probates Mittel der Kontrolle ist;
- begründen können, weshalb der arbeitstägliche Kassenabschluß sinnvoll und erforderlich ist;
- wissen, daß Einzahlungen den Kassenbestand erhöhen und buchmäßig zum Anfangsbestand addiert werden müssen;
- wissen, daß Auszahlungen den Kassenbestand mindern und deshalb vom (Anfangs-)Bestand abgezogen werden müssen;
- die Eintragung des Anfangsbestandes, der Ein- und Auszahlungen in einem Kassenbuch nach Kontenform (T-Konto oder tabellarisches Konto) sicher vornehmen und im Einzelfall begründen können;
- die Eintragungen und ggf. erforderliche Korrekturen formgerecht durchführen können;
- erklären können, daß bei korrekter Kassenführung und richtiger Führung des Kassenbuches die Summe aus (gezähltem) Anfangsbestand und (buchmäßig erfaßten) Einzahlungen die gleiche Höhe aufweisen muß wie die Summe aus (buchmäßig erfaßten) Auszahlungen und (gezähltem) Endbestand;
- wissen, daß das Kassenbuch in der Summe ausgeglichen sein muß, d.h. daß Einzahlungs- und Auszahlungsspalte betragsmäßig gleich sind und damit eine Kontrolle für richtiges Rechnen und Zählen gegeben ist;
- die körperliche Zählung des Kassenbestandes mit Hilfe einer Zählliste erläutern und sicher durchführen können;
- wissen, daß das Ergebnis der körperlichen Kassenzählung als Schlußbestand ins Kassenbuch zu übernehmen ist;
- begründen können, weshalb der Ist-Bestand für die Abrechnung als Datum zu setzen ist;
- mögliche Ursachen für Kassenüberschüsse und Kassenfehlbeträge nennen können;
- das Vorkommen von Kassenüberschüssen und Kassenfehlbeträgen aus betrieblicher Sicht und aus der Sicht des betroffenen Mitarbeiters beurteilen können;
- eine realistische Vorstellung darüber formulieren können, in welchem Maße Kassenabweichungen in der Praxis auftreten und welche Ursachen dafür tatsächlich dominieren;
- darüber informiert sein, wie in der Praxis bei Kassendefiziten/-überschüssen verfahren wird (Haftungsfrage);
- wissen, daß Kassendefizite als "Fehlbetrag" (Manko) auf der Auszahlungsseite des Kassenbuchs erfaßt werden;

- wissen, daß Kassenüberschüsse als "Mehrbetrag" auf der Einzahlungsseite erfaßt werden;
- den Kassenbericht, bestehend aus Zählprotokoll und Kassenbuch, formgerecht abschließen können;
- wissen und erläutern können, daß auch bei Registrierkassen das Prinzip der Kassenbuchführung angewandt wird;
- erkennen, daß Bestandsbewegungen in einem Unternehmen nicht nur die Kasse betreffen;
- am Beispiel der Kassenauszahlung und Bankeinzahlung erklären, daß ein Vorgang zwei Veränderungen auslöst;
- andere veränderliche Bestandsgrößen des Unternehmens (insbes. Warenvorräte) nennen können;
- in Analogie zur Kassenbuchführung erkennen, daß und weshalb die buchmäßige Fortschreibung aller Bestandsgrößen zweckmäßig ist;
- in Analogie zur Kassenbuchführung erkennen, daß eine regelmäßige körperliche Bestandserfassung notwendig ist;
- wissen, daß die Erfassung aller Vermögensgegenstände und Schulden als Inventur bezeichnet wird.

Unter methodischem Aspekt sind vier Gesichtspunkte dieser Unterrichtseinheit "Kassenbericht" besonders hervorzuheben:

- Der Einsatz **arbeitsanaloger Lernaufgaben** unter Verwendung realistischer Arbeitsmittel im Wechsel mit Phasen der begrifflichen Reflexion und Systematisierung.

- Der durchgängige Bezug auf **ein Modellunternehmen** ("Miniwarenhaus August Schulze"), das in unterschiedlicher Weise medial repräsentiert wird (Kasse im Warenverkaufsraum, Film und/oder Photos; Firmenbelege; verbale Fall-/Aufgabenbeschreibung).

- Der Einsatz des **Computers**, der von Beginn an und insbesondere in Übungsphasen (parallel zur manuellen Bearbeitung) erfolgt. Wichtig ist dabei, daß Programmablauf und Eingabemasken der manuellen Bearbeitung entsprechen.

- Die Einbeziehung **empirischer Informationen** über die Handhabung der Kassenbuchführung bzw. des Kassenberichts in der betrieblichen Praxis. In Frage kommen hier Informationen darüber, welche Formulare in der Praxis verwendet werden, wie hoch der Umsatz einzelner Kassen in bekannten Geschäften ist, in welchem Maße tatsächlich Differenzen auftreten, was die wesentlichen Ursachen dafür sind, wie in diesen Fällen verfahren wird, und wer das Risiko hierfür trägt. Ebenfalls könnte deutlich gemacht werden, inwiefern auch moderne Kassensysteme das Grundschema des Buch-Ist-Vergleichs realisieren.

Aus der Erfahrung des Erprobungsdurchgangs und aus der intensiven Diskussion mit den beteiligten Lehrern wurde folgendes **Szenario** entwickelt:

Es wird ein **Unterrichtsfilm** hergestellt und eingesetzt, der im wesentlichen drei Sequenzelemente enthält:

(1) In kurzer Schnittfolge verschiedene Inkassovorgänge in verschiedenen Geschäften mit verschiedenen Kassen (20-30 Sekunden);

(2) Umschnitt auf Firmenschild "Miniwarenhaus August Schulze", Umschnitt auf Kasse in Warenverkaufsraum der Schule in Einbeck bzw. Northeim; Kasseneröffnung mit Einzählen des Wechselgeldes, verschiedene Inkassovorgänge mit Ausfüllen des Kassenbeleges und Ablage auf "Sticker" (Zeitraffer oder zunehmend schnellere Schnittfolge); Ende der Kassentätigkeit, Herausnehmen des Kasseneinsatzes, Zoom auf Inhalt (3 - 5 Minuten);

(3) Umschnitt auf Tätigkeit des Kassenabschlusses, Kassierer trägt Belege in Kassenbuch ein; Kassierer zählt Barbestände, trägt Schlußbestand ins Kassenbuch ein, rechnet, zählt nochmals oder sucht in der Kasse (3 - 5 Minuten).

Problematisierungsphase:
Anhand des Filmes - Teil 1 und 2 - können die Problematik der Kassenführung und die Notwendigkeit der Kontrolle erarbeitet werden. Schüler können ggf. eigene Erfahrungen einbringen (zu viel/zu wenig Wechselgeld u.ä.). Der Sinn schriftlicher Aufzeichnungen wird entwickelt.

Erarbeitungsphase:
Unter Bezug auf den Film werden Sticker und Kasseneinsatz in den Unterricht mitgebracht. Anhand der Kassenbelege werden schrittweise die Eintragungen ins Kassenbuch entwickelt und vollzogen (parallel am Computer). Die Kasse wird gezählt, der Bestand als Schlußbestand eingetragen usw.

Nach dem ersten Abschluß eines Kassenbuches können bei den folgenden Aufgaben schriftlich formulierte Geschäftsvorfälle und die Zählliste als "Statthalter" der Belege und des Geldes eingeführt werden. Inhaltlich gilt es, das erworbene Schema durch **Übung** zu festigen und durch **Anwendung** auf Fälle mit Abweichungen zwischen Buch- und Ist-Bestand zu stabilisieren und auszuweiten.

4.2 Inventur, Inventar und Bilanz als aufwendige Ist-Ermittlung

4.2.1 Zielsetzungen und Rahmenkonzeption

Mit der anschließenden Unterrichtseinheit geht es uns in erster Linie darum, von den möglichst konkret aufgeschlüsselten und anschaulich repräsentierten Vermögens- und Schuldenpositionen der Modellunternehmung ausgehend zu den abstrakten Konzepten der Bilanz hinzuführen. Dieser Prozeß sollte - wo immer dies möglich ist - lerneraktiv erfolgen, d.h. durch den konkreten Umgang mit Objekten oder deren sinnfälligen Repräsentationen, durch den realitätsanalogen Vollzug von Informationsgewinnungs- und -verarbeitungsprozessen.

Damit wird zunächst die bestands- und liquiditätsorientierte Schwerpunktsetzung unseres Einstiegs beibehalten, was jedoch nicht so verstanden werden sollte, als wenn wir zu diesem Zeitpunkt den Erfolgsaspekt und damit auch den Gewinnbegriff ausblenden wollten. Gerade wenn es um die Realisierung einer wertbezogen-betriebswirtschaftlichen Konzeption des Rechnungswesens geht, spielt die Gewinnorientierung eine zentrale Rolle. Dies läßt sich auch beim Vergleich zeitlich aufeinanderfolgender Inventarverzeichnisse oder Bilanzen durchaus in einer Weise realisieren, die dem Kenntnisstand und den Alltagserfahrungen der Schüler entspricht.

Mit dem Zugriff über die Erfassung konkreter Bestände wird ein wesentlicher Grundgedanke der Kontenmethode nicht nur übernommen, sondern auf alle Vermögensteile und Schulden übertragen. Wir verstehen unseren Ansatz dennoch eher als eine modifizierte Variante der Bilanzmethode, bei der der Einstieg in die Finanzbuchhaltung über eine ausführliche körperliche und buchmäßige Inventur erfolgt.

Mit der konkret realisierten Abwicklung der Inventur im Unterricht - im Gegensatz zu der traditionellen, vorwiegend begrifflich systematisierenden Darstellung - kommt der methodische und curriculare Aspekt der Handlungsorientierung besonders deutlich zur Geltung. Hinter dem methodischen Arrangement steht eine Abwendung vom eher lehrerzentrierten Frontalunterricht mit integrierten individuellen Übungsphasen. Wir setzen auf Lernformen, die im Sinne unserer Prinzipien des Lernhandelns den Erkenntnissen der Kognitiven Psychologie über Begriffsaufbau und Problemlösen, dem Kompetenz- und Lernkonzept der Handlungs- bzw. Tätigkeitspsychologie und nicht zuletzt traditionellen (berufs-)pädagogischen Bestrebungen entsprechen. Unter curricularem Aspekt trägt unser Konzept den Veränderungen in der Berufswelt und der wissenschaftlichen

Sicht des Rechnungswesens als Controlling-Instrument mit den daraus deutlich werdenden Qualifikationsverschiebungen Rechnung.

Während der Kassenbericht (mit den beiden Komponenten "Buch-Rechnung" und "Ist-Ermittlung") noch ein Modell für das Buchführungssystem als Ganzes darstellt, legt diese Unterrichtsreihe den Schwerpunkt auf die **Ist-Ermittlung**, wobei zunächst an einem ausgewählten Artikel lediglich auf der Mengenebene exemplarisch gezeigt wird, daß es analog zum Kassenbuch auch geordnete Aufzeichnungen und Bestandsfortschreibungen bei Waren (Lagerkartei) und darüber hinaus auch bei den anderen Vermögensgegenständen (Anlagenkartei, Kontokorrent) gibt. Diese Überleitung vom Kassenbericht zur Wareninventur über die mengenmäßige Fortschreibung eines Lagerbestandes hat einerseits die Funktion, die Notwendigkeit des Abgleichs des rechnerischen Saldos mit dem Ist-Bestand zu vermitteln, und erklärt andererseits das Zustandekommen von Buchbeständen, die den Schülern nach der Aufnahme des Ist-Bestandes bei jedem Artikel mitgeteilt werden.

Die Relevanz der späteren sorgfältigen Führung von Hauptbuchkonten kann daran verdeutlicht werden, daß die vollständige Ermittlung der Ist-Bestände einschließlich der Bewertung in einem Unternehmen als ein zu aufwendiges Verfahren erlebt wird, das nicht wie die Bargeldzählung täglich durchgeführt werden kann.

4.2.2 Körperliche Inventur bei Waren

Als erstes Themengebiet dieser Unterrichtsreihe bietet sich die Warenbestandsermittlung an. Waren sind wie Bargeld konkrete Gegenstände, allerdings mit dem Unterschied, daß sie keinen einheitlichen "Nennwert" haben, sondern im Regelfall von den Partnern des Einkaufs anders bewertet werden als von den Partnern des Verkaufs. Die Intersubjektivität der Bewertung bei Transaktionen und die fehlende Intersubjektivität der Bewertung bei Beständen können hier im Verbindung mit der Umformung von Mengeninformationen in Wertinformationen zum Zwecke der Weiterverarbeitung verdeutlicht werden.

Im Rahmen unserer Konzeption ist die Lagerbuchführung nicht unmittelbarer Lerngegenstand; sie soll nur insoweit angesprochen werden, als die Schüler darin das Prinzip des Kassenbuchs und die Notwendigkeit des Abgleichs mit dem Ist-Bestand wiedererkennen. Diese primäre Sinngebung aus Sicht der Unternehmenssteuerung kann dann durch Hinweise auf die Rechtsnorm ergänzt werden.

Die Orientierung an einer in der Berufspraxis möglichen, aber bei vielen Unternehmen nicht realisierten, mengenmäßigen Lagerbestandsführung erfolgt sowohl unter curricularen als auch methodischen Aspekten. Der curriculare Aspekt betrifft den zunehmenden Einsatz von Warenwirtschaftssystemen im Handel (Produktionsplanungs- und -steuerungssystemen in der Industrie) und die - aufgrund der Disposition anhand der "Buch"-Daten - häufiger notwendigen Inventuren. Hier kann im Rahmen einer schulischen Simulation im Rechnungswesenunterricht ein ganzheitlicher Arbeitsvollzug in vereinfachter Form vermittelt werden. Der methodische Aspekt betrifft die konkrete und anschauliche Durchführung des "Buch-Ist-Vergleichs" in dieser Anfangsphase. Ohne Lagerbuchführung wäre dieser Vergleich nur bei der abstrakten Position "Waren" auf der Wertebene möglich, mit ihr aber auch bei den einzelnen Artikeln auf der Mengen- und Wertebene.

Wenn in der Schule ein Warenverkaufsraum mit konkreten Exponaten vorhanden ist, so ist es möglich, die körperliche Inventur dort von den Schülern real durchführen zu lassen. Ein vertretbarer Zeitumfang erfordert den Einsatz vorbereiteter Zähllisten. Dabei empfiehlt es sich, diese bereits mit der Artikelbezeichnung, der Mengeneinheit und - in Abweichung von der üblichen Praxis - mit den Einstandspreisen zu versehen. So können die Schüler durchgehend

- von dem Erfassen der Ware im Regal,
- über das Notieren der Menge im Verkaufsraum,
- die Addition mit der Menge an anderen Lagerorten,
- die Multiplikation der Mengenzahl mit dem Einzelwert,
- die Summierung der Gesamtwerte für eine Warengruppe,
- deren Übertragung in die Vorspalte des Inventarverzeichnisses,
- deren Summenbildung in der Hauptspalte,
- bis zum Übertrag in die Bilanz

durch eigenes Handeln eine geschlossene Kette von dem "begriffenen" konkreten Artikel zu dem relativ abstrakten "Begriff" Waren in der Bilanz mit seiner spezifischen Wertangabe herstellen.

Wenn in der Schule kein Warenverkaufsraum vorhanden ist, kann dieses Verfahren über vorläufig ausgefüllte Zähllisten - evtl. ergänzt um Mitteilungen über Abweichungen beim Nachzählen - verwirklicht werden.

Für die Durchführung der Wareninventur ist sowohl eine Modellierung des Warenbestands als auch der Informationsträger erforderlich. Damit die später zu entwickelnde Bilanz eine betriebswirtschaftlich sinnvoll zu interpretierende Vermögenszusammensetzung aufweist, genügt der Bestand des Verkaufsraums in der Regel nicht. Deshalb sollte zu den meisten Artikeln noch ein Bestand an einem imaginären zweiten, größeren Lagerraum modelliert werden.

Damit auch die Sinngebung der Inventur erfahrbar wird, sollten in jeder Warengruppe ca. drei von den Ist-Beständen abweichende Buch-Bestände erzeugt werden. Die Buch-Bestände sollten den Schülern analog der Berufspraxis erst nach dem Zählvorgang mitgeteilt werden, um damit die tatsächliche und wahrheitsgemäße Bestandserfassung zu sichern und einen Kontrollvorgang zu initiieren. Beim EDV-Einsatz kann die Bekanntgabe der Buch-Bestände nach der Eingabe der gezählten Bestandsmengen in Verbindung mit dem Ausdruck eines Erfassungsprotokolls geschehen. Dieses würde dann die anfallenden Soll-Ist-Differenzen ausweisen und die entsprechenden Nachzählungen veranlassen.

Für die effektive Vorbereitung dieser körperlichen Inventur erscheint es sinnvoll, die Buch-Bestände einer Datei zu entnehmen, die von dem für die Ausstattung des Warenverkaufsraum verantwortlichen Lehrer gepflegt wird.

Die Durchführung der Inventur wird zweckmäßigerweise in kleinen Schülergruppen (zwei oder drei Schüler) vorgenommen. Bei 15 bis 45 Artikeln pro Gruppe kann nach unserer Erfahrung der Zählvorgang, die Erfassung an einem Computer und die erforderliche Nachkontrolle in einer Doppelstunde abgewickelt werden. Wir schneiden die Warengruppen dabei so, daß die Gruppen unterschiedlich umfangreiche Zähllisten erhalten. Damit kann ein Rückstau am Eingabeterminal des Computers vermieden werden. Wenn die Eingabe der Zählergebnisse auf mehreren Computer-Arbeitsplätzen parallel erfolgen kann, ist es auch möglich, Zähllisten mit gleicher Anzahl von Artikeln einzusetzen sowie die Erfassung und den Ausdruck der Protokolle zu beschleunigen.

4.2.3 Inventur bei Bankkonten

Nach der realitäts-analogen Bestandserfassung bei Bargeld und Waren bietet sich die Erweiterung auf abstraktere Vermögensgegenstände und Schulden über die Auswertung von Bankkontoauszügen an. Dazu sind entsprechende Belege sowie Informationen über die Buch-Bestände anzufertigen. Es ist an dieser Stelle nicht erforderlich, die Begriffe "Soll" und "Haben" einzuführen, wenn die entsprechenden Salden in den Auszügen analog der Praxis der Postgiroämter mit "Guthaben" und "Schuld" bezeichnet werden. Es kann erwogen werden, auch hier Differenzen zwischen Bankauszug und Buch-Bestand zu konstruieren.

Die Entscheidung, welche Guthaben (Postgiro, Bank) und Schuldkonten (Bank, Darlehen, Hypotheken) modelliert werden sollen, hängt auch davon ab, welche Übungsaufgaben im weiteren Verlauf des Unterrichts eingesetzt werden und dann von den Schülern ohne zusätzliche Erläuterung zu bearbeiten sind. Ist beispielsweise ein Bankgirokonto mit Schuldsaldo vorhanden, so kann auch später bei einer Behandlung des Passivtausches anhand der zu erstellenden Bilanz ein plausibler Geschäftsvorfall (Kontoüberziehung bei Überweisung einer Lieferantenrechnung bzw. Darlehnstilgung von diesem Konto) zugrunde gelegt werden.

4.2.4 Inventur bei Forderungen und Verbindlichkeiten

Nach unserer Erfahrung sind die Begriffe "Forderungen" und "Verbindlichkeiten" den Schülern am wenigsten geläufig und bedürfen deshalb besonderer Stützung. Wir vermuten, daß die Schwierigkeiten der Position "Verbindlichkeiten" in erster Linie aus der für die Schüler neuen Bezeichnung für den vertrauteren Begriff "Schulden" resultieren. Zu dieser sprachlichen Umorientierung tritt noch die Unterscheidung von den Bankschulden. Die Schwierigkeiten mit der Position "Forderungen" gehen unserer Ansicht nach über die sprachliche Komponente hinaus in den Verständnisbereich, da die kaufmännische Sicht in Kontrast zu der Alltagssicht steht. Aus fachlicher Sicht ist den Schülern zu vermitteln, daß es sich bei den Forderungen als Rechtsansprüche nicht nur um Gegenstände handelt, sondern diese auch noch den gleichen Wert haben wie das Geld, das der Kaufmann noch nicht erhalten hat. Hinzu kommt, daß dieser Wertansatz in der Regel über dem der nicht mehr vorhandenen (verkauften) Waren liegt und damit bereits der Gewinn realisiert ist. An dieser Stelle kann - muß jedoch nicht - die Dokumentationsfunktion der Buchführung (Beweismittel für Streitfälle) deutlich gemacht werden. Eng mit dem Forderungsbegriffs verbunden ist der intensionale Aufbau des Begriffes "Umlaufvermögen" über den Kreislauf "Waren-Forderungen-Geld-Waren" in Abgrenzung von dem extensionalen Aufbau durch Aufzählung.

Wir nehmen an, daß mit der in unserer Sequenzierung vorgesehenen intensiven und handlungsorientierten Auseinandersetzung mit den Begriffen "Geld" und "Waren" vor der Behandlung der Forderungen über die exemplarische Behandlung einer Ausgangsrechnung des Modellunternehmens hin zu einer "Offenen-Posten-Liste" und/oder einem "Kundenkonto" konkret und anschaulich geführt werden kann. Die Buchinventur bei Forderungen und Verbindlichkeiten kann dann über solche Offenen-Posten-Listen oder Kundenkonten als Inventurgegenstände geführt werden. Weisen diese Unterlagen noch keinen errechneten Saldo aus, so kann dieser von den Schülern ermittelt werden. Auf jeden Fall aber erscheint es sinnvoll, die einzelnen Salden in ihrer wirtschaftlichen Bedeutung (Ursachen und Folgen) interpretieren zu lassen. Zu erwägen ist auch eine Reflexion über den Wert einer solchen "Forderung" oder "Verbindlichkeit" unter Berücksichtigung der Fälligkeit und/oder der Zahlungsmoral eines Kunden.

Nur am Rande sei hier, bezugnehmend auf einen Vorschlag WALTERMANNs 1976, erwähnt, daß wir es nicht für sinnvoll halten, die Begriffe "Soll" und "Haben" in diesem Kontext mit Bedeutungszuweisungen in bezug auf die Forderungen zu erläutern, die dann schon bei der Betrachtung der Verbindlichkeiten versagen.

Es stellt sich die Frage, inwieweit es zweckmäßig ist, neben den Verbindlichkeiten aus Lieferungen und Leistungen auch noch die Position "Sonstige Verbindlichkeiten" einzuführen. Dagegen spräche die Ausweitung der inhaltlichen Komplexität, dafür die schärfere Abgrenzung des Begriffes "Verbindlichkeiten aus Warenlieferungen und Leistungen". Bei einer Beschränkung auf fällige Abgabenzahlungen erwüchse die Chance, schon in den ersten Bilanzen die Zahlungsverpflichtungen gegenüber dem Finanzamt (Umsatzsteuer-Zahllast, Lohn- und Kirchensteuer) und der Krankenkasse (Sozialabgaben) angemessen zu verankern. Ebenfalls könnten durch diese Einbeziehung der Abgaben die Verwaltungs- und Inkassohilfsfunktion des Unternehmens für den Staat oder eine Zahlungsfunktion für den Arbeitnehmerhaushalt und damit öffentliche und private Interessen an einer ordnungsgemäßen Buchführung thematisiert werden. Es geht bei dieser Entscheidung letztlich um die grundsätzliche Frage, welches Unternehmensmodell der Abbildung zugrunde gelegt wird, und in welchem Umfang schon am Anfang des Rechnungswesenunterrichts die Interessen Dritter an einer ordnungsgemäßen Buchführung behandelt werden sollen.

4.2.5 Inventur beim Anlagevermögen

Die Inventur des Anlagevermögens kann analog der Berufspraxis als **Buchinventur** über die Anlagenkartei vorgenommen werden. Dabei sind die Karteikarten so zu gestalten, daß zwar ein konkreter Gegenstand beschrieben, darüber hinaus jedoch unnötige Komplexität vermieden wird. Die Modellierung der Anlagegegenstände kann auf wenige Gegenstände des Sachanlagevermögens beschränkt werden. Im Hinblick auf die Aufstellung des Inventarverzeichnisses empfiehlt es sich aber, die wichtigsten Gliederungspositionen so zu besetzen, daß auch die Benutzung der Vorspalte sinnvoll ist.

Ein schwieriger Punkt ist hierbei der Aufbau des fachlich richtigen "Grundstücksbegriffes" bei "bebauten Grundstücken", da dieser von der umgangssprachlichen Gleichsetzung mit der Grundfläche, dem Grund und Boden, abweicht, indem er alle fest mit der Grundfläche verbundenen Aufbauten beinhaltet und damit sowohl abnutzbare als auch nicht abnutzbare Komponenten enthält. Damit verbunden ist die Interessenlage der Aufteilung von Kaufpreisen für Grundstücke auf die Gebäude und auf die Grundfläche.

Ein weiterer sorgfältig zu bedenkender Punkt ist die Einbeziehung "Geringwertiger Wirtschaftsgüter". Einerseits können sie exemplarisch für Inventurerleichterungen sowie Bilanzierungs- und Bewertungsspielräume stehen, andererseits können sie die Komplexität ohne zusätzlichen Strukturierungsvorteil erweitern. Bezieht man sie ein, so sollten sie auf Gegenstände der Ausstattung des Verkaufsraums, die die Schüler gesehen haben, oder auf Büroeinrichtungen beschränkt bleiben.

Für das Rechnungswesencurriculum insgesamt sollte berücksichtigt werden, daß gerade Kenntnisse über Gebäudeabschreibung und Geringwertige Wirtschaftsgüter auch im privaten Bereich nützlich sind. Offen bleibt allerdings die Frage nach dem geeigneten Zeitpunkt der Thematisierung.

4.2.6 Inventarverzeichnis und Bilanz

Nach der Durchführung einer relativ aufwendigen Inventur stellt sich bei den vielen Details die Frage nach der Übersichtlichkeit und damit nach der Zweckmäßigkeit einer geordneten Zusammenfassung des Inventarverzeichnisses. Bei dieser Art des Vorgehens wird der Sinn des Inventars direkt aus dem Handlungskontext erfahren und nicht allein aus der Rechtsnorm begründet. Bei der Einführung der speziellen Terminologie sollten die Begriffe "Umlaufvermögen" (Gegenstände und Rechte, deren Zusammensetzung sich ständig ändert), "Anlagevermögen" (Gegenstände, die i.d.R. länger als ein Jahr dem Geschäftsbetrieb dienen) und "Schulden" (Zahlungsverpflichtungen) nicht nur extensional, durch Aufzählung verschiedener Erscheinungsformen, sondern auch intensional, d.h. ihrer inhaltlichen Substanz nach, definiert werden.

Aus systemorientierter Sicht und wohl auch aus der Alltagserfahrung der Schüler heraus stellt sich die Frage, warum die "Mitarbeiter" bei dieser Art der Bestandsaufnahme nicht berücksichtigt werden. Bei unseren Unterrichtsbeobachtungen stellten wir wiederholt fest, daß Schüler danach fragten, warum Lohn- und Gehaltszahlungsverpflichtungen nicht in der Bilanz enthalten wären. Dieses Problem, das auf die grundsätzliche

Nichtbilanzierung schwebender Geschäfte zurückgeht, darf nicht überspielt werden, sondern bedarf einer schülerangemessenen Aufarbeitung. Über diesen Aspekt wird außerdem deutlich, daß die Inventur nicht primär das Systempotential, sondern vielmehr die Schulden und das (veräußerbare) Schuldendeckungspotential erfaßt.

Aus dieser Sicht läßt sich das Gliederungsprinzip des Inventars und der Bilanz verständlich machen. So wird beim Vermögen mit den Gegenständen begonnen, die am längsten im Unternehmen verbleiben und am wenigsten zur Schuldentilgung geeignet sind, bis hin zu der Position, mit der im Normalfall die Schulden beglichen werden. Bei den Schulden bzw. (in der Bilanz) beim Kapital wiederholt sich dann dieses Prinzip der Bindung an das Unternehmen.

Die Bezeichnung der Hauptgliederungspunkte und die Zuordnung von Unterpunkten stellen bei einigen Posten insofern ein Problem dar, als zwischen einer Orientierung an Bilanzpositionen oder Kontenrahmen (Grundstücke) einerseits und tradierten Lehrbuchgliederungen (bebaute und unbebaute Grundstücke) andererseits zu wählen ist. Ähnliches gilt für die in den Lehrbüchern übliche Unterscheidung zwischen Postgirokonten und Bankkonten sowie für die gebräuchliche Untergliederung der langfristigen Verbindlichkeiten in Hypothekenschulden und Darlehen. Grundsätzlich sind hier partiellen Neukonstruktionen, die kompatibel zum eingeführten Lehrbuch und dessen Übungen und Merktexten sein wollen, vorläufig Grenzen gesetzt.

Zu überlegen ist, ob betriebswirtschaftliche Interpretationen des zu ermittelnden Reinvermögens durch Übungen zum Inventar mit extremen Datenkonstellationen (keine Schulden oder Überschuldung) angeregt und erleichtert werden können. Auf jeden Fall erscheint jedoch ein Unternehmensvergleich sinnvoll, bei dem ein Unternehmen ein höheres Vermögen, aber ein niedrigeres Reinvermögen als das andere aufweist. Dabei sollte jedoch nicht einseitig auf den Saldo abgestellt werden; vielmehr müssen das Leistungspotential und dessen Zusammensetzung beachtet werden.

Bei der Überführung des Inventars in die Bilanz sind deren Form sowie die Seitenbezeichnungen "Aktiva" und "Passiva" und - falls im Zusammenhang des Inventars noch nicht geschehen - der Kapitalbegriff einzuführen. Nach dem gegenwärtigen Stand unserer Überlegungen erscheint es uns - entgegen verbreiteter Praxis - ausgesprochen unzweckmäßig, für die Bilanz ein mentales Modell über die Analogie zur zweischaligen Waage aufzubauen, weil ein solches Modell den Zustand der Unausgeglichenheit (eine Schale kann schwerer sein als die andere) als Normalfall unterstellt, der erst durch gezielte Eingriffe zu beseitigen ist. Außerdem wird damit auch eine Verschiedenartigkeit des Inhalts der beiden "Waagschalen" impliziert; dies dürfte die Einsicht in die lediglich aspekthafte Unterschiedlichkeit der beiden Bilanzseiten und insbesondere die Interpretation der Passivseite als Ausdruck der "Mittelherkunft" oder der "rechtlichen Ansprüche auf das konkrete Vermögen" erschweren, wenn nicht gar verhindern. Forschungsergebnisse aus dem Bereich der mentalen Modelle zeigen, daß bestimmte Analogien unerwünschte Nebenwirkungen für die Entwicklung weiterer Erkenntnisse haben können. Wir ziehen an dieser Stelle eine Analogie zu der Vorder- und Rückseite einer Münze vor, weil damit die Untrennbarkeit und Gleichheit besser veranschaulicht wird. Die Waage als Modell wäre nur dann zweckmäßig, wenn die Seiten als Vermögen und Schulden, nicht aber als Vermögen und Kapital bzw. Aktiva und Passiva bezeichnet würden.

Bei der computergestützten Inventurdurchführung halten wir es nicht für sinnvoll, die Werte für das Inventar und die Bilanz nochmals einzugeben, weil damit die Vorteile des Computereinsatzes und dessen Auswirkungen auf die Veränderung von Arbeitsabläufen nicht sichtbar würden. Deshalb sollte nach der manuellen Erstellung des Inventars auf Arbeitsblättern ein Programm eingesetzt werden, das auf die Inventurdaten zugreift und das Inventar automatisch erstellt. Dieses Programm kann dann auch für "Was-wäre-wenn"-Überlegungen genutzt werden, indem die Auswirkungen von Mengen- und Wertveränderungen bei der Inventur auf das Reinvermögen schnell durchgerechnet werden können.

Wird ein Vergleich der erstellten Bilanz mit der Vorjahresbilanz erwogen, so sollte dies auch durch grafische Darstellungen unterstützt werden. Für anspruchsvollere Bilanzstrukturinterpretationen können Grafiken ebenfalls nützlich sein.

4.2.7 Lernziele für die Unterrichtseinheiten "Von der Inventur zur Bilanz"

Die Unterrichtsreihe "Von der Inventur zur Bilanz" besteht nach unserer Konzeption aus vier Unterrichtseinheiten. In der ersten Unterrichtseinheit **"Inventur"** steht die aktive, handelnde Erarbeitung der materiellen Basis eines Unternehmens durch Erfassung des Mengengerüsts und dessen Umsetzung in die Wertedimension im Vordergrund. In den beiden folgenden Unterrichtseinheiten **"Inventarverzeichnis"** und **"Bilanz"** stellt sich die Aufgabe, diese Werteabbildung des Unternehmens durch Informationsinstrumente zu strukturieren. In der abschließenden vierten Unterrichtseinheit sollte die **Interpretation der Rechnungslegungsinstrumente** bezüglich ihrer Aussagen über reale Gegebenheiten thematisiert werden.

Die Behandlung des Verhältnisses der Bilanzwerte zu den Geschäftsvorfällen bereitet zugleich die nachfolgenden Unterrichtsreihe vor.

Bei den Übungen zum Aufstellen und zur Interpretation der Bilanz läßt sich auch die Eröffnungsbilanz bei Sach- und Bargründung mit der Umwandlung von Privat- in Betriebsvermögen behandeln. Wir bevorzugen hierbei einen Sachgründungsfall, da so das "Eigenkapital" auch betragsmäßig deutlich von den eingebrachten Zahlungsmitteln abgehoben wird.

Für die Unterrichtseinheit **"Inventur"** erachten wir folgende Lernziele als sinnvoll:

Die Schüler sollen
- Mengen verschiedener Artikel erfassen und durch Multiplikation mit einem vorgegebenen Einstandspreis den jeweiligen Gesamtwert berechnen können;
- Gesamtwerte einzelner Artikel zu dem Gesamtwert einer Warengruppe addieren können;
- Istbestände mit vorgegebenen Buchbeständen vergleichen und bei Abweichungen die Istbestände und Berechnungen systematisch überprüfen können;
- Ursachen und Folgen von Inventurdifferenzen bei Waren nennen können;
- anhand vorgegebener Bankauszüge die Istbestände von Bankguthaben und Bankschulden ermitteln können;
- anhand vorgegebener Offener-Posten-Listen (oder Kundenkonten) eine Buchinventur bei Forderungen und Verbindlichkeiten durchführen können;
- aus vereinfachten Anlagenkarten die aktuellen Werte von Gegenständen des Anlagevermögens ermitteln können;
- einige Möglichkeiten der Inventurvereinfachung nennen können;
- organisatorische Voraussetzungen für die Durchführung einer Inventur nennen können;
- zwischen einer Stichtagsinventur und einer permanenten Inventur unterscheiden können;
- mit Hilfe des Handelsgesetzbuches Zeiträume nennen können, in denen die Stichtagsinventur dem Bilanzstichtag (und dem Tag der Aufstellung des Inventars) vor- oder nachgelagert sein kann.

Die Unterrichtseinheit **"Inventarverzeichnis"** präzisieren wir anhand folgender Lernziele:

Die Schüler sollen
- wissen, daß die Daten der Inventur im Inventarverzeichnis zusammengefaßt werden;
- die fachsprachliche Kurzform "Inventar" für "Inventarverzeichnis" kennen und von dem Sammelbegriff für die dauerhaft in einem Gebäude befindlichen Gegenstände unterscheiden können;

- die Funktion des Inventars als konkrete und geordnete Aufstellung der Vermögens- und Schuldenposten des Unternehmens sowie zur rechnerischen Ermittlung des Reinvermögens verstehen;
- das Gliederungsprinzip des Inventars kennen und wissen, daß innerhalb der Hauptgruppen unter dem Gesichtspunkt der Dauerhaftigkeit der Bindung an das Unternehmen geordnet wird;
- auf der Basis relativ ungeordneter Inventurunterlagen ein Inventar korrekt aufstellen können;
- das Reinvermögen rechnerisch ermitteln und inhaltlich positiv als Rechtsanspruch der Eigentümer auf das Vermögen der Unternehmung erklären können.
- wissen, welchen Umfang Inventarverzeichnisse in der Realität ungefähr annehmen können (z.B. in einem Kaufhaus);
- im Vergleich eines Inventars mit dem des Vorjahres die Veränderungen des Vermögens und des Reinvermögens interpretieren können.

Für die Unterrichtseinheit **"Aufstellung der Bilanz"** sehen wir folgende Lernziele vor:

Die Schüler sollen
- verstehen, wozu eine Bilanz benötigt wird und welche Informationen sie enthält (Leitziel);
- die Notwendigkeit erkennen, die Informationsfülle des Inventars zu reduzieren, und erkennen, daß eine Beschränkung auf die Daten der Hauptspalte für betriebswirtschaftliche Analysen hinreichend wäre;
- die Zweckmäßigkeit der Gegenüberstellung von Vermögen und Kapital erkennen;
- Kapital- und Vermögenspositionen unterscheiden und die Begiffe Kapital und Vermögen vergangenheits- und zukunftsorientiert inhaltlich bestimmen und voneinander abgrenzen können (als Mittelherkunft und Mittelverwendung **bzw.** als Rechtsansprüche an die Unternehmung und Schuldendeckungspotential der Unternehmung);
- die Bilanzgleichung kennen und inhaltlich über die Wertgleichheit von Vermögen und Kapital begründen können;
- den Begriff Eigenkapital inhaltlich positiv bestimmen können und die Identität mit dem Reinvermögen erkennen;
- das Gliederungsprinzip der Bilanz kennen und anwenden können;
- aus einem vorliegenden Inventar eine formgerechte (ohne Anlagenspiegel und Vorjahreswerte) und richtige Bilanz erstellen können;
- die praktische Bedeutung der Bilanz kennen und exemplarische Nutzungsfälle als internes und externes Informationsinstrument erläutern können;
- die Daten einer vorliegenden Bilanz in die Form eines Bilanzschemas (Anlagevermögen, Umlaufvermögen, Eigenkapital, langfristiges Fremdkapital, kurzfirstiges Fremdkapital) umsetzen und ein vorliegendes Bilanzschema erläutern können;
- die Struktur zweier Bilanzen miteinander vergleichen können und begründete vergleichende Aussagen zur Vermögenszusammensetzung und zur Finanzierungsstruktur machen können;
- wissen, daß die Aufstellung der Bilanz bei Eröffnung eines Geschäftsbetriebes und zum Ende eines jeden Geschäftsjahres sowie bei besonderen Anlässen (z.B. Verkauf) gesetzlich vorgeschrieben ist.

Diese Thematik sollte durch eine Fallvorgabe strukturiert werden, aus der die Funktion der Bilanz und darauf bezogen auch ihre Form herausgearbeitet werden kann. Es könnte sich z.B. darum handeln, einem Kreditgeber gegenüber die Kreditwürdigkeit zu belegen. Das Inventarverzeichnis ist für diesen Zweck zu ausführlich, zu unübersichtlich und es enthält u.U. auch Informationen, die dem potentiellen Kreditgeber/Geschäftspartner nicht zugänglich gemacht werden sollen, so daß auf die Bilanz als aggregierte und strukturierte Zusammenfassung zurückgegriffen wird. Dieser Fall ermöglicht es dann auch, das Verhältnis von Vermögen und Kapital sowie das Verhältnis Eigen- und Fremdkapital problembezogen zu thematisieren: Die Bilanz des eigenen Unternehmens wird mit einer anderen Bilanz (z.B. der eines Miniwarenhauses an anderem Ort) verglichen.

Für die Unterrichtseinheit **"Vermögens- und Kapitalveränderungen"** präzisieren wir folgende Lernziele:

Die Schüler sollen
- rekonstruieren können, wie (in welcher Weise) bestimmte Geschäftsvorfälle die Vermögens- bzw. Kapitalwerte einer Unternehmung verändern und die erstellte Bilanz als nicht mehr aktuell erscheinen lassen (Leitziel);
- wissen, daß die Bilanz ein Abbild der Vermögens- und Kapitalverhältnisse der Unternehmung am Bilanzstichtag darstellt;
- wissen, daß Vorgänge, die zu einer Veränderung von Positionen des Vermögens und/oder des Kapitals der Unternehmung führen, als Geschäfts(vor)fälle bezeichnet werden;
- anhand von schriftlichen Unterlagen oder verbalen Schilderungen beurteilen können, ob Vorgänge im Unternehmen buchungsrelevante Geschäftsvorfälle darstellen;
- verstehen, daß jeder Geschäftsvorfall immer mindestens zwei derart korrespondierende Änderungen hervorruft, daß die Bilanzgleichung erhalten bleibt;
- die Vorgänge des Vermögens- und Kapitaltausches sowie der Vermögens- und Kapitalabnahme bzw. -zunahme erläutern und über Beispiele illustrieren können;
- anhand gegebener Ereignisse bestimmen können, um welche Art der Vermögens- und Kapitalveränderung es sich handelt.

Es kommt bei der Erörterung der Unternehmungsereignisse wesentlich darauf an, daß jeweils das konkrete Geschehen rekonstruiert wird und auf dieser Grundlage die eventuellen Auswirkungen auf die Bilanz geprüft und benannt werden. Wichtig ist weiterhin, daß der hypothetische Charakter der "sogenannten" Bilanzveränderungen deutlich wird, insbesondere also, daß der stattfindenden Veränderung der Vermögens- und Kapitalpositionen im Zeitablauf keine Veränderungen der am Stichtag erhobenen Bilanz entsprechen.

4.3 Die buchmäßige Bestandsfortschreibung auf Hauptbuchkonten als Instrument zur kontinuierlichen Abbildung von Vermögens- und Kapitalbewegungen

4.3.1 Die Einführung des Hauptbuchs und der Konten zwischen den Bilanzzeitpunkten ("Buch-Rechnung")

Im Anschluß an die relativ aufwendige Form der Ist-Ermittlung über Inventur, Inventar und Bilanz einschließlich einer ersten betriebswirtschaftlichen Interpretation der Werte kann das Bedürfnis der Unternehmensleitung nach jederzeit aktuellen Werten ohne aufwendige Ist-Ermittlung begründet werden. Das Verfahren der permanenten buchmäßigen Fortschreibung der Vermögens- und Schuldenwerte wird dann als spezifische Problemlösung aus dem betrieblichen Funktionszusammenhang heraus erarbeitet. Aus der Einsicht in die Notwendigkeit der Information über aktuelle Zustände (z.B. Zahlungsmittelbestand) für die Steuerung betrieblicher Prozesse ergibt sich neben der Feststellung von Inventurdifferenzen das Hauptziel der Buchführung.

Indem verdeutlicht wird, daß schon mit dem ersten Geschäftsvorfall nach dem Bilanztag die betroffenen Vermögens- und Kapitalwerte der Unternehmung nicht mehr mit den Bilanzansätzen übereinstimmen, wird ersichtlich, daß zweckmäßigerweise für jede Bilanzposition eine gesonderte Rechnung (Konto) nach dem Muster des Kassenbuchs geführt wird. Die traditionelle didaktische Konzeption der "Veranderungsbilanz" und der sich anschließenden "Auflösung der Bilanz in Konten" birgt die Gefahr in sich, daß die unterschiedlichen Bezugssysteme (Bilanz = Istwerte; Konto = Buchwerte) nicht deutlich genug herausgearbeitet werden und daß damit der Stellenwert der Inventur für die Abstimmung und den Abschluß der Konten so stark verdeckt wird, daß Inventurwerte letztlich nur als eher störendes Element beim Abschluß der Warenkonten auftauchen. Aus dem gleichen Begründungskontext heraus halten wir es nicht für zweckmäßig, nach jedem Geschäftsvorfall eine neue Bilanz zu erstellen, weil auch dies die Eindeutigkeit der Zuordnung der Bilanz zum Bereich der Ist-Rechnung stört.

Während in Deutschland die Hauptbuchkonten in Form des T-Kontos geführt werden, erfolgt dies in der kaufmännischen Berufsausbildung Österreichs weitgehend in der tabellarischen Variante. Beide Formen haben gewisse Vorzüge. Während die tabellarische Anordnung mit eigenständiger Textspalte von Bankkontoauszügen her vertraut ist, den Schülern evtl. in Rahmen der Durchschreibebuchführung oder beim Einsatz kommerzieller Finanzbuchhaltungsprogramme im Ausbildungsbetrieb oder im Lernbüro begegnet, hat demgegenüber die einfache T-Konten-Form die optisch deutliche Trennung der Soll- und Habenbuchung als Vorzug. Nach unserer Auffassung kommen die überwiegenden Vorzüge der tabellarischen Form besonders dann zur Geltung, wenn auf den Konten nicht nur Gegenkonto und Betrag, sondern auch der Buchungstext festgehalten wird. Bei der Einführung der Hauptbuchkonten erscheint es uns vorteilhaft, wenn der Buchungstext auf dem Konto eingetragen wird, da eine Reduktion der Buchung auf Gegenkonto und Betrag nicht in hinreichendem Maße die Verbindung zum Geschäftsvorfall herstellt. Das Eintragen einer Geschäftsvorfall- oder Belegnummer allein erbringt nicht die gewünschte Anschaulichkeit. Für die tabellarische Variante des T-Kontos spricht ferner die Unterscheidung von der Bilanzform und die damit auch formal deutlicher werdende Unterschiedlichkeit von Buch- und Ist-Rechnung im allgemeinen, und von Schlußbilanzkonto und Bilanz im besonderen, in der Einführungsphase.

In unserem Ansatz wollen wir die buchmäßigen, abstrakten Vorgänge mit realen, konkreten Ereignissen verknüpfen. Da jedoch die Möglichkeiten der Repräsentation von Realität im normalen Unterricht ohnehin gering sind, sollte diese Diskrepanz nicht durch den Verzicht auf Belege verstärkt werden. Wir sehen im Beleg einen Mittler zwischen Hauptbuch-Konto und Realität, nicht jedoch die betriebliche Realität selbst. Die Frage, inwieweit Belege (z.B. Überweisungsträger, Wechselabrechnung) im Rechnungswesenunterricht durch die Schüler erstellt werden sollten, muß in Zusammenhang mit der Integration von Inhalten aus dem Gebiet "Wirtschaftsrechnen" (u.U. auch in Verbindung mit dem Fach Schriftverkehr) beantwortet werden. Die didaktische Hilfe beim Arbeiten mit Belegen ergibt sich aus der leichteren Vorstellbarkeit der realen Vorgänge aufgrund der Konkretheit des Beleges (Absender, Empfänger, Gegenstand, Termin etc.). Dazu ist es allerdings notwendig, Belege nach didaktischen Gesichtspunkten aufzubereiten. Da nach unserer Konzeption die Einführung eines neuen Themas belegorientiert unter Bezug auf ein vertrautes Modellunternehmen geschieht, ist sowohl eine gewisse Konstanz auf der formalen Ebene der Belege gewährleistet als auch eine geordnete Ablage dieser Belege möglich. Nach dem jeweils einführenden Beleggeschäftsgang kann bei der Aufgabenstellung in Differenzierungs-, Anwendungs- und Übungsphasen mit verbalen Belegbeschreibungen gearbeitet werden. Ob man danach noch zu den abstrakteren Formulierungen der Geschäftsvorfälle nach dem Muster "Wareneinkauf auf Ziel" übergehen sollte, hängt von den jeweiligen Prüfungsanforderungen ab.

4.3.2 Der Abschluß der Bestandskonten

Der Abschluß der Bestandskonten sollte in betonter Analogie zum Kassenbuch und entsprechend der im traditionellen Vorgehen nur beim Warenkonto üblichen Vorgehensweise durch **Übernahme der geprüften Inventurbestände** und nicht durch Saldierung erfolgen. Es muß deutlich werden, daß eine buchmäßige Bestandsrechnung (Konto) nur dann abgeschlossen werden kann, wenn sie nicht nur rechnerisch (formell) korrekt ist, sondern auch mit den tatsächlichen Beständen (materiell) übereinstimmt. Die Bedeutung des Inventars würde wiederholt und nachhaltig herausgestellt, wenn bei jedem Abschluß statt eines Hinweises der Art "Warenbestand laut Inventur = xxx DM, sonst stimmen alle Werte mit den Salden überein", ein Inventar als Buchungsdokument eingegeben würde. Dies würde zugleich die Abschlußbuchung auf dem Schlußbilanzkonto als eine ganz normale Buchung ausweisen. Vor allem aber könnten die Schüler bei **jedem** Bestandskonto die Richtigkeit ihrer Buchungen prüfen und nicht erst summativ über die Frage, ob das Schlußbilanzkonto rechnerisch "aufgeht" (vgl. WELLER 1987).

Abbildung 6 zeigt ein Inventar, das von uns ergänzend zu einem Geschäftsgang des Lehrbuches (SCHMOLKE/DEITERMANN 1989) erstellt wurde. Mit solchen, die Geschäftsgänge der Lehrbücher ergänzenden Inventaren als Abschlußangaben, wird unser Ansatz auch bei gleichzeitiger Verwendung des eingeführten Lehrbuches realisiert. Wir haben hier als Beispiel ein Inventar abgebildet, an dem die Notwendigkeit einer betriebswirtschaftlich sinnvollen Modellierung von Strukturen und Beträgen gezeigt werden kann. In diesem Geschäftsgang wird eine Lieferantenverbindlichkeit, die einen relativ unbedeutenden Betrag umfaßt, in ein langfristiges Darlehen umgewandelt. Dabei stellt sich die Frage nach dem wirtschaftlichen Sinn dieses Geschäftsvorfalls, wenn man berücksichtigt, daß gleichzeitig Zahlungsmittel in fast vierfacher Höhe vorhanden sind.

Noch stärker könnte die Kontrollfunktion der Buchführung erlebt werden, wenn bei weiteren Übungsaufgaben auch Differenzen provoziert und aufgeklärt würden; so etwa eine nicht gebuchte Vermögensverschiebung (z.B. die übersehene Überweisungsgutschrift eines Kunden oder ein nicht gebuchter Wareneingang bei fehlender Rechnung). Besonders wichtig erscheint uns in diesem Zusammenhang, daß auch die wertmäßige Zusammensetzung des Vermögens und Kapitals so modelliert wird, daß betriebswirtschaftliche Interpretationen sinnvoll sind. Die Realitätsnähe sollte dabei weniger in der absoluten als in der relativen Höhe der einzelnen Positionen angestrebt werden.

Abbildung 6: Inventarverzeichnis als Abschlußangabe

Schmolke/Deitermann: Rechnungswesen ... Aufgabe 23

I N V E N T A R
der Firma Herbert Meyer, Lebensmittelgroßhandel, Göttingen
zum 31. Dezember 1988

	DM	DM
A. **V e r m ö g e n**		
I. **Anlagevermögen**		
1. Gebäude		
400 qm bebauter Grund und Boden	102.000,00	
1 Geschäftsgebäude	148.000,00	250.000,00
2. Geschäftsausstattung		
1 Personal- Computer mit Drucker	19.500,00	
2 Registrierkassen	4.200,00	
2 Kühlregale	30.500,00	
1 Buchungsmaschine	15.000,00	
54 Lagerregale	105.800,00	175.000,00
II. **Umlaufvermögem**		
1. Waren		
Lebensmittel lt. Zählliste 1	67.690,00	
Genußmittel lt. Zählliste 2	23.510,00	
Reinigungsmittel lt. Zählliste 3	17.800,00	109.000,00
2. Forderungen aus Lieferungen/Leist.		
Plus, Göttingen	6.850,00	
Helco, Northeim	8.230,00	
HL-Markt, Einbeck	6.170,00	
coop, Göttingen	7.350,00	
SG-Markt, Hann. Münden	1.250,00	29.850,00
3. Kasse		
Bargeldbestand		2.650,00
4. Bankguthaben		
Kreissparkasse Göttingen		26.700,00
S u m m e d e s V e r m ö g e n s		593.200,00
B. **S c h u l d e n**		
I. **Langfristige Schulden**		
1. Darlehen		
Dr. August Oetker, Bielefeld	8.000,00	
Kreissparkasse Göttingen	128.000,00	136.000,00
II. **Kurzfristige Schulden**		
1. Verbindlichkeiten aus Liefer./Leist.		
Buß-Konservenfabrik, Ottersberg	13.700,00	
Bahlsen Keksfabrik, Hannover	17.436,00	
Harry Brotfabrik, Düsseldorf	9.000,00	
Suchard, Bremen	17.064,00	57.200,00
S u m m e d e r S c h u l d e n		193.200,00
C. **E r m i t t l u n g d e s R e i n v e r m ö g e n s**		
Summe des Vermögens		593.200,00
- Summe der Schulden		193.200,00
Reinvermögen		400.000,00

4.3.3 Journale, Buchungssätze und Geschäftsvorfälle

Auch wegen der mit dem EDV-Einsatz wieder zunehmenden Bedeutung des Journals ("belegloser" Datenaustausch, direkte Datenerfassung), erscheint es wünschenswert, daß im Unterricht Journale geführt werden. Dies ist ohne großen Mehraufwand möglich, wenn die Liste der Buchungssätze mit einer Textspalte und Überschriftenzeile versehen wird. Die Textspalte hat gleichzeitig den Vorteil, daß im Falle der Arbeit mit Belegen die abstrakte Form der Vorgangsbeschreibung geübt werden kann. Durch das Nebeneinander von Vorgangsbeschreibung und Buchungssatz dürfte auch eine Rückübersetzung von Buchungssätzen in Geschäftsvorfälle begünstigt werden.

4.3.4 Lernziele für die Unterrichtseinheit "Buchen auf Hauptbuchkonten"

Für die Unterrichtseinheit **"Buchen auf Hauptbuchkonten"** schlagen wir folgende Lernziele vor:

Die Schüler sollen

- verstehen, daß eine zeitnahe Feststellung der Vermögens- und Schuldenverhältnisse der Unternehmung betriebswirtschaftlich wünschenswert ist;
- erkennen, daß eine tägliche Durchführung der Inventur nicht praktikabel ist;
- in Analogie zum Kassenbuch erkennen, daß eine rechnerische Bestandsfortschreibung in Form einer "Nebenrechnung" eine geeignete Möglichkeit darstellt, die aktuellen Vermögens- und Kapitalverhältnisse abzubilden;
- die Kontoform (als T-Konto oder tabellarisch) als geläufige und zweckmäßige Form der buchmäßigen Bestandsfortschreibung von Vermögens- und Kapitalposten verstehen;
- wissen, daß für jeden Vermögens- und Kapitalposten nach dem Muster des Kassenbuchs eine eigene Nebenrechnung geführt wird;
- wissen, daß Nebenrechnungen der Vermögensposten als Aktivkonten und Nebenrechnungen der Kapitalposten als Passivkonten bezeichnet werden;
- die Bezeichnungen Soll und Haben den Kontoseiten richtig zuordnen können;
- verstehen, daß die Anfangsbestände der Konten aus der Ist-Rechnung (Bilanz) übernommen werden;
- erkennen, daß sich auf einem Konto Anfangsbestand und Zugänge einerseits und Abgänge und Schlußbestand andererseits gegenüberstehen;
- wissen, daß die Anfangsbestände und Zugänge bei Vermögenskonten (Kapitalkonten) im Soll (Haben) und die Abgänge im Haben (Soll) gebucht werden;
- wissen, daß die Gesamtheit der Konten als "Hauptbuch" bezeichnet wird;

- reine Bestandsvorgänge anhand von Belegen oder verbalen Fallschilderungen korrekt auf Bestandskonten (mit Anfangsbeständen) buchen können;
- parallel zu den Buchungen die Auswirkungen des Vorganges auf die Vermögens- und Kapitalposten der Unternehmung erklären können;
- wissen, daß Vermögenszugänge (-abgänge) im Soll (Haben) von Aktivkonten und Kapitalzugänge (-abgänge) im Haben (Soll) von Passivkonten gebucht werden;
- erkennen, daß jeder Geschäftsvorfall jeweils zu einer gleichwertigen Soll- und Habenbuchung führt;
- neue Bestandskonten einrichten können.

Unser Vorgehen ist so angelegt, daß wir die Konten quasi über eine Vervielfältigung des bereits bekannten Kassenbuchs bzw. des daraus abgeleiteten Kassenkontos einführen. Dies sollte zunächst über Fälle des Vermögenstausches erfolgen. Eine Hürde besteht darin zu verdeutlichen, daß die Anfangsbestände und die Zugänge bei Kapitalkonten im Haben gebucht werden. Hier sollte Wert darauf gelegt werden, den substantiellen Unterschied von Vermögens- und Kapitalkonten deutlich herauszuarbeiten.

Der Hauptvorteil dieses Vorgehens besteht darin, daß die Trennung von Ist- und Buchrechnung von Beginn an konsequent durchgehalten wird. Auf eine etymologische Herleitung der Begriffe Soll und Haben sollte verzichtet werden.

Für die Unterrichtseinheit **"Abschluß der Konten"** schlagen wir folgende Lernzielpräzisierung vor:

Die Schüler sollen
- in Analogie zum Kassenbuch das Kassenkonto abschließen können;
- erkennen, daß der Schlußbestand des Kontos aus der geprüften Istrechnung übernommen werden muß;
- in Analogie zum Kassenkonto alle anderen Bestandskonten abschließen können;
- erkennen, daß der Abschluß der Bestandskonten die vorherige Aufstellung der Bilanz, zumindest aber die vorherige Inventur voraussetzt;
- wissen, daß die Schlußbestände bei Vermögenskonten (Kapitalkonten) im Haben (Soll) zu buchen sind;
- bei der Eintragung der Schlußbestände verstehen, daß auch hierfür ein Gegenkonto benötigt wird und als dieses das Schlußbilanzkonto erkennen;
- in Analogie zum Schlußbilanzkonto die Begründung und Form des Eröffnungsbilanzkontos erkennen.

Zur Unterrichtseinheit **"Grundbuch und Buchungssätze"** präzisieren wir folgende Lernziele:

Die Schüler sollen
- die Zweckmäßigkeit einer zeitlich geordneten, vorgangsnahen Erfassung der Geschäftsvorfälle verstehen;
- wissen, das die chronologisch geordnete Aufschreibung der Geschäftsvorfälle als Grundbuch bezeichnet wird;
- gegebene Belege in Kurzbeschreibungen der Geschäftsvorfälle übersetzen können;
- wissen, daß die Aufzeichnungen des Grundbuchs die Basis für die Buchungen im Hauptbuch bilden;
- den Buchungssatz als normierte Kurzfassung des Grundbucheintrags verstehen;
- Geschäftsvorfälle im Grundbuch korrekt und formgerecht buchen können.

4.4 Die buchmäßige Bestandsfortschreibung unter Einbeziehung von Erfolgsvorgängen

Die Einführung der Erfolgskonten soll im Rahmen unserer Konzeption entgegen verbreiteter Praxis über den Hauptleistungsbereich des Unternehmens erfolgen. Hierbei soll zunächst die betriebswirtschaftliche Durchdringung, die buchungstechnische Problematisierung und die Erarbeitung des Buchungsverfahrens bei erfolgswirksamen Warenvorgängen ohne Bestandsveränderungen im Vordergrund stehen. Am Beispiel der Warenumsätze und der Wareneingänge sind die Begriffe Ertrag und Aufwand zu erarbeiten; deren Differenz ist als Gewinn zu identifizieren, dessen Wirkung auf die Veränderung des Eigenkapitals bereits in vorherigen Einheiten thematisiert worden ist. Dieser Zusammenhang ist schließlich über die Gegenüberstellung der Aufwendungen und Erträge im Gewinn- und Verlust-Konto, über die dort stattfindende Erfolgsermittlung durch Saldierung und über die Buchung auf das Eigenkapitalkonto zu realisieren. Erst wenn so das Grundschema der erfolgswirksamen Warenvorgänge erarbeitet worden ist, scheint es uns sinnvoll, die Systematik der Warenbuchungen durch Berücksichtigung der Bestandsveränderungen am Periodenende zu komplettieren.

In der zweiten Unterrichtseinheit zu den Erfolgskonten soll die Abbildung der Grundstruktur des betrieblichen Leistungsprozesses durch die Einbeziehung einfacher Lohn- und Gehaltsbuchungen sowie der Abschreibungen vervollständigt werden. Erst in einer dritten Unterrichtseinheit sollen dann Aufwands- und Ertragskonten aus dem Nebenleistungsbereich (Mieten, Zinsen, Provisionen) einbezogen werden.

Bei der Einführung des erfolgswirksamen Warenverkaufs gehen wir davon aus, daß in den Geschäftsgängen der vorangegangenen Unterrichtsreihe nur jeweils ein Warenkonto geführt wurde, auf dem außer den Anfangs- und Schlußbeständen nur Wareneinkäufe gebucht wurden. Mit den Schülern wurde im Rahmen der Reflexion über die Konstanz des Eigenkapitals im Verlauf dieser Geschäftsgänge erarbeitet, daß eine Ursache dafür im fehlenden Verkauf von Waren besteht.

Über die Einbeziehung des Warenverkaufs soll nunmehr aufgezeigt werden, daß das Schema der reinen Bestandsbuchungen nicht ausreicht, erfolgswirksame Warenvorgänge angemessen abzubilden. Dies kann am Beispiel eines auch auf der Artikel-, Mengen- und Einzelpreisebene konkretisierten Warenumsatzes erfolgen, über den zu verdeutlichen wäre, daß im Umsatzbetrag sowohl ein Vermögensabgang als auch ein Gewinnanteil enthalten ist. Ein solcher Geschäftsvorfall sollte so gestaltet sein, daß der Versuch einer Buchung des Umsatzes als Abgang auf dem Warenbestandskonto die Problematik eindeutig hervortreten ließe, da dann der Wert des Umsatzes den Bestandswert dieses Kontos überstiege.

Auf der Ebene konkret bewerteter Artikel kann in diesem Zusammenhang zugleich der Gewinn als Differenz von Umsatzerlös und Wareneinsatz identifiziert und die Notwendigkeit einer buchungstechnisch zweckmäßigen Ermittlung dieses Erfolges unter Absehung von Mengen- und Einzelpreisangaben thematisiert werden.

In unserer Konzeption gehen wir davon aus, daß im Hauptbuch keine gemischten Warenkonten geführt werden. Deshalb erachten wir es auch nicht für sinnvoll, in einem Zwischenschritt den Warenrohgewinn bei den Verkäufen auf das Eigenkapitalkonto zu buchen. Wir sehen eine grundlegende Anforderung an die anzuwendende Buchungstechnik darin, daß es möglich sein muß, laufend Informationen über den Gesamtwert der Verkäufe zu erhalten, und daß zugleich Geschäftsvorfälle des Verkaufs einfach, d.h. ohne Rückgriff auf die Einkaufsdaten, zu buchen sein müssen. Aus diesem Grund sollte die Ermittlung des mit den Verkäufen realisierten (Roh-)Gewinns über das Kontensystem insgesamt erfolgen.

Bei der Einführung der erfolgswirksamen Warenvorgänge halten wir es für zweckmäßig, die zunächst auf Stückbasis rechnerisch durchgeführte Gewinnermittlung mit einer Skizze des betrieblichen Leistungsprozesses zu verbinden. Dabei kommt es gerade beim Handelsunternehmen darauf an, daß die Modellierung und die symbolische Abbildung des Leistungsprozesses den zu benutzenden Aufwands- und Ertragskonten entspricht. Wird der Leistungsprozeß hierbei primär anhand des "Vertriebs von Gütern" akzentuiert, so entspräche dem ein Prozeßmodell, dessen Output in der bewerteten Absatzmenge, also dem Umsatz, und dessen Input im Wareneinsatz (zu Einstandspreisen bewertete Absatzmenge) bestünde. Einer umfassenden Definition der Handelsleistung als "Bereitstellung und Vertrieb von Gütern" entspräche demgegenüber ein Input in Form des bewerteten Wareneinganges. Dieser gesamte Leistungsprozeß hätte dann auf der Mengenebene als Input den Wareneingang, als Output den Warenabsatz und als Puffer den Warenbestand. Dies stellte ein neues Orientierungsschema dar, das von der Idee eines zunächst erfolgsneutralen Einkaufs und eines erfolgswirksamen Verkaufs abrückte zugunsten einer Vorstellung der sofortigen Erfolgswirksamkeit erhaltener Vorleistungen mit deren Korrektur bei nicht vollständig erfolgtem Leistungsprozeß.

Diese Sichtweise ist im Handelsbetrieb vergleichbar mit dem "just-in-time"-Verfahren in der Industrie und der dort erfolgenden direkten Zugangsbuchung von Roh-, Hilfs- und Betriebsstoffen als Materialaufwand. Demgegenüber ist die erstgenannte Leistungsprozeßdefinition einem Buchungsverfahren zuzuordnen, bei dem die Zugänge auf den Bestandskonten erfaßt und erst die Materialentnahmen aus dem Lager als Aufwendungen gebucht werden.

Durch die Orientierung am umfassenden handelsbetrieblichen Leistungsmodell wird es möglich, in einem ersten Schritt die erfolgswirksamen Buchungen auf den Erfolgskonten "Umsatzerlöse" und "Wareneingänge" vorzunehmen und unter der vereinfachenden Annahme, daß keine Bestandsveränderungen erfolgen, auf die Berücksichtigung des Warenbestandskontos zu verzichten. Die Gewinnermittlung durch Gegenüberstellung dieser Aufwendungen und Erträge kann dann auf dem gesonderten "Abschlußkonto" (GuV-Konto) erfolgen. Wird der Saldo dieses Kontos inhaltlich als (Roh-)Gewinn interpretiert, so ist auch die Gegenbuchung auf dem Eigenkapitalkonto plausibel zu vermitteln.

Nach der Festigung dieses Buchungsschemas über das neue Kontensystem ist in Geschäftsgängen mit Bestandserhöhungen herauszuarbeiten, daß die am Periodenende nicht abgesetzten Wareneinkäufe - wie von den reinen Bestandsbuchungen der Unterrichtsreihe "Bestandsfortschreibung auf Konten" her bekannt - als Vermögenszugänge auf dem Warenbestandskonto ausgewiesen werden. Über diesen Schritt wäre dann das System der Warenbuchungen inhaltlich wie formal geschlossen.

Ein zusätzlicher Vorteil dieser sofortigen Buchung der Wareneingänge auf dem Aufwandskonto liegt langfristig darin, daß hier - anknüpfend an gegenständliche Vorgänge - ein Grundschema der zeitlichen Erfolgsabgrenzung aufgebaut wird, auf das bei der Einführung der Rechnungsabgrenzungsposten wieder Bezug genommen werden kann.

Die Einführung der Abschreibungen ist als nachfolgende Unterrichtseinheit im Rahmen der den Geschäftsgang abschließenden Inventurbuchungen möglich. Zusätzlich zum bereits erworbenen Grundschema der Erfolgsbuchungen ist dabei lediglich zu erarbeiten, warum es sinnvoll ist, für die Abnutzung von Anlagen ein eigenes Aufwandskonto zu führen. Dabei ist abzuwägen, in welchem Umfang auf verschiedene Abschreibungsmethoden eingegangen werden soll. Die laufenden Abschreibungsbeträge sollten zu diesem Zeitpunkt entweder für einzelne konkrete Vermögensgegenstände errechnet oder vorgegeben werden. Keineswegs jedoch sollte der häufig in Lehrbüchern anzutreffenden Vorgehensweise gefolgt werden, die Abschreibungsbeträge summarisch aufgrund von Abschreibungssätzen errechnen zu lassen, die einheitlich für mehrere Gegenstände mit unterschiedlichen Anschaffungswerten, -zeitpunkten und Nutzungsdauern gelten. Bei der Einführung in die Erfolgskonten halten wir es für geboten, nur lineare Abschreibungen für das gesamte Jahr zu buchen. In einer späteren Unterrichtseinheit - eventuell in Verbindung mit der Hauptabschlußübersicht - kann dann dieses Themengebiet je nach Lernergruppe mit zusätzlicher Komplexität (Wahl des Abschreibungsverfahrens, Anschaffungszeitpunkt, Restwert, Sonderabschreibung) angereichert werden.

Bei der Einführung der Personalaufwendungen stellt sich die Frage nach dem Zeitpunkt der Berücksichtigung von Lohn- und Kirchensteuer sowie der Sozialabgaben. Im Hinblick auf unseren systemorientierten Grundansatz und die relativ ausführliche Behandlung dieser Inhalte im Fach Betriebswirtschaftslehre[1] halten wir es grundsätzlich für unerläßlich, diesen Inhaltsbereich in vereinfachter Form auch in der Grundbildung im Fach Rechnungswesen zu berücksichtigen. Da es im Kontext der Einführung in die Erfolgskonten jedoch darum geht, den Wertschöpfungsprozeß der Unternehmung ohne unnötige Komplikationen abzubilden, schlagen wir vor, zunächst Löhne und Gehälter ohne Steuern und Abgabenzahlungen zu erfassen. Die Ausdifferenzierung der Personalbuchungen bleibt einer späteren Unterrichtseinheit vorbehalten. In analoger Weise sollte mit den Umsatzsteuerbuchungen bei den Wareneinkäufen und -verkäufen verfahren werden.

---

[1] Der niedersächsische Lehrplan für das Berufsgrundbildungsjahr Wirtschaft und Verwaltung enthält im Fach Betriebswirtschaftslehre in Abschnitt 2.16 "Beziehungen zwischen Betrieb und öffentlicher Verwaltung (Kammern): Ordnungsverwaltung, Steuer- und Zollverwaltung, Sozialversicherungsträger" die Lernziele "- informiert sein, daß zwischen Betrieb und öffentlicher Verwaltung Beziehungen bestehen" und "- die wichtigsten Rechtsbeziehungen zwischen Betrieb und öffentlicher Verwaltung aufführen" sowie in Abschnitt 4.1 "Arbeitsvertrag" u.a. das Lernziel "- Rechte und Pflichten von Arbeitgeber und Arbeitnehmer nennen".

Die von uns vorgeschlagene Vorgehensweise beim Kontenabschluß läßt es nicht mehr als zweckmäßig erscheinen, die Erfolgskonten vor den Bestandskonten abzuschließen. Deshalb sollte auch bei der ersten Aufgabe für den Abschluß mit Erfolgskonten wieder ein Inventar vorgegeben werden und bis zum Eigenkapitalkonto gebucht werden. So wird beim Abschluß der "andere" Charakter der Erfolgskonten und deren Zusammenhang mit dem Eigenkapital deutlich. Indem der Zusammenhang der "Inventurdifferenz" des Eigenkapitalkontos mit den Salden der Aufwands- und Ertragskonten herausgearbeitet wird, kann auch die doppelte Erfolgsermittlung plausibel eingeführt werden. Auch die Funktion und der Charakter des Gewinn- und Verlust-Kontos als Zusammenfassung der Erfolgskonten und zugleich als differenzierender Aufweis der Erfolgsquellen kann auf diese Weise verdeutlicht werden. Die Salden der Erfolgskonten lassen sich dabei als In- und Output des Leistungsprozesses interpretieren. Darüber hinaus kann die eigenständige Funktion der Gewinn- und Verlust-Rechnung im Jahresabschluß als Instrument der externen Rechenschaftslegung in Abgrenzung zum gleichnamigen Konto erarbeitet werden.

4.5 Unterkonten

Unterkonten sind zur Vermittlung des Prinzips der Doppik nicht unbedingt erforderlich. Sie stellen eine zusätzliche Komplexion des Systems insofern dar, als sie jeweils individuelle Abschlußkonten haben, auf denen die Buchung direkt erfolgte, wenn diese Konten nicht eingeführt wären. Dieser Differenzierung muß im Unterricht ebenso wie jedem einzelnen Erfolgskonto ein betriebswirtschaftlicher Sinn gegeben werden. Dies stellt zugleich eine Chance für Reflexionen über den Saldo des Unterkontos bei dessen Abschluß dar. Im Normalfall erfolgt die Einführung der Unterkonten mit dem Privatkonto oder dem Konto Bezugskosten.

Eine unserer Überlegungen geht dahin, im Rahmen der Umsatzsteuerbuchung das Konto Umsatzsteuer (Zahllast) als wechselndes Bestandskonto und das Konto Vorsteuer generell als dessen Unterkonto bei einer Zweikonten-Lösung bzw. die Konten Umsatzsteuer und Vorsteuer als Unterkonten des wechselnden Bestandskontos Umsatzsteuer-Zahllast bei einer Dreikonten-Lösung einzuführen. Damit würde die Abschluß-Struktur sowohl vereinfacht als auch dem Ausfüllen der Umsatzsteuer-Voranmeldung entsprechend gestaltet. Unserer Auffassung nach könnte das Ausfüllen dieses Formulars nicht nur den Buchführungsunterricht methodisch bereichern, sondern auch dazu beitragen, sowohl die Zusammenhänge der Umsatzsteuererfassung und -abrechnung zu festigen als auch schon in einem frühen Stadium eine weitere Aufgabe der Buchführung (Ermittlung von Besteuerungsgrundlagen) nicht nur theoretisch, sondern auch handelnd zu vermitteln.

Welche Rolle im Rahmen der Unterkontenproblematik den Skontobuchungen oder den Rücksendungen und Gutschriften zukommen sollte, wäre in einer curricularen Diskussion zu entscheiden. Nach unseren Erfahrungen ist ein nicht unerheblicher Zeitaufwand erforderlich, um diesen Themenbereich bei Einbeziehung der Umsatzsteuerkorrekturen zu behandeln. Es stellt sich daher die Frage nach seiner Relevanz für die Grundbildung. Bei dieser Diskussion wäre ebenfalls zu berücksichtigen, daß in zunehmendem Maße von den Unternehmen bei der EDV-Erfassung des Rechnungseingangs der Fälligkeitstermin auf den Skontotermin gelegt wird und auch der Skontobetrag auf die einzelnen Posten (ähnlich einem Gesamtrabatt) verteilt wird. Dies entspricht auch der im Betriebswirtschaftslehreunterricht beim Angebotsvergleich gepflegten Betrachtung und der im kaufmännischen Rechnen zu erarbeitenden Effektivverzinsung des Lieferantenkredits.

Ein weiterer Problembereich im Bereich der Unterkonten ergibt sich bei dem Einsatz kommerzieller Finanzbuchhaltungsprogramme aufgrund nicht eindeutigen Sprachgebrauchs. Zum Teil werden die Personenkonten (Debitoren, Kreditoren) als Unterkonten bezeichnet, ohne daß sie aber wie die Unterkonten der Schulbuchführung durch Umbuchung (über das Forderungs- bzw. Verbindlichkeitskonto) abgeschlossen und ohne Anfangsbestand im neuen Geschäftsjahr eröffnet werden. Einige kommerzielle Finanzbuchhaltungsprogramme hingegen verwenden in diesem Fall die bessere Differenzierung in bebuchbare Einzel- und nichtbebuchbare Sammelkonten, führen aber den Begriff der Unterkonten für Konten außerhalb der Buchhaltung (Kostenartenkonten pro Kostenstelle bzw. Kostenträger) oder als Subdebitor bei den Personenkonten ein (Nixdorf COMET-FIBU Leistungsbeschreibung 1982, S. 5-3ff. und 6-6).

4.6 Hauptabschlußübersicht als Instrument des komplexen Buch-Ist-Vergleichs

Ganz im Gegensatz zu ihrer Bedeutung in der Praxis führt neben dem Inventar auch die Hauptabschlußübersicht im traditionellen Rechnungswesenunterricht ein Schattendasein.

Dies hängt nach unseren Vorstellungen damit zusammen, daß in der Schulbuchführung Buch-Ist-Differenzen und die entsprechenden Korrekturbuchungen fast nie auftreten und damit auch der "Probeabschluß" in der Hauptabschlußübersicht weitgehend sinnlos wird. Deren volle Bedeutung kann jedoch erst dann klar werden, wenn auch die Wahrnehmung von Gestaltungsmöglichkeiten bezüglich der Investitions- und Zahlungszeitpunkte sowie Wahlrechte bei der Bilanzierung und Bewertung in den Unterricht einbezogen wird.

Mit dieser Sinngebung als Dispositionsgrundlage und Probeabschluß kann die Hauptabschlußübersicht auch im Unterricht eingeführt und bei zukünftigen Abschlüssen wiederholt eingesetzt werden. Bei ihrem Einsatz kann deutlich werden, daß der Jahresabschluß nicht nur eine administrative Tätigkeit ist, sondern in besonderem Maße vernetztes Denken verlangt: Gestaltungsmaßnahmen und Wahlrechte sind im Hinblick auf Vermögens-, Ertrags- und Finanzlage sowie deren Darstellung im laufenden Jahr und in zukünftigen Jahren unter Berücksichtigung von Ungewißheiten zu beachten.

Mit der Hauptabschlußübersicht wird der in den vorangegangenen Unterrichtseinheiten durchgeführte einfache Buch-Ist-Vergleich beim Abschluß der Hauptbuchkonten (vgl. Abbildung 7) um die dispositiven (Wahlrechte) und administrativen (Unterkontenabschluß) Komponenten erweitert. In den komplexen Buch-Ist-Vergleich über die Hauptabschlußübersicht (vgl. Abbildung 8) gehen die Kontensalden (über Kontensummen oder Anfangsbestände und Jahresverkehrszahlen) aus dem Hauptbuch und die vorläufig bewerteten Bestände aus den Inventurunterlagen ein. Die Abstimmung erfolgt dann zwischen den Spalten Saldenbilanz und Inventurbilanz in der Hauptabschlußübersicht. Als Resultat der Hauptabschlußübersicht wird die Umbuchungspalte in Buchungen im Hauptbuch, die Inventurbilanz in das Inventar und die Erfolgsbilanz in die Gewinn- und Verlustrechnung umgesetzt.

Die Abbildungen 7 und 8 zeigen, daß der Buch-Ist-Vergleich eine Abstimmung von dynamischer und statischer Erfassung betrieblicher Realität durch das Informationssystem darstellt.

Unseres Erachtens gehört es zur kaufmännischen Grundbildung, einen ersten Einblick in die Jahresabschlußüberlegungen zu erhalten und diese im Sinne eines handlungsorientierten Unterrichts auch selbst durchzuführen. In einer vereinfachten Form kann dies bereits vor Einführung der Unterkonten, insbesondere mit der Einführung von Wahlrechten bei den Abschreibungsverfahren, sinnvoll erfolgen. Die didaktische Herausforderung liegt dabei in der Modellierung von Situationen mit angemessen komplexem Problempotential. Die technische Abwicklung könnte mit EDV-Unterstützung, insbesondere durch das Angebot von teilweise vorbereiteten Arbeitsblättern sowie von Tabellenkalkulationen und Grafiken, rationell gestaltet werden.

Abbildung 7: Einfacher Buch-Ist-Vergleich über Kontensalden und Inventar

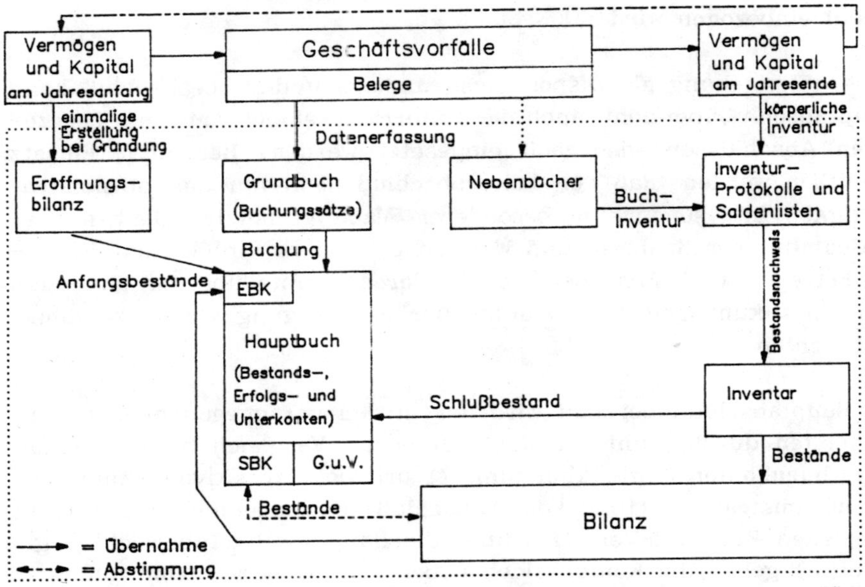

Abbildung 8: Komplexer Buch-Ist-Vergleich in der Hauptabschlußübersicht

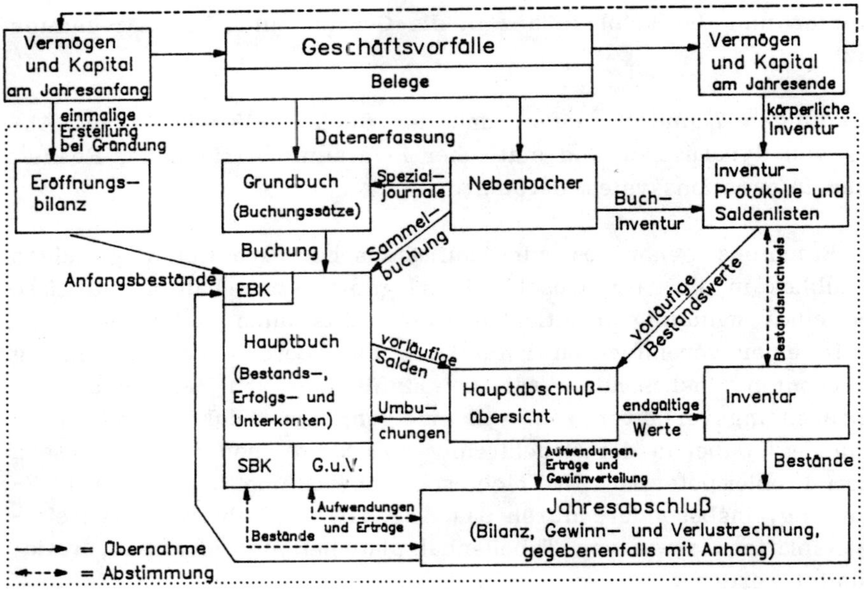

5. Schlußbemerkungen

Die in den vorangegangenen Kapiteln vor einem curricularen Hintergrund entfalteten Grundzüge und Konkretisierungen eines Konzepts wirtschaftsinstrumenteller Buchführung bilden den gegenwärtigen Stand unserer Projektarbeit im Fach Rechnungswesen von der Seite der Konstruktion her ab. Neben der weiteren Konkretisierungen bezüglich aller Themenbereiche für die Grundbildung im Fach Rechnungswesen wird die in unserem Projekt betriebene Analyse von Unterricht und vorhandenen Lernmaterialien sowie die Evaluation unserer Konstruktionen Gegenstand weiterer Berichte sein.

Literaturverzeichnis

Achtenhagen, Frank: Didaktik des Wirtschaftslehreunterrichts. (Leske, UTB) Opladen 1984.

Achtenhagen, Frank/Tramm, Tade: Curriculumforschung aufgrund des Einsatzes neuerer empirischer Verfahren. In: Hameyer, Uwe/Frey, Karl/Haft, Henning (Hrsg.): Handbuch der Curriculumforschung, Weinheim, (Beltz) Basel,1983, S. 545 - 568.

Achtenhagen, Frank/Preiß, Peter/Engelhardt, Wolfgang/John, Ernst G./ Lüdecke, Sigrid/Seemann, Heiko/Sembill, Detlef/Wolf, Günter: Lernen, Denken, Handeln in komplexen ökonomischen Situationen - unter Nutzung neuer Technologien in der kaufmännischen Berufsausbildung; Berichte des Seminars für Wirtschaftspädagogik der Georg-August-Universität, Band 11-1, 11-2, Göttingen 1987.

Achtenhagen, Frank/Menck, Peter: Langfristige Curriculumentwicklung und mittelfristige Curriculumforschung. In: Zeitschrift für Pädagogik (16) 1970, S. 407 - 429.

Achtenhagen, Frank/Preiß, Peter: Planspieleinsatz in der betriebswirtschaftlichen Erstausbildung. In: Biethahn, Jörg/Hummeltenberg, Wilhelm/Schmidt, Bernd (Hrsg.): Simulationsmodelle als betriebliche Entscheidungshilfe, Band 2, (Springer) Berlin et al., 1990.

Achtenhagen, Frank/Tramm, Tade/Preiß, Peter/Seemann, Heiko/Schunck, Axel/John, Ernst G.: Anforderungen komplexer ökonomischer Situationen. Ansätze zur Konstruktion und Evaluation von Programmen der kaufmännischen Erstausbildung und Weiterbildung, (Gabler) Wiesbaden 1990.

Beck, Klaus: "Ökonomische Bildung" - zur Anatomie eines wirtschaftspädagogischen Begriffs. In: Zeitschrift für Berufs- und Wirtschaftspädagogik (85) 1989, S. 579 - 596.

Brunner, Werner: EDV und Buchführungsunterricht. In: Wirtschaft und Erziehung (39) 1987, S. 248 - 254.

Dörner, Dietrich/Kreuzig, Heinz W./Reither, Franz/Stäudel, Thea (Hrsg.): Lohhausen. Vom Umgang mit Unbestimmtheit und Komplexität, (Huber) Bern, Stuttgart 1983.

Dubs, Rolf: Pädagogische Überlegungen zum Informatik-Unterricht. In: Wirtschaft und Erziehung (37) 1985, S. 316 - 322.

Eding, Albert: Empirische Analysen zur Fundierung informationstechnischer Qualifizierung in der kaufmännischen Berufsschule. In: Zeitschrift für Berufs- und Wirtschaftspädagogik (83) 1987, S. 402 - 411.

Gross, Hans Fritz: Neue Didaktik des Rechnungswesens, (Merkur) Rinteln 1978.

Gross, Hans Fritz: Drei grundlegende Methodenkonzeptionen für das betriebliche Rechnungswesen. In: Wirtschaft und Erziehung (29) 1977, S. 130 - 134.

Gross, Hans Fritz: Fachdidaktische Ansätze für das Rechnungswesen. In: Zeitschrift für Berufs- und Wirtschaftspädagogik (80) 1984, S. 319-325.

Gross, Hans Fritz: Problemfach "Rechnungswesen" - Didaktische Überlegungen zur Überwindung einer Bildungsbarriere für Auszubildende in Verkaufsberufen. In: Kutscha, Günter/Schanz, Heinrich (Hrsg.): Berufsausbildung im Einzelhandel. Beiträge zur Neuordnung und Kritik. (Holland & Josenhans) Stuttgart 1988, S. 135 - 152.

Heckhausen, Heinz: Motivation und Handeln. 2. Aufl., (Springer) Berlin et al. 1988.

Heinen, Edmund: Industriebetriebslehre, (Gabler) Wiesbaden 1974.

Heinen, Edmund: Handelsbilanzen. 12. Aufl., (Gabler) Wiesbaden 1986.

Hengstebeck, Klaus/Haberkorn, Gernot: Hat der Buchführungsunterricht noch einen Sinn? Eine Standortbestimmung nach dem Inkrafttreten des Bilanzrichtliniengesetzes. In: Wirtschaft und Erziehung (39) 1987, S. 290 - 292.

Kißling, Hermann/Welzel, Matthias: EDV-orientierte Buchführung im Unterricht. Grenzen der traditionellen Didaktik und Methodik durch den Einsatz von Anwendungsprogrammen. In: Winklers Flügelstift 2/1985, S. 41 - 45.

Leffson, Ulrich: Grundsätze ordnungsgemäßer Buchführung, 3. Aufl., (IdW-Verlag) Düsseldorf 1972.

Messner, Helmut: Wissen und Anwenden, (Klett) Stuttgart 1978.

Moxter, Adolf: Neuere Entwicklungen der Bilanzlehre. In: Wirtschaft und Erziehung (36) 1984, S. 391 - 394.

Der Niedersächsische Kultusminister: Richtlinien für den Unterricht in den berufsbezogenen Fächern im Berufsgrundbildungsjahr im Berufsfeld Wirtschaft und Verwaltung, Hannover 1987.

Nixdorf Computer AG: COMET FIBU Leistungsbeschreibung, Paderborn 1982.

Preiß, Peter: Softwareentwicklung im Rahmen einer didaktisch-curricularen Neukonstruktion des Unterrichts in den kaufmännischen Kernfächern. In: Zeitschrift für Berufs- und Wirtschaftspädagogik (84) 1988a, S. 18 - 32.

Preiß, Peter: Modellierung ökonomischer Situationen mit Endbenutzer-Werkzeugen für den Unterricht in den kaufmännischen Kernfächern. In: Achtenhagen, Frank/John, Ernst G. (Hrsg.): Lernprozesse und Lernorte in der beruflichen Bildung, Berichte des Seminars für Wirtschaftspädagogik der Georg-August-Universität, Band 12, Göttingen 1988b, S. 628 - 642.

Prinz, Michael: Revolutionierung der Arbeitswelt. In: Funkkolleg Jahrhundertwende 1880 - 1930, Studienbegleitbrief 8, (Beltz) Weinheim, Basel 1989, S. 19 - 49.

Reetz, Lothar: Wirtschaftsdidaktik. (Klinkhardt) Bad Heilbrunn/Obb. 1984.

Reimers, Jürgen: "Zielkauf von Waren" oder "Die Tristesse eines Unterrichtsfachs" - Gedanken zum Fach Rechnungswesen im Berufsfeld "Wirtschaft und Verwaltung." In: Wirtschaft und Erziehung (39) 1987, S. 368 - 371.

Reimers, Jürgen: Die "Waren-Buchungen" gemäß KMK-Rahmenlehrplan für den Ausbildungsberuf "Kaufmann/Kauffrau im Einzelhandel". In: Wirtschaft und Erziehung (39) 1987, S. 405 - 407.

Reinisch, Holger: Entwicklung und Stand einer Fachdidaktik des einzelwirtschaftlichen Rechnungswesens. Wirtschaftswissenschaftliche Diskussionsbeiträge, Band 30/1981. Oldenburg 1981.

Reinisch, Holger: Didaktik des Rechnungswesenunterrichts. Eine Bestandsaufnahme. In: Zeitschrift für Berufs- und Wirtschaftspädagogik 79 (1983), S. 110 - 122.

Robinsohn, Saul B.: Bildungsreform als Revision des Curriculum, Neuwied, (Luchterhand) Berlin 1967.

Scheer, Wilhelm August: EDV-orientierte Betriebswirtschaftslehre, 3. Aufl., (Springer) Berlin et al. 1987.

Scheer, Wilhelm August: Betriebswirtschaftliche CIM-Konzepte. In: IBM Deutschland GmbH: Hochschulkongreß '89, Referat 137, Dokumentation Band 1, München (IBM) 1989, S. 186 - 187.

Schneider, Dieter: Allgemeine Betriebswirtschaftslehre. 3.Aufl., (Oldenbourg) München, Wien 1987.

Seemann, Heiko/Tramm, Tade: Überlegungen zur Analyse von Lehr-Lernprozessen in ökonomischen Kernfächern. In: Zeitschrift für Berufs- und Wirtschaftspädagogik (84) 1988, S. 33 - 50.

Seicht, Gerhard: Die kapitaltheoretische Bilanz und die Entwicklung der Bilanztheorien, (Duncker & Humblot) Berlin 1970.

Seicht, Gerhard: Buchhaltungs- und Bilanzierungsprobleme. Handbuch für Studierende und Praktiker, 7. Aufl., (Industrieverlag Peter Linde) Wien 1986.

Tramm, Tade: Übungsfirma als Lernumwelt. In: Kell, Adolf/Lipsmeier, Antonius (Hrsg.): Berufliches Lernen ohne berufliche Arbeit, Beiheft 5 der Zeitschrift für Berufs- und Wirtschaftspädagogik, Wiesbaden 1984, S. 60 - 74.

Ulrich, Hans: Die Unternehmung als produktives soziales System, (Haupt) Bern, Stuttgart 1970.

Ulrich, Hans: Management, (Haupt) Bern, Stuttgart 1984.

Ulrich, Hans: Plädoyer für ganzheitliches Denken. Aulavorträge, Heft 32. St. Gallen (Hochschule St. Gallen für Wirtschafts- und Sozialwissenschaften) 1985.

Vester, Frederic: Neuland des Denkens, (dtv) München 1984.

Waltermann, Aloys: Neustrukturierung des Anfangsunterrichts in Buchführung. In: Wirtschaft und Erziehung (28) 1976, S. 198 - 202.

von Weizsäcker, Ernst Ulrich: Erstmaligkeit und Bestätigung als Komponenten der pragmatischen Information. In: von Weizsäcker, Ernst Ulrich (Hrsg.): Offene Systeme I. Beiträge zur Zeitstruktur von Information, Entropie und Evolution, 2. Aufl., (Klett-Cotta) Stuttgart 1986, S. 82 - 113.

Weller, Hans P.: Neuorientierung der schulpraktischen Handhabung des Systems der Doppelten Buchführung. In: Wirtschaft und Gesellschaft im Unterricht, (12) 1987, S. 176 - 182.

Witt, Ralf: Die "Erzeugung" des Lehrstoffs - didaktische Transformation als Aspekt pädagogischer Handlungskompetenz. In: Dietrich, Rainer (Hrsg.): Pädagogische Handlungskompetenz. Zum Theorie-Praxis-Problem in den Erziehungswissenschaften, Kolloquium an der Hochschule der Bundeswehr Hamburg, (Schöningh) Paderborn, München, Wien, Zürich 1983, S. 126 - 141.

Wittmann, Erich Christian: Mathematiklernen zwischen Skylla und Charybdis. In: Beiträge zur Lehrerbildung, Zeitschrift zu theoretischen und praktischen Fragen der Didaktik der Lehrerbildung (7) 1989, S. 227 - 239.

Anhang: Auszug aus den Richtlinien für das Berufsgrundbildungsjahr für das Fach Rechnungswesen

Zeitrichtwerte in Stunden	Lerninhalte	Lernziele
45	1. <u>Einführung in das Rechnungswesen</u>	Der Schüler soll
	1.1 Einnahmen- und Ausgabenrechnung	- Einnahmen und Ausgaben aufzeichnen
	1.2 Inventur, Inventar	- Bestände nach Art, Menge und Wert in Inventurlisten aufnehmen
		- ein Verzeichnis (Inventar) der Vermögens- und Schuldenwerte zusammenfassen
		- die Notwendigkeit der Inventur aufzeigen
	1.3 Bilanz	- eine Bilanz aus dem Inventar erstellen
		- die formalen und inhaltlichen Unterschiede zwischen Inventar und Bilanz angeben
	1.4 Bestandsveränderungen und ihre buchmäßige Darstellung	- Bilanzveränderungen aufgrund von (erfolgsunwirksamen) Geschäftsvorfällen vornehmen
		- für einfache Geschäftsvorfälle Buchungssätze bilden und deuten
		- Bestandskonten eröffnen, führen und über das Schlußbilanzkonto abschließen und Konteneintragungen deuten
	1.5 Erfolgswirksame Vorgänge und ihre buchmäßige Darstellung	- Erfolgsvorgänge als Veränderung des Eigenkapitals deuten
		- den Unterschied zwischen Aufwendungen und Erträgen kennen
		- einfache erfolgswirksame Geschäftsvorfälle buchen und Erfolgskonten sowie GuV-Konto abschließen
		- Buchungssätze und Konteneintragungen deuten

Fortsetzung des Anhangs

Zeitrichtwerte in Stunden	Lerninhalte	Lernziele
	1.6 Erfolgsermittlung durch Kapitalvergleich	- diese Möglichkeit der Erfolgsermittlung kennen - an einfachen Beispielen die Erfolgsermittlung durchführen
	1.7 Das Privatkonto	- Privatentnahmen und -einlagen buchmäßig erfassen - das Privatkonto abschließen - die Gemeinsamkeiten und Unterschiede zwischen dem Privat- und dem GuV-Konto nennen
	1.8 Direkte Abschreibungen vom Anlagevermögen	- Ursachen der Wertminderung nennen - Abschreibungen auf das Anlagevermögen buchen, Konteneintragungen deuten und das Abschreibungskonto ababschließen - Auswirkungen der Abschreibungen auf Vermögen sowie auf Gewinn oder Verlust angeben
40	2. <u>Die Warenkonten</u>	- Warenein- und Warenverkäufe buchen (ohne Bezugskosten, Rücksendungen, Gutschriften, Nachlässe) - den Wareneinsatz errechnen - die Konteneintragungen deuten - die Warenkonten (nach dem Bruttoprinzip) abschließen
	3. <u>Die Umsatzsteuer</u>	- Umsatzsteuer beim Einkauf und Verkauf von Dienstleistungen, Waren und Anlagegegenständen ermitteln und buchen - die Konten Vorsteuer und Umsatzsteuer abschließen und die Zahllast buchen

Fortsetzung des Anhangs

Zeitrichtwerte in Stunden	Lerninhalte	Lernziele
35	4. Betriebsübersicht	- die Bedeutung der Betriebsübersicht erkennen
		- eine einfache Betriebsübersicht erstellen
	5. Organisation der Buchführung 5.1 Buchung nach Belegen	- die Bedeutung des Belegs als Buchungsunterlage erkennen
		- die Belegführungsorganisation der Buchführung kennen
		- Buchungen nach Belegen durchführen
	5.2 Kontenrahmen und Kontenplan	- die numerische Gliederung als sinnvolle Ordnung eines Kontensystems einsehen
		- die Notwendigkeit unterschiedlicher Kontenrahmen als Folge der Besonderheiten der einzelnen Wirtschaftsstufen verstehen
		- den Unterschied zwischen Kontenrahmen und Kontenplan erklären
	6. Grundlagen der Buchführung 6.1 Aufgaben	- die Aufgaben der Buchführung wiedergeben
	6.2 Rechtliche Grundlagen	- wichtige gesetzliche Vorschriften der Buchführung nennen
	6.3 Grundsätze der Buchführung	- die Grundsätze ordnungsgemäßer Buchführung nennen
	6.4 Bücher der Buchführung	- die Funktionen und den Zusammenhang von Grundbuch, Hauptbuch und Nebenbüchern erläutern

Quelle: Der Niedersächsische Kultusminister 1987, S. 14 - 16.

Fortsetzung des Anhangs

Methodische Hinweise

Den Schülern sollen Lernziele und Inhalte des Faches Rechnungswesen anwendungsorientiert dargestellt werden; sie sollen Gelegenheit zum Üben haben, um fachbezogene Denkweisen und typische Arbeitstechniken zu erwerben und einzuüben.

Bei der Erarbeitung von Inventur und Inventar hat diese Forderung beispielsweise zur Konsequenz, daß von den Schülern unter Anleitung des Lehrers eine Inventur an konkreten Beständen, z.B. Gegenständen der Schuleinrichtung oder des Mustersortiments an Waren und Einrichtungsgegenständen im Raum für fachbezogene Übungen, durchzuführen und ein Bestandsverzeichnis zu erstellen ist. Dabei sollen Inventurlisten verwendet werden, wie sie in der Praxis gebräuchlich sind. Bei der Bestandsaufnahme ist auf typische Arbeitstechniken, wie Einrücken und Auswerfen von Zahlen, Streichungen u.a., zu achten.

Bei komplexen, fachbezogenen Übungen zum Buchungsablauf von Geschäftsfällen/Geschäftsgängen sollte im Interesse einer praxisorientierten Ausbildung auf Musterbelege und praxisgerechte Grund- und Hauptbuchvordrucke nicht verzichtet werden.

Bei der Erarbeitung der Lerneinheit "Warenkonten" kann die Erfassung und Buchung des laufenden Wareneinsatzes auch über das Konto "Wareneinsatz" erfolgen.

J ü r g e n   R e i m e r s

Grundzüge einer Didaktik des Faches Rechnungswesen

0 Vorbemerkungen

Lassen Sie mich vorausschicken, daß die von mir im folgenden dargelegten Grundzüge einer Didaktik des Faches Rechnungswesen sehr pragmatisch und mit anschaulichen Beispielen angereichert sein werden. Sie basieren auf einer 30jährigen Erfahrung als Lehrer - auf einer etwas kürzeren als Lernbuchautor sowie auf Erfahrungen in der kaufmännischen Berufsbildung in Schule und Seminar u.a. mit Schülern, Lehrern, Eltern, Lehrergewerkschaften, Schulverwaltung, Betrieben, Kammern, Arbeitnehmer- und Arbeitgeberorganisationen, Politikern und nicht zuletzt auch mit Hochschulen.

1 Der Fachlehrer für Rechnungswesen - eine Einstimmung in die Thematik

1.1 Versuch einer Typologie

Ohne die Bereitschaft engagierter Kollegen, fachdidaktische Impulse zu reflektieren und unterrichtlich umzusetzen, bleibt alles Bemühen in diesem Bereich ohne Erfolg. Bezogen auf das Unterrichtsfach Rechnungswesen meine ich - etwas sehr überspitzt -, **drei Lehrer-Typen** diagnostizieren zu können:

- Da ist zunächst der engagierte Kollege, der z.B. in seinem "Hauptfach" Betriebs- und Volkswirtschaftslehre die Schüler mit viel Einsatz und aktuellen Bezügen für den Lernbereich "Unternehmenszusammenschlüsse" am Beispiel Daimler-Benz/MBB begeistert. Derselbe Lehrer untersucht im "Zweitfach" Englisch die Reaktion der amerikanischen und britischen Presse auf den Bush-Besuch in Deutschland mit Original-Zeitungsausschnitten. Dieser Kollege, der sich in beiden Fächern - das unterstelle ich einmal - verausgabte, "erholt" sich (möglicherweise in derselben Klasse) im Fach Rechnungswesen. - Übrigens im Fach Mathematik erst recht!

  Ausgerüstet mit T-Konto und Buchungssatz werden Themen wie "Warenbuchungen" oder "Lohn-und Gehaltsbuchungen" im Frontalunterricht häufig ohne viel Anschauung dargestellt. Danach wird mit Hilfe von

Aufgaben des eingeführten Lehrbuchs geübt (s. Anhang 1, S. 110; alle anderen Anhänge sind hier dann fortlaufend abgedruckt).

Praktiziert wird die Technik der Doppik unter Beachtung formaler Kriterien, wie "Kein Arbeiten mit Bleistift und Tipp-Ex", "Exakter Abschluß der Konten mit Buchhalternase und doppelter Unterstreichung" usw. Ein einziges, sich permanent wiederholendes Erfolgserlebnis erfährt der Schüler dann, "wenn die Bilanz aufgeht". Der so agierende Lehrer verliert seine Glaubwürdigkeit. Disziplinschwierigkeiten treten nur deswegen nicht auf, weil die Schüler beschäftigt sind. Ein Hauch von Anerkennung gewinnt dieser Kollege in Berufsschulklassen zurück, wenn er die Schüler mit Hilfe von AkA-Prüfungssätzen auf die Abschlußprüfung vorbereitet. Sein unterrichtliches Verhalten braucht er in dieser letzten Phase des Berufsschuldaseins seiner Schüler nicht zu verändern. Dieser Lehrertyp - der **"Buchungstechniker"** - vertritt die in den Projektunterlagen beschriebene **wirtschaftspropädeutische Argumentationsrichtung**. Dieser - so absichtlich überzeichnete - Fachlehrer für Rechnungswesen repräsentiert die Mehrheit.

- Das andere Extrem ist der **"Rechnungswesenspezialist"**, der in seinen Schülern mindestens den künftigen Bilanzbuchhalter sieht. Sein curriculares Postulat ähnelt der **situationsbezogen-funktionalen Argumentationsrichtung**. Er verfügt über betriebliche Erfahrungen im Bereich des Rechnungswesens und pflegt engen Kontakt zu seinem Steuerberater. Jede Änderung in Handels- und Steuerrecht, die das Rechnungswesen betrifft, wird dankbar aufgenommen. Häufig ist er auch derjenige, der den Unterricht völlig auf Datenverarbeitung umstellt und ihn dadurch abstrakter gestaltet. Er fordert konsequent EDV-gerechte Buchungssätze, auch wenn diese an Aussagekraft einbüßen. Er ist davon überzeugt, daß "moderne Methoden" per se schon einen höheren Bildungswert haben. Natürlich entsprechen die Buchungen im Materialbereich dem Just-in-Time-Verfahren. Es wird z.B. so getan, als würde im Einzelhandel nur mit Joghurt gehandelt - nicht auch mit Möbeln, Textilien und Haushaltswaren, und als wären Hoechst und VW typisch für die gesamte Industrie.

- Der **Dritte** im Bunde von Buchungstechnikern und Spezialisten ist noch stark in der Minderheit. Er wird von mir zunächst bewußt nicht charakterisiert. Ich hoffe, meine Zuhörer, Sie werden sich ihn am Schluß meines Referats vorstellen können.

1.2 Probleme der Aus- und Weiterbildung

Warum ist dieses Fach eine Domäne von Buchungstechnikern und Spezialisten? Warum beziehen die einen ihr Wissen aus Schulbüchern, die anderen aus der Praxis - ohne daß beide immer wieder nach dem Bildungswert ihres Handelns fragen? Auf kein Unterrichtsfach im Berufsfeld Wirtschaft und Verwaltung bereiten die erste und zweite Phase der Lehrerausbildung so unzureichend vor wie auf Rechnungswesen.

Erfahrungen in einem niedersächsischen Studienseminar belegen, daß **Handelslehrer der Studienrichtung** II im Rechnungswesen praktisch bei Null beginnen, es sei denn, sie verfügen über eine kaufmännische Ausbildung. Zwar soll im fachdidaktischen Seminar Wirtschaftswissenschaften niedersächsischer Studienseminare nach den Durchführungsbestimmungen der neuen Ausbildungsverordnung PVO-Lehr II eine integrierte Behandlung der selbständigen Wirtschaftsfächer Betriebswirtschaftslehre, Volkswirtschaftslehre, Rechnungswesen und Mathematik vorgenommen werden. Die Praxis sieht häufig anders aus. Rechnungswesen und Mathematik werden isoliert und nicht durchgängig während der gesamten Seminarausbildung behandelt. Auch müssen diese beiden Fächer häufig für die erste Lehrprobe "herhalten", weil sie angeblich nicht so schwierig seien. Wer an einem niedersächsischen Seminar als **Handelslehrer der Studienrichtung** I Rechnungswesen mit erweiterten Anforderungen wählt, muß im Zeugnis über die Diplomprüfung die Fächer Organisation und Leitung, Betriebliche Finanzwirtschaft, Industriebetriebslehre, Bankbetriebslehre, Betriebswirtschaftliche Steuerlehre oder Betriebswirtschaftliches Prüfungswesen nachweisen. Damit sind die Weichen für ein Spezialistentum bereits gestellt.

Auf dem Gebiet der Weiterbildung tut sich zumindest in Niedersachsen wenig. So enthält das Programm 89-2 des Niedersächsischen Landesinstituts für Lehrerfortbildung, Lehrerweiterbildung und Unterrichtsforschung (NLI) keine Veranstaltung für Rechnungswesen.

2 Rechnungswesen - eine Definition

Mit dem Begriff Rechnungswesen werden die Verfahren zur Erfassung, Aufbereitung, Überwachung und Auswertung einzel- und gesamtwirtschaftlicher Daten zusammengefaßt. Entsprechend unterscheidet man das einzelwirtschaftliche Rechnungswesen der Haushalte und Betriebe vom gesamtwirtschaftlichen Rechnungswesen. Aufgaben des betrieblichen Rechnungswesens sind Dokumentation, Kontrolle, Disposition, Rechenschaftslegung und Information. Es gliedert sich in Buchführung, Kosten- und

Leistungsrechnung, Statistik und Planung. Das betriebliche Rechnungswesen hat sich an den Unternehmenszielen zu orientieren, wie sie z.B.in den Geschäftsberichten der DEUTSCHE SHELL AG ausführlich dargestellt sind - als Hilfe zum Verständnis der Sozialbilanz (s. Anhang 2).

3 Die Bedeutung des Rechnungswesens in verschiedenen Lebensbereichen - der einzelne als Verursacher und Empfänger/"Verarbeiter" von Daten

Exemplarisch möchte ich veranschaulichen, wie die **vier Mitglieder der Familie Schneider** während eines Monats von Wert- und Mengendaten mittelbar oder unmittelbar betroffen sind (s. Anhang 3):

Vater Karl Schneider
- überweist die Müllgebühr an den Landkreis und die Grundsteuer an die Stadt; die Belege gibt er seiner Frau,
- verkauft Profilbretter, die vom SÄGE- UND HOBELWERK FRITZ KÖHLER bezogen wurden.

Mutter Eva Schneider
- entscheidet im Rahmen der ihr vorgegebenen Soll-Daten (Haushaltsansatz) für 1989 über den Kauf von Büchern,
- meldet das neue Fahrzeug der Familie beim Landkreis an,
- kauft beim HEIMWERKERMARKT BUXTEHUDE GMBH einen Gaskocher für die Urlaubsreise,
- führt das Haushaltsbuch der Familie.

Kai Schneider
- finanziert mit einem Teil seiner Ausbildungsvergütung die Haushaltsausgaben der Familie,
- beteiligt sich in seinem Ausbildungsbetrieb an der Inventur von Profilbrettern,
- läßt bei der Stadt seinen Personalausweis verlängern,
- besucht die Kreisberufsschule, die Anfang des Monats Personalcomputer und Kreide beschafft.

Sabine Schneider
- erhält ein monatliches Taschengeld von 80,00 DM, über dessen Verwendung sie genau Buch führt,
- wird in den Schülerrat ihrer Schule gewählt, der Mittel für die Finanzierung einer Schülerzeitung beantragt,
- muß Mahngeld an die Stadtbibliothek zahlen, weil sie ausgeliehene Bücher zu spät zurückbrachte,
- jobt hin und wieder im Betrieb ihres Vaters.

Alle Familienangehörigen erfahren aus **den öffentlichen Medien Daten**, die sie mitverursachten und die ihr künftiges Handeln beeinflussen: Preisindex für die Lebenshaltungskosten, Arbeitslosenquote, Wachstumsrate des Sozialprodukts, Arbeitszeit und Tariferhöhungen im Einzelhandel, öffentliche Verschuldung je Einwohner usw. Hier, meine verehrten Zuhörer, könnte ich meine Ausführungen beenden. Dieses einfache Beispiel der vier handelnden Familienmitglieder steht für das Programm, das ich im Rechnungswesenunterricht fordere.

4 Bildungs- und Fachziele

Lassen Sie mich jetzt mit der Frage fortfahren, welche Ziele die für Berufsbildung zuständigen Entscheidungsträger vorsehen. Diese Ziele sollte eigentlich das Geschehen im Klassenzimmer widerspiegeln, obwohl Anspruch und Wirklichkeit - gerade im Rechnungswesenunterricht - häufig sehr divergieren. Jeder niedersächsische Lehrer hat Anspruch darauf, sich in seinem Unterricht auf den **Bildungsauftrag** gemäß § 2 Niedersächsisches Schulgesetz zu berufen - jeder niedersächsische Schulaufsichtsbeamte hat ebenfalls das Recht, seine ihm unterstellten Beamten darauf zu verpflichten. Es lohnt sich sehr, einige Passagen aus diesem Bildungsauftrag zu zitieren (s. Anhang 4).

Weiterhin zitiere ich aus den **Zielen einer Schulform** (s. Anhang 5) und aus **Fachzielen** für das Fach Rechnungswesen (s. Anhang 6). Diese Vorgaben ermöglichen es mir, im Rechnungswesen entsprechender Klassen so zu verfahren, wie ich es im folgenden Abschnitt 5 meiner Ausführungen beschreiben werde. Die gleichen Chancen bieten die von mir mitgestalteten Rahmenrichtlinien für das niedersächsische Fachgymnasium Wirtschaft.

Nicht unerwähnt bleiben darf, daß die beiden zitierten **KMK-Vereinbarungen**, die Inhalte und Lernziele für den **Berufsschulunterricht** im gesamten Bundesgebiet vorgeben, wesentlich von **Arbeitgebern** und **Gewerkschaften** mitgestaltet wurden. Die Richtlinien der Schulform, in der das Projekt erprobt wurde - BGJ im Berufsfeld Wirtschaft und Verwaltung = Unterstufe der zweijährigen Berufsfachschule Wirtschaft = einjährige Berufsfachschule Wirtschaft für Realschulabsolventen - kennen keine schulform- bzw. fachbezogenen Ziele. Für das Fach Rechnungswesen gibt es nur einige methodische Anregungen (s. Anhang 7). Das Gros der Schüler an berufsbildenden Schulen stellen die Berufsschüler, für die das duale Prinzip zweier Lernorte gilt. Bei zurückgehenden Schülerzahlen und sich veränderndem Ausbildungsangebot wird ihr Anteil in Zukunft erheblich steigen.

Der Fachlehrer für Rechnungswesen wird sich also immer mehr auf junge Menschen einstellen müssen, die auch im Lernort Betrieb entsprechende Kenntnisse erfuhren. Aus Zeitgründen verzichte ich darauf, aus den entsprechenden Verordnungen zu zitieren.

Der weiter fortschreitende Einzug moderner Informationstechnologien in die Betriebe läßt folgende **Aussagen für Ausbildungs - und Arbeitsplätze** in der **kaufmännisch-verwaltenden Tätigkeit** zu:

Der **einzelne**
- produziert an jedem Arbeitsplatz zunehmend mehr Daten für das betriebliche Rechnungswesen,
- wird immer stärker **durch "verarbeitete Daten"** in seinem Handlungs- und Entscheidungsspielraum an seinem Arbeitsplatz **eingeschränkt**,
- erfährt **Rechnungswesen** in **Großbetrieben** nur noch in **Teilbereichen** - abstrahiert durch DV-Anlagen -, in **Klein- und Mittelbetrieben kaum mehr**, weil andere **Dienstleistungsbetriebe** die Aufgaben des Rechnungswesens übernehmen.

5 Anforderungen an einen modernen Rechnungswesenunterricht

Wie für jeden Unterricht gelten auch für den im Rechnungswesen die Hauptziele **Interesse wecken** und **Lebenshilfe bieten** - in einer berufsbildenden Schule primär (aber nicht ausschließlich) Lebenshilfe für den beruflichen Lebensbereich. Die Schüler haben Anspruch auf interessanten Unterricht und auf die permanente Beantwortung der Frage, warum sie die jeweiligen Inhalte lernen. Das sind die ganz banalen Voraussetzungen, um Lernbereitschaft zu erzeugen und Lernerfolge zu erzielen. Unter dem Druck der hohen Pflichtstundenzahl, der Fächervielfalt (wie sie keine andere Schulform dem Lehrer abverlangt) und der diversen Verpflichtungen gegenüber dem zweiten Lernort vermag auch der Handelslehrer diesen Anforderungen nicht in jeder Unterrichtssituation zu entsprechen. Er wäre damit überfordert.

Aber auch die ihn finanzierende Gesellschaft hat generell einen Anspruch darauf, daß die oben genannten Kriterien Grundmaxime seines Handelns sind - auch im Rechnungswesen-Unterricht! Vorweg sei erwähnt, daß ich mir Ausführungen über die **formalen Ziele** des Rechnungswesen-Unterrichts, die heute wichtiger denn je sind, erspare.

5.1 Der Unterricht sollte praxisnah und anschaulich sein, aber den Lernort Betrieb nicht in die Schule verlagern

- Nach wie vor gilt: Das **T-Konto** ist das wichtigste Anschauungsmittel im Buchführungsunterricht (s. Anhang 8).

- Buchführungsunterricht hat **belegorientiert** zu sein.

- Das **Unternehmen** (der **Haushalt**), die **Ausgangssituation**, der **gesamtwirtschaftliche Sachverhalt** sind zu **kennzeichnen**, soweit das für die Lösung eines Problems im Rechnungswesen erforderlich ist, d.h. wirtschaftliche, technische, politische, rechtliche, historische und andere Daten sind explizit einzubringen (als Beispiel aus dem Bereich **Personalwirtschaft** vgl. Anhang 9 - 12).

5.2 Der Unterricht sollte fächerübergreifend angelegt sein

- **Datenverarbeitung** und **Mathematik** (Wirtschaftsrechnen) müssen Unterrichtsprinzip sein!

  * **Datenverarbeitung**
    Jeder Fachlehrer muß sich mit den neuen Technologien auseinandersetzen. Wünschenswert sind vor allem betriebliche Erfahrungen (z.B. Betriebspraktika), um abschätzen zu können, was Schule in diesem Bereich zu leisten hat. Schon aus Motivationsgründen kann die Schule nicht auf die neuen Technologien verzichten. Aber je mehr Schüler an berufsbildenden Schulen bereits über DV-Vorkenntnisse verfügen und je einfacher die Handhabung dieser Anlagen wird, desto mehr muß der **Schritt weg vom Unterrichtsfach hin zum Unterrichtsprinzip** gewagt werden. Dieses Prinzip kann jedoch im Rechnungswesen (wie auch in anderen Wirtschaftsfächern) nur **exemplarisch** realisiert werden. **Natürliche Grenzen** setzen die jeweilige **Anlagenkapazität** der Schule und das **Risiko des Verlusts an Anschaulichkeit.**

    Grundsätzlich muß **vor der Arbeit mit dem Computer** das jeweilige **Problem** (z.B. Betriebsabrechnungsbogen, Kennzahlen des Jahresabschlusses, Lohn- und Gehaltsbuchhaltung) im **Theorieunterricht gelöst** worden sein. Mittelfristig muß der **Einsatz von Computern Zeit für höherwertige Lernziele freisetzen** (z.B. Auswertung des Betriebsabrechnungsbogens bzw. der Kennzahlen als Basis von unternehmerischen Entscheidungen).

* **Mathematik** (Wirtschaftsrechnen)
  Die **systematische "Erarbeitung"** von **kaufmännischen Rechentechniken** - die sich im wesentlichen auf den Dreisatz reduzieren - in einem **eigenständigen Fach** stellt eine **Vergeudung von "Bildungskapital"** dar. Alle Schüler an berufsbildenden Schulen haben diese Rechenformen bereits mindestens einmal kennengelernt. Wirtschaftsrechnen muß dann angewandt werden, wenn es in den jeweiligen Wirtschaftsfächern notwendig ist. Das schließt natürlich ein exkursartiges Wiederholen vergessener Kenntnisse (etwa durch den differenzierenden Unterricht) nicht aus.

  Ich möchte Durchschnittsrechnen bzw. Prozentrechnen bereits im Anfangsunterricht des Rechnungswesens anwenden (Bewertung von Inventurbeständen, Errechnung einfacher Bilanzkennzahlen) und nicht warten, bis der Kollege im Mathematikunterricht eine Einführung (!) in diese Rechenverfahren gebracht hat. Ich muß hier bereits **rechnen**, um **entscheidungsorientiert** vorgehen zu können. Andererseits würde ich gern dem Mathematiklehrer die absurde Situation ersparen, wirtschaftliche Sachverhalte erklären zu müssen, um praktische Aufgabenbeispiele zu finden, (z.B. die Gewinnverteilung der OHG bzw. die Verteilung von Bezugskosten im Rahmen der Verteilungsrechnung).

  Erinnert werden muß noch daran, daß die **schriftlichen Kaufmannsgehilfenprüfungen** in der Regel **kein eigenständiges Prüfungsfach Mathematik** kennen.

- **Beispiele für fächerübergreifende Ansätze**
  Grundsätzlich bleibt der Rechnungswesenunterricht ohne die Schaffung betriebswirtschaftlicher Bezüge abstrakt. Einerseits sollten Lernergebnisse dieses Fachs verwendet werden, andererseits müßte aber auch die Chance einer Entlastung dieses Fachs genutzt werden. So wäre es denkbar, die Lernbereiche "Zahlungsverkehr" oder "Personalwirtschaft" **nur** im Rechnungswesen zu vermitteln.

  Prinzipiell sollten Inhalte im Rechnungswesen (z.B. Aufbewahrungspflicht von Belegen, Gliederungsvorschriften für den Jahresabschluß von Kapitalgesellschaften) **nicht** nur mit **Rechtsnormen** legitimiert werden. Vielmehr sind auch ökonomische Begründungen für diese Normen zu suchen.

5.3 Der Unterricht sollte einzel- und gesamtwirtschaftliche Zusammenhänge aufdecken

Für mich ist das eine der wichtigsten Aufgaben dieses Faches; denn das immer komplexer und komplizierter werdende Beziehungsgeflecht im Lebensbereich Wirtschaft durchschauen Schüler und spätere Wirtschaftsbürger immer weniger! Dazu gehört der Aufweis von Zusammenhängen zwischen

- Bezugskalkulation, Beschaffungsentscheidung, Bewertung von Vorräten bei Verbrauch und Inventur,
- Gewinnentstehung und Gewinnverwendung,
- Rechnungswesen von Haushalten und Betrieben,
- Wertschöpfungsprozeß und Besteuerung der Wertschöpfung durch die Umsatzsteuer (s. Anhang 13),
- Entstehung und Verwendung der Wertschöpfung (s. Anhang 14 - 15),
- Inventaren/Bilanzen, Buchungen, Belegen, Kontenrahmen im **eigenen Betrieb** und bei **Lieferern** bzw. **Kunden**; (s. Anhang 16 - 17).

Der Schüler muß die Bedeutung des Rechnungswesens für Unternehmen, Arbeitnehmer, Verbraucher, Kapitalgeber, Staat und interessierte Öffentlichkeit kennen und verstehen lernen.

5.4 Der Unterricht sollte auch höherwertige Lernziele und Methodenvielfalt zulassen

Verben aus dem Lernzielkatalog, wie begründen, beurteilen, Stellung nehmen, kritisch würdigen, analysieren und entscheiden, kommen häufig im Rechnungswesen nicht vor. Warum führen wir überhaupt eine Inventur durch? Reicht der Gewinn aus? Warum sank der Materialgemeinkostenzuschlagsatz? Soll man sich für Eigen- oder Fremdfertigung entscheiden? Es ist überhaupt nicht einzusehen, warum sich der Rechnungswesenunterricht in der Erarbeitungsphase auf Frontalunterricht und in der Übungsphase auf Alleinarbeit beschränken muß. Gruppenunterricht, Rollenspiel bis hin zum Projektunterricht sind auch diesem Fach angemessen.

So führe ich gegenwärtig ein Projekt "Personalwirtschaft" mit einer 11. Klasse des Stader Fachgymnasiums Wirtschaft unter pädagogischer Begleitung des Studienseminars durch. Neben einem Bauunternehmen sind weitere außerschulische Institutionen, wie Finanzamt, Arbeitsamt, Krankenkasse, Berufsgenossenschaft, Gewerkschaft, Handwerksinnung u.a., beteiligt.

5.5 Bestimmte "traditionelle Darstellungsformen" des Unterrichts sind zu überdenken

- In Klassen der **Berufsfachschule**, der **Fachoberschule** und des **Fachgymnasiums** sollte das **Rechnungswesen der Industrie** von vornherein den Unterricht bestimmen. Im Gegensatz zum häufig praktizierten Rechnungswesen des Großhandels gewährt das industrielle Rechnungswesen tiefgehende Einsichten und Erkenntnisse, ist besonders breit und tief gegliedert und in besonderem Maße Objekt der Wissenschaft. Industrielles Rechnungswesen ist nicht schwieriger als das Rechnungswesen von Handelsbetrieben. Ein Großhandelsbetrieb ist unter Umständen für die Schüler anonymer als ein Industriebetrieb mit einfacher Fertigung. Im übrigen läßt sich mit wenig Aufwand die Industriebuchführung durch Kauf und Verkauf von Waren um die Handelsbuchführung ergänzen.

- Die **üblichen Warenbuchungen** auf **Wareneinkaufs- bzw. Warenverkaufskonten** versperren den Lernenden den Einblick in die wichtigste Aufwands- und Ertragsart eines Handelsbetriebes. **Empfohlen** wird die Buchung auf den Konten **Waren, Aufwendungen für Waren** und **Umsatzerlöse** für Waren.

- Die in den meisten Lernbüchern dargestellten und im Unterricht häufig nachvollzogenen **Arbeitsschritte** zur Erstellung einer **Abschlußübersicht** sind **falsch**. Die Daten der Inventurbilanz müssen tatsächlich auch als Inventurergebnisse eingetragen werden und vorbereitende Abschlußbuchungen auslösen.

- Die zwingende Abfolge von Kostenarten-, Kostenstellen- und Kostenträgerrechnung sollte von einer **Gliederung** der **Kosten und Leistungsrechnung** abgelöst werden, die sich am jeweiligen **Fertigungsverfahren** eines Industriebetriebes orientiert.

5.6 Der Unterricht sollte "Ballastinhalte" in Frage stellen

Im Interesse der **oben genannten Kriterien**, die **zusätzliche Unterrichtszeit** erfordern, sollte man auf **Lerninhalte** mit **geringem Bildungswert** verzichten (z.B. Rücksendungen, Rabatte oder komplizierte Wechsel- und Umsatzsteuerbuchungen). Das gleiche gilt für **Inhalte**, die für die **betriebliche Praxis** nur eine **geringe Bedeutung** haben, etwa Jahresabgrenzungen, die nur einen Bruchteil der Bilanzsumme ausmachen.

5.7 Die oben genannten Kriterien sollten auch bei der Leistungskontrolle beachtet werden

Das bedeutet z.B. eine **"ganzheitliche"** Konzeption von **Klassenarbeiten.**

6. Die Rolle des Lernbuchs im Rechnungswesenunterricht

Lernbücher sollten den im **Abschnitt 5** genannten **Kriterien** genügen.

Ein Lernbuch muß vor allem **Lernanreize** bieten, zum **Lernen auffordern.**

Viele Bücher fordern nur zum Üben von meist phantasielosen Aufgaben auf, nachdem der Lehrer kraft Amtsautorität diese Forderung unterstrichen hat.

Lernbücher sollten auch zum **eigenständigen Erlernen** neuer, **unbekannter Inhalte** anregen und diese in **kleinen Lernschritten** anbieten.

Meine Zuhörer, lassen Sie mich kurz zusammenfassen, bevor ich mich in Abschnitt 7 mit dem vorgelegten Projekt auseinandersetze.

Die Ausführungen sollten **kein in sich geschlossenes Konzept** einer Didaktik des Rechnungswesens vorstellen. Ich gebe gerne zu, daß auch ich zwischen den bei PREISS/TRAMM beschriebenen Argumentationsebenen wechsle (vgl. S. 15ff. in diesem Band). So wollen Sie meine Gedanken als **Impulse** für dieses Symposium verstehen, die - mit starken Einschränkungen - dem von Ihnen charakterisierten **Instrumentalcharakter des Rechnungswesens** am nächsten kommen - Gedanken, die hoffentlich zur Diskussion während dieser drei Tage anregen und Ihre Projektarbeit befruchten.

7 Kritische Würdigung des vorgelegten Versuchs der Projektgruppe des Seminars für Wirtschaftspädagogik der Georg-August-Universität Göttingen

Sie haben Ihr Projekt am Anfangsunterricht des Rechnungswesens (genauer: der Buchführung) im Rahmen kaufmännischer Grundbildung in Niedersachen orientiert. Im Klartext: Es handelt sich um die Unterstufenschüler der Zweijährigen Berufsfachschule Wirtschaft. **Grundbildung** im **Berufsfeld Wirtschaft und Verwaltung** will jungen Menschen unter anderem den **Einstieg** in die **duale Ausbildung** für einen der **zahlreichen Berufe** dieses Berufsfeldes erleichtern. Sie genießen dafür eine durch Anrechnungsverordnung geregelte Ausbildungsverkürzung. **Das hat auch Inhalte, Ziele und Methoden im Fach Rechnungswesen zu bestimmen! Daran muß sich auch ein Projekt orientieren!**

Ganz in meinem Sinne ist der von den Projektträgern geplante systemtheoretisch-instrumentelle Ansatz mit dem Anspruch einer Integration der wirtschaftlichen Kernfächer sowie eines handlungsorientierten Lernens.

Art und Weise der Berücksichtigung der neuen Informations- und Kommunikationstechniken - von den Autoren als "curriculare Herausforderung und Chance" auch für dieses Projekt apostrophiert - machen neugierig. Bleibt die Frage, wie groß der Spielraum für Innovationen bei der sicher gebotenen Rücksichtnahme auf inhaltliche Vorgaben des Lehrplans und auf die unterrichtenden Lehrer tatsächlich ist. Nicht nur wegen der Finanzierung aus öffentlichen Mitteln dürfen von einem solchen **Projekt innovative Impulse erwartet** werden. Zumindest sind **Alternativen** - etwa in Form von Fach- oder Lernzielen - für künftigen, besseren Unterricht **aufzuzeigen**.

Den folgenden Ausführungen über die Prinzipien des Lernhandelns des Buch-Ist-Vergleichs und der Belegfunktion kann ich voll zustimmen. Der Abschnitt über den **Buch-Ist-Vergleich** stellt eine **berechtigte und zugleich konstruktive Kritik** an der Unterrichtsrealität dar. Hinsichtlich der Integration der EDV in den Rechnungswesen-Unterricht verweise ich auf meine zuvor getroffenen Aussagen.

Nun zu den realisierten bzw. geplanten Unterrichtsbeispielen:

Kassenbericht:
Diese Unterrichtseinheit ist eine geeignete, in der Schulpraxis häufig umgesetzte Einstiegsmöglichkeit in das Fach. Bezogen auf Ihr Projekt bleiben für mich jedoch einige **Fragen offen:** Wie wurden die Schüler auf den **Umgang** mit dem **Computer vorbereitet?** Wichtig ist das Herausstellen der **Realitätsferne des Computers**, weil die Schüler als Kunden eines Warenhauses die **Kasse** erleben. Die Entscheidung für **ein Modellunternehmen** ist für diese Lerneinheit angemessen, für die folgende "**Inventur, Inventar, Bilanz**" ist sie **falsch**. Ich komme später darauf zurück.

Für Schüler, die auf das breite Spektrum von Berufen im Berufsfeld Wirtschaft und Verwaltung (ja: auch "Verwaltung") vorbereitet werden sollen, halte ich einen **alternativen Einstieg** ins Rechnungswesen für **geeigneter**. Die in den Niedersächsischen Vorläufigen Richtlinien formulierte erste Lerneinheit "Einnahmen- und Ausgabenrechnung" läßt diese Alternative auch zu.

In Form eines **Brainstorming** äußern die Schüler ihre Vorstellungen vom **Rechnungswesen** in **Haushalten** und **Betrieben** (s. Anhang 3). Danach werden Einnahmen und Ausgaben computergestützt am Beispiel des **Haushaltsbuchs einer Familie** erfaßt, kontrolliert, ausgewertet und geplant. Auch hier kann mit Ist- und Buchwerten, aber zugleich auch mit Soll-/Plandaten agiert werden. Es schließt sich ein Transfer des erlernten Wissens auf den **öffentlichen Haushalt** an (z.B. Haushaltsplan oder Einzelplan einer Gemeinde). Da junge Menschen immer früher die Familie verlassen, um einen eigenen Haushalt zu gründen, und häufig am Geld scheitern, kann Schule hier echte **Lebenshilfe** leisten. Nicht zu unterschätzen ist die Tatsache, daß so auch **Interesse** an **kommunalen Angelegenheiten** geweckt werden kann. Am wichtigsten ist jedoch eine Art **Gesamtschau** für das **Berufsfeld Wirtschaft und Verwaltung**.

Inventur, Inventar, Bilanz:
Diese Unterrichtseinheit kann nicht **anschaulich** und **intensiv** genug behandelt werden. Hier werden **Grundlagen** für den **gesamten folgenden Unterricht** gelegt. Der für den Projektunterricht beschriebenen Vorgehensweise bei der Inventur verschiedener Vermögens- und Schuldenpositionen und der Erstellung von Bilanzen kann ich zustimmen. Ich **vermisse** jedoch - möglicherweise übersah ich es - **problemorientierte Ansätze:**

- Wie wurde den Schülern die **Notwendigkeit** dieser **Lerneinheit** begründet?
- Zur **Veranschaulichung** des **gesamten Berufsfeldes** müssen auch Beispiele aus **Industrie**, **Handwerk** und **Dienstleistungsbereich gewählt** werden; so werden erste gesamtwirtschaftliche Zusammenhänge sichtbar: "Unsere Verbindlichkeiten und Waren sind z.B. beim Lieferer Forderungen und Fertigerzeugnisse".
- Der **Vermögensbereich** ist zu **problematisieren**,
  * insbesondere das **Anlage-Vermögen** - als Ausdruck der Kapazität/des Leistungsvermögens eines Betriebes - sowie der
  * Wertumlaufprozeß am Beispiel des **Umlaufvermögens**.
- **Auswertung** der **Inventurergebnisse**
  * Einfache **Kennzahlen**, Frage nach dem ausreichenden Gewinn.
  * Notwendigkeit einer **späteren buchhalterischen** Erfassung von **Gewinnquellen**.

In der **Möglichkeit**, solche **Probleme** künftig **stärker** als bisher im Unterricht **anpacken** zu können, liegt die eigentliche **Herausforderung und didaktische Chance der neuen Informations- und Kommunikationstechniken!**

Systembücher und Hauptabschlußübersicht:
Hier empfehle ich von vornherein das Arbeiten mit Systembüchern:

Für das **Grundbuch** sollte die "naturgegebene" zeitliche Gliederung auch durch die Angabe der zeitlichen Daten unterstrichen werden. Bewährt hat sich die Strukturierung des Grundbuchs in

1. Eröffnungsbuchungen,
2. Laufende Buchungen,
3. Vorbereitende Abschlußbuchungen,
4. Abschlußbuchungen.

Bei der **Gliederung des Hauptbuchs** kann von vornherein auf das **Abschlußgliederungsprinzip** des Kontenrahmens hingearbeitet werden.

Die **Einführung in die Erfolgskonten** im Rahmen der **Handelsbuchführung** muß mit den beiden wichtigsten Erfolgsarten "**Aufwendungen für Waren**" und "**Umsatzerlöse für Waren**" erfolgen.

Die **frühe Einbeziehung** der **Hauptabschlußübersicht** als Kontrollinstrument, Beleg für die Abschlußarbeiten, übersichtliche Darstellung des Jahresabschlusses und seiner Quellen, Instrument zur Darstellung der zweifachen Erfolgsermittlung (Buchführung und Inventur) und nicht zuletzt als Wiederholungsanreiz halte ich für **gerechtfertigt**.

8. Zukunftsperspektiven

8.1 Hemmnisse für die Realisierung eines modernen Rechnungswesenunterrichts

Sie haben mich nach der Zukunft dieses Fachs gefragt. Ich befürchte, daß Rechnungswesen weiterhin im Kanon der Wirtschaftsfächer stiefmütterlich behandelt werden wird. **Viele Kollegen sehen nicht die Bedeutung und die Chancen dieses Fachs.**

Fatal sind die sich abzeichnenden **Rückwirkungen** auf die **Entscheidungsträger**. Ich nenne zwei Beispiele:

- Rechnungswesen als **eigenständiges Unterrichts- und Prüfungsfach** des **Fachgymnasiums Wirtschaft** existiert in den meisten Bundesländern **nicht** mehr - Niedersachsen ist da eine rühmliche Ausnahme. Für mich ist mit diesem Fach auch die Existenzberechtigung dieser Schulform verbunden!

- Im Kanon der **schriftlichen Prüfungsfächer** des neu geordneten Ausbildungsberufs **"Kaufmann/Kauffrau im Einzelhandel" fehlt** Rechnungswesen als eigenständiges Prüfungsfach.

8.2 Vorschläge zur Überwindung dieser Hemmnisse

Wesentliche Impulse können nur von einer gezielten **Aus- und Weiterbildung** ausgehen.

Dieses **Symposium** sollte Schule machen und auf die Handelslehrerausbildung der 1. Phase ausstrahlen.

Die **Landesinstitute für Lehrerfortbildung** müßten sich mehr dieses Fachs annehmen. Das gleiche gilt für die **Studienseminare**, die - bei zurückgehenden Referendarzahlen - in die **regionale Lehrerfortbildung** einzubeziehen wären.

Die größte Veränderungs-Chance sehe ich in der **schulinternen Lehrerfortbildung**, wenn sie durch Verfügungsstunden, Beförderungsmöglichkeiten u.a. honoriert wird.

Betriebspraktika für Lehrer müßten besonders auch diesen Lernbereich berücksichtigen.

Die **AkA-Prüfungen** müßten **völlig geändert** oder abgeschafft werden.
Prüfungsaufgaben für "Tages-Klassen" sollten **anspruchsvoller** werden.

Lehrplan-Kommissionen müßten **anspruchsvollere Vorgaben** bekommen.

Für **Lernbücher** müßte ein **Genehmigungsverfahren** eingeführt bzw.
der **Kriterienkatalog** für die Zulassung **angehoben** werden.

Anhang 1:

Kontenplan

Neben Eröffnungs- und Schlußbilanz sind folgende Konten erforderlich:

00, 03, 07, 08, 10, 11, 12, 140, 154, 16, 184, 19, 23, 30, 40, 41, 43, 80, 93

Anfangsbestände

00	Bebaute Grundstücke	180 000,—	08	Eigenkapital	?
03	Geschäftsausstattung	12 000,—	07	Darlehensschulden	20 000,—
10	Kasse	2 800,—	16	Verbindlichkeiten	13 800,—
11	Postgiro	3 600,—			
12	Bank	1 870,—			
140	Forderungen	5 300,—			
30	Wareneinkauf	52 780,—			

Geschäftsfälle

1.	Kunde zahlt durch Banküberweisung	3 500,—
2.	Warenverkäufe auf Ziel	3 650,—
	+ 10% USt	365,—
3.	Privatentnahme bar	210,—
4.	Gehaltszahlung durch Postüberweisung	1 140,—
5.	Wareneinkauf auf Ziel	2 160,—
	+ 10% USt	216,—
6.	Zahlung an Lieferer mit Bankscheck	520,—
7.	Bareinzahlung bei der Bank	1 500,—
8.	Warenverkäufe bar	4 615,—
	+ 10% USt	461,50
9.	Banküberweisung für Gewerbesteuer	860,—
	für Miete	1 200,—
10.	Warenverkauf gegen Bankscheck	180,—
	+ 10% USt	18,—
11.	Postüberweisung an Lieferer	812,—
12.	Zinslastschrift der Bank	82,—

Abschlußangaben

1. Warenbestand lt. Inventur 50 240,—
2. Warenverkäufe sind im Nettoverfahren zu buchen

Anhang 2:

UNTERNEHMENSZIELE

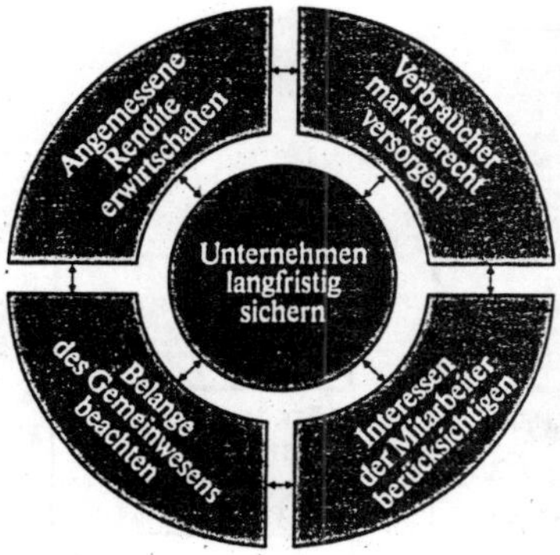

DEUTSCHE SHELL AG

Die ökonomischen und gesellschaftspolitischen Ziele der Deutschen Shell AG sind darauf gerichtet, das Bestehen der Gesellschaft langfristig zu sichern. Diese schon 1974 veröffentlichten Unternehmensziele sind bis heute in ihrer Substanz unverändert geblieben.

Die Ziele sind Leitlinien für alle Entscheidungen und Handlungen der Unternehmensführung und der Mitarbeiter. Die Veröffentlichung der Ziele zeigt, daß das Unternehmen bereit ist, sich an ihnen messen zu lassen.

Die Deutsche Shell AG kann und will sich nicht ausschließlich am Gewinn orientieren. Langfristig gleichwertige Bedeutung haben die Ziele, die sich auf die Belange der Verbraucher, der Mitarbeiter und des Gemeinwesens beziehen.

Diese Gruppen haben jedoch nicht immer gleichgerichtete Interessen:

- Verbraucher wollen Ware von hoher Qualität zu günstigen Preisen.
- Mitarbeiter erwarten sichere Arbeitsplätze, mehr Lohn oder Gehalt sowie weiter verbesserte Arbeitsbedingungen und Sozialleistungen.
- Aktionäre wünschen sich eine angemessene Dividende und verstärkte Substanzsicherung.
- Das Gemeinwesen verlangt eine geringere Umweltbelastung durch Produkte und industrielle Tätigkeit. Es erwartet darüber hinaus besonderes sozialpolitisches Engagement. Gleichzeitig sollen hohe Steuern und Abgaben gezahlt werden.

Die Unternehmenspolitik ist darauf gerichtet, diese Ziele im Gleichgewicht zu halten. Ob das zu allen Zeiten gelingt, hängt nicht nur vom Unternehmen selbst ab, sondern auch von externen Einflüssen, besonders von den Marktgegebenheiten und den politischen Rahmenbedingungen.

Über das Kernziel aber müssen sich alle Gruppen einig sein: das sichere und rentable Bestehen des Unternehmens zu erhalten.

Die Ziele können zwangsläufig nur so formuliert sein, daß sie auch auf später noch zu bestimmende, konkrete Aufgaben zutreffen. Deshalb muß ein relativ großer Handlungsrahmen vorgegeben werden. Das erfordert natürlich, daß auch kurz- und mittelfristige Teil- und Einzelziele festgelegt werden können.

Im nachfolgenden Bericht wird auf die Unternehmensziele Bezug genommen.

Anhang 3:

FAMILIE SCHNEIDER, Stade		
PRIVATER HAUSHALT		
Vater	Karl Schneider,	45 Jahre
Mutter	Eva Schneider,	43 Jahre
Sohn	Kai Schneider,	18 Jahre
Tochter	Sabine Schneider,	16 Jahre

SÄGE- UND HOBELWERK FRITZ KÖHLER, Stade	HEIMWERKERMARKT BUXTEHUDE GMBH, Buxtehude	STADT STADE	LANDKREIS STADE
BETRIEB	BETRIEB	ÖFFENTLICHER HAUSHALT	ÖFFENTLICHER HAUSHALT
<u>Kai Schneider</u>	<u>Karl Schneider</u>	<u>Eva Schneider</u>	<u>Sabine Schneider</u>
Auszubildender Industriekaufmann	Verkäufer	Bibliothekarin in der Stadtbibliothek	Schülerin des Gymnasiums

<u>R E C H N U N G S W E S E N</u>

- Erfassung von Daten
- Kontrolle von Daten
- Aufbereitung von Daten
- Planung von Daten

Anhang 4:

Beispiel für Bildungsziele

niedersächsisches schulgesetz

§ 2
Bildungsauftrag der Schule

(1) Die Schule soll im Anschluß an die vorschulische Erziehung die Persönlichkeit der Schüler auf der Grundlage des Christentums, des europäischen Humanismus und der Ideen der liberalen, demokratischen und sozialen Freiheitsbewegungen weiterentwickeln. Erziehung und Unterricht müssen dem Grundgesetz für die Bundesrepublik Deutschland und der Vorläufigen Niedersächsischen Verfassung entsprechen; die Schule hat die Wertvorstellungen zu vermitteln, die diesen Verfassungen zugrunde liegen. Die Schüler sollen fähig werden,

die Grundrechte für sich und jeden anderen wirksam werden zu lassen, die sich daraus ergebende staatsbürgerliche Verantwortung zu verstehen und zur demokratischen Gestaltung der Gesellschaft beizutragen,

nach ethischen Grundsätzen zu handeln sowie religiöse und kulturelle Werte zu erkennen und zu achten,

ihre Beziehungen zu anderen Menschen nach den Grundsätzen der Gerechtigkeit, der Solidarität und der Toleranz zu gestalten,

den Gedanken der Völkerverständigung zu erfassen und zu unterstützen,

Konflikte vernunftgemäß zu lösen, aber auch Konflikte zu ertragen,

sich Informationen zu verschaffen und sich ihrer kritisch zu bedienen,

ihre Wahrnehmungs-, Empfindungs- und Ausdrucksmöglichkeiten zu entfalten und

sich im Berufsleben zu behaupten.

Die Schule hat den Schülern die dafür erforderlichen Kenntnisse und Fertigkeiten zu vermitteln. Dabei sind die Bereitschaft und die Fähigkeit der Schüler zu fördern, für sich allein wie auch gemeinsam mit anderen zu lernen und Leistungen zu erzielen. Die Schüler sollen zunehmend selbständiger werden und lernen, ihre Fähigkeiten auch nach Beendigung der Schulzeit weiterzuentwickeln.

(2) Die Schule soll Lehrern und Schülern den Erfahrungsraum und die Gestaltungsfreiheit bieten, die zur Erfüllung des Bildungsauftrags erforderlich sind.

Anhang 5:

Beispiel für Ziele einer Schulform

Rahmenlehrplan für den Ausbildungsberuf Kaufmann/Kauffrau im Einzelhandel

Beschluß der Kultusministerkonferenz vom Februar 1987

Allgemeine Vorbemerkungen

Berufsschulen vermitteln dem Schüler allgemeine und berufsbezogene Lerninhalte für die Berufsausbildung, die Berufsausübung und im Hinblick auf die berufliche Weiterbildung. Soweit eine berufsfeldbreite Grundbildung in vollzeitschulischer Form durchgeführt wird, wird auch die fachpraktische Ausbildung vermittelt. Allgemeine und berufsbezogene Lerninhalte zielen auf die Bildung und Erziehung für berufliche und außerberufliche Situationen.

Entsprechend diesen Zielvorstellungen sollen die Schüler

- eine fundierte Berufsausbildung erhalten, auf deren Grundlage sie befähigt sind, sich auf veränderte Anforderungen einzustellen und neue Aufgaben zu übernehmen. Damit werden auch ihr Entscheidungs- und Handlungsspielraum und ihre Möglichkeit zur freien Wahl des Arbeitsplatzes erweitert.
- unter Berücksichtigung ihrer betrieblichen Erfahrungen Kenntnisse und Einsichten in die Zusammenhänge ihrer Berufstätigkeit erwerben, damit sie gut vorbereitet in die Arbeitswelt eintreten,
- Fähigkeiten und Einstellungen erwerben, die ihr Urteilsvermögen und ihre Handlungsfähigkeit und -bereitschaft in beruflichen und außerberuflichen Bereichen vergrößern.
- Möglichkeiten und Grenzen der persönlichen Entwicklung durch Arbeit und Berufsausübung erkennen, damit sie mit mehr Selbstverständnis ihre Aufgaben erfüllen und ihre Befähigung zur Weiterbildung ausschöpfen,
- in der Lage sein, betriebliche, rechtliche sowie wirtschaftliche, soziale und politische Zusammenhänge zu erkennen,
- sich der Spannung zwischen den eigenen Ansprüchen und denen ihrer Mit- und Umwelt bewußt werden und bereit sein, zu einem Ausgleich beizutragen und Spannungen zu ertragen.

Anhang 6:

Beispiel für Fachziele

Rahmenlehrplan

über die Berufsausbildung zum Industriekaufmann

(Beschluß der Kultusministerkonferenz vom 18. Januar 1978)

5. „Industrielles Rechnungswesen mit Datenverarbeitung"

Im „Rechnungswesen" werden Kenntnisse und Fertigkeiten der Datenerfassung, -aufbereitung und -auswertung zur Steuerung und Überwachung des Betriebsgeschehens in einem Industriebetrieb vermittelt.

Der Schüler soll befähigt werden, das System des industriellen Rechnungswesens und seiner Teilbereiche
- Finanzbuchhaltung als Zeitrechnung
- Betriebsbuchhaltung als Kosten- und Leistungsrechnung
- Statistik als Vergleichsrechnung
- Planung als Vorschaurechnung

zu verstehen und in Verbindung mit der Ausbildung am Lernort „Betrieb" zu erfahren.

Zur Erreichung der Qualifikation eines Industriekaufmanns soll der Schüler
- den betrieblichen Güter- und Wertefluß und seine Erfassung im industriellen Rechnungswesen kennenlernen und Einblick in einzel- und gesamtwirtschaftliche Zusammenhänge erwerben;
- Verfahren der Buchführung, Kosten- und Leistungsrechnung, Statistik und Planungsrechnung anwenden;
- kaufmännische Rechentechniken als Voraussetzung zur Erfassung von Betriebsvorgängen beherrschen;
- Buchführung, Kosten- und Leistungsrechnung, Statistik und Planungsrechnung als sich ergänzende Lerngebiete zwecks rechnerischer Erfassung, mengen- und wertmäßiger Planung und Kontrolle aller betrieblichen Vorgänge begreifen und ihren Einsatz bei der Unternehmensführung verstehen;
- über Einsatzmöglichkeiten integrierter Datenverarbeitungssysteme im Rechnungswesen informiert sein;
- den zunehmenden Einfluß der Gesetzgebung auf das Rechnungswesen zur Sicherung des Steueraufkommens und zum Schutze der Kapitalgeber verstehen;
- die Abhängigkeit der Organisation des industriellen Rechnungswesens von Betriebsaufbau und Betriebsablauf verstehen;
- die Notwendigkeit der Erfassung betrieblicher Teilprozesse in Nebenbuchhaltungen verstehen.

Der Schüler soll wichtige Arbeitstechniken anwenden können,
- um wirtschaftliche Daten zu beschaffen, zu berechnen und richtig einzuordnen;
- um die übersichtliche und saubere Darstellung im Rechnungswesen als sachlich notwendig anzuerkennen und selbst zu praktizieren;
- um die Richtigkeit der sich aus dem Rechnungswesen ergebenden Daten zu überprüfen, Fehler einzugrenzen, zu finden und zu berichtigen;
- um durch sichere Anwendung verschiedener Rechenverfahren Ergebnisse des Rechnungswesens zu analysieren und zur Entscheidungsfindung zu verwenden.

Anhang 7:

Der Niedersächsische
Kultusminister

Vorläufige Richtlinien für den Unterricht in den berufsbezogenen Fächern im Berufsgrundbildungsjahr im Berufsfeld Wirtschaft und Verwaltung

Rechnungswesen

Methodische Hinweise

Den Schülern sollen Lernziele und Inhalte des Faches Rechnungswesen anwendungsorientiert dargestellt werden; sie sollen Gelegenheit zu Übungen haben, um fachbezogene Denkweisen und typische Arbeitstechniken zu erwerben und einzuüben.

Bei der Erarbeitung von Inventur und Inventar hat diese Forderung beispielsweise zur Konsequenz, daß von den Schülern unter Anleitung des Lehrers eine Inventur an konkreten Beständen, z. B. Gegenständen der Schuleinrichtung oder des Mustersortiments an Waren und Einrichtungsgegenständen im Raum für fachbezogene Übungen, durchzuführen und ein Bestandsverzeichnis zu erstellen ist. Dabei sollen Inventurlisten verwendet werden, wie sie in der Praxis gebräuchlich sind. Bei der Bestandsaufnahme ist auf typische Arbeitstechniken, wie Einrücken und Auswerfen von Zahlen, Streichungen u. a., zu achten.

Bei komplexen fachbezogenen Übungen zum Buchungsablauf von Geschäftsfällen/Geschäftsgängen sollte im Interesse einer praxisorientierten Ausbildung auf Musterbelege und praxisgerechte Grund- und Hauptbuchvordrucke nicht verzichtet werden.

Bei der Erarbeitung der Lerneinheit "Warenkonten" kann die Erfassung und Buchung des laufenden Wareneinsatzes auch über das Konto "Wareneinsatz" erfolgen.

Anhang 8[1]**:**

99 Die **Eigenkapital**-Konten der Möbeltischlereien CARL SCHÄFER, MANFRED KÜHN und KURT ESSMANN wurden zum Jahresende **abgeschlossen.**

Soll — Eigenkapital SCHÄFER — Haben

Privat	20 000,00	AB	900 000,00
SBK	950 000,00	GuV	70 000,00
	970 000,00		970 000,00

Soll — Eigenkapital KÜHN — Haben

Privat	160 000,00	AB	1 200 000,00
SBK	1 180 000,00	GuV	140 000,00
	1 340 000,00		1 340 000,00

Soll — Eigenkapital ESSMANN — Haben

GuV	60 000,00	AB	700 000,00
SBK	720 000,00	Privat	80 000,00
	780 000,00		780 000,00

a) Erläutern Sie die einzelnen Werte der 3 Eigenkapital-Konten.

b) Errechnen Sie die Eigenkapital-Rentabilität für SCHÄFER und KÜHN.

c) Wie beurteilen Sie die Salden der Privat-Konten dieser 3 Unternehmer?

[1] Quelle: HOLLAND, Horst/REIMERS, Jürgen: Das Rechnungswesen der Betriebe, 7. Aufl., (Gehlen) Bad Homburg vor der Höhe 1988, S. 120 - 121.

Anhang 9:

10,- DM UMSATZ TEILEN SICH AUF IN

Horten 1988

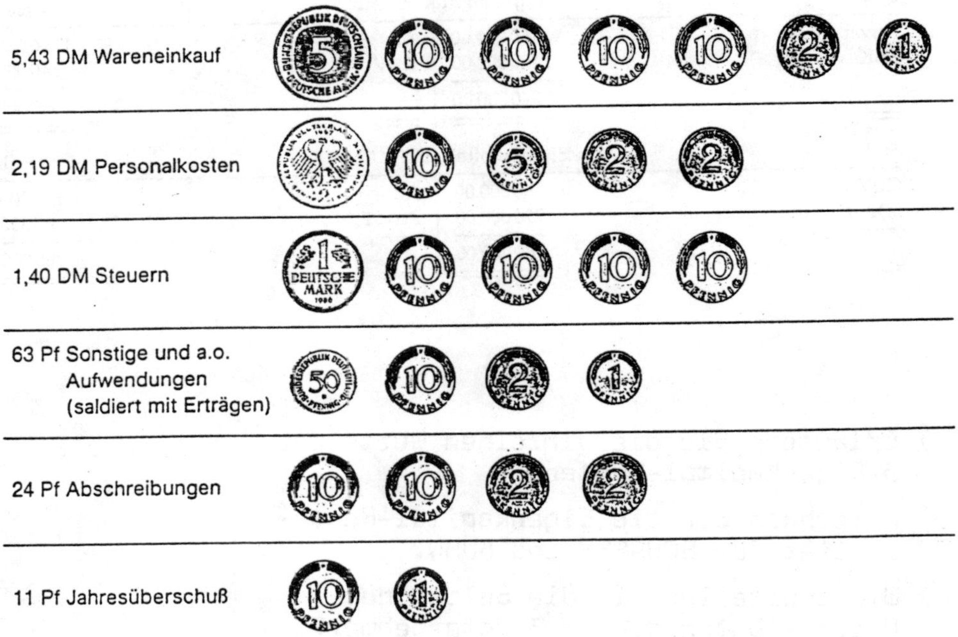

> Die Verkäuferin Janina Stahl berät in der Haushaltswaren-Abteilung eine Kundin beim Kauf einer Vase.
>
> Die Kundin entscheidet sich für eine Vase im Werte von 11,40 DM, die Frau Stahl verpackt und deren Gegenwert sie kassiert.
>
> In welchen Daten erkennst Du die beschriebenen Tätigkeiten der Verkäuferin?

Anhang 10[2]:

Die BAUUNION OSTFRIESLAND GMBH baute 1987 im Auftrag der Stadt Oldenburg eine Schule.

Auf der Baustelle waren beschäftigt:

Mitarbeiter	Gehaltsgruppe/ Berufsgruppe	Tarifgehalt/ Tarifstundenlohn/ Tarifl. Ausbildungsvergütung
1 Bauführer (im 4. Berufsjahr)	T6	4953,00 DM/Monat
1 Polier	Besonderer Tarifvertrag	3894,00 DM/Monat
2 Werkpoliere	I	18,69 DM/Stunde
2 Bauvorarbeiter	II	17,15 DM/Stunde
12 Spezialbaufacharbeiter	III	16,26 DM/Stunde
5 Gehobene Baufacharbeiter	IV	14,94 DM/Stunde
6 Baufacharbeiter	V	14,51 DM/Stunde
8 Baufachwerker	VI	13,95 DM/Stunde
5 Bauwerker	VII	13,46 DM/Stunde
3 Auszubildende		
• 1 im 2. Ausbildungsjahr (kaufmännisch)		869,00 DM/Monat
• 1 im 2. Ausbildungsjahr (gewerblich)		1029,60 DM/Monat
• 1 im 3. Ausbildungsjahr (gewerblich)		1299,20 DM/Monat
45 Beschäftigte		

a) **Wie hoch sind die Lohn- und Gehaltsaufwendungen** dieser Baustelle für den Monat **September 1987?** Der September hatte 22 Arbeitstage. Der Betrieb arbeitet mit 40-Stunden-Woche = 8 Stunden je Arbeitstag.

b) Beschaffen Sie sich die **geltenden Tarifverträge** von der INDUSTRIEGEWERKSCHAFT BAU-STEINE-ERDEN, dem ZENTRALVERBAND DES DEUTSCHEN BAUGEWERBES oder dem HAUPTVERBAND DER DEUTSCHEN BAUINDUSTRIE und

- lösen Sie die **Aufgabe a mit den aktualisierten Daten**,
- informieren Sie sich über die **Tätigkeitsmerkmale** der einzelnen Gehalts- und Berufsgruppen.

c) Im Bundes-Rahmentarifvertrag für das Baugewerbe wurden in § 6 **Erschwerniszuschläge** für folgende Arbeiten vereinbart: Schmutzarbeit, hohe Arbeiten, heiße Arbeiten, Erschütterungsarbeiten, Schacht- und Tunnelarbeiten, Druckluftarbeiten, Taucherarbeiten, Torkretierungsarbeiten (Aufspritzen von Beton), Stacheldrahtarbeiten.

Versuchen Sie, diese **Arbeiten** aus eigenen Beobachtungen zu **beschreiben** und die **Erschwerniszuschläge** zu **begründen**.

[2] Quelle: Gehlen-Buch 3191.

Anhang 11:

GLOBUS Kartendienst GmbH WANDSBEKER ZOLLSTRASSE 5 · 2000 HAMBURG 70
POSTF. 70 07 69 · TEL. (040) 652 60 21 · TELETEX 40 35 26
COMMERZBANK HMB 47/12113 (BLZ 200 400 00) · POSTGIRO HMB 2320-200

43.Jg., 2. Januar 1988 . Oa-6943
ersetzt 0-5106

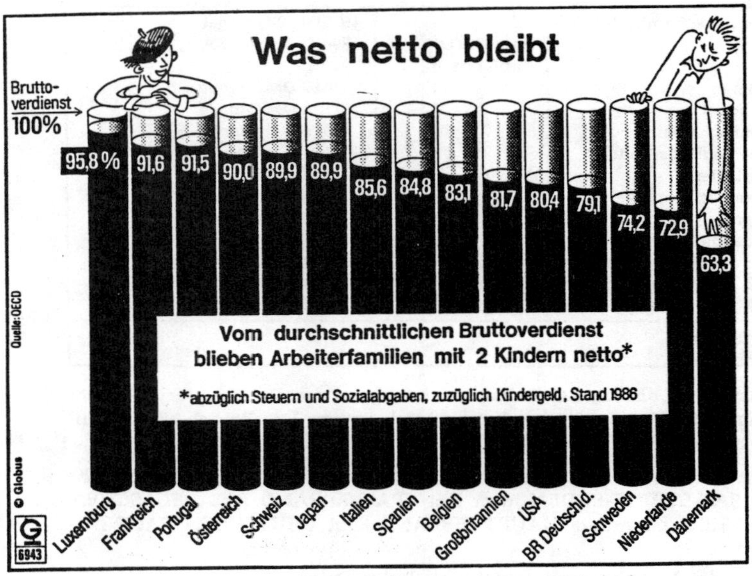

Dänen werden am ärgsten geschröpft

Der Bruttoverdienst ist meist nur für Arbeitgeber und Finanzämter von Interesse. Für die Arbeitnehmer zählt allein das, was nach Abzug von Steuern und Sozialabgaben bleibt - also der Nettoverdienst. In allen westlichen Industrieländern holt sich der Staat (einschließlich Sozialversicherung) mit der einen Hand einen Teil des Verdienstes, gewährt allerdings mit der anderen Hand finanzielle Hilfe für Familien, so zum Beispiel Kindergeld. Was bei diesem Nehmen und Geben herauskommt, zeigt unser Schaubild für den durchschnittlich verdienenden Industriearbeiter, der verheiratet ist und zwei Kinder hat. Am ärgsten geschröpft werden die dänischen Arbeiter. Von jeder verdienten Krone bleiben ihnen nur rund 63 Öre. Für ihre Kollegen in Luxemburg gilt dagegen annähernd die Formel "brutto = netto". Dieses Wunder bewirken die hohen Leistungen, die dort für Familien gewährt werden. Die bundesdeutschen Arbeiter liegen mit einer Nettoquote von 79 Prozent am Ende des Mittelfeldes. Globus

Statistische Angaben: OECD

Anhang 12:

GLOBUS Kartendienst GmbH
WANDSBEKER ZOLLSTRASSE 5 · 2000 HAMBURG 70
POSTF. 70 07 69 · TEL. (040) 652 60 21 · TELETEX 40 35 26
COMMERZBANK HMB 47/12113 (BLZ 200 400 00) · POSTGIRO HMB 2320-200

42.Jg., 19. Dezember 1987 Oa-6924

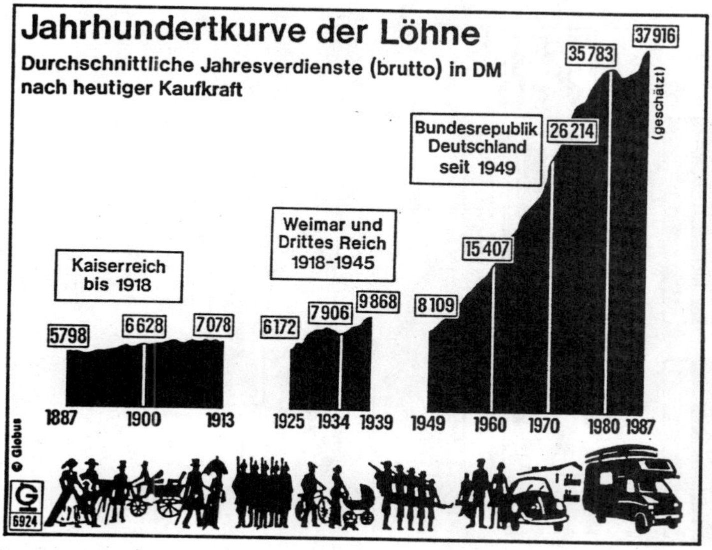

Start in den Wohlstand

"Die bisher erfolgreichste deutsche Staatsgründung" - diesen Titel hat die Bundesrepubik Deutschland mindestens auf wirtschaftlichem Gebiet vollauf verdient. Denn in den 38 Jahren ihres Bestehens schaffte sie einen wirtschaftlichen Aufstieg, der sich - gemessen am Fortschrittstempo vorangegangener Jahrzehnte - wie ein Raketenstart in den Wohlstand ausnimmt. Von 1949 bis 1987 hat sich der Jahresverdienst (brutto) mehr als vervierfacht. Und dies wohlgemerkt der tatsächlichen Kaufkraft nach; es ist also rechnerisch berücksichtigt, daß man 1949 für eine Mark fast dreimal so viel kaufen konnte wie heute. Ein solches Tempo war in der "guten alten Zeit" unbekannt. Das Kaiserreich brachte weit geringere Zuwachsraten, beispielsweise in den 26 Jahren zwischen 1887 und 1913 nur einen Einkommensanstieg von 22 Prozent. In Weimarer Republik und Drittem Reich stiegen die realen Jahresverdienste um 60 Prozent. - Die eigentliche Einkommenskarriere der Deutschen begann erst in den Jahren nach Gründung der Bundesrepublik. Damals setzte ein bis dahin nie gekannter Lohnschub ein. Zu Beginn der achtziger Jahre gab es eine Atempause auf diesem Weg nach oben; die Löhne stiegen langsamer als die Preise, die Arbeitnehmer mußten Kaufkrafteinbußen hinnehmen. Doch dank stabiler Preise in den vergangenen Jahren ist die Jahrhundertkurve der Löhne nun wieder aufwärts gerichtet.

Globus

Statistische Angaben: Statistisches Bundesamt, Deutsche Bundesbank, VDR, W. Hoffmann: "Das Wachstum der deutschen Wirtschaft...", eigene Berechnungen

Anhang 13[3]:

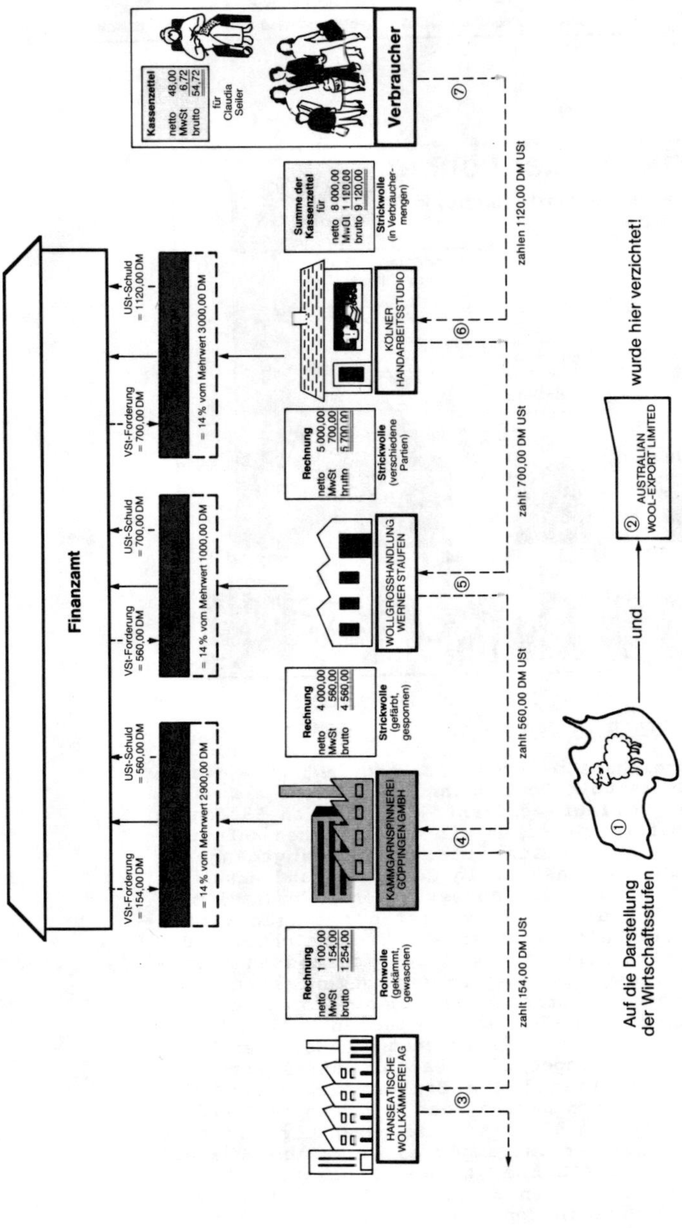

---

[3] Quelle: Gehlen-Buch 3191.

Anhang 14:

Wertschöpfungsrechnung der Volkswagen AG

Die Wertschöpfung kennzeichnet den von einem Unternehmen in einer Periode erwirtschafteten Wertzuwachs und ist sein Beitrag zum Sozialprodukt. 1988 übertrafen die Umsatzerlöse der Volkswagen AG mit 44.237 Mio. DM den Vorjahreswert um 2,4 %. Einschließlich der Sonstigen Erträge in Höhe von 2.726 Mio. DM und nach Abzug der Vorleistungen von 35.761 Mio. DM stieg die Wertschöpfung um 4,3 % auf 11.202 Mio. DM.

Dieser Betrag wird entsprechend den bestehenden gesetzlichen und vertraglichen Verpflichtungen an die Aktionäre, Mitarbeiter, Kreditgeber, den Staat und das Unternehmen selbst verteilt.

Entstehung (in Mio. DM)

	1988	1987
Umsatzerlöse	44.237	43.199
+ Sonstige Erträge	2.726	2.735
– Vorleistungen	35.761	35.192
Wertschöpfung	**11.202**	**10.742**

Verwendung der Wertschöpfung

Der größte Anteil an der Wertschöpfung entfiel mit 9.428 Mio. DM bzw. 84,2 % auf die Belegschaft in Form von Löhnen, Gehältern, sozialen Abgaben und Altersversorgung. Mit 1.167 (639) Mio. DM flossen dem Staat für Steuern 10,4 % der Wertschöpfung zu, 4,4 %-Punkte mehr als im Jahr zuvor. Der Zinsaufwand belief sich auf 84 Mio. DM und entsprach einem Anteil der Kreditgeber von 0,8 %.

Zur Eigenkapitalstärkung des Unternehmens wurden aus dem verbleibenden Betrag der Wertschöpfung 217 Mio. DM oder 1,9 % den Rücklagen zugeführt. Zusammen mit dem Gewinnvortrag aus dem vergangenen Jahr sowie dem durch die Ausgabe der Belegschaftsaktien freigewordenen Teil der Rücklage für Eigene Aktien betrug die Rücklagendotierung 230 Mio. DM. An die Aktionäre der Volkswagen AG sollen 306 (306) Mio. DM Dividende ausgeschüttet werden.

Verteilung (in Mio. DM)

	1988	%	1987	%
an Mitarbeiter	9.428	84,2	9.525	88,6
an den Staat	1.167	10,4	639	6,0
an Kreditgeber	84	0,8	83	0,8
an das Unternehmen	217	1,9	189	1,8
an Aktionäre	306	2,7	306	2,8
Wertschöpfung	**11.202**	**100,0**	**10.742**	**100,0**

Anhang 15:

Auch die **STEAG AKTIENGESELLSCHAFT** veröffentlicht in ihren Geschäftsberichten **Sozialrechnungen,** die sich an die Empfehlungen des Arbeitskreises „Sozialbilanz – Praxis" anlehnen.

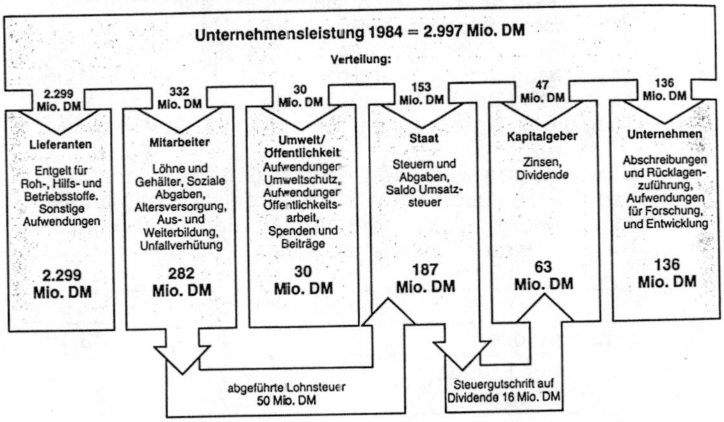

Anhang 16[4]:

a) Untersuchen Sie die unterschiedliche Zusammensetzung des **Vermögens**

- eines **Versandhauses** (OTTO VERSAND GMBH & CO., Hamburg),
- eines **Warenhauses** (KARSTADT AG, Essen),
- eines **Industriebetriebes** (VOLKSWAGEN AG, Wolfsburg).

Aktiva **Bilanzen zum 31.12.1985** Passiva

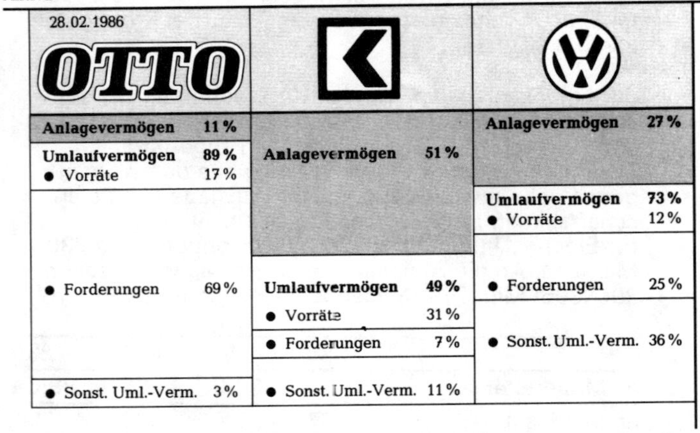

b) Warum weicht das **Geschäftsjahr** des OTTO-VERSAND vom **Kalenderjahr** ab?

---

[4] Quelle: Gehlen-Buch 3191.

Anhang 17[5]:

Schul-Kontenrahmen (SCHULKR), Verfasser: Jürgen Reimers

Kontenklasse 0	Kontenklasse 1	Kontenklasse 2	Kontenklasse 3	Kontenklasse 4
Aktiva			Passiva	
Anlagevermögen		Umlaufvermögen		
0 Immaterielle Vermögensgegenstände und Sachanlagen 00 Ausstehende Einlagen 01 Frei 02 Konzessionen, gewerbliche Schutzrechte und ähnliche Rechte und Werte sowie Lizenzen an solchen Rechten und Werten 03 Geschäfts- u. Firmenwert 04 Frei 05 Grundstücke, grundstücksgleiche Rechte u. Bauten einschließlich der Bauten auf fremden Grundstücken 06 Frei Industrie: 07 Techn. Anlagen u. Maschinen; 08 Andere Anlagen, Betriebs- u. Geschäftsausstattung Handel: 07 Frei; 08 Andere Anlagen, Betriebs- u. Geschäftsausstattung 09 Geleistete Anzahlungen und Anlagen im Bau	**1 Finanzanlagen** 10 Frei 11 Frei 12 Frei 13 Beteiligungen 14 Frei 15 Wertpapiere des Anlagevermögens 16 Sonstige Finanzanlagen 17 Frei 18 Frei 19 Frei	**2 Umlaufvermögen u. aktive Rechnungsabgrenzung** Industrie: 20 Roh-, Hilfs- und Betriebsstoffe; 21 Unfertige Erzeugnisse, unfertige Leistungen; 22 Fertige Erzeugnisse u. Waren Handel: 20–21 Waren; 22 Frei 23 Geleistete Anzahlungen auf Vorräte 24 Forderungen aus Lieferungen und Leistungen 25 Frei 26 Sonstige Vermögensgegenstände 27 Wertpapiere des Umlaufvermögens 28 Flüssige Mittel 29 Aktive Rechnungsabgrenzung (und Bilanzfehlbetrag)	**3 Eigenkapital und Rückstellungen** Bei Einzelkaufleuten und Personengesellschaften: 30 Eigenkapital Bei Kapitalgesellschaften: 30 Gezeichnetes Kapital 31 Kapitalrücklage 32 Gewinnrücklagen 33 Ergebnisverwendung 34 Jahresüberschuß/ Jahresfehlbetrag 35 Sonderposten mit Rücklageanteil 36 Wertberichtigungen 37 Rückstellungen für Pensionen und ähnliche Verpflichtungen 38 Steuerrückstellungen 39 Sonstige Rückstellungen	**4 Verbindlichkeiten und passive Rechnungsabgrenzung** 40 Frei 41 Anleihen 42 Verbindlichkeiten gegenüber Kreditinstituten 43 Erhaltene Anzahlungen auf Bestellungen 44 Verbindlichkeiten aus Lieferungen und Leistungen 45 Wechselverbindlichkeiten 46 Frei 47 Frei 48 Sonstige Verbindlichkeiten 49 Passive Rechnungsabgrenzung

Kontenklasse 5	Kontenklasse 6	Kontenklasse 7	Kontenklasse 8	Kontenklasse 9
Erträge	Aufwendungen		Ergebnisrechnungen	Kosten- u. Leistungsrechnung
5 Erträge Industrie: 50 Umsatzerlöse für eigene Erzeugn. u. andere eigene Leistungen; 51 Umsatzerlöse für Waren u. sonstige Umsatzerlöse; 52 Erhöhung oder Verminderung des Bestands an unfert. u. fertigen Erzeugnissen; 53 Andere aktivierte Eigenleistungen Handel: 50–51 Umsatzerlöse für Waren; 52 Frei; 53 Frei 54 Sonstige betriebl. Erträge 55 Erträge aus Beteiligungen 56 Erträge aus anderen Wertpapieren u. Ausleihungen d. Finanzanlagevermögens 57 Sonstige Zinsen und ähnliche Erträge 58 Außerordentliche Erträge 59 Frei	**6 Betriebl. Aufwendungen** Industrie: 60 Aufwendungen für Roh-, Hilfs- u. Betriebsstoffe u. für bezogene Waren; 61 Aufwendungen für bezogene Leistungen Handel: 60–61 Aufwendungen für Waren 62 Löhne 63 Gehälter 64 Soziale Abgaben u. Aufwendungen für Altersversorgung u. für Unterstützung 65 Abschreibungen 66 Sonstige Personalaufwendungen 67 Aufwendungen für die Inanspruchnahme von Rechten und Diensten 68 Aufwendungen für Kommunikation (Dokumentation, Information, Reisen, Werbung) 69 Aufwendungen für Beiträge u. Sonstiges sowie Wertkorrekturen u. periodenfremde Aufwendungen	**7 Weitere Aufwendungen** 70 Betriebliche Steuern 71 Frei 72 Frei 73 Frei 74 Abschreibungen auf Finanzanlagen und auf Wertpapiere des Umlaufvermögens und Verluste aus entsprechenden Abgängen 75 Zinsen und ähnliche Aufwendungen 76 Außerordentliche Aufwendungen 77 Steuern vom Einkommen und Ertrag 78 Frei 79 Frei	**8 Ergebnisrechnungen** 80 Eröffnung/Abschluß	**9 Kosten- und Leistungsrechnung** Vorgesehen für die buchhalterische Abwicklung der Kosten- und Leistungsrechnung. In der Praxis wird die Kosten- und Leistungsrechnung gewöhnlich tabellarisch durchgeführt.
			Anmerkung: In vielen Unternehmen besteht die Praxis, den Bezug von Stoffen bzw. Waren zunächst als Aufwand zu buchen, der zum Abschlußstichtag durch eine Umbuchung der dann vorhandenen Bestände in die Klasse 2 korrigiert wird. Anschaffungsnebenkosten (Bezugskosten) und Anschaffungspreisminderungen (Nachlässe) werden bei dieser Handhabung in der Klasse 6 erfaßt.	

[5] Quelle: Wirtschaft und Erziehung 5/89.

Urs M. Rickenbacher

Didaktik des Rechnungswesens aus Schweizer Sicht

1 Einleitung

1.0 Vorbemerkungen

Der Unterricht im Fach Rechnungswesen (Finanzbuchhaltung und Kostenrechnung) bildet innerhalb der Kernfächer eines der großen Gebiete der kaufmännischen Schulen. Dank der Bemühungen hervorragender Wissenschaftler und Lehrer, die schon früh stark prägende Lehrbücher und Unterrichtsansätze entwickelt haben, läßt sich der erzielte Erfolg in Form eines hohen Kenntnisstandes bei unseren Schülern im Bereiche des Rechnungswesen nachweisen.

Im Zusammenhang mit der Überarbeitung und Einführung des neuen Lehrplanes für kaufmännische Berufsschulen und unter Berücksichtigung des raschen technologischen und gesellschaftlichen Wandels, aber auch persönlicher Unterrichtserfahrungen ergeben sich viele Fragen im Fach Rechnungswesen, die erneut zu diskutieren sind. Sie betreffen zwei verschiedene Ebenen: die **Lehrplanentwicklung** und den alltäglichen **Unterricht.**

Die zentralen Fragen auf der **Lehrplanebene** liegen im **Stellenwert** sowie bei der **Zielsetzung** des Faches und daraus abgeleitet bei den **Lerninhalten**, der Aufgliederung auf die **Lernorte** (Schule, Betrieb, überbetriebliche Ausbildungsstätten) und der **Ausbildungsdauer** (Stundendotation). Das Meinungsspektrum reicht von Forderungen, das Fach Rechnungswesen nach wie vor im Mittelpunkt des Lehrplanes zu sehen, bis zur Feststellung, den Umfang dieses Faches zugunsten anderer Ausbildungsbereiche wesentlich zu reduzieren. In diesem Zusammenhang stellt sich die Frage, ob das Rechnungswesen zur Berufsvorbereitung sehr umfassend und stark spezialisiert oder als Mittel zum Zweck vermittelt werden soll. Letztere Auffassung hieße, keine eigentlichen Fertigkeiten und Techniken zu üben, sondern vielmehr nur noch Bereiche zu bearbeiten, die für das Verständnis größerer betriebswirtschaftlicher Zusammenhänge nötig sind.

Persönliche Schulerfahrungen unsererseits und Erfahrungen in Lehrerfortbildungskursen im Fach Rechnungswesen erwecken bei uns den Eindruck, daß sich dieses Meinungsspektrum auf der **Lehrplanebene** auch auf die Ebene des täglichen **Unterrichts** auswirkt. Wenn wir nun im folgenden diese Fragen besprechen, so gilt es vorauszuschicken, daß wir uns dabei auf die **schweizerischen Verhältnisse** beschränken.

Eine Analyse der neueren Literatur zur Kaufmännischen Berufsausbildung zeigt, daß das Unterrichtsfach "Rechnungswesen" aus didaktischer und methodischer Sicht, mit Ausnahme neuester Entwicklungen, weitgehend unbeachtet geblieben ist. Es fehlen sowohl eine die Fachinhalte begründende Literatur als auch curriculare Abhandlungen. Ebenso wenig gibt es Evaluationsstudien. Hingegen werden laufend neue Lehrbücher vorgelegt, die zwar deutliche methodische Fortschritte zeigen, deren pädagogisches Konzept aber nicht explizit erläutert wird. Deshalb bleiben auch die pädagogischen Unsicherheiten bestehen.

Mit dem Vortrag soll der Versuch unternommen werden, unseren Standpunkt auf dem Weg zum Abbau dieser Unsicherheiten aufzuzeigen. Wir werden dabei wie folgt vorgehen:

Nach dem kurzen Teil der Einführung, der insbesondere der näheren Begriffsfestlegung dient, stellen wir uns die Frage nach der Zielsetzung, die mit dem Rechnungswesenunterricht an kaufmännischen Schulen realisiert werden soll. In diesem Teil erarbeiten wir jene Kriterien, die der nachfolgenden Rechnungswesenkonzeption zugrunde liegen. Nach Besprechung dieser im Lehrplan der kaufmännischen Schulen realisierten Konzeption richten wir unser Hauptaugenmerk auf den Stellenwert des Faches Rechnungswesen im Rahmen des Gesamtlehrplanes.

Anschließend nehmen wir selber eine kritische Beurteilung unseres Vorschlages vor.

Zum Schluß erlauben wir uns, wie aufgefordert, zum sehr interessanten Beitrag der Projektgruppe Stellung zu nehmen.

1.1 Der Begriff "Rechnungswesen"

Der betriebswirtschaftlichen Literatur ist in bezug auf das Rechnungswesen sowohl hinsichtlich der Aufgabenzuteilung als auch der Systematik eine breite Fächerung zu entnehmen. Der Grund liegt darin, daß die geschilderten Konzepte und Definitionen auf isolierten Betrachtungen basieren und deshalb unseren Zwecken nicht dienlich sein können. Wir möchten in unserer Arbeit viel eher von der dem Rechnungswesen innerhalb der Unternehmungsführung eingeräumten Stellung ausgehen und uns an die folgende Definition von ULRICH/HILL/KUNZ (1985, S. 113) halten:

> **"Das Rechnungswesen ist ein Hilfsmittel der Unternehmungsführung und soll die rechenmäßigen Grundlagen liefern für Entscheidungen auf allen Leitungsstufen. Die Ergebnisse des Rechnungswesens müssen deshalb allen leitenden Stellen in einer zweckmäßigen Auswahl zur Verfügung stehen. Die Auswertung des Rechnungswesens muß daher ebenso bewußt organisiert werden wie seine Durchführung".**

Ohne an dieser Stelle auf die weiteren Gliederungen und Bereiche des Rechnungswesens einzutreten, halten wir in Anlehnung an die Definition die wichtigsten Komponenten des Begriffsinhaltes fest (vgl. mehr dazu bei KOSIOL 1973, S. 652; MENRAD 1978, S. 21):

1. Das Rechnungswesen ist ein Hilfsmittel zur Unternehmungsführung.

2. Das Rechnungswesen darf nicht nur Tatbestände und Vorgänge der Vergangenheit zahlenmäßig abbilden, sondern hat auch jene der Zukunft zu ermitteln und darzustellen.

3. Das Rechnungswesen beschränkt sich nicht mehr darauf, lediglich Zahlen zu liefern. Vielmehr sollen diese vorher analysiert, aufbereitet und stufengerecht interpretiert werden.

4. Um die Geld- und Güterbewegungen einer Unternehmung darzustellen, genügt es nicht, nur die innerbetrieblichen Vorgänge zu erfassen, sondern vielmehr auch jene zwischen der Unternehmung und ihrer Umwelt.

1.2 Die kaufmännische Berufsschule

Obwohl sich unsere kaufmännischen Schulen grundsätzlich an das obenbeschriebene Rechnungswesenverständnis halten, findet sich dieser Kanon in der Fächergliederung in zusammenhängender Form nicht wieder. Anhand des heute gültigen Lehrplans soll kurz aufgezeigt werden, inwieweit die kaufmännische Berufsschule ihre Fächergliederung und -bezeichnung im Rechnungswesen dem Begriff der betriebswirtschaftlichen Theorie anpaßt.

Dieser nachfolgenden Stundentafel der kaufmännischen Berufsschule möchten wir vorausschicken, daß die Berufslehre auf dem dualen Berufsbildungssystem basiert, einheitlich ist und insgesamt 1680 Lektionen beinhaltet.

Gemäß dem Lehrplan für den beruflichen Unterricht der kaufmännischen Angestellten vom 20. Mai 1986 werden die beiden Hauptgebiete "Buchhaltung" und "kaufmännisches Rechnen" (vgl. den Lehrplan 1973) - ehemals eigene Fächer - unter dem Kernfach "Rechnungswesen" geführt. Die Finanzbuchhaltung (externes Rechnungswesen) bildet den Hauptpfeiler des Rechnungswesens. Im Anschluß daran wird die Betriebsbuchhaltung behandelt. Schließlich wird vorgesehen, die Informatik in den Unterricht einzubauen. Auf diese Problembereiche kommen wir später näher zu sprechen. Insgesamt stehen für das Fach Rechnungswesen 280 Stunden zur Verfügung. Zusätzlich können Rechnungsweseninhalte in den Fächern "Informatik" oder "Wirtschaft/Recht/Gesellschaft und Informatik" zur Sprache kommen.

Abbildung 1: Auszug aus dem Lehrplan für den beruflichen Unterricht der kaufmännischen Angestellten (1986)

Fächer	Jährliche Anzahl Lektionen			Total
	1. Jahr	2. Jahr	3. Jahr	
I. Pflichtfächer				
1 Muttersprache	80	80	80	240
2 Korrespondenz in Muttersprache	–	40	–	40
3 Zweite Landessprache	80	80	80	240
4 Dritte Landessprache oder Fremdsprache	80	–	–	80
5 Betriebs- und Rechtskunde	40	40	80	160
6 Rechnungswesen	80	80	120	280
7 Staatskunde	–	40	–	40
8 Volkswirtschaftslehre	–	–	40	40
9 Wirtschaftsgeographie	–	–	40	40
10 Maschinenschreiben	80	–	–	80
11 Textverarbeitung/Bürokommunikation	–	40	–	40
12 Informatik	40	–	–	40
13 Turnen und Sport	80	80	80	240
II. Wahlpflichtfächer (A oder B)				
A. Dritte Landessprache oder Fremdsprache	–	80	40	120
B. 1 Wirtschaft/Recht/Gesellschaft	–	40	40	80
2 Informatik	–	40	–	40
Total	560	560	560	1680

Andererseits werden für die Bereiche Betriebsabrechnung, Kalkulation, Planung und Statistik keine eigenen Fächer angeboten.

Über die Rechnungswesenbereiche und -inhalte herrscht heute üblicherweise ein allgemeiner Konsens in dem Sinne, daß es nicht nur um eine Vermittlung von spezifischen Fertigkeiten gehen kann, sondern um eine umfassendere Berufsvorbereitung, welche auch die Grundlagen zur Weiterentwicklung schafft (SEITZ, 1988, S. 140). Dieser Aspekt bringt uns zur Frage, welchen Zielen die wirtschaftliche Berufsbildung dienen soll.

2 Ziele der wirtschaftlichen Berufsbildung

2.0 Vorbemerkungen

Bei den generellen Zielrichtungen der wirtschaftlichen Bildung verweisen wir auf die Aussagen von DUBS (1985a, S. 141), welche anhand der anschließenden Graphik nachvollzogen werden können:

Abbildung 2: Generelle Zielrichtungen der wirtschaftlichen Bildung

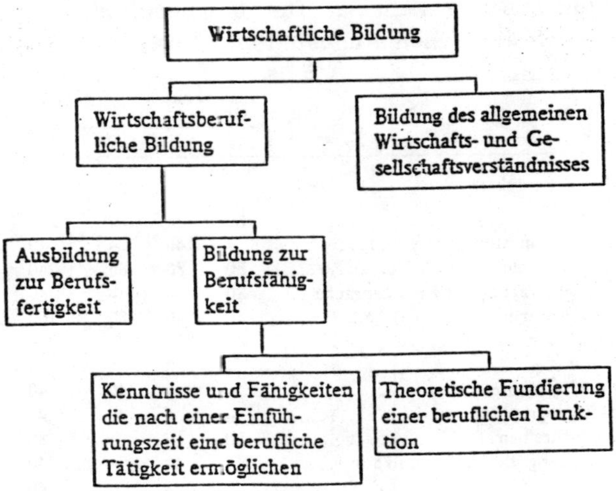

"Zunächst kann die wirtschaftliche Bildung **wirtschaftsberufliche Bildung** sein. Dazu gehören jene Bildungsmaßnahmen, die die Menschen zur Erfüllung von wirtschaftsimmanenten Aufgaben und Leistungen befähigen. Deshalb ist diese Bildung fach-, berufs-, betriebs- und arbeitsgebunden. Die wirtschaftliche Bildung kann auf zwei Ziele hin ausgerichtet sein: Einerseits ist sie eine Ausbildung zur **Berufsfertigkeit**, d.h. der Lernende ist am Ende der Ausbildung in der Lage, eine konkrete berufliche Aufgabe zu erfüllen. (Z.B. ein Buchhalter ist umgehend in der Lage, eine Buchhaltung ohne weitere Einarbeitungszeit zu führen). Andererseits ist sie eine Bildung zur **Berufsfähigkeit**. Dies bedeutet zweierlei: Entweder erwirbt der Lernende diejenigen Kenntnisse und Fähigkeiten, die es ihm ermöglichen, sich nach einer Einarbeitungszeit in der Praxis zurechtzufinden (...). Oder der Lernende erhält eine theoretische Fundierung, die ihn befähigt, seine berufliche Funktion in einem größeren Zusammenhang zu sehen (...).

Außerdem kann die wirtschaftliche Bildung der **Bildung des allgemeinen Wirtschafts- und Gesellschaftsverständnisses** dienen. D.h., die Lerninhalte werden nicht auf irgendwelche berufliche Anforderungen oder Funktionen ausgerichtet, sondern es werden solche Kenntnisse und Fähigkeiten vermittelt, die dem Lernenden das Geschehen in der Unternehmung und in der Gesamtwirtschaft aus der Sicht des Mitarbeiters und des Staatsbürgers verständlich machen. Es handelt sich also um eine Form wirtschaftlicher Allgemeinbildung (z.B. Schüler lernen Bilanzen, Erfolgsrechnungen und Kapitalflußrechnungen interpretieren, um die Lage der einzelnen Unternehmung besser analysieren oder eigene Anlageentscheide treffen zu können)".

Um innerhalb dieser allgemeinen Zielrichtungen der wirtschaftlichen Bildung spezifische Schwerpunkte setzen können, legen wir uns vorerst die folgenden Regeln zurecht (DUBS, 1985a, S. 142):

1. Je unmittelbarer eine Schule auf die konkrete Berufstätigkeit vorbereitet, desto stärker ist das Gewicht auf die Ausbildung zur Berufsfertigkeit zu legen, was bedeutet, daß einzelnen praktischen Techniken und Verfahren große Bedeutung beizumessen und verschiedenartigen Verfahrenswegen alle Aufmerksamkeit zu schenken ist.

2. Je stärker der Unterricht Voraussetzungen für die Berufsfähigkeit schaffen muß, desto wichtiger ist es, den Unterricht auf das Erlernen von Systemen und Gesamtzusammenhängen hin auszurichten. Diese können später nach einer bestimmten Einarbeitungszeit in der Praxis mit Einzelheiten und verschiedenen Techniken ergänzt werden, indem der Lernende ohne weiteres selbständig in der Lage sein sollte, diese Spezialitäten zu verstehen und in seine systematischen Kenntnisse einzubauen.

3. Das gleiche gilt für die Forderung nach einer überdauernden Grundbildung. Je mehr dieses Postulat im Vordergrund steht, desto wichtiger werden die Einsichten in Systeme und Gesamtzusammenhänge.

4. Steht hingegen das allgemeine Wirtschafts- und Gesellschaftsverständnis im Vordergrund, so könnte in hohem Maße auf das Erlernen einzelner Techniken und Verfahrensweisen verzichtet werden.

Anhand dieser Überlegungen wird es möglich, den Unterricht in Rechnungswesen an der kaufmännischen Berufsschule besser zu lokalisieren.

2.1 Die allgemeine Zielrichtung an der kaufmännischen Berufsschule

Da die kaufmännischen Berufsschulen systembedingt durch berufsbegleitende Ausbildung geprägt sind, kann und soll der Unterricht nicht Maximalansprüchen nach Berufsfertigkeit entsprechen, zumal die Lehrlinge aus Unternehmungen mit großen Unterschieden betreffend Branchenzugehörigkeit, -größen, -zielsetzungen usw. rekrutiert werden. Der Unterricht sollte unserer Auffassung nach viel eher in den Dienst der Bildung zur Berufsfähigkeit gestellt werden. Dies bedingt einen Unterricht, in welchem neben Systemkenntnissen den Techniken und Verfahrensweisen große Bedeutung zukommt. Wir meinen damit sogar, daß auf gewisse traditionelle Bereiche, wie Fremdwährungsskonti, Abschlüsse von seltenen Unternehmungsformen nach verschiedenen Varianten oder auf die Verbuchung von Wechseln, verzichtet werden könnte. Im Vordergrund stehen somit nicht Übungen in allen Variationen, sondern eine Beschränkung auf jene Methode, welche die Zusammenhänge am besten aufzeigt. Dieses Vorgehen bewirkt in Anbetracht der knappen Zeit, die für Rechnungswesen zur Verfügung steht, eine Stoffreduktion bei gleichzeitiger Erhöhung der Transferwirkung.

Berücksichtigen wir einerseits die diversen Alltagssituationen, in welche wir Menschen eingebettet sind, so z.B. die privaten Haushalte, als steuerzahlende Bürger, als Bürger im Hinblick auf die öffentlichen Haushalte, als Mitarbeiter oder später als Eigentümer von Betrieben usw. (GROSS 1981), andererseits die auf uns zukommenden und zugleich zunehmenden Probleme, so scheint es offensichtlich, daß der Bildung des allgemeinen Wirtschafts- und Gesellschaftsverständnisses mehr Bedeutung geschenkt werden muß. Daher sollte der Dateninterpretation (Bilanzanalyse einschließlich Cash flow) sowie der klassischen Betriebsabrechnung (Verständnis des Systems) mehr Gewicht beigemessen werden.

Wenn man diese allgemeine Zielrichtung kaufmännischer Berufsschulen genauer betrachtet, dann tauchen **zwei Diskussionspunkte** auf:

1. Welcher Stellenwert soll den **Grundfertigkeiten,** also dem Erlernen, Üben und Anwenden von Techniken oder Verfahrensweisen im Lehrplan und im Unterricht, zukommen?

2. Inwieweit kann auf eigentliche Fertigkeiten zugunsten eines allgemeinen **Verständnisses** in die buchhalterischen **Zusammenhänge** verzichtet werden? Dieses Verständnis befähigt den Schüler, Vorgänge in der Unternehmung und deren Umwelt einzuordnen und zu verstehen. Dies erfordert jedoch einerseits die Vermittlung eines vernetzten Strukturwissens und andererseits die Schulung spezieller Fähigkeiten, um ent-

sprechende Analysen, Beurteilungen und Interpretationen vornehmen zu können.

Zu diesen beiden Diskussionspunkten werden unterschiedliche Ansichten vetreten:

So vertritt DUBS (1985a, S. 144) die Meinung, daß sich viele grundsätzliche betriebswirtschaftliche Probleme ohne genügende buchhalterische Kenntnisse (einschließlich technischer Fertigkeiten) nicht bearbeiten lassen (z.B. Auswertung eines Jahresabschlusses, Rückstellungen, Reserven usw.). Ein allzu schnelles und einseitiges (bloß aus intellektueller Sicht) Behandeln der Grundfertigkeiten der Finanzbuchhaltung führt zur Tatsache, daß Schüler Schwierigkeiten mit den Gesamtzusammenhängen und den Abläufen der Finanzbuchhaltung haben. Schlußendlich scheitern sie beispielsweise beim Lösen von Aufgaben der Finanzierungslehre aufgrund einer ungenügend ausgebildeten Buchungstechnik.

SEITZ (1988, S. 516f.) gelangt zur Auffassung, ein Grundverständnis der doppelten Buchhaltung reiche aus, um solche Vorgänge rekonstruieren zu können, und erachtet folglich die Automatisierung der Fertigkeiten nicht als erforderlich.

Ohne an dieser Stelle für jeden einzelnen Bereich des Rechnungswesens eine abschließende Beurteilung vorzunehmen, seien im folgenden die Kriterien von SEITZ erwähnt, die es bei der Stoff-Auswahl abzuwägen gilt:

1. "Hat die gestellte Anforderung die wirtschaftsberufliche Bildung oder die Bildung des allgemeinen Wirtschafts- und Gesellschaftsverständnisses zum Ziel?

2. Läßt sich die gestellte Anforderung durch die Informationstechnik substituieren?

3. Dient die Anforderung einem abschließenden Zweck oder bildet sie die Voraussetzung für die Erfüllung weiterer Anforderungen?

4. Welche relative Bedeutung kommt der Anforderung in bezug auf andere zu?"

Gehen wir nun davon aus, daß das Rekonstruieren der Fertigkeiten, wie z.B. der Buchungstechnik, möglich ist, lassen sich die oben erwähnten Fragen um das Kriterium der "Zugriffsgeschwindigkeit" ergänzen. Dabei geht es um die Frage, wie lange es dauert, bis die Schüler in einer Problemstellung die entsprechend anzuwendende Fertigkeit rekonstruiert haben. Durch das Üben ergibt sich eine Zeitersparnis, die beim Erarbeiten von neuen Inhalten genutzt werden kann. Andererseits benötigt das Einüben selbst auch Zeit.

Da für die Rekonstruktionen einfacher Grundfertigkeiten und -kenntnisse der Berufstechnik zu viele Denkvorgänge vorgenommen werden müssen, schließen wir uns grundsätzlich der Meinung von DUBS an. Wären diese Grundlagen nicht oder bloß rudimentär vorhanden, würde dies m. E. das Verstehen von höheren finanzwirtschaftlichen Vorgängen erheblich behindern, evtl. sogar verunmöglichen.

Versuchen wir nun daraus die Konsequenzen für das Richtziel des Rechnungswesen-Unterrichtes an kaufmännischen Berufsschulen abzuleiten.

2.2 Das Richtziel für den Rechnungswesenunterricht an kaufmännischen Berufsschulen

Der Lehrplan enthält für das Fach "Rechnungswesen" das folgende **Richtziel:**

Der Lehrling soll:
- die Bedeutung des Rechnungswesens im Rahmen des gesamten Unternehmungsgeschehens erkennen;
- eine Finanzbuchhaltung nach dem System der doppelten Buchhaltung für einfachere Verhältnisse sicher führen, abschließen und die Ergebnisse auswerten;
- einfachere Betriebsabrechnungen mit IST-Kosten erstellen und auswerten sowie einfache BAB entwerfen;
- die Bedeutung der Informatik zur Lösung von Problemen des Rechnungswesens erfassen sowie einfachere Probleme mit Standard-Software lösen.

3 Die didaktische Konzeption des Rechnungswesens an kaufmännischen Berufsschulen

Bevor die Rechnungswesenkonzeption der kaufmännischen Berufsschule besprochen wird, sollen die hierfür grundsätzlichen Bezugsfelder systematisch erarbeitet werden.

3.1 Die Bezugsfelder des Rechnungswesens

DUBS (1985b, S. 79) unterscheidet drei verschiedene Konzepte, die unterschiedlich geeignet sind, die typischen Fehler im **Betriebswirtschaftslehre-Alltagsunterricht** zu überwinden. In Anlehnung an ihn soll nun der Versuch unternommen werden, für das Fach Rechnungswesen eine ähnliche Systematik zu entwickeln. Dabei gehen wir von vier verschiedenen **Ansätzen** aus (vgl. Abbildung 3).

Abbildung 3: Didaktische Ansätze einer Rechnungswesen-Konzeption

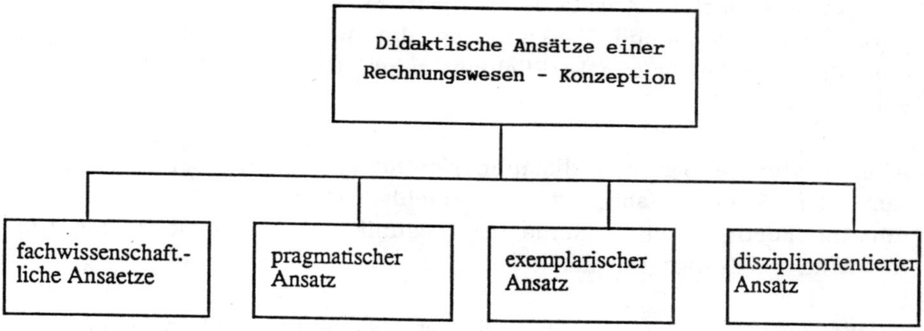

Bezugsfelder:

sind die systematischen Ansaetze einer Theorie des Rechnungswesens. Sie bilden die Struktur fuer den Lehrplan.

Beurteilung:
- ganzheitliche Darstellung des Rechnungswesens
- zur Zeit bestehen bloss Ansaetze einer Theorie des Rechnungswesens
- Diese Ansaetze sind didaktisch-methodisch nur bereichsweise aufgearbeitet.

Bezugsfeld: ist

A) das Rechnungswesen mit der Gliederung nach **Funktions-** und **Taetigkeitsbereichen** (vorwiegend arbeitsplatzorientiert)

B) das Rechnungswesen im Dienste der **Unternehmungsfuehrung** (vorwiegend unternehmungsbezogen)

- Auswahl und Sequenzierung richten sich nach dem Erfahrungsbereich der Schueler

Beurteilung:
- Gefahr liegt im ausgepraegten Streben nach Berufsfertigkeit (A), resp. bloss noch Verstehenwollen der Zusammenhaenge.(B)
- Aneinanderreihen von Faktenwissen.

- Behandlung von ausgewaehlten Themenkreisen.

Bezugsfelder: sind

Modelldenken, typ. Arbeitsweisen und Arbeitsweisen des Rechnungswesens (Methodenlehre); erwartet wird eine breite Transferwirkung.

Beurteilung:
- Vertiefte Behandlung der Themen und der richtigen Anwendungen von Modellen und Arbeitstechniken.
- mangelnder Bezug zur Wirklichkeit.
- ungenuegende Verknuepfung der Wissensinhalte.

Bezugsfelder:
sind die Nachbardisziplinen, wonach sich die zu vermittelnden Kenntnisse, Fertigkeiten und Faehigkeiten des Rechnungswesens zu orientieren haben. Dazu gehoert die BWL, RECHT, MATHEMATIK und EDV

Beurteilung:
- Gefahr der Vernachlaessigung der eigenen Buchhaltungs - Struktur.
- Fertigkeiten im Sinne von Techniken treten in den Hintergrund.
- Vorteil besteht im Einbezug des RW's in andere Faecher (interdisziplinaer)

Im schweizerischen Lehrplan für kaufmännische Berufsschulen wird im Fach Rechnungswesen nicht **ein** bestimmter didaktischer Ansatz verfolgt, sondern eine Kombination angestrebt. Diese Kombination sieht wie folgt aus:

a) Weil eine anerkannte Theorie fehlt, läßt sich nicht ein **fachwissenschaftlicher Ansatz** entwickeln. Deshalb finden sich im Lehrplan und in den Lehrbüchern verschiedene fachwissenschaftliche Ansätze in gemischter Form.

b) Den **exemplarischen Ansatz** lehnen wir in reiner Form ab, weil sich daraus eine mangelnde Verknüpfung der Wissensinhalte ergibt sowie ein fehlender Bezug zur Wirklichkeit zeigt. Dennoch vertiefen wir einzelne Gebiete.

c) Ähnlich steht es mit dem **disziplinorientierten Ansatz**, bei dem die Gefahr der Vernachlässigung der Buchhaltungsstruktur vorherrscht, und die Fertigkeiten im Sinne der Techniken allzu stark in den Hintergrund verdrängt werden.

d) Praxisbezug soll und muß arbeitsplatzorientiert (Funktions- und Tätigkeitsbereiche) und unternehmungsbezogen hergestellt werden, damit die kaufmännischen Tätigkeiten im weitesten Sinne zielgerichtet erledigt werden können.

Aus den obenerwähnten Gründen vertreten wir im Rechnungswesen einen **pragmatischen Ansatz**.

3.2 Didaktische Konzeption des Rechnungswesens an kaufmännischen Berufsschulen

3.2.0 Vorbemerkungen

Beeinflußt durch die obenerwähnten Ansätze soll nun der Stufenaufbau im Fach Rechnungswesen abgeleitet werden (vgl. Abbildung 4).

Im **ersten Schritt** soll das System der doppelten Buchhaltung mit vielen Beispielen und Übungsaufgaben intensiv eingeübt werden, damit die Techniken automatisiert und gute Voraussetzungen für das Verständnis von spezifischen Problemen geschaffen werden.

Abbildung 4: Stufenaufbau im Rechnungswesen an der kaufmännischen Berufsschule

Grundsätzlicher Aufbau im Rechnungswesen

Schritte	grundsätzlicher Aufbau	Informationsziele
1. Schritt:	**Einführung in das System der doppelten Buchhaltung** - Eröffnung, Geschäftsabläufe, Abschluß - Zusammenhängende, einfache Beispiele verschiedenartiger Betriebe	3.6.1 Grundlagen der Finanzbuchhaltung
2. Schritt:	**Erweiterung der Finanzbuchhaltung um ausgewählte Geschäftsfälle** - Verknüpfungen innerhalb des Faches Rechnungswesen (Buchhaltung und kfm. Rechnen) selbst und mit andern Fächern - Rechnerische Elemente	3.6.2 Geld- u. Kreditverkehr 3.6.3 Warenverkehr u. Kalkulation 3.6.4 Industriebetrieb 3.6.5 Wertschriftenverkehr und -rendite 3.6.6 Immobilienverkehr 3.6.7 Gehaltsabrechnungen
3. Schritt:	**Bewertungsprobleme/ Jahresabschluß** - Verknüpfungen (Gesetze, Betriebskunde usw.) - erweiterter Jahresabschluß	3.6.8 Bewertung und Jahresabschluß
4. Schritt:	**Kontenrahmen / Kontenplan** - einfache konzeptionelle Überlegungen zur Finanzbuchhaltung	3.6.9 Kontenrahmen und Kontenplan
5. Schritt:	**Betriebsabrechnung** - Sinn und Zweck - Verknüpfung zw. Finanz- und Betriebsbuchhaltung - Technik - einfache Konzepte	3.6.10 Betriebsabrechnung
6. Schritt:	**Integration von Wahlpflichtfach "Wirtschaft / Recht / Gesellschaft"**	

Bei der Erklärung (Kontentheorie) und der Einführung in die doppelte Buchhaltung (Sequenzierung) haben sich in schweizerischen Lehrmitteln insbesondere zwei Ansätze durchgesetzt: der allgemein vorherrschende

Ansatz der statodynamischen Vierkontenreihentheorie von BURRI und der auf den Theorien von KÄFER basierende Ansatz von WEILENMANN. Da diese beiden Ansätze die heutigen Lehrpläne stark prägen, erlauben wir uns, sie an dieser Stelle kurz zu charakterisieren:

3.2.1 Die statodynamische Vierkontenreihentheorie von BURRI

Diese Kontentheorie führt zu einer Theorie der Buchhaltung, die als Grundlage für das Verständnis des heutigen Rechnungswesens bezeichnet werden kann.

(1) Grundgedanke

Sie umfaßt die folgenden vier Kontenreihen:

BESTANDESKONTEN		ERFOLGSKONTEN	
I. **Aktiven**	II. **Passiven**	III. **Aufwände**	IV. **Erträge**

Für unsere künftigen Betrachtungen sind die folgenden Aspekte dieser Theorie hervorzuheben:

1. Die Vierkontenreihentheorie verbindet den Bestandes- und Erfolgsgedanken zu einem organischen Zusammenhang. Daher stammt auch die Bezeichnung "statodynamisch" (Verbindung von statisch und dynamisch).

   Die **Bestandesrechnung** ist der statische Ausdruck der Unternehmung. Die Finanzierungs- und Investitionsvorgänge erhalten somit den gebührenden Platz und kommen in ihrer Auswirkung auf den Vermögens- und Kapitalaufbau der Unternehmung zum Vorschein.

   Die **Erfolgsrechnung** ist der Ausdruck der Dynamik. Sie wird deshalb auch als Bewegungsrechnung bezeichnet. Hier liegt die Betonung vor allem auf der Produktion und dem Absatz der Leistung.

   Bezüglich dieser beiden Rechnungen werden zwei Arten von Geschäftsvorfällen unterschieden: einerseits die erfolgsunwirksamen und andererseits die erfolgswirksamen Vorgänge.

2. Die Vierkontenreihentheorie berücksichtigt in ihren Überlegungen zur Abrechnung sowohl den Zeitpunkt (Bestandesrechnung) als auch die Zeitperiode (Erfolgsrechnung). Sie gruppiert die Vorgänge nach den Gleichungen der Periodenabrechnungen: Bilanz und Erfolgsrechnung.

3. Nach dieser Theorie wird die Buchhaltung als Bruttorechnung erklärt. Es ist vor allem der Verdienst der Vierkontenreihentheorie, den Aufwand und den Ertrag in voneinander getrennten reinen Konten zu führen (MÄRKI 1949, S. 131).

4. Auch BURRI versucht, gemäß einer Theorie in den Konten Überblick zu schaffen, indem er einen Musterkontenplan aufstellt.(SCHEERER 1950, S. 162f.).

5. Der Einstieg in die doppelte Buchhaltung erfolgt nach der bekannten Bilanzmethode.

(2) Bedeutung und Kritik

Die Theorie ist für alle Konten gut verständlich. Sie ist anwendbar für betriebswirtschaftliche, staatliche und für Haushaltsbuchhaltungen sowie für die Betriebsabrechnung. Dennoch existieren Kritikpunkte, die SCHEERER (1950, S. 163ff.), GROSS (1981, S. 28ff.), KÄFER (1974, S. 63ff.), WEILENMANN (1982, S. 36ff.) und DAUENHAUER (1977, S. 197) wie folgt formulieren:

1. BURRI vertritt die Auffassung, daß die Passiv- und die Ertragskonten das Einströmen der Mittel in die Unternehmung und die Aktiv- und die Aufwandkonten die Verwendung der eingesetzten Mittel darstellen. Er geht somit in der Definition der Einnahmen- und Ausgabenkonten sehr weit. Er ordnet ihnen die Passiv- und Ertragskonti, den Ausgabenkonten die Aktiv- und Aufwandkonti zu.

2. BURRI bezeichnet Aufwände als "wertmäßigen Verbrauch an Betriebswerten und Ertrag als Geldwerterlös **während** einer Betriebsperiode". Bei konsequenter Anwendung dieser Definition entsprechen die Aufwendungen den Ausgaben und die Erträgnisse den Einnahmen. Diese Auffassung ist jedoch in Wirklichkeit nicht vertretbar, da unter Umständen ein Teil der Betriebswerte zum Zeitpunkt der Veräußerung noch nicht verbraucht ist.

3. Nicht alle Posten der Passiven zeigen "das Einströmen" der Mittel in einer Unternehmung. Gemeint sind hierbei die Korrekturposten der Aktivseite, die sich unter ihnen befinden.

4. Da der Einstieg der Bilanzmethode oft als relativ abstrakt bezeichnet wird, entspricht er nicht dem Erfahrungsbereich der Schüler.

5. Aus den folgenden Gründen ist das Ableiten der Buchungsregeln aus der Bilanz zu bemängeln: Einerseits werden die Leistungsverrechnungen nicht berücksichtigt und andererseits vermögen die abgeleiteten Buchungsregeln nicht zu befriedigen. Stehen die Aktiven auf der linken und die Passiven auf der rechten Seite der Bilanz, so sind die Konten jeweils mit unterschiedlichen Vorzeichen zu führen. Schwierigkeiten ergeben sich daraus insbesondere für Anfänger, wenn ein Konto, wie z.B. das Bankkontokorrent, sowohl aktiv als auch passiv sein kann.

6. GROSS (1981, S. 30) bemängelt den relativ späten Einbezug des Erfolges.

Wenden wir uns nun dem Ansatz von WEILENMANN zu.

3.2.2 Der Ansatz von WEILENMANN

(1) Grundgedanke

Der Ansatz von WEILENMANN basiert auf den Theorien von Karl KÄFER. Im voraus seien dazu die wichtigsten Begriffe erklärt:

a) WEILENMANN (1981, S. 11) berücksichtigt beim Buchen der Geschäftsfälle (er nennt sie "Buchungstatsachen") sowohl Vorgänge, welche die Unternehmung in Beziehung mit ihrer Umwelt betreffen, als auch Informationsbedürfnisse, die der Unternehmung selber entspringen. Da die Informationsbedürfnisse auf Zielvorstellungen basieren, werden unterschiedliche Daten aus der Buchhaltung benötigt. Hier wird die Anlehnung an das führungsorientierte Rechnungswesen deutlich. Der Zweck der Buchhaltung besteht folglich darin, das Ausmaß der Zielerreichung sowie die Ursachen für allfällige Abweichungen festzustellen. Die Buchhaltung muß somit individuell gestaltet werden. Bereits dieser Gestaltungsprozeß (inkl. Auswahl der Buchungstatsachen und der Konten sowie auch deren Bewertung) soll Inhalt des Lehrstoffes sein.

b) Jede Buchungstatsache enthält positive oder negative Nutzenbeiträge zur Erreichung dieser Ziele. Somit lassen sich die Aktiven und Passiven wie folgt definieren:

Aktiven bilden zukünftigen Nutzenzugang, Passiven zukünftigen Nutzenabgang - gemessen in Geld. Damit erhält man folgende einheitliche Buchungsregel für die Bestandeskonten (WEILENMANN 1981, S. 22f.):

Aktiven / *Passiven*

Soll	**Haben**
kuenftiger Nutzenzugang	*kuenftiger Nutzenabgang*
Abnahme kuenftigen Nutzenabganges	Abnahme kuenftigen Nutzenzuganges

Die Buchungstatsachen lassen sich wie folgt einteilen: in Tauschvorgänge (Buchungen mit gleichzeitigem Nutzenzugang und -abgang) und in Buchungen, die nur Zu- und Abgänge aufweisen (keine oder keine feststellbaren Gegenwirkungen). Mit dieser Unterscheidung lassen sich Aufwand und Ertrag ableiten.

Aufwände sind folglich Gegenbuchungen von Abgängen ohne Gegenwirkungen, Erträge Gegenbuchungen von Zugängen ohne Gegenwirkungen.

Der folgende Unterrichtsablauf stammt aus dem Lehrbuch von WEILENMANN 1981:

- Buchungstatsachen, Unternehmungsziele;
- das Konto am Beispiel Kassa;
- Aktiven und Passiven als künftige Nutzenzugänge und -abgänge;
- Tauschvorgänge, Buchungssatz;
- Vorgänge ohne Gegenwirkung, Aufwand und Ertrag;
- zusammenhängendes Beispiel;
- Abschluß: Bilanz, Erfolgsrechnung, doppelter Erfolgsnachweis, Verbuchung, Kapitalflußrechnung;
- Ausbau der Rechnung.

(2) Beurteilung und Kritik

1. Der Ansatz setzt auf einer Ebene ein (Informationsbedürfnisse, Unternehmungsziele), womit es gelingt, den Zusammenhang zur Betriebswirtschaftslehre herzustellen.

2. Mit diesem Ansatz gelingt es WEILENMANN, einheitliche Buchungsregeln zu erzeugen.

3. Der Ansatz berücksichtigt, im Gegensatz zu vielen andern Buchhaltungstheorien und -lehrbüchern, die Führung von Dienstleistungskonten.

4. Dieser Ansatz ist bislang didaktisch erst für den Unterricht an Hochschulen und Wirtschaftsgymnasien aufgearbeitet worden. Es wird ihm daher fälschlicherweise oft vorgeworfen, die Einführung über die Erklärung des Nutzens gelte als zu abstrakt. Auf der andern Seite kommt WEILENMANN damit sowohl bei der Erklärung der Buchungstatsachen als auch der Buchungsregeln ohne jede Fiktion aus.

3.2.3 Entscheid für einen Ansatz

Der Ansatz von WEILENMANN wird der Praxis gerechter; denn er bettet das Rechnungswesen in die Unternehmung als Ganzes ein und verwirklicht so die Idee des Management Accounting in der Didaktik. Er kommt mit relativ wenig neuen Begriffen aus und verwendet keine Fiktionen. Durch die einheitliche Verwendung des Nutzenbegriffes wird die Buchhaltung zu einem offenen System.

Aus diesen Gründen ziehen wir den Ansatz von WEILENMANN der heute wohl bekannteren Vierkontenreihentheorie von BURRI vor.

Nachdem das System der doppelten Buchhaltung an einfachen Beispielen geübt wurde, geht es im **2. Schritt** des Stufenaufbaus (vgl. Abbildung 4) um eine Erweiterung der Finanzbuchhaltung um ausgewählte Geschäftsfälle.

Wie viele einzelne Kontenarten mit einer oder mehreren Varianten bearbeitet werden, hängt schlußendlich von der durch uns aufgezeigten Zielsetzung des Unterrichts ab. Zweifellos muß hier in Anbetracht der knappen Zeitverhältnisse eine Entlastung stattfinden. Wesentlich ist aber, daß diejenigen Kontenarten, die im Unterricht Eingang finden, wiederum in genügend Übungsbeispielen bearbeitet werden; denn selbst mit guten Systemkenntnissen genügt die bloße intellektuelle Bearbeitung von Buchhaltungsproblemen nicht.

Dieser Schritt zeichnet sich vor allem durch seine zunehmende Integration aus. Diese betrifft sowohl Elemente des kaufmännischen Rechnens als auch der Betriebswirtschaftslehre (ständige Verknüpfung mit den Unternehmungszielen).

Am Beispiel des Warenverkehrs zeigt sich die Integration, indem vorerst die entsprechenden Konten kennengelernt und Buchungen dazu vorgenommen werden. Direkt im Anschluß daran erarbeiten die Schüler zu denselben Beispielen die auf- und abbauende Kalkulation und führen dazu erste Berechnungen der Warenumsatzsteuer durch. Am Schluß werden kleine zusammenhängende Beispiele durchgearbeitet. Dieser Unterricht darf sich keinesfalls auf Systemkenntnisse und Buchungstechnik beschränken, sondern es ist bei jeder Gelegenheit - so auch in unserem Beispiel - die Aussagekraft der Daten im größeren Zusammenhang sicherzustellen (Informationsbedürfnisse, Unternehmungsziele); denn nur so gewinnen die Schüler mehr als bloß verfahrenstechnische Einsichten.

Nachdem in **Schritt 3** die vorerst einfachen, dann erweiterten Jahresabschlüsse (inkl. Bewertungsproblematik) geübt worden sind, stellen die Schüler in **Schritt 4** zum Kapitel "Kontenrahmen und Kontenplan" einfache konzeptionelle Überlegungen an. Die Schüler sind nun in der Lage, selbständig für einen kleinen, einfachen Betrieb einen Kontenplan zu entwickeln.

In **Schritt 5** geht es um die **Eingliederung der Kostenrechnung.** Unserer Auffassung nach wären hierzu grundsätzlich zwei Varianten denkbar (DUBS, 1985a):

1) Die Kostenrechnung wird im Anschluß an die Finanzbuchhaltung in einem eigenständigen Fach weitergeführt.

2) Die Kostenrechnung wird im Zusammenhang mit der Organisationslehre in die Betriebswirtschaftslehre integriert.

Hier treten wir für ein eigenständiges Fach ein; denn Kostenrechnung ist im Anfängerunterricht in erster Linie eine Methodenlehre. Es gibt in dieser Phase wenig sinnvolle Verknüpfungen mit der Betriebswirtschaftslehre. Dies zeigt sich dort deutlich, wo die Kostenrechnung in das Fach Betriebswirtschaftslehre integriert ist. Da es uns in der Kostenrechnung insbesondere um die Vermittlung und Erarbeitung der Grundlagen geht, beschränken wir uns auf die Behandlung der **klassischen Betriebsabrechnung.** Wir erachten dazu 50 Lektionen als ausreichend.

4 Einbau des Rechnungswesens im Lehrplan

4.1 Einzelfach bzw. Fusion

Bevor wir uns dem Einbau des Rechnungswesens im Gesamtlehrplan zuwenden, möchten wir der Vollständigkeit wegen erwähnen, daß gleichzeitig mit der Einführung des neuen Lehrplanes (1986) eine Fusion der Fächer Kaufmännisches Rechnen und Buchhaltung zu 'Rechnungswesen' vorgenommen wurde.

4.1.1 Fächerfusion des kaufmännischen Rechnens und des Rechnungswesens

Als wesentliche Neuerung ist die Fächerfusion kaufmännisches Rechnen und Rechnungswesen hervorzuheben. Sie wird folgendermaßen gerechtfertigt:

In den bisherigen Lehrplänen kam es in den beiden Fächern zu Wiederholungen: Wertschriften im kaufmännischen Rechnen und in der Buchhaltung, Warenrechnungen usw. Dies führte bei den Schülern oft zur Vorstellung, es handele sich jeweils um verschiedene Dinge. Mit der Fächerfusion ließ sich nicht nur dieser Nachteil beseitigen, sondern es konnten auch Lektionen eingespart werden.

Systematisch lassen sich drei Gründe nennen, die die Fächerfusion rechtfertigen:

1) Rechnerische Probleme werden in einem größeren Zusammenhang behandelt.

2) Durch die Zusammenlegung der beiden Fächer wird vermieden, daß inhaltlich gleiche Sachverhalte zweimal besprochen werden.

3) In der Praxis zeigen Arbeitsplatzanalysen, daß kaufmännische Tätigkeiten nicht fächerspezifisch differenzieren, sondern in den Bereichen der Buchhaltung und des Kaufmännischen Rechnens stark durchmischt sind.

Abbildung 5: Fächerfusion

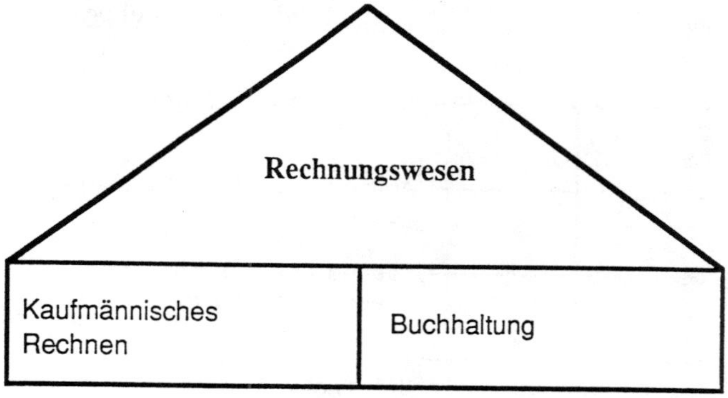

4.1.2 Rechnungswesen im Lehrplan

Unserer Auffassung nach sind grundsätzlich drei Varianten denkbar (DUBS 1985a):

1. Man betrachtet das Rechnungswesen (und hier insbesondere die Finanzbuchhaltung) als Methodenlehre und unterrichtet es in einem eigenständigen Fach. Dabei beschränkt man sich auf die Darstellung des Systems und der Techniken. Die Voraussetzungen zur Dateninterpretation und -analyse werden in den andern Wirtschaftsfächern geschaffen (vgl. Abbildung 6).

Abbildung 6: Buchhaltung als Methodenlehre in einem eigenständigen Fach

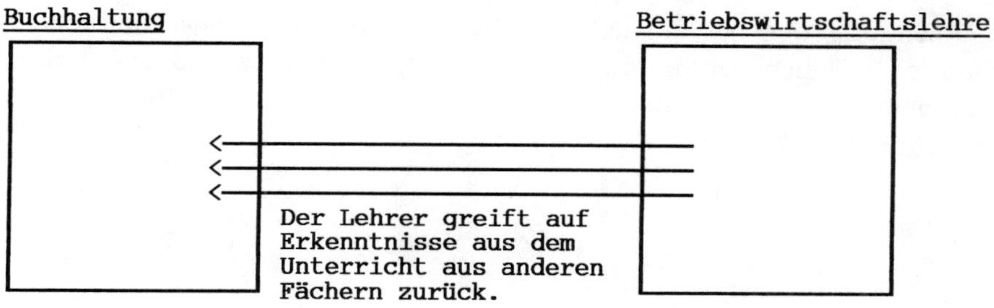

Beispiel:

Buchhaltung	Rückgriff	**Betriebswirtschaftslehre**
Einführung der Warenkonti	<————	Einkaufspolitik der Unternehmung
Buchen der Geschäftsfälle	<--------	Abwicklung eines Einkaufsgeschäftes
Sätze der Warenumsatzsteuer berechnen	<--------	System der Warenumsatzsteuer verstehen
Auf- und abbauende Kalkulationen durchführen	<————	Preispolitik der Unternehmung

Diese Variante 1 ist wie folgt zu beurteilen:

Vorteile:
- System und Techniken können zielstrebig durchgearbeitet werden, ohne daß der "rote Faden" verloren geht.
- Im Unterricht steht für Übungsbeispiele mehr Zeit zur Verfügung, da betriebswirtschaftliche Sachverhalte nicht ständig erarbeitet werden müssen.

Nachteile:
- Die Koordinationsprobleme zwischen den Fächern sind groß.
- Es besteht die Gefahr, daß der Unterricht zur reinen Methodenlehre degeneriert, die ganzheitliche Betrachtung also zu kurz kommt.

2. Das Rechnungswesen (Finanzbuchhaltung) wird zu einem Schwergewichtsfach (Fächerverbindung), indem hier ebenfalls alle betriebswirtschaftlichen Probleme, ebenfalls in diesem Fach bearbeitet werden (vgl. Abbildung 7).

Abbildung 7: Buchhaltung als Schwergewichtsfach (Fächerverbindung)

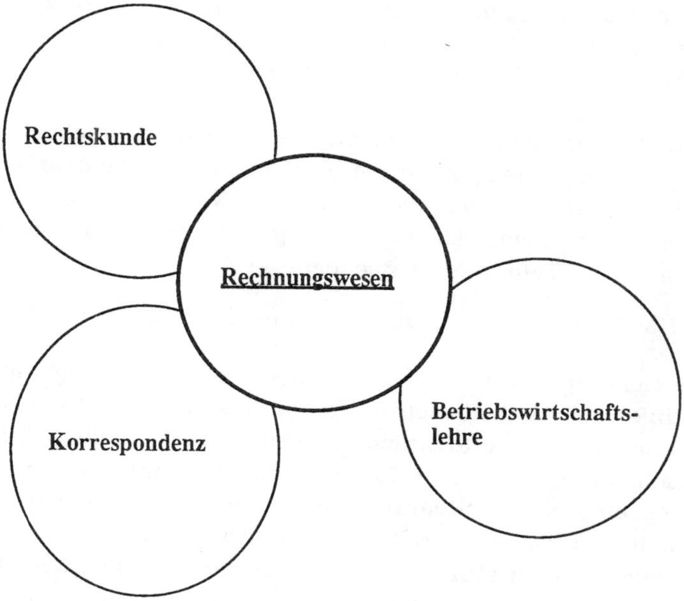

Diese Variante ist wie folgt zu beurteilen:

Vorteile:
- Diese Organisationsform unterstützt die ganzheitliche Betrachtungsweise.
- Abwechslungsreiche Form.
- Weniger Gefahr der Ausrichtung des Unterrichtes auf bloße Buchungstechnik hin.

Nachteile:
- Gefahr, daß das Einüben der Systematik und Techniken zu kurz kommt.
- Gefahr, daß bei den betriebswirtschaftlichen Inhalten die Struktur verloren geht, was sich nachteilig auf das Behalten und den Transfer auswirkt.

Diese Variante 2 benötigt bedeutend mehr Lektionen für den Rechnungswesenunterricht. Der Ansatz wird vor allem durch jene vertreten, die als allgemeine Zielrichtung des Rechnungswesenunterrichtes an kaufmännischen Berufsschulen entweder die Berufsfertigkeit oder die Berufsfähigkeit sehen. Dabei gehen sie von der Argumentation aus, der Unterricht im Rechnungswesen könne durch den Einbezug von betriebswirtschaftlichen Fragestellungen interessanter und praxisbezogener gestaltet werden. Unserer Auffassung nach gilt diese Begründung des Ansatzes als fragwürdig, gerade wenn mit der zusätzlichen Rechtfertigung argumentiert wird, daß die Schüler den übrigen Wirtschaftsfächern keine große Bedeutung beimessen.

3. Gelegentlich wird auch eine **Fusion** aller Wirtschaftsfächer vorgeschlagen. Unseres Erachtens ist diese Variante eine Scheinvariante, da sie in Wirklichkeit kaum etwas anderes als die Variante 1 oder 2 bedeutet. Der Grund liegt darin, daß der Anfängerunterricht sich letztlich dennoch in einzelne Teilbereiche gliedert.

Wir treten für Variante 1 ein, und zwar aus folgenden Gründen:

1) Unserer Meinung nach ist die Buchhaltung im Anfangsunterricht in erster Linie eine Methodenlehre, deren System und Technik möglichst rasch gesichert und automatisiert werden sollte. Zudem läßt sich die Finanzbuchhaltung in dieser Phase dadurch charakterisieren, daß sie sich durch eine eigene Struktur auszeichnet. Dafür eignet sich ein eigenes Fach, das nicht durch zu viele Absichten der Verknüpfungen und Vernetzungen ergänzt wird. Denken wir an das Üben der Fertigkeiten im Sinne von Techniken, so wird die Bedeutung unserer Auffassung zusätzlich unterstützt.

2) Auch die Betriebswirtschaftslehre soll ihre eigene Struktur zur Geltung bringen und sich nicht bloß an die Bedürfnisse der Buchhaltung anlehnen. Sonst verlöre dieser Unterricht seinerseits an Bedeutung, was sich negativ auf die Transferwirkung der Schüler auswirkte.

4.1.3 Die Beziehungen des Rechnungswesens zur Betriebswirtschaftslehre

Da wir uns für die Variante des eigenständigen Faches Rechnungswesen entschieden haben, soll der Schulung der Fertigkeiten das nötige Gewicht beigemessen werden. Betriebswirtschaftliche Aspekte sollen in den einzelnen Abschnitten immer erst eingebaut werden, wenn die Grundfertigkeiten im Rechnungswesen automatisiert sind; dies ermöglicht die Sicherstellung der richtigen Erfassung der buchhalterischen Grundstruktur durch die Schüler. Bezogen auf unseren Stundenaufbau der didaktischen Rechnungswesenkonzeption an kaufmännischen Berufsschulen heißt das, daß der Einbau betriebswirtschaftlicher Fragen frühestens nach Abschluß von Schritt 1 vorgenommen werden soll. Also erst im Bereich der erweiterten Geschäftsfälle, nachdem die Schüler das System der Doppik verstanden und in ausreichender Form geübt haben (vgl. Abbildung 8).

Abbildung 8: Grundmodell des wirtschaftswissenschaftlichen Unterrichts

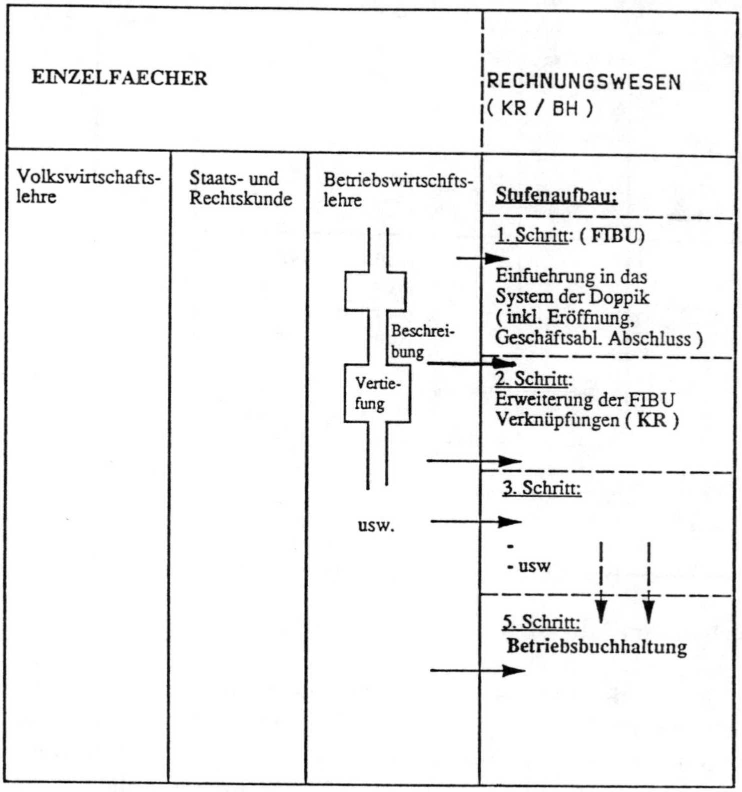

4.1.4 Die Beziehungen des Rechnungswesens zum Integrationsfach "Wirtschaft, Recht, Gesellschaft, Staat und Informatik"

Im Lehrplan für den beruflichen Unterricht der kaufmännischen Angestellten (1986) ist die Idee des Integrationsfaches "Wirtschaft, Recht, Gesellschaft, Staat und Informatik" realisiert.

Dabei handelt es sich um eine Kombination von fächerorientierter Gliederung und - dem Sinn nach - einer thematischen Organisation (DUBS 1987, S. 3ff). Indem im Lehrplan die disziplinenorientierte Gliederung beibehalten wird, baut das Integrationsfach auf diesen Einzelfächern auf.

Abbildung 9: Fächerorientierte Gliederung / Integrationsfach

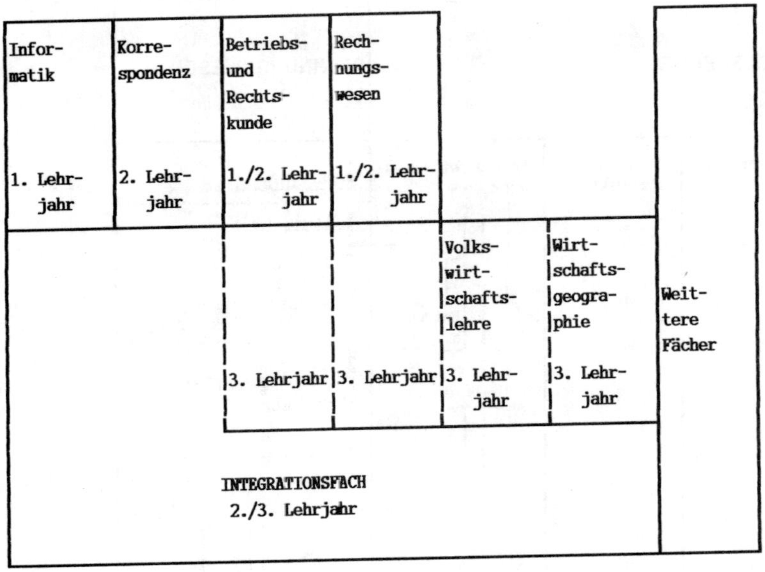

Diese Kombination läßt sich wie folgt rechtfertigen:

Mit Hilfe der fächerorientierten Gliederung können die notwendigen Wissensstrukturen als Voraussetzung zum Denken und zum Transfer sorgfältig erarbeitet werden. Zudem können die Schüler dabei unter einfachen Bedingungen Grundfertigkeiten und -fähigkeiten einüben. Eine solche Wissens- und Könnensbasis ist zur Bewältigung komplexer Probleme wohl eine grundlegende Voraussetzung, sie reicht jedoch allein nicht aus. Angesichts der vielen Wechselwirkungen und Vernetzungen von Problemen unserer Zeit bedarf es der Fähigkeit, Aufgaben möglichst interdisziplinär und ganzheitlich anzugehen. Diese Fähigkeiten lassen sich in einem fächerübergreifenden Integrationsfach einfacher bewerkstelligen. Zudem soll dieses Fach für den Lehrer den Zweck erfüllen, Freiraum zu schaffen und zugleich didaktische und methodische Innovationen anzuregen.

Dadurch, daß Probleme mit Hilfe unterschiedlicher Lern- und Arbeitstechniken vertieft bearbeitet werden und dabei verschiedene Sichtweisen zur Anwendung gelangen, wird zusätzlich auch der Zielrichtung der **allgemeinen Bildung des Wirtschafts- und Gesellschaftsverständnisses** Unterstützung geleistet.

Im Rahmen dieses Integrationsfaches nimmt das Rechnungswesen, neben anderen Fächern, eine wichtige Rolle ein.

4.1.5 Die Beziehungen des Rechnungswesens zur Informatik

Versuchen wir den Stellenwert der Informatik einerseits im Rahmen des Lehrplans, andererseits in bezug auf das Fach Rechnungswesen systematisch zu ergründen, so sehen wir derzeit drei grundsätzliche Varianten:

1) Traditionelle Einführung in die Informatik (Kerninformatik)

Die traditionelle Einführung in die Informatik zeichnet sich durch eine Grundausbildung aus, in welcher insbesondere Grundkenntnisse in Hardware- und Datenkenntnissen und in Software (Programmierung und Applikationen) vermittelt werden. Zudem soll der Lehrling am Schluß in der Lage sein, den Einfluß der Datenverarbeitung auf die Berufs- und Arbeitswelt beurteilen zu können (gesellschaftliche Aspekte).

Dieser Ansatz versucht in sehr seltenen Fällen, Probleme, die sich in den Einzelfächern stellen, zu lösen.

Vorteil:
- Einfache Variante, um sich die Grundlagen anzueigenen.

Nachteil:
- Der Lehrstoff wird fachunabhängig vermittelt.
- Es wird in dieser Ausbildung wenig bis gar nicht praktisch gearbeitet.

2) Kerninformatik - anwendungsorientierte Informatik - Vertiefungsgebiet Informatik

Diese Variante verfolgt das Ziel, der traditionellen Einführung (Kerninformatik) eine anwendungsorientierte Informatik folgen zu lassen. Mit diesem Teil sollen die Nachteile der Variante 1 beseitigt werden, indem die Informatik **anwendungs-** und **fächerorientiert** durchgeführt wird. Schwergewichtig beschreiben die Schüler dabei einerseits die Einsatzmöglichkeiten der Informatik im Rechnungswesen und arbeiten andererseits mit Hilfe von Standard-Softwarepaketen einfache Beispiele des Rechnungswesens (insbesondere aus der Finanzbuchhaltung) durch.

Als Inhalte der anwendungsorientierten Informatik drängen sich die folgenden Gebiete auf:
- die Finanzbuchhaltung (Eröffnung, Buchen, Zwischenabschlüsse, Abschluß, Auswertung);
- Kreditoren- und Debitorenbuchhaltung;
- Kalkulationen;

- Nutzschwellenberechnungen in verschiedenen Variationen.

Zusätzlich können mit dem neuen Hilfsmittel die folgenden Rechnungswesen-Inhalte aufbereitet werden:
- Zins- und Zinseszinsberechnungen;
- Kontokorrent;
- Kursumrechnungen;
- Mehrstufige Erfolgrechnungen;
- Lohnabrechnungen;
- Abschlußbewertungen;
- Betriebsabrechnung.

Vorteil:
- Im Teil der Kerninformatik erarbeiten die Schüler die Grundlagenkenntnisse.
- Da diese Kenntnisse gegeben sind, kann man sich der echten Probleme, die sich in den Fächern stellen, annehmen.
- Didaktische und methodische Prinzipien der Informatikausbildung können effizient verfolgt werden.

Nachteil:
- Es hängt sehr stark von den Fähigkeiten des Lehrers ab, ob der Unterricht der Kerninformatik interessant gestaltet wird.

3) Anwendungsorientierte Informatik - Vertiefungsgebiet Informatik

Als 3. Variante besteht die Möglichkeit darin, mit Hilfe von speziell aufbereiteter Software (didaktisch, methodisch) direkt mit der anwendungsorientierten Informatik zu beginnen.

Vorteil:
- starke Betonung des prozeßorientierten Vorgehens;
- interdisziplinärer Ansatz;
- abwechslungsreich;
- von der Anwendung her praxisbezogen.

Nachteil:
- Informatikgrundlagen sind nicht vorhanden und müssen daher erarbeitet werden;
- Gefahr einer Zersplitterung der Gedankengänge;
- relativ großer Zeitbedarf.

Mit zum Teil ähnlichen Überlegungen wie jene in bezug auf die Betriebswirtschaftslehre vertreten wir die Auffassung der Variante 2.

Da die anwendungsorientierte Informatik zunehmend wichtiger wird, sind die dazu benötigten Fertigkeiten genügend gut einzuüben. Erforderlich sind, trotz zunehmenden Ausbaus des Informatikunterrichts während der letzten Jahre, ein gutes berufsbezogenes Strukturwissen sowie Fähigkeiten zur Anwendung und Generalisierung. Diese Grundlagen sollen in einer ersten Phase, im Sinne einer Konzentration der Kräfte, fächerspezifisch gelegt werden (siehe Abbildung 10).

Anschließende Integrationsmöglichkeiten bieten sich, nachdem sowohl die Fertigkeiten als auch das Verständnis der Doppik vorhanden sind und die erweiterten Geschäftsfälle in Angriff genommen werden; zum anderen drängt sich hierbei das Integrationsfach geradezu in den Vordergrund.

Abbildung 10: Rechnungswesen und Informatik

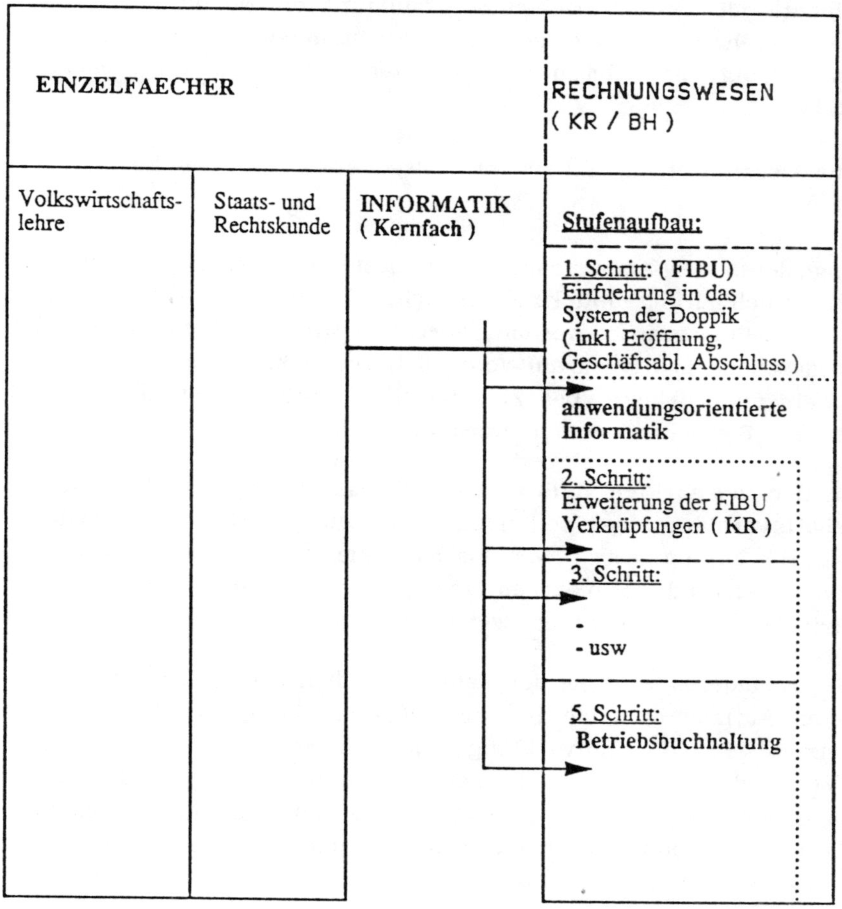

5 Beurteilung der Rechnungswesenkonzeption

Mit dem Lehrplan 1986 wird versucht, die **beruflichen Funktionen** im Unterricht **theoretisch** zu fundieren. Um dieses Ziel zu erreichen, besteht der Beitrag des Rechnungswesenunterrichtes vor allem darin, mit der Erklärung der Doppik die "theoretische" Basis der Finanz- und in einer späteren Phase der Betriebsbuchhaltung zu legen und zu erarbeiten. Dabei sollen nicht bloß theoretische Kenntnisse, sondern auch **Grundfertigkeiten und -fähigkeiten** gezielt vermittelt und geübt werden. Indem sich diese Zielsetzung des Rechnungswesens insbesondere an der beruflichen Funktion des kaufmännischen Angestellten ausrichtet, stellt die **Integration** von Buchhaltung und kaufmännischem Rechnen in einem Fach Rechnungswesen einen deutlichen Fortschritt dar.

Zum anderen soll gleichzeitig auch eine gewisse Gewichtsverlagerung in Richtung einer Verstärkung des **allgemeinen Wirtschafts- und Gesellschaftsverständnisses** erreicht werden. Diese Verlagerung stellt in der Geschichte der kaufmännischen Berufsbildung ein Novum dar. So soll der Lehrling auch in der Lage sein, das Rechnungswesen in einem größeren Zusammenhang, im Rahmen des gesamten Unternehmungsgeschehens, zu verstehen.

Daraus lassen sich die folgenden Konsequenzen für das Rechnungswesen ableiten:

1. Angesichts der Ansprüche, die in bezug auf das Fach Rechnungswesen (Buchhaltung und kaufmännisches Rechnen) an die kaufmännische Berufsschule gestellt werden, vertreten wir die Überzeugung, daß die vorgesehene Lektionenzahl von 280 Stunden knapp bemessen ist. Oder anders ausgedrückt: Das Ziel der Stoffreduktion konnte bislang nicht in allen Bereichen erreicht werden.

2. An der verstärkten Bildung des **allgemeinen Wirtschafts- und Gesellschaftsverständnisses** soll auch in Zukunft festgehalten werden. Nur dadurch kann unserer Meinung nach die kaufmännische Berufsbildung den zunehmend komplexeren und stärker vernetzten Verhältnissen in Wirtschaft, Staat und Gesellschaft gerecht werden.

3. Ein besonderes Problem der kaufmännischen Ausbildung stellt sich unserer Auffassung nach in der **Aufgabenteilung zwischen Schule und Betrieb.** Bei der Entwicklung und Erarbeitung des Lehrplanes von 1986 wurden speziell für die betriebliche Ausbildung (z.B. Ausbildung am Arbeitsplatz) zu wenig systematische Überlegungen angestellt. Vor allem im Rechnungswesen wären solche von zentraler Bedeutung; denn

je nach Ausgestaltung der betrieblichen Ausbildung fällt der schuliche Lehrplan unterschiedlich aus. Würde beispielsweise die Ausbildung im Betrieb systematisiert und verbindlich vorgegeben, so könnte sich der Unterricht stärker in Richtung einer allgemeinbildenden, dauerhaften kaufmännischen Grundausbildung konzentrieren.

4. Wir haben aufgezeigt, daß sich der Informatikunterricht in drei Bereiche aufteilt: Kerninformatik, anwendungsorientierte Informatik sowie Vertiefungsgebiet Informatik.

   Unserer Meinung nach kann der anwendungsorientierten Informatik im Bereich Rechnungswesen noch vermehrtes Gewicht beigemessen werden. Diese Feststellung bezieht sich weniger auf die Ausführungen im Lehrplan als vielmehr auf die Stoffreduktion, die durch die Zentralprüfungskommission vorgenommen wurde.

   Ein weiterer sehr wichtiger Grund für die geringe Verankerung der anwendungsorientierten Informatik mag in der Tatsache zu suchen sein, daß die "traditionelle" didaktisch-methodische Grundlage des Rechnungswesens den Bereich der Informatik bislang wenig bis gar nicht berücksichtigt hat. Neuere Ansätze müssen mithelfen, das Fach Rechnungswesen didaktisch so aufzubereiten, daß damit das Ziel einer besseren, d.h. tieferen und breiteren Fundierung der wirtschaftlichen Bildung erreicht werden kann.

Zum Schluß erlauben wir uns, ein paar **allgemeine** Konsequenzen für die Berufsbildung und im speziellen für das Rechnungswesen abzuleiten (DUBS 1989):

Produktorientiertes versus prozeßorientiertes Lernen.
Die kaufmännische Grundausbildung zeigt folgende Mängel:
- Es wird zuviel zusammenhangloses Faktenwissen vermittelt, das weder systematisiert und damit für den Transer aufbereitet noch mit weiteren Inhalten verknüpft (vernetzt) wird. Dadurch ist das Lernen stark **produktorientiert,** d.h. der Unterricht orientiert sich vornehmlich an abschließenden Lernergebnissen. Im Unterricht werden wenige Hilfen angeboten, welche den Weg zum Lernergebnis deutlich machen. Diese Vernachlässigung des **prozeßorientierten** Lehrens und Lernens hat zur Folge, daß viele Auszubildende rasch hilflos werden, wenn sie eigenständige Lernprozesse durchführen müssen.

Rechnungswesen und Lernen zu lernen

- Im Zusammenhang mit dem prozeßorientierten Lernen gewinnen die Schüler auch Einsichten in die Grundlagen des **Lernen zu lernen**. Ein eigenständiges Fach "Lernen lernen" ist jedoch nicht besonders wirksam, weil Lernen lernen viel fachbezogener ist, als allgemein angenommen wird. Der Einbau solcher Lernstrategien oder -techniken in die einzelnen Fächer zeigt größere Wirkungen. Geht es beispielsweise im Rechnungswesenunterricht darum, Anleitungen und Erklärungen studieren und anwenden zu lassen, so sollen Formulare, Hilfsmittel und Broschüren, mit denen Lehrlinge im Berufsleben tagtäglich arbeiten, eingesetzt werden.

Strukturen im Rechnungswesen

- Weil bei Sachbearbeitern unserer Meinung nach (SEITZ 1988) die Qualifikationsanforderungen zunehmen, kommt der Erarbeitung von Strukturwissen und Anwendung im Unterricht ein immer größeres Gewicht zu. Für den Unterricht soll daher die Grundregel gelten: **Strukturwissen ist zu lernen, Faktenwissen kann nachgeschlagen werden**. Beim Erarbeiten von Strukturwissen lernt der Schüler, das Wesentliche vom Unwesentlichen zu unterscheiden. Auf diese Art und Weise werden durch sie "Rekonstruktionen" vorgenommen, welche ihrerseits wiederum zu vermehrter Berufsfähigkeit beitragen.

Literaturverzeichnis

Achtenhagen, Frank/Preiß, Peter/Engelhardt, Wolfgang/John, Ernst G./Lüdecke, Sigrid/Seemann, Heiko/Sembill, Detlef/Wolf, Günter: Lernen, Denken, Handeln in komplexen ökonomischen Situationen - unter Nutzung neuer Technologien in der kaufmännischen Berufsausbildung. Berichte des Seminars für Wirtschaftspädagogik der Georg-August-Universität, Band 11-1, 11-2, Göttingen 1987.

Dauenhauer, Erich: Der Anfangsunterricht, (Merkur) Rinteln 1977.

Dubs,Rolf: Rechnungswesen im Unterricht an Wirtschaftsgymnasien, Diplomhandelsschulen und kaufmännischen Berufsschulen. In: Schweizerische Zeitschrift für kaufmännisches Bildungswesen, (79) 1985, S. 140 - 149.

Dubs, Rolf: Kleine Unterrichtslehre für den Lernbereich Wirtschaft, Recht, Staat und Gesellschaft, (Sauerländer) Zürich 1985.

Dubs, Rolf: Kaufmännische Berufsbildung für die Zukunft. Studie erstellt im Auftrag der Schweizerischen Bankgesellschaft und des Schweizerischen Kaufmännischen Verbandes (Institut für Wirtschaftspädagogik an der Hochschule St. Gallen) St. Gallen 1989.

Dubs, Rolf: Unterrichtsvorbereitung. Institut für Wirtschaftspädagogik an der Hochschule St. Gallen, St. Gallen 1987.

Gross, Hans Fritz: Neue Didaktik des Rechnungswesens, (Merkur) Rinteln 1981.

Käfer, Karl: Grundzüge der Buchhaltungs- und Kontentheorie. In: Büchner, Richard/Käfer, Karl/Weilenmann, Paul (Hrsg.): Mitteilungen aus dem Handelswissenschaftlichen Seminar der Universität Zürich. Band 142 Zürich 1974, S. 63 - 131.

Kosiol, Erich: Bausteine der Betriebswirtschaftslehre, (Duncker & Humblot) Berlin 1973.

Märki, Albert: Die Anpassung des Buchhaltungsunterrichtes an die Entwicklung des modernen Rechnungswesens, (Haupt) Bern 1949.

Menrad, Siegfried: Rechnungswesen, (Vandenhoeck & Ruprecht) Göttingen 1978.

Scheerer, Fritz: Kontentheorien der doppelten Buchhaltung, Mitteilungen aus dem Handelswissenschaftlichen Seminar der Universität Zürich, Band 87 Zürich 1950.

Seitz, Hans: Entwicklung der Qualifikationsanforderungen in kaufmännischen Berufen - Konsequenzen für das kaufmännische Bildungswesen, (Sauerländer) Zürich 1988.

Ulrich, Hans/Hill, Wilhelm/Kunz, Beate: Brevier des Rechnungswesens, (Haupt) Bern 1985.

Weilenmann, Paul: Grundzüge des betriebswirtschaftlichen Rechnungswesens, (Sauerländer) Zürich 1981.

Weilenmann, Paul: Neue Wege im Buchhaltungsunterricht. In: Schweizerische Zeitschrift für kaufmännisches Bildungswesen, (76) 1982, S. 35 - 45.

Weilenmann, Paul: Probleme des Management Accounting. In: Käfer, Karl/ Weilenmann, Paul/Hässig, Kurt (Hrsg.): Mitteilungen aus dem Handelswissenschaftlichen Seminar der Universität Zürich, (Schulthess) Zürich 1986, S. 7 - 132.

W e r n e r   B r u n n e r

Einige aktuelle Probleme aus dem Rechnungswesenunterricht der Berufsschulen

1 Kriterien, die meiner Konzeption des Rechnungswesenunterrichts zugrunde liegen

Die Zielvorstellungen bezüglich der Qualifikation der Schüler, die ich mit dem Unterricht im Fach Rechnungswesen verbinde, sind folgende:

1. Fähigkeiten und Einsichten zu entwickeln, die es dem Schüler gestatten, eine Berufstätigkeit im Bereich des Sachbearbeiters im Rechnungswesen oder später eines Bilanzbuchhalters anzustreben. Dieses Ziel räumt dem Grundsatz der Praxisnähe des Unterrichts entscheidende Bedeutung ein.

   Demnach glaube ich, daß das Ziel, für die Schüler Berufschancen zu schaffen, für uns eine entscheidende Verpflichtung darstellt, und daß wir darauf achten müssen, nicht abgehoben von Anforderungen der Wirtschaft zu unterrichten. Ich werde versuchen, dieses im Detail zu begründen.

   Ich glaube deutlich machen zu können, daß auf Teilbereiche des derzeitigen Rechnungswesenunterrichts der beruflichen Schulen ziemlich genau das zutrifft, was der Bayreuther Ordinarius WOSSIDLO am 29. April 1989 im "Handelsblatt" unter dem Titel "Wir brauchen keine Betriebswirte, die arbeiten wie Karl May" (Karl May deshalb, weil er über Länder schrieb, ohne dort gewesen zu sein) zum Betriebswirtschaftslehrestudium ausgesagt hat: "Die Instanz, die über die Wahrheit der wissenschaftlichen Aussagen letztlich entscheidet", schreibt er, "ist neben der Logik die Realität"; und er verurteilt "das Unwesen der akademischen Schulen, sich gegen sachliche Kritik abzuschirmen". Diese Bemerkung beziehe ich natürlich nicht auf die von mir sehr begrüßten Arbeiten im Rahmen des Projektes der Universität Göttingen, die ja gerade den Versuch machen, den praxisabgeschirmten, antiseptischen, auf Studierstubenüberlegungen basierenden Rechnungswesenunterricht der Schulen zu überwinden.

2. Mit dem vorgenannten Ziel erschöpfen sich die Aufgaben des Unterrichts allerdings keineswegs. Ich bin mit PREISS/TRAMM der Auffassung, daß über den Anschauungswert des Vehikels "Rechnungswesen" den Schülern ein Verständnis für betriebswirtschaftliche Grundproble-

me, aber auch für privatrechtliche sowie handelsrechtliche und steuerrechtliche Strukturen, in die die Unternehmung eingebettet ist, vermittelt werden muß. Auch ein Kaufmann, der eine berufliche Tätigkeit anstrebt, die nicht unmittelbar im Bereich des Rechnungswesens angesiedelt ist, bedarf sehr wohl solcher Kenntnisse und Fähigkeiten. Dieses Ziel erfordert eine gewisse Wissenschaftsbezogenheit des Unterrichts. Die für die Schüler handlungsleitenden Maximen sollten deshalb auch aus einer betriebswirtschaftlichen, handels- und steuerrechtlichen oder organisationsbedingten Prinzipienhierarchie abgeleitet werden, so daß die Kontierung des einzelnen Vorfalls leicht als Vollzug übergeordneter Grundsätze erkennbar ist.

3. Welcher der von PREIß/TRAMM (S. 49ff.) aufgezeigten Möglichkeiten der Integration des EDV-Unterrichts man sich auch immer bedienen wird, die entstehenden Organisationszwänge und die leicht erkennbaren Rationalisierungsmöglichkeiten, z.B. durch selbstrechnende Konten, automatische Verprobung, Kurzbuchungen usw., werden die Schulbuchführung den Verfahren der Praxis annähern. Dadurch besteht die Chance, daß auch die Abteilung Finanzbuchhaltung wieder stärker in die Ausbildungspläne der Unternehmen miteinbezogen wird, da der Zusammenhang zwischen dem Berufsschulunterricht und der betrieblichen Aufgabenbewältigung wieder erkennbar wird, der ja insbesondere auch durch die Art und Weise der Abprüfung durch die AkA völlig durchbrochen war. Die Schüler sollen darüber hinaus bereits im Theorieunterricht befähigt werden zu erkennen, welchen Gesetzlichkeiten die Kontierung folgen muß, wenn man sich der immensen, durch die EDV erwachsenden Möglichkeiten der Rationalisierung und Aussschaltung menschlicher Fehlerquellen bedienen will. Der bisher praktizierte Buchführungsunterricht ist in zu starkem Maße vom Auswendiglernen isoliert dastehender Einzelfälle geprägt.

Auf eine bayerische Besonderheit in der Berufsausbildung, die auch Konsequenzen für den Rechnungswesenunterricht hat, muß aufmerksam gemacht werden: Es gibt hier die sehr erfolgreiche kaufmännische Realschule. Die Schüler, die aus dieser Schule kommen, haben gute Berufschancen; sie werden i.d.R. sogar den Abiturienten vorgezogen. Die Folge ist, daß in die kaufmännischen Berufsschulen ca. 2/3 der Schüler aus dieser kaufmännischen Realschule oder aus der Wirtschaftsschule in die kaufmännische Berufsausbildung eintreten und überwiegend sofort in die Fachstufe aufgenommen werden.

Das ist möglich, weil sie die Grundlagen der Doppik beherrschen. Der Unterricht dient dann vor allem dazu, die Lernenden zu befähigen, mit Hilfe der ehernen Logik der Buchführung Vorfälle aus dem Unternehmensalltag nach privat-, handelssteuerrechtlichen und betriebswirtschaftlichen Kriterien zu durchdenken und sie sachgerecht in die durch die Organisationsstruktur vorgegebenen Informationsströme einzuordnen. Das gleiche gilt natürlich auch auf niedrigerer Ebene für die Volksschülerklassen. Hier muß den Schülern allerdings im 1. Halbjahr der 10. Klasse zunächst das System der Doppik verständlich gemacht werden.

Die Schüler, die aus dieser kaufmännischen Realschule zu uns kommen, beherrschen fast die gesamten Lerninhalte des industriellen Rechnungswesens nach dem Industriekontenrahmen (IKR) bis zu den Abgrenzungsposten, die Kostenrechnung bis zur Deckungsbeitragsrechnung und haben eine Prüfung darüber abgelegt. Auf jeden Fall erfordert die Unterweisung dieser Schüler ein vertieftes Hintergrundwissen bei den Berufsschullehrkräften.

2 Ursachen, die ein in sich stimmiges Konzept im Rechnungswesen zur Zeit noch verhindern

2.1 Kontenrahmenfrage und das Problem der sauberen Abgrenzung des pagatorischen und kalkulatorischen Bereichs durch transparenten Formalaufbau des Rechnungswesens

2.1.1 Mißachtung der handelsrechtlichen Kontenstruktur im Großhandel durch die Konstruktion eines "Internen Rechnungskreises" mit eigenem "GuV-Konto" innerhalb der externen Finanzbuchführung

Im Manuskript von PREISS/TRAMM habe ich kaum Aussagen gefunden, die das seit mehr als einem Jahrzehnt diskutierte, fundamentale, viele Kollegen tief bewegende Problem des in der Berufsausbildung zu verwendenden Kontenrahmens betreffen. Dies hängt sicher damit zusammen, daß es hier zunächst um ein Konzept der beruflichen Grundqualifikation geht.

Die Diskussion anläßlich der Verabschiedung des wohl bedeutendsten Gesetzeswerkes (III. Buch HGB), das je im Bereich des Rechungswesens ergangen ist, hat deutlich gezeigt, welche Beharrungstendenzen an hergebrachten Methoden es in der Schulbuchführung gibt. Um die Auswirkung des Gesetzes außen vor zu halten, kam man auf sehr sonderliche Gedanken; z.B. wurde von Lehrbuchautoren vorgeschlagen, die geläufigen Begriffe "internes" (kalkulatorische Buchhaltung) und "externes Rechnungswesen" (Finanzbuchhaltung) durch die Fiktion zu pervertieren, innerhalb des externen Rechnungskreises existiere auch bei Kapitalgesellschaften noch ein eigener interner Kreis, der nicht den handelsrechtlichen Auflagen zu folgen hätte (vgl. WALTERMANN 1986; 1988, S. 119).

Es würde jedem Rationalisierungsgedanken widersprechen, innerhalb der extern orientierten Finanzbuchhaltung nicht abschlußgerechte Kontenspeicher, z.B. für periodenfremde und betriebsfremde Aufwendungen, zu führen und anzunehmen, ein Heer von (bei Steuerberatern beschäftigten) Heinzelmännchen würde einen erheblichen Teil des Buchungsstoffes nachträglich manuell umgliedern, um einen nach den handelsrechtlichen Bestimmungen gültigen Kontenabschluß bewerkstelligen zu können.

Diese Neusortierung des Buchungsstoffes ist schon bei den wenigen Vorfällen, die die in der Berufsschule bearbeiteten Übungsaufgaben umfassen, sehr zeitaufwendig. Findige Lehrbuchautoren haben deshalb in Anlehnung an die Terminologie "Eröffnungsbilanz - Eröffnungsbilanzkonto", neben der GuV-Rechnung **ein eigenes "GuV-Konto"** kreiert. Dieses GuV-Konto soll nicht abschlußgerechte Konten aufnehmen, die Buchungsstoffe enthalten, die an sich auf verschiedene GuV-Positionen verteilt werden müßten. Dies hätte dann zur Folge, daß weder die Personalaufwendungen, noch die Abschreibungen, noch die Steuern richtige Zahlen auswiesen, weil in der GuV noch weitere undefinierbare Positionen auftauchten.

Mit einem solchen dubiosen GuV-Konto begnügt man sich dann; die gesetzliche GuV-Rechnung und die Ergebnisstruktur will man - wenn überhaupt - einmal exkursmäßig abhandeln. Dieses Verfahren ist nicht nur völlig praxisfremd, wie ein Blick in alle bisher veröffentlichen prozeßgegliederten Kontenrahmen - auch den neuen Großhandelskontenrahmen - zeigt, sondern es würde dem Schüler auch das Verständnis der veröffentlichten Abschlüsse und der betriebswirtschaftlichen Bedeutung der Teilergebnisse verbauen, auf die in der Wirtschaftspresse und der betriebswirtschaftlichen Literatur ständig Bezug genommen wird.

PREISS/TRAMM haben in bezug auf das betriebswirtschaftliche Planspiel "Jeansfabrik" den Betrieb als offenes System bezeichnet, durch das wechselseitig miteinander verflochtene Realgüter- und Nominalgüterströme fließen (vgl. S. 33).

Ich hoffe deshalb, nicht außerhalb des gesteckten Diskussionsrahmens zu liegen, wenn ich zunächst die grundlegende Frage der Abbildung dieser beiden Ströme aufwerfe, nämlich das Problem Einkreis- oder Zweikreissystem als **Integration** des kalkulatorischen (am Wiederbeschaffungsprinzip und der mengenmäßigen Substanzerhaltung orientierten) Wertestroms in die pagatorische, anschaffungswertausgerichtete, an der nominellen Kapitalerhaltung interessierte Finanzbuchhaltung **oder als konsequente Entflechtung** der beiden Systeme.

2.1.2 Verwirrung durch das Einkreissystem

Es ist allgemein akzeptiert, daß im Rechungswesen praktisch zwei Rechnungskreise existieren: die Finanzbuchführung und die kalkulatorische Abrechnung, die Kostenrechnung. Ebenfalls bekannt ist, daß die ersten Entwürfe einer Kontensystematik durch SCHMALENBACH 1927 und im Anschluß an ihn die Buchführungsrichtlinien vom 11.11.1937 versuchten, sowohl dem pagatorischen als auch dem kalkulatorischen Rechnungsziel in einem einzigen Kontenrahmen gerecht zu werden. Diese Konzeption übernahm 1950 der Bundesverband der Deutschen Industrie, allerdings unter großen Protesten von KOSIOL und AUFERMANN, die schon damals für ein Zweikreissystem plädierten. Auch der Gemeinschaftskontenrahmen der Industrie und die daran anknüpfenden Handels- und Dienstleistungskontenrahmen und schließlich der Großhandelskontenrahmen von 1988 übernahmen die Konzeption, während der Bundesverband der Industrie schon 1971 das wissenschaftlich saubere und für pädagogische Zwecke viel besser geeignete Zweikreissystem empfahl.

Heute sieht die Situation so aus, daß der Bundesverband der Deutschen Industrie von der Konzeption des Einkreissystems abgekommen ist, während der Großhandelsverband dieses Ordnungsprinzip zumindest teilweise weiter beibehält. Im Einzelhandel wird man sich wahrscheinlich zukünftig am Industriekontenrahmen orientieren. Auch die Nachrichten im Zusammenhang mit der Neuordnung der Büroberufe scheinen darauf hinzudeuten, daß die Bürokaufleute in Zukunft ebenfalls einen einzigen Kontenrahmen verwenden werden, nämlich den Industriekontenrahmen. Diese Entwicklung stützt damit die Konzeption eines Einheitskontenrahmens oder Schulkontenrahmens.

Welche Verwirrung der Versuch, den unterschiedlichen Aufgaben des Rechnungswesens in einem Einkreissystem gerecht zu werden, in der Schule hervorrufen kann, möchte ich am Beispiel einer zwar schon ca. dreißig Jahre zurückliegenden, aber sachlich immer noch hochaktuellen Seminarlehrprobe schildern, die für mich zu einem Schlüsselerlebnis wurde.

Ein junger Kollege hatte das Thema "Abgrenzungskonten der Klasse 2" in Anwesenheit von zwanzig Referendaren in einer elften Klasse abzuhandeln. Er begann mit der Frage: "Wer kennt den unangenehmen Stillen Gesellschafter, der grundsätzlich an jeder Unternehmung, ob groß oder klein, beteiligt ist und an den ein erheblicher Teil des Gewinns abgeführt werden muß?" Es dauerte nicht lange, bis die Antwort "das Finanzamt" kam. Daraufhin erläuterte der Lehramtskandidat den Schülern, daß das Finanzamt von der Unternehmung die grundsätzliche Trennung der neutralen Aufwendungen und Erträge der Klasse 2 von den Kosten und Leistungen der Kontenklassen 4 und 8 forderte. Er begründete die Einrichtung eines jeden einzelnen Kontos der Klasse 2 mit den Auflagen der Finanzverwaltung - obwohl die neutralen Aufwendungen steuerlich ebenso abzugsfähig sind wie die Zweckaufwendungen.

Nach dem Ende der Veranstaltung wurden bei der anschließenden Diskussion nun alle möglichen Argumente vorgebracht, z.B. der Lehrer hätte keine farbige Kreide verwendet u.ä. Gegen Schluß der Diskussion warf ein Referendar die entscheidene Frage auf, ob das Finanzamt hier wohl die geeignete Institution für das Einführungsbeispiel gewesen wäre; daraufhin antwortete der Seminarleiter - fachlich ein sehr guter und allseits geschätzter Kollege: "Glauben Sie denn nicht, daß sich das Finanzamt bei bestimmten Themen als Beispiel gut eignet?"

Hier hatten also 19 junge Lehrer und der Seminarleiter nicht erkannt, daß die Einrichtung der Klasse 2 als Filter für die nichtkalkulierten Aufwendungen ausschließlich im Dienste des betriebswirtschaftlichen kalkulatorischen Unternehmenszieles standen, dessen saubere Herausarbeitung ja wohl auch eines der wichtigsten Unterrichtsziele im Fach Rechnungswesen sein sollte. In meiner jetzt 20jährigen Tätigkeit in der Lehrerfortbildung in Bayern und auch Hessen ist mir immer wieder aufgefallen, welche schlimmen Mißverständnisse die Bündelung der unterschiedlichen Ziele in einem Rechnungskreis hervorruft, selbst bei Lehrkräften, die seit vielen Jahren Rechnungswesen unterrichten (gar nicht zu reden von den Schülern); nur wenige sind in der Lage, diesen gordischen Knoten zu durchschlagen.

Ich habe dann später mein Augenmerk besonders auf diesen Problembereich gerichtet; dabei ist mir immer wieder in Lehrbüchern (und auch bei Prüfungsaufgaben - heute allerdings nur noch für Großhandels- und Bürokaufleute) aufgefallen, daß der "Mietwert im eigenen Geschäft" obligatorisch und mit der größten Selbstverständlichkeit zwischen den Vorfällen der Finanzbuchführung in offenbar ganz rein pagatorisch orientierten Abschlüssen figuriert, obwohl die kalkulatorischen Kosten erst einige Kapitel später behandelt werden. Kein Wunder, daß es noch immer viele Lehrkräfte gibt, die der Meinung sind, das Finanzamt würde diese Buchung von den Unternehmen fordern.

Ich plädiere deshalb entschieden für die konsequente Entflechtung der beiden fundamentalen Unternehmensziele durch die Einführung zweier Rechnungskreise, wie das der IKR und der daraus abgeleitete Schulkontenrahmen von REIMERS vorsieht, und zwar auch bei den Ausbildungsberufen Großhandels-, Büro- und Einzelhandelskaufmann. Welche verheerenden Irrtümer die Abgrenzungsrechnung im Rahmen der Doppik hervorruft, kann man an vielen Beispielen zeigen. So war z.B. ein Großteil der Lehrkräfte in Großhandelsklassen verwundert, daß sie die Grundsteuer und die Abschreibungen für betrieblich genutzte Gebäude im neuen Großhandelskontenrahmen in der Klasse 4 vorfanden, da man sie wegen ihrer bisherigen Ansiedlung in der Klasse 2 für grundsätzlich nicht kalkulierbare, neutrale Aufwendungen gehalten hatte. Dabei nehmen sie **nur dann** neutralen Charakter an, wenn stattdessen in die Klasse 4 kalkulatorische Äquivalente, wie der Mietwert, eingeschleust werden; das gleiche gilt für andere Aufwendungen, z.B. die Zinsen für betriebliche Kredite. Das Lernziel "kalkulatorische Kosten" taucht in der Regel erst gegen Ende der Ausbildungszeit und auf den letzten Seiten der Lehrbücher auf, so daß während der gesamten Schulzeit Übungsaufgaben zu lösen sind, die durchaus kalkulierbaren Aufwendungen grundsätzlich einen Platz in der Klasse 2 zuweisen, ohne entsprechende Äquivalente in die Kostenklasse einzuschleusen. Dies zeigt, daß man an einem mühsam herausdestillierten "Betriebsergebnis" gar nicht ernsthaft interessiert ist; denn durch die Eliminierung der verrechnungsverschiedenen Aufwendungen, z.B. der Fremdkapitalzinsen ohne den korrespondierenden kalkulatorischen Input, wird der betriebliche Erfolg total verfälscht. Der von vielen Betriebswirten herausgearbeitete grundsätzliche Unterschied zwischen den betriebsfremden (KOSIOL: wesensverschiedenen) einerseits und außerordentlichen/periodenfremden/bewertungsverschiedenen (KOSIOL: verrechnungsverschiedenen) Erfolgskomponenten andererseits geht völlig verloren. Ich könnte an einer Vielzahl von Prüfungsaufgaben der AkA zeigen, daß die Schüler eines Lehrers, der diesen blinden Abgrenzungsaktionismus durch einen zielorientierten Unterricht durchbrechen wollte, sofort beim Ankreuzen der Prüfungsaufgaben in Schwierigkeiten kämen, wenn z.B. gefragt wird, welche Aufwendungen Kostencharakter hätten, und als falsche Antwortalternativen "Hausversicherungen" und "Fremdkapitalzinsen" aufgeführt sind. Ein Blick in die zum neuen Großhandelskontenrahmen von 1988 erschienenen Lehrbücher zeigt, daß sich die Mißverständnismöglichkeiten inzwischen noch stark erhöht haben, da man in einem einzigen Rechnungskreis an zentralen Stellen mit Begriffsduplizitäten operieren muß, wozu "außerordentlich", "Betriebsergebnis" u.ä. gehören. Man kann schlicht feststellen, daß der Versuch des Großhandelsverbandes, die handelsrechtlichen Auflagen des Bilanzrichtliniengesetzes und die betriebswirtschaftlichen Grundgedanken der sachlichen Abgrenzung in Einklang zu bringen, nicht geglückt ist. Man spürt die Ratlosigkeit der Lehrbuchautoren und auch des AkA-Prüfungsausschusses. Die Bemühungen, aus diesem Torso doch noch ein tragbares pädagogisches Konzept zu formen, divergieren auf eine noch nie dagewesene Art und Weise.

Herr REIMERS hat gesagt: "Zinsen sind keine Kosten". Daraufhin habe ich bereits gestern geantwortet, daß Zinsen nicht etwa betriebsfremde Aufwendungen seien. Es gibt zwar LSP-Versionen, die sie dem Gewinn zurechnen, kalkuliert wurden sie aber schon immer, und zwar nicht nur die Fremdkapitalzinsen, sondern sogar die Eigenkapitalzinsen.

Werden die Fremdkapitalzinsen, wie z.B. beim neuen Großhandelskontenrahmen, aus der Kostenklasse 4 herausgenommen, muß man natürlich gleichzeitig die kalkulatorischen Zinsen in der Klasse 4 führen. Das ist doch eine conditio sine qua non. Die Verletzung dieses logischen Zusammenhangs durch den Großhandelsverband stellt die Schulbuchautoren vor große Probleme. Die Kosteneigenschaft der Fremdkapitalzinsen wird sogar vom Gesetzgeber in § 255 HGB anerkannt. Danach dürfen bei der Berechnung der Herstellungskosten die Fremdkapitalzinsen kalkuliert werden, falls sie auf den Herstellungszeitraum entfallen. Dieser wichtige Zusammenhang wurde bisher in der Schule nicht hergestellt, was dazu führte, daß man ein Betriebsergebnis ermittelte, das bisher schlechthin keine Aussagekraft hatte, das die Verhältnisse stark verschleierte und in den meisten Fällen zu Mißverständnissen bei den Schülern führte.

Wenn man an einer betriebswirtschaftlich sachgerechten Ermittlung des Betriebsergebnisses interessiert ist, dann sollte man konsequent den Industriekontenrahmen zugrunde legen, weil der IKR durch sein Zweikreissystem für den Schüler sehr anschaulich ist. Seine Abgrenzungstabelle ist nicht so mißverständlich wie der komplizierte Abgrenzungsmechanismus im Rahmen der Doppik.

Die Diskussion um das in der Ausbildung zu verwendende Gliederungssystem ist, wie bereits erwähnt, durch den neuen Großhandelskontenrahmen wieder entfacht worden. Der Verband hat hier zwar Forderungen Rechnung getragen, die seit Jahren erhoben worden waren, z.B. die Beseitigung der Kostenstellenkonten Grundstücksaufwendungen und Kfz-Kosten, hat aber - beabsichtigt oder nicht - das für die Prozeßgliederung charakteristische Kernstück, den Kostenfilter (die Klasse 2), faktisch beseitigt; so sieht der Kontenrahmen z.B. zwar kalkulatorische Hauskosten und kalkulatorische Abschreibungen vor, doch hat man offenbar vergessen, Konten für die entsprechenden verrechnungsverschiedenen Aufwendungen, z.B. Bilanzabschreibungen, Hausversicherungen, Grundsteuer und Instandhaltung in der Klasse 2 vorzusehen. Damit ist der Abgrenzungsmechanismus im Rahmen der Doppik praktisch außer Kraft gesetzt.

Die Versuche der Lehrbuchautoren, mit dieser widerspruchsvollen Konzeption fertigzuwerden, kann man in drei Gruppen einteilen:

1. Das Kriterium "neutral" hat Priorität vor der Zuordnung zu den handelsrechtlichen Aufwands- und Ertragspositionen.

Die erste Konzeption wird z.B. von HAHN/WERNER (Gehlen Verlag), WALTERMANN/SPETH (Merkur Verlag) und BORNHOFEN/BUSCH (Gabler Verlag) vertreten. Diese Autoren sagen: "Das Bilanzrichtliniengesetz interessiert uns im Grunde nicht vorrangig. Wir führen z.B. weiterhin die außerordentlichen Aufwendungen, auf die wir auch solche negativen Erfolgskomponenten buchen, die gemäß den kalkulatorischen Kriterien außerordentlich sind. Die Dimension des neuen Begriffs 'außerordentlich' beachten wir nicht". Obwohl in allen neuen Kontenrahmen ganz deutlich festgehalten ist: "außerordentlich im Sinne des § 277 HGB"[1], verfahren die Autoren auf traditionelle Art und Weise. Sogar die Kassendifferenzen erscheinen auf diesem Konto. Die betreffenden Autoren erfassen Personalaufwendungen nicht nur auf den Lohn- und Gehaltskonten, sondern auch im Rahmen der betriebsfremden und periodenfremden Aufwendungen. Das gleiche gilt für andere Erfolgskomponenten, wie z.B. Steuern, für die darüber hinaus noch ein weiterer Kontenspeicher (Kto. 225 Steuernachzahlungen) vorgesehen ist, der zu vielen Mißverständnissen durch die sehr unterschiedliche Behandlung in den einzelnen Lehrbüchern Anlaß gibt.

In der Berufsschule steht der Lehrer nun vor der Frage, ob er diese nicht abschlußgerechten Konten ins GuV-Konto übernehmen oder ob er aufgrund einer statistisch erstellten Kontenbrücke eine saubere GuV erstellen soll.

Wählt er das erstgenannte Verfahren, so tauchen in der GuV-Rechnung Erfolgspositionen auf, die man nicht eindeutig dem betrieblichen oder einem anderen Bereich zuordnen kann. Außerdem fehlt eine saubere Aufwandsartenrechnung, da die im Rahmen der Positionen Lohn, Steuern, sonstige Aufwendungen usw. ausgewiesenen Beträge unzutreffend sind. Die sich überschneidenden Abgrenzungskriterien für die kalkulatorischen und gesetzlichen Teilergebnisse machen dann aus der GuV ein der analytischen Interpretation weitgehend unzugängliches Sammelsurium. Der Erkenntnisbereich der Erfolgsrechnung beschränkt sich für den Schüler dann auf die Wahrnehmung, daß die Erfolgskonten der drei Kontenklassen 2, 4, 8 zunächst einem eigenen Abschlußkonto dem GuV-Konto zugeführt werden. WALTERMANN vertritt die Auffassung, daß man sich im allgemeinen mit einer solchen

---

[1] Die Interpretation des Begriffs "außerordentlich" durch die wissenschaftliche Betriebswirtschaftslehre ist zwar strittig, die Handhabung in den Jahresabschlüssen der Praxis aber eindeutig.

unstrukturierten Mischerfolgsrechnung bescheiden kann (vgl. WALTERMANN/SPETH 1986, S. 359ff.; 1987, S. 145ff.). Die Gefahr eines sich über die ganze Fachstufe erstreckenden blinden Buchungs- und Abschlußaktionismus wegen des im Nebel liegenden Rechnungsziels und der geringen Aussagekraft der GuV-Rechnung ist hier aber nicht von der Hand zu weisen.

2. Die Klasse 2 wird als Sammelbecken für neutrale Erfolge beibehalten, aber durch eine externe Abgrenzungstabelle ergänzt.

   Bei der zweiten Konzeption, Autoren: SELZAM (Merkur Verlag), hat das Merkmal "neutral" wie bei Datev nur dann Vorrang, wenn der neutrale Aufwand handelsrechtlich zur Position "sonstige Aufwendungen" gehört; so wird z.B. die Hausversicherung für vermietete Gebäude den betriebsfremden Aufwendungen zugeordnet, die Grundsteuer dagegen dem Konto "sonstige Steuern" in der Klasse 4. Die Aufstellung einer handelsrechtlichen GuV ist möglich, jedoch sind die prinzipiellen Grundgedanken, die zu diesen Buchungen führen, für die Schüler kaum auszumachen. Da der Filter der "Klasse 2" nicht funktioniert, müssen Anleihen beim Zweikreissystem genommen und eine zusätzliche Abgrenzungstabelle (wie bei der Industriebuchführung) eingeführt werden.

3. Die Abgrenzung erfolgt völlig außerhalb der Doppik im Rahmen einer Abgrenzungstabelle.

   Innerhalb der dritten Konzeption, Autoren: SCHMOLKE/DEITERMANN (Winklers Verlag), HEIDE, ADAMS, CLOPPENBURG u.a. (Stam Verlag), dient das Kontenkorsett wie beim IKR nur der Finanzbuchführung. Die Abgrenzung der neutralen Bestandteile erfolgt in einer externen Abgrenzungstabelle. Auch die betriebsfremden Aufwendungen, wie die Brandversicherung für ein vermietetes Gebäude, erscheinen hier auf dem Konto Versicherungen der Klasse 4. Diese Handhabung ist für die Schüler überschaubar, weil sie sich die pädagogischen Vorteile des Zweikreissystems zunutze macht. Das Prozeßgliederungsprinzip wird allerdings konterkariert; denn der für die Prozeßgliederung typische Filter (Klasse 2) wird praktisch nicht benutzt. Auch die Grundsteuer für ein vermietetes Gebäude wird in der Kontoklasse 4 und nicht auf dem Konto 202, betriebsfremde Aufwendungen, erfaßt. Im Grunde ist die Klasse 2 als Abgrenzungsmedium überflüssig. Hier stellt sich damit die Frage, warum nicht gleich eine der Finanzbuchführung angemessene Kontengliederung verwendet wird.

Eine Reihe von Autoren bewältigen die Problematik, indem sie einfach alle Geschäftsvorfälle eliminieren, z.B. Vermietung eines Gebäudes, die sie zwingen würden, Farbe zu bekennen. So bleibt ihre Konzeption ganz im Dunkeln, z.B. BACHMANN, NEUMANN, SCHNEIDER (Holland und Josenhans). Darüber hinaus werden sehr komplizierte Lösungen angeboten. So erscheinen z.B. bei BACHMANN, NEUMANN, SCHNEIDER im Konto 2840 verr. kalkulator. Abschreibung auf der Sollseite die Differenz zwischen bilanzieller und kalkulatorischer Abschreibung, falls letztere die Bilanzabschreibung unterschreitet; übersteigt sie diese, so muß das Konto 2840 mit der Differenz erkannt werden! Da sie die Lektionen mit einer kalkulatorisch/pagatorischen Mischerfolgsrechnung beenden, kann man nicht erkennen, wie sie sich die Erstellung einer GuV-Rechnung vorstellen (vgl. 7. Auflage, S. 254ff.).

Welcher der Konzeptionen man sich auch immer bedient, eine saubere und anschauliche Trennung der beiden Ebenen des betrieblichen Rechnungswesens, der Finanzbuchhaltung und der Betriebsbuchhaltung, die vor allem durch KOSIOL so hervorragend herausgearbeitet worden sind, ist nicht möglich. Ich will damit nicht auf die Problematik Konto- oder Bilanzmethode eingehen, die sich m.E. gegenseitig ja nicht unbedingt ausschließen; auch in die interessante Diskussion in "Wirtschaft und Erziehung" über das wissenschaftstheoretische Verhältnis von Theorie und Realität möchte ich hier nicht eingreifen (vgl. die Beiträge in "Wirtschaft und Erziehung" 2/1984, 10/1987, 1/1988, 6/1989.) Sicherlich hat auch niemand daran gedacht, in der Berufsschule die 16 Geschäftsvorfälle und die Bilanzpositionen begrifflich auf Einnahmen und Ausgaben zurückzuführen. Allerdings glaube ich sehr wohl, daß den Schülern die fundamentalen, für die Totalperiode geltenden Prämissen der pagatorischen und kalkulatorischen Rechnung verdeutlicht werden müssen, damit nicht weiterhin Schüler aus der Berufsausbildung in weiterführende Schulen (Berufsoberschule, Wirtschaftsgymnasium) oder Lehrgänge (Bilanzbuchhalter) kommen, die z.B. die Auffassung vertreten, die Unternehmen schrieben steuerlich vom Wiederbeschaffungswert ab (vgl. Abbildung 1).

Ich appelliere auch an dieser Stelle an die Verantwortlichen in den Kultusministerien und bei der AkA, den beruflichen Schulen wieder einen Rechnungswesenunterricht zu ermöglichen, der es den Lehrern und Schülern auch im Bereich des Handels erlaubt, von angelernten, mechanistischen Aktivitäten des Vormachens und Nachmachens zu einem zielorientierten, sinnhaften Handeln zu kommen. Das wäre durch die Einführung eines einheitlichen Schulkontenrahmens möglich.

Abbildung 1: Unterschiede in den Ergebnisrechnungen

Pagatorische Erfolgsrechnung	Kalkulatorische Erfolgsrechnung
In der Totalperiode gilt die GLEICHUNG: Einnahmen - Ausgaben = Erträge - Aufwendungen	In der Totalperiode gilt die UNGLEICHUNG: Einnahmen - Ausgaben $\neq$ Leistungen - Kosten
↓	↓
nominelle Kapitalerhaltung Anschaffungsausgabeprinzip	mengenmäßige und qualitative Substanzerhaltung Wiederbeschaffungsprinzip
↓	↓
Die Identität der Erfolgsvorgänge mit den Zahlungsvorgängen	Die Kongruenz zwischen den Kosten und Ausgaben in der Gesamtperiode fehlt.
(Kosiol: Aufwendungen = periodisierte Ausgaben) ermöglicht lückenlose Kontrolle.	Die Nachprüfbarkeit im kalkulatorischen Bereich ist deshalb sehr erschwert.

Ich selbst werde versuchen, mich in Bayern für einen derartigen Schulkontenrahmen einzusetzen, d.h. für ein Zweikreissystem auch im Handel, weil ich meine, daß man den derzeitigen Großhandelskontenrahmen bundesweit links liegen lassen sollte. Ganz abgesehen von den katastrophalen Fehlern[2], die dem Großhandelsverband sonst noch unterlaufen sind; so meint er z.B. bei den Zuordnungsvorschriften, die Warenbestandsveränderungen würden in der GuV dem Konto Bestandsveränderungen zugeordnet, obwohl die Position Nr. 2 nur den Bestandsveränderungen der unfertigen und fertigen Erzeugnisse vorbehalten ist. Dieses würde bedeuten, daß als "Aufw. für Waren", die nach dem Bilanzrichtliniengesetz im Rahmen des Kontos Material erscheinen, lediglich der Wareneinkauf ausgewiesen würde und nicht der Wareneinsatz.

[2] Die freiwilligen sozialen Aufwendungen (Kto. 405) werden den sozialen Abgaben (Position 6 b) zugeordnet, statt den Löhnen und Gehältern (6 a).

2.1.3 Das vergessene kalkulatorische Relikt in der Finanzbuchführung der Industriekaufleute: Systemwidrige Buchung von Materialentnahmescheinen oder konsequente Trennung der Bestands- von den Aufwandskonten in der Finanzbuchführung

Es gibt mit Sicherheit kein Gebiet des kaufmännischen Unterrichts, in dem überkommene Verfahrensweisen und ein einmal eingeschliffener Erklärungsmodus solches Beharrungsvermögen besitzen wie im Bereich des Rechnungswesens. Vielleicht liegt es auch daran, daß der Kontenplan und die organisatorische Ausgestaltung des Abrechnungssystems in der Regel zu den sensiblen und bestbehüteten Unternehmensbereichen gehören, so daß regelmäßig auch von den Ausbildern Auskünfte erst nach Rückfrage beim Bilanzbuchhalter gegeben werden können. Ich möchte diese Behauptung an einem Beispiel, nun aber aus der Industriebuchführung, exemplifizieren, das wegen seiner zentralen Bedeutung bereits mehrfach in der Literatur diskutiert worden ist.

Den älteren Kollegen wird sicher noch bekannt sein, daß der Ausbildung zum Industriekaufmann in den Berufsschulen vor 1960 der Gemeinschaftskontenrahmen in seiner originären Form, wie ihn SCHMALENBACH konzipierte und die Buchführungsrichtlinien von 1937 übernahmen, zugrunde lag. Das gesamte Abrechnungssystem war kalkulatorisch ausgerichtet; der Abschluß erfolgte nach dem Umsatzkostenverfahren. Man grenzte die betriebsfremden Erträge und Aufwendungen vor der Erfassung der Rohstoffe ab (vgl. Abbildung 2).

Der Materialverbrauch wurde mit Hilfe der Materialentnahmescheine aus der Klasse 3 (Vorräte) in die Kostenklasse 4 übernommen und von dort über die Kostenstellenkonten der Klasse 5 und die Erzeugniskonten der Klasse 7 auf die Verkaufs- und Ergebniskonten der Klassen 8 und 9 weitergewälzt. Auf diesem Wege ist man zu einer Ergebnisrechnung gekommen, wie sie SCHMALENBACH damals angestrebt hat (vgl. Abbildung 3).

Als Ergebnis dieser Zahlungsströme hat man die Erlöse des Produktes A genau den Kosten für das Produkt A gegenübergestellt, die Erlöse des Produktes B den Kosten für das Produkt B usw. Man hat also eine kostenträgerindividuelle Rechnung durchgeführt (vgl. Abbildung 4).

Abbildung 2: Einkreissystem-Buchhaltung gemäß Erlaßkontenrahmen von 1937

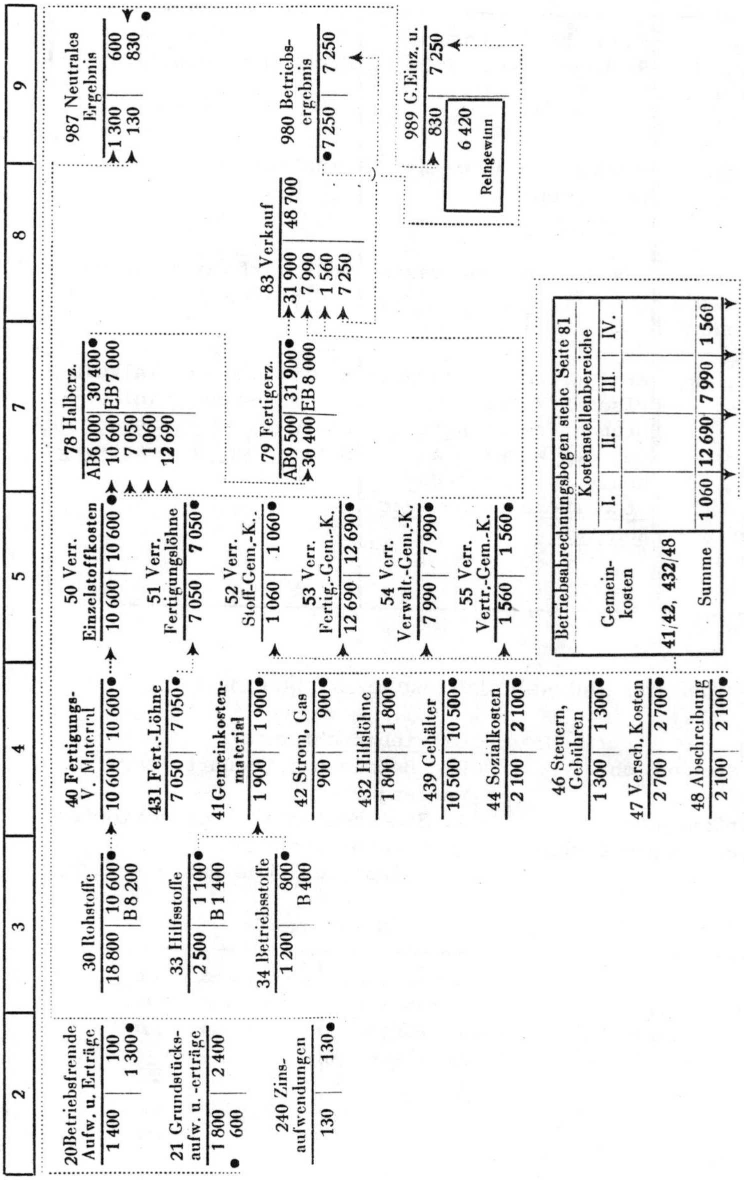

Quelle: Hahn/Tunissen/Schulz: Wegweiser zur Bilanzsicherheit, Teil B, 1970, S. 82.

Abbildung 3: Abrechnungssystem im industriellen Rechnungswesen

Einkreissystem	Zweikreissystem	
Integration der pagatorischen - kalkulatorischen Abrechnung	Finanzbuchführung Rechnungskreis I	Kostenrechnung Rechnungskreis II
↓ Umsatzkostenverfahren	Produktionsaufwandverfahren	Umsatzkostenverfahren
Durch das Bilanzrichtgesetz ist eine neue Version der kostenträgerorientierten Abrechnung konstituiert worden:	↓ GuV auf Aufwandsbasis	↓ kalk. Erfolgsrechnung auf Kostenträgerbasis
das pauschale ↓ "Umsatzaufwandverfahren" (Baetge: Absatzaufwandverfahren)	↓ Ermittlung des pagatorischen Materialverbrauchs durch <u>Korrektur</u> des Materialeinkaufs durch die <u>Bestandsveränderung der Rohstoffe</u>	↓ Ermittlung des kalkulatorischen Materialverbrauchs <u>mit Hilfe der Materialentnahmescheine</u>

Abbildung 4: Pagatorische und kalkulatorische Erfolgsermittlung

<u>Finanzbuchführung</u>
Das Handels- und Steuerrecht verlangt:
1. Eine Aufwandsartenrechnung
2. pagatorische (ausgabengleiche) Werte

<u>Betriebsbuchführung</u>
Die Betriebswirtschaftslehre verlangt:
1. Eine kostenträgerorientierte Ergebnisrechnung
2. kalkulatorische Werte

GuV

Rohstoffe	100	Erlöse A	140
Löhne	120	Erlöse B	110
Abschreibung	60	Erlöse C	100
Zinsen	10		
Steuern	20		
sonst. Aufw.	30		
Gewinn	10		
	350		350

Betriebsergebnis

Kosten Produkt A	128	Erlöse Produkt A	140
Kosten Produkt B	118	Erlöse Produkt B	110
Kosten Produkt C	98	Erlöse Produkt C	100
Betriebsergebnis	6		
	350		350

Die Anwendung der Erkenntnisse der modernen Betriebswirtschaftslehre (Deckungsbeitragsrechnung, flexible Plankostenrechnung) setzt eine kostenträgerorientierte Ergebnisrechnung voraus.

Die Priorität, die der Staat 1937 den kalkulatorischen Kriterien eingeräumt hatte, hatte seine Ursache in dem planwirtschaftlichen Ansatz des Systems, in der "Theorie vom angemessenen Gewinn" und dem Bestreben, die Kosten der Produkte vor allem bei Staatsaufträgen gemäß den LSÖ nachprüfen zu können. Nach dem 2. Weltkrieg zeigte es sich, daß das unflexible Umsatzkostenverfahren im Rahmen der Doppik fast nur noch von Großbetrieben praktiziert wurde, und die Mittel- und Kleinbetriebe ihre Betriebsabrechnung statistisch außerhalb der Buchführung durchführten. Im Jahre 1960 stellten deshalb die IHK die Prüfung und die Berufschulen den Unterricht vom Umsatz- auf das Gesamtkostenverfahren und das Zweikreissystem um. Die nun eintretende absurde Situation, daß ein mit einem kalkulatorischen Betriebsapparat überfrachtetes und auf die Kostenrechnung hin ausgerichtetes Kontengerippe, das ständig zu kuriosen Mißverständnissen Anlaß gab, nun ausschließlich der Bewältigung pagatorischer Aufgaben diente, beendete der Bundesverband der Deutschen Industrie (BDI) Anfang der 70er Jahre durch die Einführung des IKR, der 1987 auf das neue HGB umgestellt wurde.

Kurioserweise protestierte 1960 bei der Einführung des Gesamtkostenverfahrens im Ausbildungsbereich niemand, obwohl viele Großbetriebe beim Umsatzkostenverfahren geblieben waren; als der BDI aber 1971 die richtige Konsequenz zog und das Kontenkorsett, das jetzt nur noch der Finanzbuchführung diente, auf eine dieser angemessenen Gliederung und Terminologie umstellte, setzten die Proteste, vor allem der Lehrer, ein. Im Vollzug des Gesamtkostenverfahrens, das BAETGE (1987, S. 197) um Mißverständnisse auszuschließen, in "Produktionsaufwandverfahren" umbenennen möchte, werden im Rahmen der Doppik nur noch pagatorische Werte erfaßt[3]. Die Werte aber, die auf den Materialentnahmescheinen auftauchen, werden in den einzelnen Betrieben nach höchst unterschiedlichen kalkulatorischen Kriterien ermittelt.

Zur Buchung der Materialentnahmescheine habe ich Erhebungen durchgeführt und dabei folgendes festgestellt:

Bei der Linde AG z.B. wird in Annäherung an die Theorie von Fritz SCHMIDT immer der letzte bezahlte Einstandswert auf die Materialentnahmescheine transferiert, während bei anderen Unternehmungen als Ver-

[3] Viele namenhafte Betriebswirte haben gefordert, sich endlich einer wissenschaftlich sauberen Terminologie zu bedienen: im externen Rechnungskreis: Aufwendungen, im internen Rechnungskreis: Kosten); vgl. z.B. KOSIOL: "Bilanzreform und Einheitsbilanz", S. 165; FRANK: Betriebsberater 1967, S. 177; WÖHE: "Bilanzierung und Bilanzpolitik", S. 266.

rechnungspreis der durchschnittliche Einstandspreis des Vorjahres oder der nach jedem Einkauf fortgeschriebene Anschaffungswert erscheint. Welches Verfahren auch immer gewählt wird: In der Finanzbuchführung haben die kalkulatorischen Werte der Materialentnahmescheine nichts zu suchen. Dennoch sind bei uns in der Berufsschule die Materialentnahmescheine auch nach 1960 in der Finanzbuchführung fleißig gebucht worden, obwohl sie nur zur Durchführung der kurzfristigen kalkulatorischen Erfolgsrechnung benötigt werden, die beim Zweikreissystem im Rechnungskreis II angesiedelt ist und nach KOSIOL die "Krone" des kalkulatorischen Abrechnungswerkes bildet (1950, S. 14).

Jetzt hat der Bundesverband der Deutschen Industrie im Originalkontenrahmen IKR für die Rohstoffeinkäufe das Konto 6000 "Aufwendungen für Rohstoffe" vorgesehen. Auch die Skonti wurden dementsprechend in der Klasse 6 untergebracht (Kto. 6002); denn seit vielen Jahren hatte sich in der Praxis aus einer Reihe von Gründen die **systematische Trennung von Bestands-und Einkaufskonten** bei Betrieben, die das Gesamtkostenverfahren praktizieren, durchgesetzt[4].

Nachdem sich also auch der Industriekontenrahmen 1987 erfreulicherweise der Entwicklung in der Praxis angepaßt hatte, war ich sehr überrascht, als ich erfuhr, beim BDI wäre eine Abordnung von Lehrkräften und AkA-Mitgliedern erschienen und hätte die Umsetzung des Materialeinkaufs, der Skonti und Bezugsaufwendungen in die Klasse 2 verlangt, damit die für den Rechungskreis I systemwidrige Buchung der Materialentnahmescheine wieder möglich würde. Der BDI trug dem Anliegen dadurch Rechnung, daß er im Ausbildungskontenrahmen alternative Verfahren vorsah, im Original-IKR aber an der Trennung von Bestands- und Einkaufskonten festhielt.

Hier muß die Frage gestellt werden, warum die Schule einen anderen Kontenrahmen als die Praxis braucht? In Bayern waren inzwischen Handreichungen und Empfehlungen herausgegeben worden, die sich natürlich am Original-IKR orientierten, während die AkA eine weitere Version des IKR bekanntgab, die wegen ihrer Kontenstruktur auch die bayerischen Berufsschulen wieder dazu zwang, die kalkulatorischen Werte in die Finanzbuchführung einzubuchen. Die unterschiedlichen Empfehlungen durch staatliche Handreichungen und Fortbildungsmaßmahmen einerseits und der

---

[4] Siehe z.B. sämtliche Kontenrahmen von DATEV und TAYLORIX, gleichgültig ob es sich um prozeß- oder bilanzorientierte Kontenrahmen handelt. Die Aufwendungen sind bei der LINDE-AG ebenso wie beim DATEV SKR 04-Kontenrahmen bereits ab der Klasse 5 (und nicht ab 6 wie beim IKR) angesiedelt (vgl. Abbildung 5).

Abbildung 5: Auszug aus dem Kontenplan der Linde AG

LINDE-AG / KONTENRAHMEN	Reg. Nr.	W	X	Seite 20 von 32
		I	X	Ersetzt : 01.01.1987
	6	A		Gültig ab : 01.01.1988

51	**Materialaufwand**
511000	**Aufwendungen für Roh-, Hilfs- und Betriebsstoffe und für bezogene Waren**
511100	Einkauf von Roh-, Hilfs- und Betriebsstoffen
511200	Einkauf von Waren (einschließlich geringwertige Wirtschaftsgüter unter 100 DM)
511300	Bestandsveränderungen Roh-, Hilfs- und Betriebsstoffe und bezogene Waren
511400	Zuführung zu Rückstellungen für ausstehende Rechnungen
512000	**Aufwendungen für bezogene Leistungen**
	+
52	**Personalaufwand**

AkA andererseits verursachten an den bayerischen Schulen Ratlosigkeit, die zu Eingaben und Beschwerden und zu Petitionen an den Landtag führten. Auch wenn man beim Anfangsunterricht vom traditionellen Waren- bzw. Stoffeinkaufskonto ausgehen mag, so muß doch spätestens in der Fachstufe eine saubere **Trennung zwischen Bestands- und Einkaufskonten** erfolgen. Bei PREISS/TRAMM ist ein gewisser Vorbehalt gegenüber der Aufspaltung in Stoffbestands- und Einkaufskonten zu verspüren; dies ist verständlich, da der natürliche Ablauf in der Realität meistens der traditionellen Buchung entspricht. Sie lassen aber die Verfahrensweise ab der Einführung von Erfolgskonten ausdrücklich offen. Ich stimme ihnen allerdings zu, soweit es das Konto "Bestandsveränderungen" betrifft; denn dieses Konto kann man einsparen, weil es nur Verwirrung stiftet, wie Fehler bei den Zuordnungsvorschriften des neuen Großhandelskontenrahmens zeigen, auf die sogar Lehrbuchautoren hereingefallen sind (vgl. HAHN/WERNER 1970, S. 52ff.; BACHMANN/NEUMANN/SCHNEIDER 1989, S. 40).

Das Kuriose an dieser Geschichte ist, daß die Lehrbücher für Industriebuchführung, die die Einkaufsbuchungen in der Klasse 2 ansiedeln, nicht die notwendigen Folgerungen aus ihrem Verfahren ziehen. Welche kalkulatorischen Werte auch immer auf den Materialentnahmescheinen auftauchen, in der Klasse 2 (Bestände) müßten (in der Regel sehr hohe) Preis- und auch Mengendifferenzen entstehen. Diese Wertdifferenzen werden durch den Vergleich des nach pagatorischen Gesichtspunkten ermittelten Inventurbestandes mit dem Buchbestand erkennbar. Statt dem Schüler nun zu zeigen, wie die systemwidrig eingebuchten kalkulatorischen Stoffentnahmewerte durch die Buchung der "Inventurdifferenzen" wieder auf die pagatorischen Aufwendungen für Rohstoffe zurückgeführt werden, verzichtet man entweder auf die Angabe des Inventurbestandes oder vertuscht das Problem durch die von WELLER mit Recht als "salvatorisch" bezeichnete Klausel: "Der Buchbestand stimmt mit dem Inventurbestand überein" (WELLER 1987, S. 176 - 182).

Diese WELLER-Kritik, die im Zusammenhang mit Bewerbungsgesprächen mit Industriekaufmannsaspiranten entstanden ist, halte ich für so wichtig, daß ich sie nochmals kurz vorstellen will. WELLER berichtet, daß den Bewerbern Stoffkonten und Inventurbestände vorgelegt worden seien, die vom Kontensaldo abwichen. Die jungen Leute hätten dann aber nicht etwa den Wert des Inventurbestandes, sondern den Kontensaldo in die Bilanz übernommen.

Dies konnte aufgrund der Verfahrensweise in fast allen Lehrbüchern auch gar nicht anders sein. Woher sollten die Schüler denn wissen, daß Inventurdifferenzen auftreten, wenn in den Übungsaufgaben der Buchbestand immer mit dem Inventurbestand identisch ist.

Ich halte es für absolut berechtigt, daß PREISS/TRAMM der Kritik von WELLER eine so große Bedeutung beimessen; denn durch die Buchung der Einkäufe auf Bestandskonten entstehen nicht nur die schwerwiegenden Mißverständnisse, die WELLER beschreibt, sondern die im kalkulatorisch dominierten Einkreissystem üblichen und dort auch berechtigten Verfahrensweisen werden als sinnentleerte Petrefakte mit großem Beharrungsvermögen im pagatorischen Rechnungskreis I des IKR systemwidrigerweise weitergeführt. Weil aber die logische Konsequenz dieser Methode, die Behandlung der Inventurdifferenzen, andererseits zu kompliziert ist, um sie im pädagogischen Bereich richtig darzustellen, verschleiert man die Zusammenhänge durch völlig praxisfremde Unterstellungen, oder man bedient sich des zweifelhaften Tricks, vorher auszurechnen, welcher Inventurbestand angegeben werden muß, damit keine Differenzen entstehen.

Anders formuliert: Die Berücksichtigung der Buchung von Materialentnahmescheinen kann doch nur den Zweck haben, den Schülern das Entstehen und die buchungstechnische Behandlung von Inventurdifferenzen vor Augen zu führen. Aber wenn man das auf die eben geschilderte Weise tut, dann verschleiert man mehr, als man transparent macht.

Darüber hinaus wird ein weiteres, selbst bei Lehrbuchautoren zu findendes Mißverständnis induziert, das mir ständig im Rahmen der Fortbildungsmaßnahmen begegnet:

Ein Kollege wendete gegen die in den bayerischen Handreichungen vorgesehene Trennung von Bestandskonten (Klasse 2) und Einkaufskonten (Klasse 6) ein: "Die Lieferernachlässe (Kto. 6002) dürfen doch nicht voll über das Kto. 6000 "Aufwendungen für Rohstoffe" abgeschlossen und saldiert werden, weil ein Teil dieser Nachlässe doch den in der Klasse 2 (Kto.2000) ausgewiesenen Endbestand betrifft". Der Kollege wollte hier mit Recht darauf hinweisen, daß bei der Inventurbewertung die Nachlässe wertmindernd berücksichtigt werden. Die Inventurbewertung vollzieht sich jedoch völlig außerhalb der Buchführung - unabhängig von jedem Kontenabschluß. Daß die Nachlässe bei der Inventurbewertung berücksichtigt werden, war aber auch schon zu den Zeiten so, als es den IKR noch gar nicht gab, als die Liefererskonti im Rahmen der Zinserträge in der Klasse 2 (GKR) erfaßt und als eigenständige Ertragspositionen unsaldiert in der GuV erschienen. Die Nachlässe müssen jetzt vollständig mit dem Einkaufswert saldiert werden, da ja auch der Inventurbestand eingekauft wurde, und zwar völlig unabhängig davon, ob der Endbestand auf einem eigenen Bestandskonto oder im Einkaufskonto (traditionelle Methode) erscheint.

Auf der gleichen Ebene, nämlich der Verwechselung des Kontenabschlusses mit der Inventurbewertung, liegt es, wenn Autoren verbreiten, der Gesetzgeber verlange in § 255 Abs. 1 HGB, daß die Konten, Bezugsaufwendungen und Nachlässe, über die Einkaufskonten abgeschlossen werden (vgl. WALTERMANN 1988, S. 119; HERMSEN 1988, S. 12). Zwar ist diese Ansicht über den Kontenabschluß durchaus richtig; aber dies ergibt sich nicht etwa aus § 255 HGB, da diese Vorschrift ausschließlich die externe Bewertung des Inventurbestandes, unabhängig von jedem Kontenabschluß, regelt. Der Kontenabschluß ergibt sich vielmehr aus der Definition der GuV-Position (5 a) "Aufwendungen für Roh-, Hilfs- und Betriebsstoffe bzw. Waren" in § 275 Abs. 2 HGB. Daß sich die Ermittlung des Inventurbestandes jetzt ebenso vollzieht wie die Errechnung der Aufwendungen für Rohstoffe ist aus pädagogischen Gründen erfreulich, aber auch mißverständlich - wie man sieht. Die Spaltung der traditionellen Einkaufskonten in Bestands- und Aufwandskonten trägt jedenfalls zur Beseitigung dieser Mißverständnisse bei.

Zu welchen kuriosen Folgen die Divergenzen zwischen der Schulbuchführung und den Handhabungen der Praxis führen, sieht man daran, daß nicht wenige Ausbildungsbetriebe die Abteilung Finanzbuchhaltung aus den Ausbildungsplänen für Auszubildende gestrichen haben, um die jungen Menschen nicht zu verwirren. Als Ersatz dafür wurden im Bereich Aschaffenburg vielfach Lehrer engagiert, die nebenberuflich dieses Defizit ausgleichen sollen, indem sie völlig unabhängig von der betrieblichen Verfahrensweise in Lehrsälen Schulbuchführung dozieren. Falls für diese Unterweisung betriebliche Ausbilder eingesetzt werden, lösen auch diese sich in der Regel von der betrieblichen Handhabung und beschaffen sich dafür Schullehrbücher und Lösungshefte.

Bei der Behandlung der Abgrenzungstabelle im Rechnungskreis II taucht das Problem der Gegenüberstellung der pagatorischen und kalkulatorischen Werte dann natürlich ein zweites Mal - jetzt allerdings an der richtigen Stelle - auf. Hier fallen die Kollegen dann oft einem weiteren Mißverständnis zum Opfer (vgl. SCHMOLKE/DEITERMANN 1978, S. 284); denn wenn der Inventurbestand mit dem Buchbestand und somit der pagatorische mit dem kalkulatorischen Verbrauchswert immer identisch sind, können in der Abgrenzungstabelle logischerweise keine Preis- oder Mengendifferenzen mehr entstehen. Dennoch gibt es hier plötzlich wie ein "deus ex machina" Differenzen, obwohl doch grundsätzlich **Buchbestand und Inventurbestand identisch sind.**

Tatsächlich tragen die Ausbilder von Großbetrieben, die beim Einkreissystem mit dem Umsatzkostenverfahren im Rahmen der Doppik verblieben sind, oft dazu bei, unsere Kollegen in den Aufgabenerstellungs- und Prüfungsausschüssen in ihrer Meinung zu bestärken, ihre Verfahrensweise sei praxisnah. Die Lehrkräfte erkennen meist nicht, daß sich die Argumente dieser Praktiker auf ein Abrechnungssystem beziehen, das seit 1959 aus den Lehrplänen eliminiert wurde. Die AkA hat es natürlich aufgrund ihrer real existierenden Machtstellung in der Hand, die Kollegen weiterhin zur Behandlung der kalkulatorischen Materialentnahmescheinbuchungen in der Finanzbuchführung zu zwingen, obwohl dieses Verfahren das Verständnis für ökonomische Prozeßzusammenhänge erschwert. Für die Kultusministerien ist es sogar gefährlich, durch Fortbildungslehrgänge diese Zusammenhänge aufzuzeigen, wenn die AkA darauf insistiert, Vorfälle aus dem Bereich des Umsatzkostenverfahrens buchen zu lassen, obwohl sie das Gesamtkostenverfahren als Rahmen vorgibt.

2.1.4 Inventurdifferenzen bei Geldkonten

Bezüglich der Kritik von WELLER wegen der Mißverständnisse, die durch die fehlende Angabe von Endbeständen entstehen, möchte ich noch anmerken, daß ich - so sehr ich seine Thesen im Bereich der Vorratsbestände unterstreiche - seine Einwendungen gegen das Fehlen der Bestände der Finanzkonten Kasse, Bank usw. nicht für so schwerwiegend halte. Wenn z.B. ein Kassenfehlbestand am 31.12. auftritt, so wird die Differenz am gleichen Tag geklärt oder als Aufwand (bei kleineren Betrieben über "Privat") ausgebucht. Ähnlich ist es bei Differenzen im Bereich der Bank- und Postgirokonten. Die Bilanz wird in der Regel erst mehrere Monate später erstellt, und es ist in der Praxis undenkbar, daß zu diesem Zeitpunkt der Buchbestand noch vom Inventurbestand abweicht. Bei Erstellung der Hauptabschlußübersicht sind deshalb Buchungen auf den Girokonten grundsätzlich undenkbar. Der Vorschlag von PREISS/ TRAMM (S. 74ff.), als Abschlußangaben die Inventurbestände anzugeben, kann man durchaus befürworten. Es wäre aber praxisfremd, zum Zeitpunkt der Erstellung des Jahresabschlusses vom Buchbestand abweichende Endbestände bei den Geldkonten anzugeben.

2.2 Zwei Beiträge zum Thema "Interne und externe Kontrollsysteme" bei der EDV-Buchführung

2.2.1 Das von der Schulbuchführung nicht wahrgenommene Verprobungsmedium

Fast unbemerkt von der Schulbuchführung wurde seit 1968 und vor allem mit Einführung der EDV neben dem klassischen Verprobungsmedium "Seitengleichheit der Bilanz" für die interne und externe Revision eine weiterreichende Kontrollmöglichkeit im Bereich aller umsatzsteuerrelevanten Erfolgskonten geschaffen: das Umsatzsteuerkonto. Obwohl zur Durchführung dieser Kontrolle praktisch jede Unternehmung durch die Umsatzsteuererklärung gezwungen wird, ist dies keine steuerliche Frage, sondern eine reine Organisationsfrage.

Ich glaube nicht, daß in Zukunft im Buchführungsunterricht die Buchungssätze so gebildet werden sollten, als lebten wir im vorelektronischen Zeitalter, und daß die erheblichen Rationalisierungsvorteile, die sich die Praxis durch die EDV-Buchführung geschaffen hat, ignoriert werden sollten. Das würde auch ein nicht wünschenswertes Auseinanderfallen des Theorieunterrichts und der Arbeit am EDV-Gerät zur Folge haben.

Ich denke dabei an die Möglichkeit, einmal eingegebene Daten, z.B. Belegnummer, Datum aber auch die Kontonummer, zu speichern, so daß bei einem vielfach vorkommenden Konto (führendes Konto) nur noch das Gegenkonto und der Betrag angegeben werden müssen. Dies erfordert natürlich ein Vorsortieren des Buchungsstoffes bzw. der Belege.

Ein gewaltiger Rationalisierungssprung konnte im Bereich der selbst- bzw. auf eine Schlüsseleingabe hinrechnenden Konten erzielt werden. Durch die Einfügung von Interimskonten können Buchungsfehler vermieden werden, deren Auffinden früher sehr zeitaufwendig war. Die interne und externe Revision kann sich in einer angemessenen Zeit durch die entsprechenden Verprobungsmedien einen Überblick über die Evidenz des Zahlenwerks verschaffen. Dies ist gemäß den gesetzlichen Vorschriften (§ 145 Abs. 1 AO) eine Voraussetzung für die Anerkennung der Ordnungsmäßigkeit der Buchführung.

Folgendes Beispiel zeigt einen (bei einer vernünftigen EDV-Organisation nicht möglichen) Fehler, der durch die Maschen des Verprobungsmediums "Summengleichheit der Bilanz" schlüpfen kann; denn gerade beim Herausrechnen der Umsatzsteuer wurden vor Einführung der EDV schwer auffindbare Fehler gemacht.

Ein solcher Fehler ist dann nicht möglich, wenn das Umsatzsteuerkonto bei der Kontierung nur über automatische Konten oder einen Umsatzsteuerschlüssel, durch den die Rechenautomatik in Gang gesetzt wird, angesprochen werden darf. Auf jeden Fall fällt der Fehler bei der monatlichen Abstimmung des Buchungskreises dann sofort auf, falls EDV-gerecht gebucht wird. Bei der an Verfahren aus der Zeit vor 1968 orientierten derzeitigen Praxis der Schulbuchführung und Abprüfung wird ein solcher Fehler kaum entdeckt - es sei denn durch den Vergleich mit dem Banknachbarn.

	S	H
Debitor A (Forderungen)	11.400,--	
Umsatzerlöse		1.400,--
USt		10.000,--

Abbildung 6: Verprobungsmedium UST-Konto

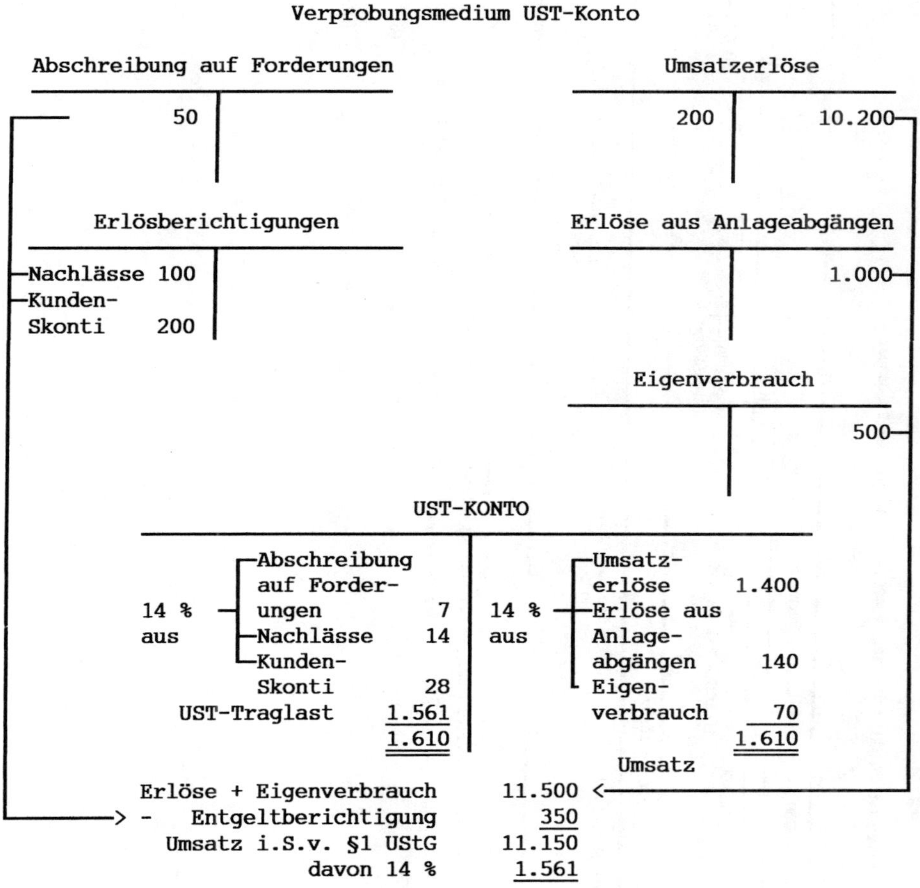

2.2.2 Beispiel: Verkauf gebrauchter Anlagen

Auch bei Abhandlung dieses Lernziels divergieren die Verfahrensweisen der Praxis und der Schulbuchführung. In der Praxis (z.B. Datev, Taylorix) wird beim Verkauf der Anlagen (vgl. Abbildung 7) aus drei Gründen ein sogenanntes "Interimskonto" eingeschaltet:

- § 22 Abs.2 UStG fordert, daß der getätigte Umsatz buchmäßig erfaßt (und abrufbar gespeichert) und nicht etwa durch Buchung im Haben des Anlagekontos kaum auffindbar wegsaldiert wird.

Abbildung 7: Beispiel - Verkauf eines PKW's

Verkauf eines PKW zu DM 10.000,-- + DM 1.400,-- USt am 2. Januar

	a) Buchwert: DM 8.000,--	S	H	b) Buchwert: DM 10.000,--	S	H	c) Buchwert: DM 11.000,--	S	H
1) Erfassung des Erlöses[1]	Forderungen	11.400,--		Forderungen	11.400,--		Forderungen	11.400,--	
	Erlöse aus Anl.abg.		10.000,-	Erlöse aus Anl.abg.		10.000,--	Erlöse aus Anl.abg.		10.000,--
	USt			USt		1.400,--	USt		1.400,--
Nach Verprobung und Ausdruck der Umsatzsteuer-Erklärung.									
2) Ausbuchung des Buchwertes und Erfassung des Gewinns oder Verlustes[2]	Erlöse aus Anl.abg.	10.000,--		Erlöse aus Anl.abg.	10.000,--		Erlöse aus Anl.abg.	10.000,--	
	Fuhrpark		8.000,-	Fuhrpark		10.000,--	Verluste a.Anl.abg.	1.000,-	
	Erträge a. Anl.abg.		2.000,-	--	--	--	Fuhrpark		11.000,--

1) Auf die vom organisatorischen Standpunkt vorteilhafte Einrichtung eines weiteren Interimskontos "Buchwertabgang" und die Aufspaltung in „Erlöse aus Gewinnverkauf" und „Erlöse aus Verlustverkauf" (Datev!) wird aus Vereinfachungsgründen verzichtet.

2) Der Vorfall 2 wird erst nach der Verprobung und dem Ausdruck der USt-Voranmeldung als "Kurzbuchung" (führendes Konto: Erlöse aus Anlagenabg.) durchgeführt.

- Das Erlöskonto kann als "automatisches Konto" ausgestaltet und somit vermieden werden, das Umsatzsteuerkonto direkt anzusprechen.

- Die Erfassung des Erlöses kann von der Ausbuchung des Buchwertes abgespalten werden; dadurch werden die Erfassungsarbeiten auch dann nicht gestoppt, wenn der Buchwert noch nicht vorliegt.

Dieses Lernziel eignet sich auch sehr gut dazu, den Schülern den Unterschied zwischen Erlös und Ertrag zu demonstrieren; denn nicht selten trifft man auf die Meinung, Umsatzsteuerpflicht entstehe nur bei Gewinnverkäufen. So kannn man oft feststellen, daß die Schüler erstaunt sind, daß bei einem Verlustverkauf Umsatzsteuer anfällt. Auf diese Weise wird klar, daß die Umsatzsteuer nicht vom Ertrag, sondern vom Erlös berechnet werden muß.

Dieser Geschäftsvorfall ermöglicht es auch,
- die Bedeutung der "Interimskonten" bei der EDV-Buchführung schlechthin sowie
- die Einbettung des Vorfalls in den eingebauten Verprobungsmechanismus aufzuzeigen.

Mitunter argumentieren Kollegen, es sei nicht unsere Aufgabe, den Schülern die organisatorischen Spezifika beizubringen; uns interessiere doch nur der betriebswirtschaftliche Gehalt der Buchung. Diese Ansicht kann möglicherweise ein Lehrer vertreten, der Studenten die Grundkenntnisse der Buchführung und ihre betriebswirtschaftlichen Bezüge beibringt. In der dualen Berufsausbildung ist eine solche Auffassung verfehlt. Die Ausbildungsordnungen und die Rahmenlehrpläne legen ein großes Gewicht auf die Organisation der Buchführung. So führt der Rahmenlehrplan für Industriekaufleute vom 24.01.1978 in § 3 unter Ziffer 5a an erster Stelle die Organisation (!!) des Rechnungsprozesses auf (Bundesgesetzblatt 1978, Teil 1, S. 162). In der Berufsschule kann sich der Lehrer also nicht im organisationsfreien Raum bewegen.

2.2.3 Beispiel: Abschreibung auf Forderungen

Es gibt kaum ein anderes Lernziel, bei dessen Umsetzung so eklatant gegen alle anerkannten Grundsätze der Praxisnähe der Gesetzes- und EDV-Gerechtigkeit verstoßen wird. Solche Mängel müssen vielleicht mitunter in Kauf genommen werden, wenn der übergeordnete "Grundsatz der Schülergemäßheit" eine entsprechende didaktische Reduktion notwendig macht. Tatsächlich verkomplizieren aber die in der Studierstube ausgedachten Verfahren die Probleme erheblich und verdunkeln die Lernziele durch eine unzulässige Vermischung, statt sie durch Entflechtung durchschaubar zu machen. Eine Verankerung des Lernziels in übergeordneten Grundsätzen ist kaum erkennbar. Dabei eignet sich gerade dieses Thema ausgezeichnet, um fundamentale übergeordnete handels- und steuerrechtliche Prinzipien transparent zu machen.

Im Rahmen der Thematik "Abschreibung auf Forderungen" handelt es sich um folgende Lernziele:

- Problematik des handels- und steuerrechtlichen Realisierungszeitpunktes (Tag der Lieferung), der am nächsten Bilanzstichtag juristische Ansprüche der Anteilseigner und der Finanzbehörden auf Gewinnanteil entstehen läßt, obwohl die Zahlung des Kunden noch gar nicht eingegangen ist.

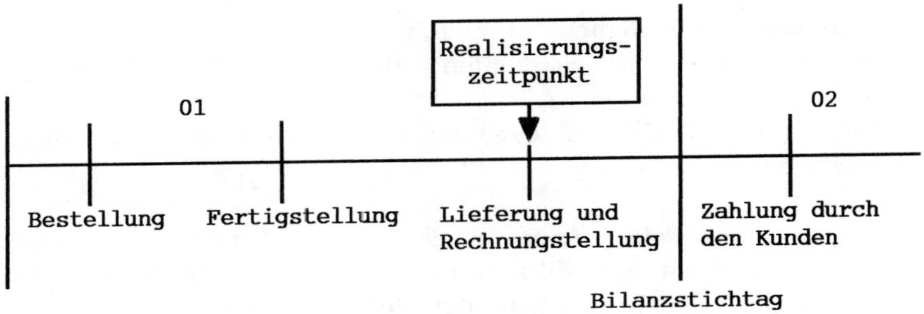

Die fehlende Berechtigung der Gewinnauszahlung wird oft zu spät erkannt; damit besteht die Gefahr der Auszehrung.

- Die sich daraus ergebende Verpflichtung der Unternehmen, die Bonität der ausstehenden Forderung sorgfältig zu überprüfen und im Interesse des dominierenden Gläubigerschutzprinzips **Ausschüttungssperren** durch **Wertkorrekturen** zu schaffen, falls sich auch nur leichte Zweifel an der Zahlungsfähigkeit der Debitoren ergeben.

Folgende Konten stehen im Dienste dieser **bilanzrechtlichen Wertkorrektur:**

Erfolgskonten	Bestandskonten
-Zuführung zur Einzel- oder Pauschalwertberichtigung	Einzelwertberichtigung
-Herabsetzung der Einzel- oder Pauschalwertberichtigung	Pauschalwertberichtigung

- Problematik der grundsätzlichen Anbindung des Umsatzsteueranspruchs des Staates an den Zeitpunkt der Lieferung (Grundsatz der Sollversteuerung des § 13 UStG) und seine Auswirkung auf die Liquidität der Unternehmung.

- Notwendigkeit der Umsatzsteuerkorrektur wegen des Rückforderungsrechtes der gezahlten Umsatzsteuer, falls die Uneinbringlichkeit nachweisbar ist. Leichte Zweifel genügen hier nicht, da die Umsatzsteuer (im Gegensatz zu den ausgezahlten Gewinnanteilen) auf jeden Fall bereits im Folgemonat zurückgezahlt wird.

- Aufzeichnungsauflagen des Umsatzsteuerrechtes in §22 UStG und §66 UStDV für Umsätze und Entgeltberichtigungen.

Folgende Konten stehen vor allem im Dienste der **umsatzsteuerlichen Entgeltkorrektur:**

Erfolgskonten
- Abschreibung auf Forderungen
- Erträge aus dem Eingang abgeschriebener Forderungen

Diese Konten können als automatische Umsatzsteuerkonten definiert werden.

Auch an diesem Lernziel zeigt es sich, daß die Grundsätze der Praxisgerechtigkeit und der didaktischen Reduktion oft zusammenfallen. Die ungemein komplizierten, in der Studierstube von fleißigen Kollegen erdachten Verfahrensweisen der derzeitigen Schulbuchführung werden für die Schüler durch die Entflechtung der bilanzrechtlichen und umsatzsteuerrechtlichen Problematik plötzlich leicht durchschaubar; die Vielzahl der Buchungen vermindern sich auch bei Kombination der Einzel- und Pauschalabschreibung im Grunde auf **drei mögliche Vorfälle:**

1. Die Abschreibung wegen Uneinbringlichkeit über die Buchung: Forderungsverluste an Umsatzsteuer und Forderungen. Ansonsten wird während des Jahres auf dem Konto Wertberichtigungen überhaupt nicht gebucht. Diese in der Schule vorkommende Buchung ist völlig praxisfremd.
2. Die Zuführung bzw. Herabsetzung zur Pauschalwertberichtigung.
3. Die Zuführung bzw. Herabsetzung zur Einzelwertberichtigung.

WERTKORREKTUR,
(nur denkbar als
vorbereitende Abschlußbuchung)

Zuführung zur Wertberichtigung
Herabsetzung der Wertberichtigung

ENTGELTKORREKTUR
(i.d.R. als
laufende Buchung)

Abschreibung wegen Uneinbringlichkeit

Diese Buchungssystematik der Aufstockung und Herabsetzung versteht der Schüler sehr schnell. Als **Nebenprodukt dieser didaktischen Reduktion** fallen folgende Ergebnisse an:

- Die Buchungen sind praxis- und gesetzesgerecht (§22 UStG).
- Die Buchungen sind EDV-gerecht.
- Der Bezug der Buchungen zu den übergeordneten gesetzlichen Grundlagen ist für den Schüler leicht auszumachen.

Im Gegensatz dazu verwirrt die ungemein komplizierte Methode, die vielfach in der Schule verwendet wird, die Schüler unnötig.

Abbildung 8:

<table>
<tr><th>Unterschiede:</th><th colspan="3">Entgeltkorrektur</th><th colspan="3">Wertkorrektur in der Bilanz</th></tr>
<tr><td>1. Zeitpunkt:</td><td colspan="3">Grundsätzlich während des Jahres, sobald die Voraussetzungen des § 17 UStG nachzuweisen sind; dies ist in der Regel durch entsprechende Belege möglich, z. B. des Gerichtsvollziehers oder Konkursverwalters.</td><td colspan="3">Grundsätzlich bei Bilanzaufstellung.</td></tr>
<tr><td>2. Wahrscheinlichkeit:</td><td colspan="3">Der Verlust muß so gut wie sicher sein, da das Finanzamt die USt sonst nicht zurückzuzahlen braucht. Individueller Nachweis erforderlich, Erfahrungswerte genügen nicht.</td><td colspan="3">Es genügen schon sehr leichte Zweifel am Eingang des vollen Nennwertes. Erfahrungswerte aus der Vergangenheit dürfen berücksichtigt werden, wenn Einzelrisiken schwer abzuschätzen sind.</td></tr>
<tr><td>3. Methode:</td><td colspan="3">Für den uneinbringlichen Teil der Forderungen kommt nur die direkte Forderungsabschreibung mit USt-Korrektur in Frage.</td><td colspan="3">Für die Wertkorrektur kommt nur die indirekte Pauschal- oder Einzelabschreibung (Wertberichtigung) vom Nettowert ohne Umsatzsteuerkorrektur in Frage.</td></tr>
<tr><td rowspan="4">4. Buchungsarbeiten:</td><td colspan="3" rowspan="2">Beim neuen Großhandelskontenrahmen fehlt im Gegensatz zum IKR zwar das Konto „Zweifelhafte Forderungen"; dieses Konto wurde aber vom AKA-Ausschuß begrüßenswerterweise zusätzlich berücksichtigt.</td><td colspan="3">Zur Anpassung der Wertberichtigung zum Bilanzstichtag an den jeweiligen Wertberichtigungsbedarf gibt es zwei denkbare Buchungen:</td></tr>
<tr><td></td><td>S</td><td>H</td></tr>
<tr><td></td><td>S</td><td>H</td><td>a) Aufstockung
Aufwend. aus der Erhöhung
Wertberichtigung</td><td>X</td><td>

X</td></tr>
<tr><td>Abschreibung
USt
Forderungen (Debitor X)</td><td>X
X</td><td>

X</td><td>b) Herabsetzung
Wertberichtigung
Erträge aus d. Herabsetzung</td><td>X</td><td>

X</td></tr>
</table>

2.3 Weitere Ansatzpunkte zur Kritik an der derzeitigen Schulbuchführung

2.3.1 Ausschließliche Verwendung des Kontos "Bankguthaben" oder "Guthaben gegenüber Kreditinstituten" als Verletzung des Grundsatzes der Praxisnähe

Im Gegensatz zu den Verhältnissen in der Praxis, wo nach meinen Erhebungen am Untermain fast ausschließlich der Ein- und Verkauf der Stoffe, Erzeugnisse und Waren über kurzfristige Kontokorrentkreditkonten oder Postgirokonten abgewickelt werden, sind alle mir bekannten Lehrbücher starr auf die Verwendung des Kontos "Bankguthaben" fixiert, obwohl dieser Erkenntnisbereich bereits durch das Postgirokonto, das ja grundsätzlich ein Guthaben ausweist, voll abgedeckt ist.

Diese Handhabung wird auch dann beibehalten, wenn das allen Lernzielen zugrunde liegende Prinzip des sinnvollen ökonomischen Handelns konterkariert wird bzw. gesetzeswidrig verfahren werden muß.

2.3.1.1 Erstes Beispiel: Wechseldiskontierung

Kein Kaufmann käme auf den Gedanken, einen Wechsel diskontieren zu lassen und den Diskont zu entrichten, um den Betrag auf ein kurzfristiges Bankguthaben zu stellen, das allenfalls 0,5 % Guthabenzinsen einbringt. Da derartige Vorfälle aber sehr oft in der Schulbuchführung zu finden sind, fragt man sich natürlich, wo der betriebswirtschaftliche Bezug bleibt.

Die derzeitige Verfahrensweise in den gängigen Lehrbüchern vermeidet jeden entscheidungsbedingten ökonomischen Ansatz und eine Interpretation des geforderten Handelns aus der Sicht der Betriebswirtschaftlehre. Sie fördert damit eine blinde, mechanistische Aktivität. Die Wechseldiskontierung wird durchgeführt werden, auch wenn dies ganz offenbar in der modellhaft vorgegebenen Situation von erheblichem Nachteil für die Unternehmung ist.

Darüber hinaus wird im Bereich der Wechseldiskontierung in vielen Lehrbüchern die unzutreffende Ansicht vermittelt, der wechseleinreichende Lieferer habe grundsätzlich das Recht, den ihm entstandenen Diskontaufwand in gleicher Höhe - ähnlich wie einen Schadenersatzanspruch - an den Kunden weiterzubelasten. Es wird völlig übersehen, daß sich das Weiterbelastungsrecht aus dem eigenständigen Vertragsverhältnis Kunde - Lieferer ergibt, und daß sich dementsprechend die Diskontierungszeiträume nur in seltenen Ausnahmefällen decken. Der Kunde muß den Diskont natürlich erst ab Fälligkeit der Rechnung tragen; das bedeutet z.B. bei dem 60-tägigen Zahlungsziel gemäß den Zahlungsbedingungen der Deutschen Textilindustrie, daß ein Textilhändler bei einem Dreimonatswechsel nur mit dem Diskont für 30 Tage belastet werden darf, während die Bank dem Kleiderfabrikanten bei sofortiger Einreichung Diskont für 90 Tage berechnet.

Die derzeitige Unterrichtspraxis bei der Wechseldiskontierung ist eher dazu geeignet, dem Schüler die Problematik zu verschleiern, statt ihm die Augen dafür zu öffnen, daß er z.B. eine vom Lieferer eingehende Diskontabrechnung auch auf die zugrunde liegenden Zinstage hin prüfen muß.

In der Regel wird vom Schüler das mechanische Nachvollziehen eines einmal vorgeführten Beispiels ohne jeden Bezug auf die effektive rechtliche Grundsituation verlangt. Man nimmt offenbar an, das "Buchungssätzenachplappern" habe einen eigenständigen Bildungswert. Dieser für aufgeweckte Schüler - wegen des Fehlens sinnvoller Entscheidungsmöglichkeiten - bedrückend langweilige Unterricht wird aber durch die Art und Weise der AkA-Prüfung zusätzlich gefördert.

2.3.1.2 Zweites Beispiel: Passivtausch

Bedient man sich im Anfangsunterricht der Bilanzmethode, so benötigt man ein Beispiel für den Passivtausch. Hierzu findet man in allen mir bekannten Lehrbüchern den gestelzten Vorfall: "Eine Liefererschuld wird in eine Darlehensschuld umgewandelt", ein sehr seltenes Ereignis, das vom Schüler eine hohe Abstraktionsleistung verlangt. Im übrigen kommt dieser Fall dann während der gesamten Ausbildung nicht mehr vor.

Leider ergibt sich im Zusammenhang mit diesem sorgfältig gepflegten Vorfall nach Verabschiedung des Bilanzrichtliniengesetzes neues Ungemach: §266 Abs. 2 HGB differenziert bekanntlich nicht mehr nach Ursprungslaufzeiten, sondern nach Gläubigergruppen. Die mir bekannten Lehrbücher übersehen, daß nun die Frage auftauchen muß, wer denn der Gläubiger dieses neuen Darlehens ist. Ist dies nach wie vor der Lieferer, was man nach der Formulierung annehmen muß, dann ist keine Umgruppierung veranlaßt, weil kurzfristige und langfristige Liefererschulden in der gleichen Bilanzposition, nämlich: 4. Verbindlichkeiten a. L. u. L., ausgewiesen werden. Denkt man aber an eine Umwandlung in ein Bankdarlehen, dann handelt es sich entweder um zwei unabhängige Geschäftsvorfälle: "Zahlung der Liefererschuld" und "Aufnahme eines Darlehens", deren Zusammenfassung in einen Vorfall logisch nicht zulässig ist, oder der Lieferer tritt der Bank die Forderung ab. Dieses müßte in der Tat zu einer Umgruppierung führen. Der Schüler muß dann aber eine, für ihn in diesem frühen Stadium kaum nachvollziehbare, juristische und faktische Situation - Zession und Eintritt in ein neues langfristiges Vertragsverhältnis - gedanklich bewältigen, was bei der unpräzisen Formulierung dieses Vorfalls wohl kaum möglich ist.

Diese ganzen Probleme handelt man sich ein, weil man das Konto "Kurzfristige Bankschulden" vermeiden will. Der einfache, überschaubare Buchungsvorfall "Eine Liefererschuld wird durch Banküberweisung getilgt", wie ihn PREISS/TRAMM einführen (vgl. S. 63), wäre sehr praxisnah und würde langweilige Duplizitäten (Zahlung aus Postgiroguthaben) vermeiden. Außerdem würde er beim Schüler wahrscheinlich Assoziationen an das eigene überzogene Gehaltskontokorrent wecken und würde gerade den Transfer verlangen (Auswirkung auf den Schuldsaldo), den man von einem zukünftigen Kaufmann wohl erwarten darf. Die komplizierte und weit hergeholte Konstruktion der "Umwandlung einer Liefererschuld" wäre dann überflüssig.

2.3.2 Hauptabschlußübersicht

Von PREISS/TRAMM wird das "Schattendasein" der Hauptabschlußübersicht in der Schulbuchführung beklagt (vgl. S. 83). Diese Beurteilung teile ich uneingeschränkt; denn die Hauptabschlußübersicht stellt meines Erachtens eine Übersicht dar, in der ganz wichtige Buchungen zum Zuge kommen. Gerade im pädagogischen Bereich verschafft die Hauptabschlußübersicht den Schülern die erforderliche Transparenz über die Auswirkungen der Abschreibungs- und Bewertungswahlrechte. Allerdings hat sich auch hier in der Schulbuchführung eine von der Praxis abweichende Handhabung eingeschlichen, die gerade diese Transparenz in höchstem Maße beeinträchtigt. Bezeichnenderweise führen die Schreibwarengeschäfte jeweils getrennte Vordrucke einerseits für die Praxis und andererseits für die Schule. Während die für die Praxis vorgesehenen Formulare mit den Spalten "Eröffnungsbilanz" und "Verkehrszahlen" beginnen, ist in den schulspezifischen Formularen die erste Spalte für die "Summenbilanz" vorgesehen. Damit stellen sich zwei weitere Fragen: Brauchen wir denn überhaupt eine eigene Betriebsübersicht für die Schule? Warum greift man nicht auch in der Schule auf die praxisübliche Betriebsübersicht zurück?

Ich glaube, es ist auch im pädagogischen Raum sehr wichtig, das Augenmerk der Schüler auf bestimmte Tatbestände zu richten, die durch die schuleigenen Betriebsübersicht im dunkeln bleiben, z.B.

- daß bei der Abschreibung zwischen Altbestand und Zugängen differenziert werden muß; denn ein Zugang im zweiten Halbjahr darf nur zur Hälfte abgeschrieben werden;

- ob die aktiven und passiven Rechnungsabgrenzungsposten aus der Eröffnungsbilanz auch wirklich aufgelöst worden sind;

- ob aus der Eröffnungsbilanz noch sonstige Verbindlichkeiten oder sonstige Forderungen mitgeschleppt werden, die vielleicht schon längst beglichen sind, aber noch ausgewiesen werden, weil der Zahlungsvorgang über die Erfolgskonten gebucht worden ist;

- daß man sich Informationen, z.B. den Pauschalwertberichtigungssatz, aus der Eröffnungsbilanz holen kann.

Die Zusammenfassung der Anfangsbestände mit den Verkehrszahlen zur Summenbilanz verhüllt für die Schüler diese wichtigen Tatbestände und führt ebenfalls zum blinden Aktionismus. Was für Erkenntnisse sollen denn gewonnen werden, wenn bei jeder Übungsaufgabe ein fester Abschreibungsbetrag angegeben wird, und sich diese Buchung in der Ausbildungszeit dreißigmal wiederholt?

2.3.3. Indirekte Abschreibung

Der indirekten Abschreibung bedienten sich schon vor 1987 nur Energieversorgungsunternehmen. Das Bilanzrichtliniengesetz verpflichtet die Kapitalgesellschaft, ein Anlagegitter zu führen, das neben anderen Informationen auch die kumulierte Abschreibung enthält. Damit wird die indirekte Abschreibung überflüssig. Unter diesen Umständen würde auch der klassische Verfechter der indirekten Abschreibung, LE COUTRE, die Wertberichtigung nicht mehr fordern. Mit Sicherheit wird dieses Abschreibungsverfahren in der Praxis aussterben, da in Zukunft auch die Energieversorgungsunternehmen das Anlagegitter führen werden.

Daher bin ich der Meinung, daß auch in den beruflichen Schulen das Anlagegitter die "indirekte Abschreibung" ersetzen sollte. Auch so manche anderen Dinge, die in der Praxis höchst selten auftreten, könnte man streichen, wie z.B. die Nachnahmeforderung, die Umsatzsteuer auf Wechsel und die Buchung des Protestwechsels. Die damit gewonnene Zeit wäre für die Stärkung einer ökonomisch orientierten Sichtweise sowie für Übungen zu nutzen.

3 Beurteilung des Versuchs des Seminars für Wirtschaftspädagogik der Georg-August-Universität Göttingen

Meine bisherigen Ausführungen haben bereits die Begründung meiner Beurteilung vorbereitet; deshalb kann ich mich hier kurz fassen. An dem Versuch, ein Konzept für den Rechnungswesenunterricht zu erarbeiten, habe ich absolut nichts zu kritisieren, sondern ich begrüße ihn nachdrücklich, zumal man sich hier ganz offenbar an den Grundsätzen orientiert, die ich als richtungsweisend ansehe:
- Praxisnähe,
- EDV-Gerechtigkeit,
- Wissenschaftsbezogenheit und
- Einbettung in die Betriebswirtschaftslehre.

Ich begrüße auf jeden Fall den Versuch sehr, weil ich zum ersten Mal erlebe, daß die Universität sich über Problembereiche Gedanken macht, die die Schule zentral betreffen. Tatsächlich haben die beruflichen Schulen, zumindest in Bayern, bisher das Gefühl gehabt, daß sie von den Universitäten sehr allein gelassen werden; denn die ersten Wünsche, die ein frischgebackener Lehramtskandidat vorbrachte, waren in der Regel: "Bitte kein Einsatz in Rechnungswesen in der Fachstufe, ich möchte mit der Grundstufe beginnen". Auch im Fach EDV war es meist so. Jetzt habe ich zum ersten Mal eine Bewerbung vorliegen, bei der EDV als Lehrprobe gewählt wurde. Bisher ist jedenfalls diesbezüglich im Rahmen der wissenschaftlichen Erstausbildung der Diplom-Handelslehrer bei uns in Bayern keine sehr große Unterstützung dagewesen, und deshalb finde ich es hervorragend, daß man sich hier an der Georg-August-Universität Göttingen mit der Didaktik des modernen Rechnungswesens befaßt. Darüber hinaus finde ich es großartig, daß man sich nicht nur Gedanken über Einsatzmöglichkeiten der EDV im Rechnungswesenunterricht macht, sondern auch Erprobungen durchgeführt und Erfahrungsberichte erstellt hat.

Nun einige Bemerkungen zu einzelnen Punkten:

- Daß innerhalb des Göttinger Programms bei der Kontierung immer zwei Konten angegeben werden müssen, kann man für die schulische Grundstufe akzeptieren; für die Fachstufe müßte aber auch eine in der Praxis übliche EDV-Kontierung (nur Angabe des Gegenkontos) eingeführt werden. Nach Aussagen von Softwarehäusern ist dieses möglich; es wird um so leichter möglich, je mehr EDV-Vorkenntnisse die Schüler aus der Sekundarstufe I mitbringen. Das wird dann auch zu völlig neuen Verzahnungen der verschiedenen Fächer mit der EDV führen.

- Es ist zu hoffen, daß der Göttinger Versuch auch auf den Unterricht der Fachstufe und auf die in Industrie und Handel angesiedelten Berufe ausgedehnt werden kann. Diesem Vorhaben wäre natürlich die Einführung eines einheitlichen Schulkontenrahmens außerordentlich dienlich, da es im Bereich der Kontenrahmen noch Defizite und rückständige Verfahrensweisen gibt, die durchforstet gehören.

- Ich sehe hier auch eine Chance, endlich den Teufelskreis zu durchbrechen, dem besonders die Länder unterliegen, die der AkA angeschlossen sind; denn gerade die Kultusministerien, die sehr viel Geld für die Lehrerfortbildung ausgeben, wie Bayern, sehen sich ständig den Protesten der Lehrkräfte ausgesetzt, wenn die AkA Anpassungen an Entwicklungen in der Praxis (z.B. verursacht durch neue Kommunikationstechniken) nicht - oder nur unter großer Verzögerung - vollzieht.

  Dabei dreht sich die Diskussion im Kreis: Die AkA argumentiert, daß sie ihre Verfahrensweise nicht ändern könne, solange sich die Lehrbücher nicht anpassen. Die Schulbuchautoren wiederum begründen ihr Festhalten an Überkommenem mit dem Beharrungsvermögen der AkA. Schließlich resigniert auch der Fortbildungwilligste.

  Dem Argument, daß durch den immensen Einfluß, den der Prüfungsmodus der Aka auf den Unterricht selbst ausübt, die Kulturhoheit der Länder weitgehend außer Kraft gesetzt sei, begegnet die AkA mit der Behauptung, daß es ja jedem Lehrer freigestellt sei, die ihm angemessen erscheinenden Verfahren im Unterricht darzustellen, auch wenn diese von den abgeprüften Buchungstechniken abweichen. Diese Aussage ist absolut praxisfremd und unhaltbar. Kein Lehrer kann es sich leisten, den Schülern andere Verfahren beizubringen, als dann abgeprüft werden. Dies wäre sehr verantwortungslos, und die meisten der Schüler würden in der Prüfung scheitern, wenn plötzlich andere Konten vorgegeben würden, als sie dies vom Unterricht her gewohnt sind.

Die Verbitterung, die Professor Achtenhagen in den bisherigen Auseinandersetzungen in den Fachzeitschriften konstatiert, hängt natürlich mit der Tatsache zusammen, daß die AkA zwar als höchste Instanz autonom Prüfungsaufgaben stellt und damit allen Lehrkräften ihre Konzeption aufzwingt, daß sie sich aber andererseits - bisher jedenfalls - keiner Fachdiskussion stellt (ausgenommen der Ausschuß Großhandel). Ich habe es deshalb sehr begrüßt, daß auch die AkA zu diesem Symposium eingeladen worden war - und zugleich bedauert, daß mit der Absage eine Diskussion nicht zustande gekommen ist.

Literaturverzeichnis

Bachmann, Ludwig/Neumann, Günter/Schneider, Wilhelm: Buchführung und Kostenrechnung im Großhandel. 7. Auflage, (Holland und Josenhans) Stuttgart 1989.

Baetge, Jörg/Fischer, Thomas R.: Zu Aussagefähigkeit der Gewinn- und Verlustrechnung nach neuem Recht. In: ZfB Ergänzungsheft 1/1987: Bilanzrichtlinien-Gesetz, (Gabler) Wiesbaden 1987, S. 175 - 201.

Frank, Dieter: Zur Ableitung der aktivierungspflichtigen "Herstellungskosten" aus der kalkulatorischen Buchhaltung. In: Der Betriebsberater (22) 1967, S. 177 - 181.

Hahn, Hans/Werner, Clemens: Buchführung und Kostenrechnung des Groß- und Außenhandels, (Gehlen) Bad Homburg vor der Höhe 1989, S. 52ff.

Hahn, Wilhelm/Tunissen, Werner/Schulz, Helmut: Wegweiser zur Bilanzsicherheit, Teil B, (Gehlen) Bad Homburg vor der Höhe 1970, S. 82.

Hermsen, Jürgen: Der neue "Kontenrahmen für den Groß- und Außenhandel". In: Winklers Flügelstift, 1988, S. 11 - 14.

Kosiol, Erich: Bilanzreform und Einheitsbilanz, (Deutscher Betriebswirte-Verlag) Berlin, Stuttgart 1949, S. 165.

Kosiol, Erich: Kalkulatorische Buchhaltung, (Gabler) Wiesbaden 1950, S. 14.

Preiß, Peter/Tramm, Tade: Wirtschaftsinstrumentelle Buchführung - Grundzüge eines Konzepts der beruflichen Grundqualifikation im Umgang mit Informationen über Mengen und Werte. (Gabler) Wiesbaden 1990, S. 44.

Schmolke, Siegfried/Deitermann, Manfred: Rechnungswesen des Groß- und Außenhandels, 5. Aufl., (Winkler's Verlag) Darmstadt 1989, S. 284.

Waltermann, Aloys: Erwiderung zum Artikel: Hat der Buchführungsunterrichtnoch einen Sinn?. In: Wirtschaft und Erziehung (40) 1988, S. 119 - 123.

Waltermann, Aloys/Speth, Hermann: Auswirkungen des Bilanzrichtlinien-Gesetzes (BiRiLiG) auf das interne Rechnungswesen (Buchführung) der Unternehmungen. In: Erziehungswissenschaft und Beruf, (34) 1986 S. 359 - 364.

Waltermann, Aloys/Speth, Herrmann: Erwiderungen zu den Ausführungen von Herrn Dr. Werner Brunner. In: Erziehungswissenschaft und Beruf, (35) 1987, S. 145 - 148.

Weller, Hans P: Neuorientierung der schulpraktischen Handhabung des Systems der doppelten Buchführung. In: Wirtschaft und Gesellschaft im Unterricht, (12) 1987, S. 176 - 182.

Wöhe: Bilanzierung und Bilanzpolitik, (Vahlen) München 1976, S. 266.

H a n s   F r i t z   G r o s s

Die Neue (pagatorische) Didaktik des Rechnungswesens

1 Vorbemerkungen

Bereits im Jahre 1948/49 - als Student und "Schulhelfer" oder schon avancierter "Hilfslehrer" an einer Berliner Wirtschafts- und Berufsschule - war ich mit den z.T. gequälten Erklärungen zur Bilanz und den daraus abgeleiteten Konten nicht zufrieden, obwohl sie mir von erfahrenen Kollegen als methodische Erfordernisse ans Herz gelegt wurden. Dazu zähle ich z.B. die folgenden Aussagen:

- Die Anfangsbestände stehen auf den Konten im Soll oder Haben, weil sie in der Bilanz entsprechend links oder rechts eingetragen worden sind (eine qualitative oder logische Begründung fehlt). Dabei ist ja die Bilanz gar nicht Teil des doppischen Systems!

- Zugänge stehen bei Aktivkonten im Soll, bei Passivkonten im Haben (die entgegengesetzte **Qualität** interessierte nicht).

- In der Bilanz erkennen wir Massegleichheit, -minderung oder auch -mehrung (Erkenntnisse ließen sich in den Anfangsstunden natürlich damit nicht gewinnen).

Die mit diesen Inhalten verbundenen Darstellungen und Übungen waren stets auf die äußere Form abgestellt. Meine Fragen und meine Suche in den einschlägigen Lehrbüchern - sofern es sie damals gab - brachten keine Alternativen.

Die ersten Vorlesungen Erich KOSIOLS an der neu gegründeten Freien Universität blieben mir, wie den meisten Kommilitonen, voller Rätsel. Aber seine Erklärung der langfristigen Rechnungsabgrenzungen und seine harte Kritik an der üblichen Schulpraxis dazu schufen mir ein Schlüsselerlebnis. Er faßte nämlich die als schwierig geltenden Vorgänge sehr einfach über den - bei ihm allerdings sehr differenzierten - Begriff der Einnahmen und Ausgaben der Perioden. Am Ende des Rechnungszeitraums könnten entweder nur Vorauszahlungen als transitorische oder - bei nicht geleisteten Einnahmen oder Ausgaben - antizipative Posten anfallen. Zu klären war einzig und allein die Frage: **Wurde schon für den nächsten bzw. wurde noch nicht für den laufenden Zeitraum gezahlt?** Die Zusammenfassung von Vorauszahlungen an oder durch den Betrieb und deren Verrechnung mit echten Forderungen oder Schulden auf einem Konto

"Abgrenzungen" erschien auch mir völlig unzweckmäßig, war aber allgemein üblich.

So kam es zu einem regen Schriftwechsel mit dem Lehrbuchverlag Winkler und später zu einem ersten Beitrag von mir für "Winklers Flügelstift" (1958).

KOSIOLS Erklärungsansatz, didaktisch etwas reduziert, kam auch bei meinen Schülern geradezu glänzend an. Mein Interesse an der Einnahmen- und Ausgabenrechnung war geboren. Es verstärkte sich erheblich, als ich folgende Fakten bedachte:

1. Etwa 50 % meiner Schülerinnen aus der Berufsfachschule gingen in die öffentliche Verwaltung und lernten nur eine **kameralistische Aufschreibung** (Einnahmen und Ausgaben) kennen, die mir von meiner Ausbildung bei der Post her gut vertraut war.

2. Nur etwa 10 % der Fachkaufleute im Foto- oder Radiohandel, die ich unterrichtete, sahen als Einzelhändler in Klein- und Mittelbetrieben eine Bilanz vielmehr vor allem Kassen- oder Wareneingangsbücher.

3. Alle berechneten ganz selbstverständlich einen "Verdienst" als Differenz der Einnahmen und Ausgaben für eine Leistung oder eine Ware - und zwar beruflich und privat.

Ich stellte von da an, also ab ca. 1951, der doppelten Buchführung eine ganz kurze Einnahmen-Ausgaben-Rechnung eines Haushalts und eines Mini-Schreibbüros oder Kommissions-Handels o.ä. in meinem Unterricht voran.

Die gewonnene Erkenntnis war an sich trivial: In der gewinnorientierten Geldwirtschaft kommt es darauf an, daß letztlich die Einnahmen möglichst viel größer als die Ausgaben sind. Im öffentlichen Haushalt sollen sich Ausgaben und Einnahmen ausgleichen. Und im Privatleben bestimmen die Einnahmen in der Regel, was ausgegeben werden darf. Alles dreht sich also um Einnahmen und Ausgaben! Das besondere Problem liegt in der Periodifizierung.

Als Doktorand bei KOSIOL erkannte ich, daß seine Pagatorik für das Rechnungswesen einen methodischen Zugang eröffnete, der in allen Bereichen prinzipiell den gleichen stringenten Erklärungsansatz bot, wenn man gewisse begriffliche Varianten einführte und den terminologischen Apparat reduzierte. Dieses hat er mir übrigens anfänglich (!) sehr verübelt. Bei der englischen Übersetzung seiner "Pagatorik", die ich durchgesehen habe, ist übrigens die Terminologie besser verständlich.

Soweit meine Vorbemerkungen. Nun zu den Vorgaben.

2 Die pagatorische Konzeption der Neuen Didaktik des Rechnungswesens

Zunächst will ich behaupten: Diese Konzeption entspricht, wie ich meine, erstmals der Forderung, die AUSUBEL/NOVAK/HANESIAN (1980, S. 15) betonen, nämlich

> "daß ein Lernstoff viel leichter zu verstehen und zu behandeln ist, wenn er auf grundlegende und erklärende Ideen bezogen (und in ihnen verankert) werden kann, die aus einer einzigen gut verständlichen theoretischen Position herrühren".

Ebenfalls zum ersten Male wird m.W. der Versuch gewagt, aus einer wissenschaftlichen Theorie schlüssig eine Methodik oder - besser - Didaktik zu entwickeln, die den Begründungszusammenhang der Pagatorik pädagogisch zu nutzen versucht, um auch didaktisch widerspruchsfrei zu bleiben. Denn es ist unstrittig, daß sich auch die Doppik als Fortentwicklung und Ergebnis einer systematischen Aufschreibung von **Einnahmen und Ausgaben** ergibt. Diese vermögen demnach auch die durchgehende theoretische Position, die AUSUBEL u.a. meinen, methodisch zu realisieren. Dabei kommt positiv zur Geltung, daß diese grundlegenden Begriffe sprachliches Allgemeingut sind und in jeder anderen Form der Aufschreibungen tragende Bedeutung besitzen, besonders im Steuersystem. Ich habe das mit Achim NETTELMANN schon 1967 in einem Buch aufgezeigt. An der Technischen Universität Berlin, der Freien Universität und der Wirtschaftsakademie Berlin haben bis 1974 ca. 3000 Betriebswirte und Wirtschaftsingenieure danach eine pagatorisch angelegte Einführung in die Buchführung durch mich erhalten. Die Zahl der Schüler in unseren Schulen liegt höher. Aber nur wenige Kollegen übernahmen die Methode fest oder vollständig. Sie paßt schlecht zum Curriculum, und ihr konnte man kein Buch zugrunde legen. Vertretungen bereiten Probleme. Doch: Ohne einen sinnvoll veränderten Zugang oder Einstieg über einen einfachen Einnahmen-Ausgaben-Vergleich des Betriebs bzw. der Person (auch in Kontenform) mit dem Ziel der elementaren Erkenntnis:

"Einnahmen der Periode minus Ausgaben der Periode = Erfolg",

wird die methodische Neuorientierung nicht voll wirksam. Sie wissen, daß mit dem Übertrag des Überschusses auf die neue Periode die Bestandsrechnung auf einfachste Art eingeführt werden kann. Sie leitet zu dem für die Bilanz gültigen Prinzip des **Bestandsvergleichs** über:

"Schlußbestand minus Anfangsbestand = Erfolg".

Damit sind im Kern nicht nur die Rechnungen der Freiberuflichen, sondern zugleich wichtige steuerliche Verfahren erfaßt.

Kreditvorgänge harren bei Nichtkaufleuten normalerweise der Fälligkeit und werden nicht, wie beim Vollkaufmann, technisch als realisiert angesehen. Bei diesem hingegen führt die Entstehung der Schuld in der Tat durch ihre Erfassung als **zukünftige** Ausgabe z.B. zu der erfolgswirksamen Buchung "Mietaufwand an Verbindlichkeit". Es gibt also für Vollkaufleute nicht nur Barausgaben, sondern auch - wie ich sie nenne - erfolgsmäßig gleichrangige (antizipative) **Kreditausgaben.**

Weitere Ansätze für das ganze System will ich im engen Zusammenhang mit der nächsten Fragestellung wenigstens grob, doch auch in größerer Nähe zu der erwünschten vergleichenden Kritik am Göttinger Modell aufzeigen.

Darum also gleich in Verbindung damit zur Frage:

3 Welche Ziele und Inhaltsbereiche deckt die Konzeption ab?

Die methodisch-didaktische Konzeption bezieht sich, wie schon angedeutet, von Anfang an auf alle von PREISS/TRAMM nach ROBINSOHN genannten Kriterien
- Wissenschaftsbezug,
- allgemeinkulturelle (und politische) Orientierung,
- spezifischer privater und beruflicher Situationsbezug.

Sie ist damit auf den privaten, den öffentlichen und den Berufsbereich anwendbar und umschließt infolgedessen alle auf S. 19 des Grundlagenpapiers aufgeführten Verwendungssituationen - und zwar aus dem methodischen Ansatz heraus.

Mein Aufsatz in Wirtschaft und Erziehung 1987/10 "Das Rechnungswesen als Teil einer allgemeinen Bildung" ist so zu verstehen. Ich sehe die pagatorische Didaktik also nicht nur mit ihrer konkreten Anwendung, sondern ganz allgemein stofflich-strukturell, instrumentell und als Erklärungsstruktur für das zielgerichtete Kalkülsystem im Sinne KOSIOLS. Jede sonstige methodische Maßnahme im Unterricht, also etwa frontal, fragend-entwickelnd o.ä. vorzugehen, hängt hingegen von vielen Variablen und Voraussetzungen ab, die hier nicht bedacht werden können.

In Einzelhandelsklassen, bei Bankklassen, in der Grundbildung, im Gymnasium oder bei Abiturienten in der Industrie sind aller Voraussicht nach jeweils andere Lernziele zu definieren und nach dem konkret gegebenen Implikationszusammenhang inhaltlich und methodisch differenziert zu realisieren. Die pagatorische Didaktik deckt in ihrer fundamentalen Methodenkonzeption den gesamten Bereich des betrieblichen Rechnungswesens ab und eröffnet - wie die Pagatorische Theorie - nicht nur einen stringenten Zugang zur Liquiditätsberechnung, Kostenanalyse, Finanzierung und allgemeinen Bewertung, sondern auch zur Kameralistik und der Rechnung in Privathaushalten. Sie folgt dabei der wissenschaftlich ermittelten Stoffstruktur.

Ein Konzept des direkten Anwendungsbezugs ergibt sich hingegen stets nur, wo die Sonderheiten der beruflichen und schulischen Praxis jeweils bekannt sind. Es existieren insoweit für das Konzept keine Fremdkörper.

Ich gestatte mir, hierzu auf meinen Beitrag zur Berufsausbildung im Einzelhandel hinzuweisen, der beispielhaft für eine ganz konkrete Umsetzung herangezogen werden kann (Gross 1981). Er bezieht die in meinem Buch erarbeitete Konzeption auf einen Spezialfall mit eigenen Voraussetzungen und Entscheidungsfeldern im Sinne von HEIMANN/OTTO/SCHULZ (vgl. GROSS 1981). Solche Varianten bedürfen stets und überall der Phantasie und Erfahrung des einzelnen Kollegen oder Schulbuchautors.

Erlauben Sie mir nun, das didaktische Gesamtmodell - allerdings sehr stark gekürzt - zu erläutern. Im Idealfall führt der Ansatz von einer schon erwähnten einfachsten Einnahmen-Ausgaben-Rechnung zur systematischen einfachen Buchführung und schließlich in die Doppik über eine Bargründung.

Nur so läßt sich auch die Problematik der sogenannten Bilanzmethode (KOSIOL 1976, S. 39; GROSS 1981, S. 29ff.) vermeiden.

Wo die Pläne den Einstieg über die Bilanz vorschreiben, kann diese - allerdings notgedrungen - wie folgt am Anfang stehen.

Vorgabe: Gründung mit 50 000 DM barem Eigenkapital.

Der Vorgang wird kontenmäßig durch die Gegenüberstellung von entsprechenden Bankguthaben und dem Eigenkapital abgebildet. Sodann führen Barkäufe und Kreditkäufe zur Ausgestaltung dieses rein methodisch zu wertenden Kontos mit Bilanzcharakter, bis es zur formgerechten Bilanz entwickelt wird. Bewertungsprobleme kann es dabei nicht geben. Aber es werden die Begriffserweiterungen für Einnahmen und Ausgaben vorgenommen und eingeübt: z.B. **Kreditzahlungen** und Einnahmen und Ausgaben bei Warendepots oder Anlagendepots als **Depotzahlungen**. Dies hilft sehr bei der Einführung von Buchungssätzen. (Die Begriffe sind mir übrigens nicht "heilig").

In der Zusammenfassung II und Übersicht III sind allerdings auch schon die Jahresabgrenzungen berücksichtigt, die natürlich den Schülern erst viel später begegnen.

Sehen wir uns zunächst die Übersicht I an. Sie weist in dem zentralen Rechteck alle Vorgänge aus, die bei jeder Methode sachlich anfallen: Aktivtausch A und Passivtausch B. Sie werden jedoch pagatorisch von den Einnahmen und Ausgaben her sofort als erfolgsunwirksam erklärt, weil die Zahlungen dafür sich gegenseitig ausgleichen (Zweiseitigkeit!). Und eben dies trifft auch bei C (Erhöhung des Vermögens auf Kredit) und bei D zu, wo die **Verringerung der Schulden als Krediteinnahme** erfaßt wird. Darin liegt ein didaktischer Schwerpunkt. Ich habe versucht, das Problem gerade kürzlich unter der Überschrift "Mehr dispositives Arbeiten im Rechnungswesenunterricht" mit Beispielen zu verdeutlichen (GROSS 1988b, S. 197ff.).

Die Darstellung der **Schulden als zukünftige Ausgaben** (Kreditausgaben) und der **Forderungen als zukünftige Einnahmen** (Krediteinnahmen) bereitet keine Schwierigkeiten und liegt zudem innerhalb der seit Jahren in der wissenschaftlichen Betriebswirtschaftslehre gebräuchlichen Terminologie; Einzahlungen sind danach Zugänge zu Bar- und Guthabenbeständen bei Kreditinstituten. Einnahmen sind Einzahlungen **plus** Zugang bei Forderungen sowie Abgang bei Verbindlichkeiten (Auszahlungen/Ausgaben entsprechend). Nur wenn und soweit es bei den Zahlungen keine Zweiseitigkeit auf Bestandskonten gibt, müssen Erfolgskonten als Gegenkonten her, wodurch das System der Doppik geschlossen wird. In der Übersicht I deuten dies die Pfeile E bis H an.

Übersicht I: Liquiditätswirksame Gesamt-Zahlungs-Ströme

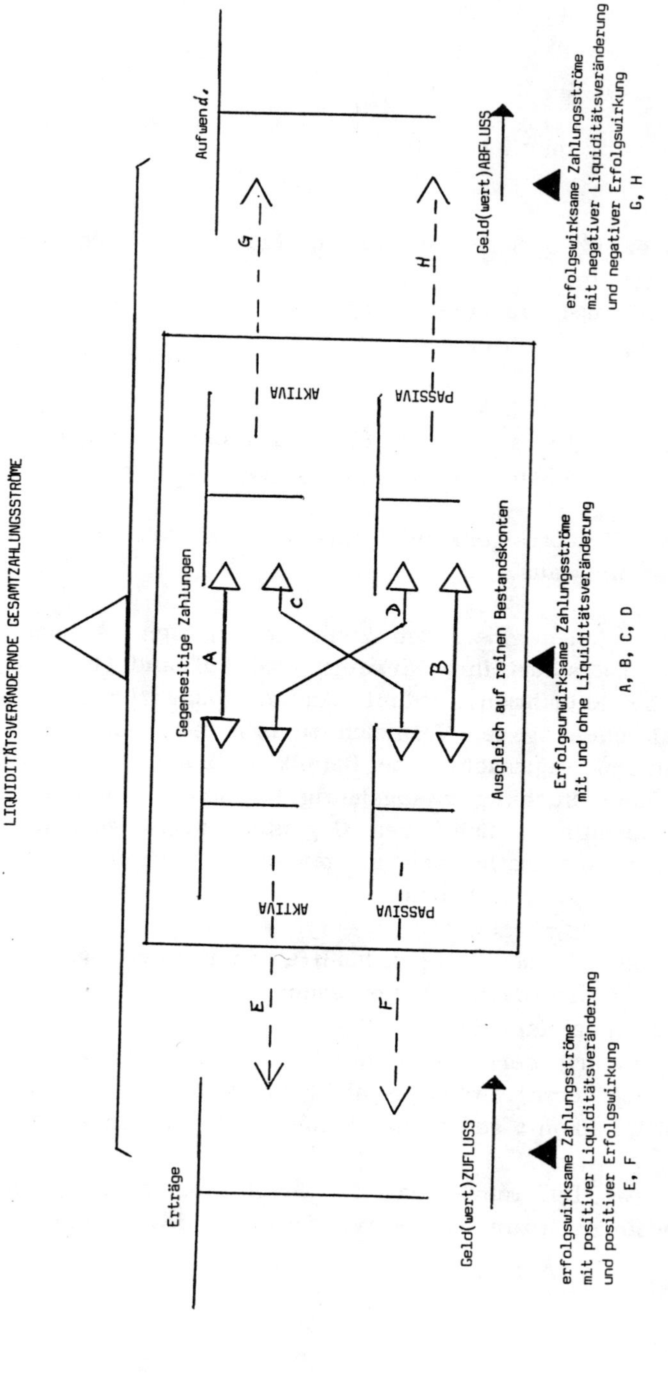

Die Übersicht II faßt dies alles sprachlich noch einmal kurz zusammen (vgl. GROSS 1981, S. 44, Zusammenfassung II, e) Systemübersicht).

Übersicht II:

e) Systemübersicht
Es zeichnet sich nunmehr deutlicher ab:

Zweiseitige Zahlungen
- erhalten in gleicher Höhe Soll- und Habenzahlungen auf Vermögens- oder Fremdkapitalkonten,
- stellen erfolgs**unwirksame** Tauschvorgänge dar,
- können die Liquiditätslage verändern.

Einseitige Zahlungen
- sind nur im Soll **oder** im Haben (als Einnahmen oder Ausgaben) der Vermögens- und Schuldenkonten zu finden,
- sind erfolgs**wirksam**,
- wirken sich somit auf das Eigenkapital (als dem für den Unternehmer ausgabenfreien Bestand) aus.

Gegenbuchungen zu solchen **einseitigen** Zahlungen müssen demnach auf einem Konto liegen, das sofort ihre **Wirkung, also Aufwand (bei Ausgaben) oder Ertrag (bei Einnahmen), erfaßt**. Anders ausgedrückt: Um den Erfolg durch Einnahmen-Ausgaben-Vergleich zu ermitteln, kann man alle gegenseitigen Zahlungen weglassen. **Eine Doppik wird dann systematisch als lückenlose zweifache Buchung zwangsläufig begründet, wenn für die erfolgswirksamen (einseitigen) Zahlungen Gegenbuchungen vorzunehmen sind.** Dies kann übrigens methodisch in gewissen Grenzen zu unterschiedlichen Zeitpunkten ... geschehen.

Nach den gebräuchlichen Formulierungen heißt also **das Buchungsschema**
- Zweiseitige Zahlungen erfordern den Kontenanruf Bestandskonto an Bestandskonto (ohne Eigen-Kapital);
- Einseitige Zahlungen erfordern den Kontenanruf Bestandskonto an Erfolgskonto (oder vice versa), wobei es nicht zweckmäßig erscheint, zunächst das Eigenkapitalkonto selbst als "Erfolgskonto" zuverwenden.

Die Vorschaltung bzw. Differenzierung der Erfolgskonten bringt somit von hier an nur noch Ergänzungen und Vertiefungen des folgenden Systems:

Übersicht III: Systemübersicht ohne Privatkonto (GROSS 1981, S. 45)

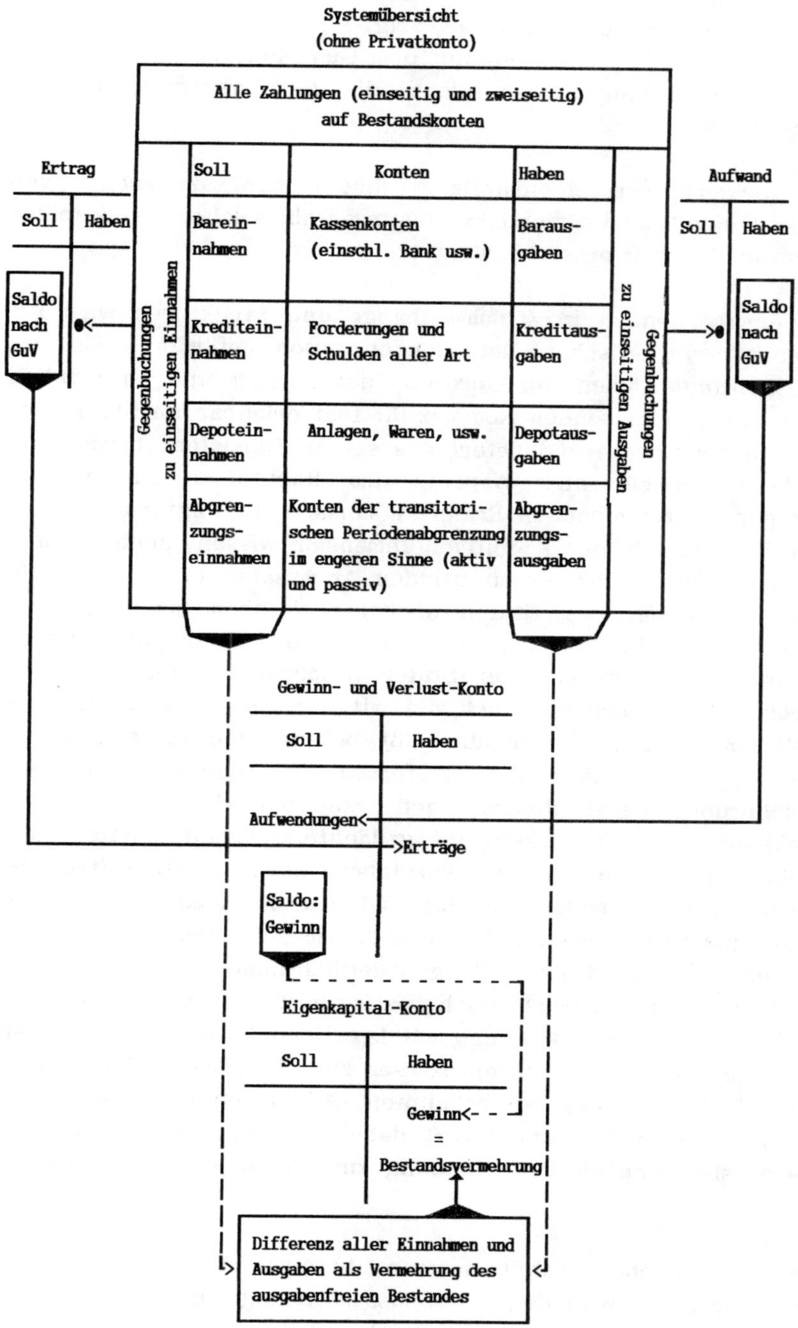

Übersicht III läßt deutlich erkennen, wie durch die Formalstrukturierung in der Doppik das Ergebnis eben "doppisch" oder zweifach errechnet wird, nämlich - wie uns die Betrachtung zeigt -

1. als Einnahmen-Ausgaben-Differenz auf dem GuV-Konto,
2. als Bestandsveränderung in der Bilanz, die das Eigenkapital mindert oder erhöht.

Ich spreche übrigens beim Eigenkapital - ohne Geltungsanspruch - von einem ausgabenfreien Passivbestand, weil nur er als solcher keine späteren Ausgaben an Dritte repräsentiert.

Die Einsicht der Lernenden in Zusammenhänge und Strukturen wird mit der elementenhaft-synthetischen Methodenkonzeption gefördert. Sie begleitet einen kontinuierlichen **Werdeprozeß**, der logisch und anschaulich das System in seiner wachsenden Komplexität fast erlebbar macht. Dieser Werde- oder Entwicklungsprozeß liefert aus seiner Konsistenz heraus für praktisch alle systemrelevanten Aspekte des Buchführungsunterrichts einen schlüssigen, durchgehenden Erklärungsansatz. Er folgt nach allem, was wir über Vorgänge in der kognitiven Dimension wissen, auch in ganz besonderem Maße den Lernprozessen bei den Adressaten (vgl. u.a. AUSUBEL 1980, S. 23). Mit den Stufen wächst nach oben bei steigender Vernetzung die Komplexität des Lernens. Sie ist Maßstab für die taxonomische Einordnung, die wir auf vier Stufen beschränken, die insgesamt den Werdeprozeß widerspiegeln. Auch die mit der Neuen Didaktik verbundene Stoffanordnung im Curriculum läßt bei der Einführung in das Fach für die Stufen der **Akquisition** (Informations- oder Reizaufnahme) und der **Speicherung**, die als **Reproduktion** erkennbar wird, einfache Inhalte und bekannte Begriffe wirken. Die gedächtnisrelevante dritte Stufe der kognitiven **Organisation**, also des **Verstehens** durch geistige Strukturierung, führt zu einer neuen Qualität, ist jedoch zunächst ebenfalls wenig komplex. Sie wird, immer auf Vorhandenem aufbauend und in der Wiederholung oder Übung damit z.T. ganzheitlich-analytisch, mehr und mehr erweitert wie auch die pagatorisch bestimmte Terminologie. Die Stufe des **Transfers**, also der **Anwendung mit kreativen Elementen**, wird bei vielen Stationen eines solchen Werdeprozesses zum doppischen System erreicht und viel mehr als sonst an bekannten, konkreten Fällen erprobt. Eine retroaktive Lernwirkung stabilisiert dabei die erforderliche Vernetzung. **Hier läßt sich eine klare Verbindung zum Göttinger Ansatz schaffen.**

Letztlich wird die einfache Darstellung nach Übersicht IV als begleitender und orientierender Einblick in den Grundzusammenhang des realen, pagatorisch gedeuteten Rechnungswesens (Finanzbuchhaltung) dienen können:

Der folgende Text, den ich Ihrer Aufmerksamkeit empfehle, faßt meinen Vortrag teilweise zusammen (vgl. GROSS 1981, S. 115/116, 7. Zusammenschau).

Übersicht IV:

Die neue Didaktik des Rechnungswesens, wie sie hier zu verstehen ist und dargestellt wurde, bringt zunächst das semantische Bezugssystem der Doppik in eine enge Beziehung zu den allgemeinen mikro- und makroökonomischen Grundtatbeständen, die mit Hilfe der Buchführung letztlich für die einzelne Unternehmung in eine besondere Zweck- oder Formalsprache gefaßt werden.

Gemeint ist damit:

In einer hochentwickelten Wirtschaft mit einer Geldrechnung heißt die Zielsetzung, auf die Gesamtzeit einer geschäftlichen Existenz bezogen, zunächst (z.B. und exemplarisch für den Handel): **Die Summe aller erzielten Einnahmen soll größer sein als die Summe aller getätigten Ausgaben.** Dies ergibt folgendes Schema:

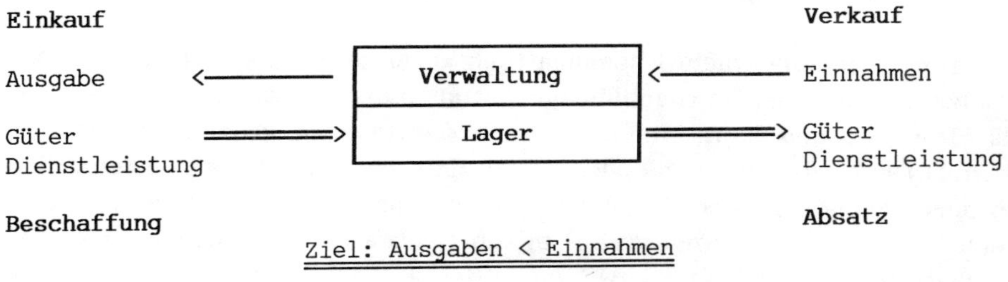

Dem Zufluß realer Güter und Dienstleistungen entspricht auf der Beschaffungsseite des Betriebes der Abfluß von nominalen Gütern als Zahlungsmittel (Ausgaben).

Der Abgabe von realen Gütern und Dienstleistungen (in der Regel) zu **höheren** Preisen entspricht auf der Absatzseite der Zufluß nominaler Werte (Geldeinahmen).

Das oft zitierte "Prinzip der Gewinnmaximierung" (gleich, wie man dazu oder auch zur **Verwendung** des Gewinns steht) strebt essentiell einen möglichst hohen Einnahmeüberschuß an.

Alle direkt oder indirekt wirtschaftlich relevanten quantitativen Abläufe oder Daten finden in der Buchführung ihren Niederschlag. Dies gilt ganz grundsätzlich, also für den Ein-Mann-Betrieb und die Großunternehmung, für den Dienstleistungs- und auch den Produktionsbetrieb; und die (kalkulatorische) Güterrechnung fließt letztlich in das pagatorische Hauptergebnis ein.

Mit dieser Überlegung bietet sich vielleicht bereits ein fachübergreifender, betriebs- und zugleich volkswirtschaftlich begründbarer Ansatz an, der vielfältig im Gesamtbereich einer umfassenden Wirtschaftslehre modifiziert und genutzt werden kann, aber eben keinesfalls zugleich deren Didaktik ausmacht.

Erst durch die Aufgliederung in Rechnungsperioden (Jahre, Quartale, Monate) gewinnen neben den baren Zahlungsvorgängen auch solche Bedeutung, die eigentlich nur zwischengeschaltet sind, um dem Zeitfaktor oder -einschnitt Rechnung zu tragen, also: Kredit- und Depot-Einnahmen bzw. -Ausgaben sowie die ganz fikiven reinen Abgrenzungszahlungen (Posten der Jahresabgrenzung) im engeren Sinne.

So ergibt sich die fachwissenschaftlich nachgewiesene Struktur eines zweckbestimmten, logisch schlüssigen und ganz spezifischen Kalkülmodells. Ihr darf und kann sich u.E. auch der Erklärungsansatz nicht entziehen. Dieser wird nämlich z.B. für sozial- oder geisteswissenschaftlich orientierte Fächer in der Regel ganz anders sein. Deshalb wäre es nicht berechtigt, das Rechnungswesen in eine umfassende Fachdidaktik der Wirtschaftswissenschaft(en) bzw. auch der Betriebswirtschaftslehre oder -kunde, der Wirtschaftslehre o.ä. ohne deutliche Sonderbehandlung einzubeziehen, sofern eine solche weitgefaßte Fachdidaktik nach anderen Kriterien vertretbar erscheinen sollte.

Die mit der wissenschaftlichen Stoff-Struktur-Analyse des **Fachs** offenbarten inhaltlichen sowie funktionalen oder instrumentellen Eigentümlichkeiten des Rechnungswesens geben den entscheidenden Aspekt seiner **Fach**didaktik ab.

Auf diesen müssen - hier nochmals elementar verkürzt - nunmehr solche Informationen bezogen werden, die im Hinblick auf **Unterricht** besonders die fach**didaktische** Konzeption beeinflussen. Es handelt sich bei jedem real geplanten Unterricht dieser Art um seine allgemeinen und besonderen Voraussetzungen personaler und sachlicher Herkunft, um seine vielfältigen weiteren Bedingungen oder Merkmale und um die bei ihm relevanten, aspekthaft zu wertenden erziehungswissenschaftlichen Theorien ebenso wie um die Kenntnisse von den Lernprozessen und ihren Strukturen.

So entsteht - wie wir hoffen dürfen - eine ausbaufähige Grundlegung zur **Fachdidaktik des Rechnungswesens**. Sie bemüht sich also mit einer speziellen Ausrichtung, Wertung und Anwendung gewisser allgemeiner Erkenntnisse aus den Erziehungswissenschaften um didaktisch-methodische Entscheidungs- und Handlungsalternativen für den Lehrer des Fachs Buchführung (Rechnungswesen o.ä.).

Das, was in seiner schillernden Vielfalt als "Didaktik" bezeichnet wird, kann also erst über seinen Bezug auf konkrete Unterrichtsinhalte oder -gegenstände in Handlung umgesetzt werden. Dieser letzte Schritt erfordert ein interdisziplinäres Vorgehen zur **angewandten** Wissenschaft, die gerade im Bereich der Pädagogik die größten Probleme zu bieten scheint. Nur mit dem ganz besonderen Bezug allgemeiner pädagogischer Ergebnisse auf den Unterricht des bestimmten Fachs lassen sich jedoch brauchbare Hilfen bereitstellen. An ihnen erweist sich somit letztlich auch, welche praktische Bedeutung wir einer allgemeinen Didaktik zuweisen dürfen; denn als Wissenschaft darf auch sie nicht Selbstzweck sein. Sie wird vielmehr daran zu messen sein, was sie uns - d.h. zugleich "den Menschen" - bei der Bewältigung und Erhöhung dieses Daseins zu geben vermag.

Ich unterstelle dahingehend Einigkeit: Das doppische System selbst als Kalkülmodell hat betriebswirtschaftlich und makroökonomisch rein **instrumentellen** Charakter. Es dient der Erfüllung unterschiedlicher Funktionen und ist dabei selbst letztlich ein wertneutrales **Mittel**, quantitative Aussagen zu gewinnen. Die Vermengung des zielorientierten, quantitativ bestimmten Kalkülsystems mit dessen abgeleiteter Interpretation ist logisch nicht haltbar und zweckfremd. Aber die Kenntnis des Systems erst ermöglicht als Voraussetzung die wirtschaftlich-funktionale Auslegung seiner Formalsprache und Zuordnungen. Solche Deutungen können und müssen allerdings oft methodisch und curricular schon mit der Präsentation und Entwicklung des Systems, aber ebenfalls schrittweise, einhergehen und so den Sinngehalt der Doppik erhellen, die ja eben selbst nicht Endzweck ist. Der Schüler soll möglichst bald wissen, wozu es dient.

Dadurch wird das **Schulfach** Rechnungswesen komplex, indem es planvoll auszuwählende didaktisch-methodische Impulse von den Bezugs- oder Ausgangsfächern Betriebswirtschaftslehre, Volkswirtschaftslehre, Recht,

Politik u.a. erhält. Diesen Vorgang fasse ich nicht als Gegenstand des Referats auf, weil er bei jedem Methodenkonzept gültig bleibt. Solche Gedanken mögen allerdings später in die ausdrücklich erbetene Kritik hier und da einfließen. Sie weisen auf zwei Phasen hin:

I. Die Systemerarbeitung, in der betriebswirtschaftliche Inhalte instrumentell bleiben.

II. Die Verwendung des Rechnungswesen als Entscheidungs- oder Kontroll- und Planungsgrundlage für wirtschaftliche Probleme, in der es selbst instrumentell ist.

Mit Hilfe der folgenden didaktisch-methodisch orientierten Übersicht zum Einführungsunterricht möchte ich meine Gedanken zusammenfassen und schulbezogen konkretisieren.

Übersicht V

Stoff-Strukturimmanente Unterweisungssequenzen nach der Neuen Didaktik des Rechnungswesens (pagatorische Didaktik) von GROSS

Systematische Einführung ohne Erfolgskonten

I Barzahlung i.e.S. (Geld)

1. Ohne Bestandsbildung:
   Aufschreibung periodengleicher Einnahmen (lks.) und Ausgaben (r.) (Kassenkonto);

Erkenntnis:
- a) Einnahmen minus Ausgaben = Erfolg;
- *b) Trennung von Geschäfts- und Privatbereich;
- c) der Erfolg ist zugleich Kontensaldo.

2. Mit Bestandsbildung

Erkenntnis:
- d) wie bei 1 **plus**
- e) Schlußbestand (SB) minus Anfangsbestand (AB) = Erfolg;
- *f) Kontinuität über Perioden (SB ---> AB neue Periode);

---

* Bezeichnet didaktische Schwerpunkte.

II Barzahlung i.w.S.

Einnahmen und Ausgaben sowie Bestände erscheinen auch auf Bankkonten (ohne Überziehung).

Erkenntnis: neben der unter I:

a) sofortige Verfügbarkeit des Geldes als Kriterium für Barzahlungen;
b) rechnungsmäßig sind Kassenvorgänge und solche auf Bankkonten gleich zu behandeln;
c) die Summe aller Einnahmen minus Summe aller Ausgaben = Erfolg;
d) Summe aller SB minus Summe aller AB = Erfolg.

III Kreditgeld i.e.S.

Wie I und II, jedoch mit der Überziehung eines Bankkontos.

Erkenntnis:

a) die Verbindlichkeit (Schuld) begründet eine Ausgabe;
b) Verbindlichkeiten führen zu zukünftigen Barausgaben ---> Fälligkeit ---> Tilgung durch Geldausgabe;
*c) der Saldo auf dem Schuldenkonto steht auf der Einnahmenseite: denn ---> Ausgabe > Einnahme!!
d) Keine Änderung der Einnahmen-Ausgaben-Rechnung bei der Erfolgsermittlung;
*e) von der Differenz der Bestände nach II d müssen die zukünftigen Ausgaben (Schulden) abgezogen werden:
(Summe aller SB minus Schulden (SB)),
- (Summe aller AB minus Schulden (AB)),
Erfolg (Eigenkapital oder Nettovermögen vorbereitet).

Denn: über die Verbindlichkeiten hat sich der Unternehmer bereits auf Ausgaben festgelegt. Er kann nicht mehr anderweitig darüber verfügen!

IV Kreditgeld i.w.S.

1. Einführung von Forderungen und Verbindlichkeiten a.W.L. mit Vergleich:
Barzahlung (Barverkauf) ---> Soforteinnahme von Bargeld;
Kreditzahlung (Zielverkauf) ---> Zukunftseinnahme von Bargeld;

Erkenntnis:

a) Bar- und Kreditzahlungen unterscheiden sich hinsichtlich des ZEITPUNKTES, zu dem der Zu- oder Abgang von Währungsgeld erfolgt;

* Bezeichnet didaktische Schwerpunkte.

b) Zukunftszahlungen werden erfolgsmäßig mit ihrer Entstehung (Buchung) als wirksam angesehen;

*c) Zusammenfassend: Auf allen Kreditkonten (Forderungen, Verbindlichkeiten, Bankkredit usw.) werden im SOLL EINNAHMEN und im HABEN AUSGABEN erfaßt;

*d) Für alle Zahlungsvorgänge gilt wesensmäßig:
Einnahmen (+) erhöhen das Eigenkapital,
Ausgaben (-) mindern das Eigenkapital.

***2. Tilgungsvorgänge**

Auswahl der Beispiele methodisch sehr wichtig!
Etwa: Nachlaß für einen Kunden nach Zielverkauf.
Erkenntnis:
Die Minderung zukünftiger Einnahmen hat Ausgabencharakter!

Oder:
Nachlaß eines Lieferanten nach Zielkauf.
Erkenntnis:
Die Minderung zukünftiger Ausgaben hat Einnahmencharakter!

V Depots (Realgüter)

Das Geld (Nominalgüter) wird über bare oder Kreditausgaben z.T. in realen Gütern (Sachwerten) angelegt. Diese bilden wertmäßig Depots in Höhe ihres Anschaffungswerts (= Gegenwert der Geldausgabe).
Erkenntnis:

a) Bei Sachwerten (Realgütern) dürfen wir von Depoteinnahmen und von Depotausgaben sprechen.

*b) Bei der Erfolgs- und Bestandsermittlung werden diese wie alle anderen Konten mit einer stets größeren Einnahmenseite (= Aktiva, Vermögenskonten) behandelt.

Schlußbemerkungen zu den Beständen:

1. Nur Verbindlichkeiten oder Schulden haben höhere Ausgabenseiten (Zukunftsaufgaben) und bilden deshalb entsprechende (Haben-)Salden.
2. Der rechnerisch verselbständigte Betrieb schuldet den Wert seines Vermögens **entweder Fremden** (Verbindlichkeiten, Schulden, Fremdkapital) **oder dem/n Unternehmer/n** (Eigenkapital, Nettovermögen).

* Bezeichnet didaktische Schwerpunkte.

3. Der Wert aller vom Betrieb vereinnahmten Nominal- und Realgüter bildet das Betriebsvermögen. Es ist so groß wie die Summe der Schulden des Betriebs an den Unternehmer (Eigenkapital) und an Dritte (Fremdkapital).

VI Erfolgskonten

Die Erfolgskonten lassen sich nach II oder nach jedem weiteren Schritt, am besten in Verbindung mit dem Kontenanruf, einführen.

Erkenntnis:

a) Formal: Wo nur die Einnahmenseite eines Vermögens- oder Schuldenkontos berührt wird, kann die damit verbundene Erhöhung des Eigenkapitals (positive Auswirkung: +) sofort auf einem Gegenkonto erfaßt werden: "Einnahmekonto an Ertrag (oder Erfolgskonto)". Bei einseitigen Ausgaben hingegen bewirkt der Vorgang entsprechend die Buchung: "Aufwandskonto (Erfolgskonto) an Ausgabenkonto".
b) Qualitativ: Man kann alle Differenzen zwischen Einnahmen und Ausgaben sofort auf besonderen Erfolgskonten erfassen. Die Summe dieser Einzeldifferenzen muß gleich dem Ergebnis durch Bestandsvergleich sein (Konten und -anruf wie bei a).
c) In der Doppik wird der ERFOLG als GEWINN oder VERLUST auf zwei Arten ermittelt, nämlich mit Hilfe der Bestandskonten über einen Vergleich von Schluß- und Anfangsbeständen **und** durch die Ermittlung der Gesamtdifferenz zwischen Einnahmen und Ausgaben (vgl. GROSS 1981, S. 44).
d) Alle Aufwendungen müssen allen Erträgen eines Zeitraums auf einem Erfolgskonto (Gewinn-und-Verlust-Konto) gegenübergestellt werden, um den Erfolg der Periode (Gewinn oder Verlust) zu ermitteln.
e) Die doppelte Buchführung (System der Doppik) enthält somit eine BESTANDSRECHNUNG AUF VERMÖGENS- und KAPITALKONTEN sowie eine ERFOLGSRECHNUNG MITTELS AUFWANDS- und ERTRAGSKONTEN.

Die Zusammenhänge werden absolut falsch gedeutet, wenn die Erfolgskonten als "Abfallprodukt" oder "Nebensache" der pagatorischen Didaktik erscheinen. Im Gegenteil: Für die pagatorische Didaktik ist der Erfolg stets von zentraler Bedeutung. Er existiert auch ohne Erfolgskonten. Doch diese **konstituieren erst das System der Doppik und seine logischen Bezüge!**

4 Beurteilung des Göttinger Versuchs vom pagatorischen Ansatz her

Sie haben ganz nachdrücklich vor allem um Kritik gebeten. Sie ist von meiner hier vorgetragenen Konzeption her unvermeidbar recht umfassend.

Anmerkung zum Papier PREISS/TRAMM
Nach meinen - notwendigerweise voreingenommenen - Vorstellungen und dem Projekteinstieg über einen Kassenbericht erwartete ich eine starke Annäherung in Richtung auf meine Konzeption. Kognitives Handeln, wie PREISS/TRAMM es ausdrücklich in seiner Besonderheit erklären (S. 38), scheint mir zumindest in weiten Teilen der Orientierung an den Bewegungen, d.h. an den Zahlungen, zu bedürfen. Diese Hoffnung schwand bereits, als die Bilanzmethode und eine Belegbindung als tragend bezeichnet wurden. Kognitives Handeln aber kann m.E. nicht angelegt werden, ohne eine zunehmende Vergrößerung der Komplexität Schritt für Schritt etwa am Beispiel eines sich kontinuierlich entwickelnden Betriebs, wie es ja der Versuch eigentlich anstreben möchte. Doch er präferiert einen insgesamt eher situativen, ganzheitlich-analytischen Einstieg.

Das aufrichtige und offenbare Bedürfnis, die Göttinger Entwicklungsarbeit mit den handlungsleitenden subjektiven Theorien der Praktiker zu verbinden (S. 13), macht wohl einen so geschlossenen Erklärungsansatz unmöglich, wie ich ihn, begründet über AUSUBEL, bevorzuge und als strukturgebend für das Rechnungswesen erachte.

Aber: Der Göttinger Versuch ist in seiner gedanklichen Grundlegung m.E. doch vorzüglich geeignet, festgefahrene und tradierte Verfahren an die neueren Entwicklungen anzupassen. In anderen Wirtschaftsfächern ist er jedoch sicher eher umzusetzen, besonders da sich das handlungstheoretische Lernkonzept, eigentlich entgegen der Definition des kognitiven Handelns, aufgrund seiner konkreten Beispiele eher als ein an ganzheitlichen Situationen orientiertes "Learning by doing" zu begreifen scheint. Das Rechnungswesen ist nämlich, wie ich eingehend begründen durfte, fast ausschließlich kognitiv orientiert. Kognitive Abläufe lassen sich aber allenfalls verbal oder durch abstrakte Zeichen (Formeln, Konten, Zahlenreihen usw.) und durch Symbolhandlungen verhaltensmäßig darstellen. Dieses engt jedes Kommunikationssystem, auch die Didaktik oder Methodik, ein. Damit wird die Handlung selbst im handlungsorientierten Konzept letztlich nur eine instrumentelle Hilfe, um kognitive Produkte in der Darstellung zu reduzieren oder zu veranschaulichen. Die Reduktion und Veranschaulichung kognitiver Vorgänge liegen jedoch m.E. eben nicht in Handlungen im weitesten Sinne, sondern in einer verringerten mentalen Komplexität und einer kleineren Informationsmenge, die den vorhandenen Lernstrukturen in den Schülerköpfen entsprechen. Der handlungs- und situationsbezogene Ansatz folgt offenbar zumindest im Kern einem analytischen, allenfalls ganzheitlich-analytischen Methodenkonzept für jeden Einzelfall. Dieses mag aufgrund seines Situationsbezugs notwendig sein. Bei zielorientierten Kalkülsystemen erfolgt lernpsychologisch nach meiner Kenntnis die Bildung der Strukturen jedoch besser zunächst über die Aufnahme von Einzelinformationen mit deren Einbindung in neue Assoziationssysteme und erst später, vor allem übend und problembezogen bzw. retroaktiv, durch die Ausgestaltung und Festigung bestehender Strukturen auch in adäquaten Übungssituationen. Es wäre demnach zuerst zu fragen, ob die eigentümliche Stoffstruktur des Rechnungswesens den vorgelegten Göttinger Zugang erlaubt oder vielmehr elementenhaft-synthetische Gesamtkonzepte erfordert, denen handlungsbezogene Übungen zuzuordnen sind.

Der gewählte Ansatz führt m.E. zu einem eher eklektizistischen Vorgehen. Er erzwingt insofern an gewisssen Stellen methodische Brüche oder auch die Entfernung von dem, was ich Wesenhaftigkeit der Unterrichtsobjekte nennen möchte. Doch darauf komme ich noch.

Vor allem muß sorgfältig geprüft werden, ob die im Projekt stark betonte Bestandsrechnung nicht nur, wie mir scheint, bereits beim Kassenbericht unterschätzt wird, sondern auch insgesamt den seit SCHMALENBACH umstrittenen Charakter der dynamischen **Erfolgs**bilanz vernachlässigt. Die zugleich geforderte "Fähigkeit zum Systemdenken" nach ULRICH (S. 26) ist damit nicht zu erzielen, weil die Bilanz kein System der Beziehungen von Beständen darstellt. Erst im Zeitvergleich (dynamisch) kann sie Entwicklungen wenigstens ableitbar machen. Ist es aber bei systemtheoretischer Sicht nicht ungewöhnlich, Elemente als Summe zu betrachten statt deren **Beziehungen** zueinander innerhalb eines Ganzen? Die Beziehungen sind es also, die bei Systemen vor allem interessieren. Dies gilt bei Formalsystemen, biologischen, technischen und sozialen Systemen gleichermaßen. Man muß also fragen: Wird dieses auch hier so verstanden? Ich vermag das nicht zu erkennen.

Die für den Einstieg maßgebliche Bestandsrechnung des Versuchs bemüht sich explizit um den Kontakt zur gängigen Schulpraxis. Dadurch kann er allerdings m.E. nur schwer der Aussage genügen, durch die Hervorhebung einer kommunikativen Dimension die Unternehmung als informationsverarbeitendes System darzustellen, wie das ULRICH vorschlägt (S. 27f.).

Es ist mir also nicht gelungen, die nach ULRICH so zutreffend von PREISS/TRAMM entwickelte systemtheoretische Konzeption in dem vorgelegten Versuch als realisiert oder realisierbar zu erkennen. Dies mag wieder an meinen pagatorisch geprägten Vorurteilen liegen, die ich nicht leugnen will. Die zutreffende Feststellung (S. 30), man müsse den Schülern durch die Systematik "aus den Zahlen des Rechnungswesens wieder eine lebendige Vorstellung von den zugrundeliegenden Prozessen" verschaffen, kann m.E. nicht umgesetzt werden, solange die Bestände als Elemente der kognitiven Strukturen hervorgehoben werden. Sie sind zwar auch da, aber nicht prozeßkonstitutiv, sondern als ein Nebenergebnis. Der Begriff des Prozesses impliziert Bewegung. Eben sie wird aber durch reale Güter- und nominale Geld**ströme dynamisch**, nicht hingegen durch Bestandsmengen zum Zeitpunkt X statisch dargestellt.

Handeln ist, und das bleibt mit dem Projekt wohl durchaus noch konform, zählen, zahlen, verrechnen, kausal denken, erfassen, zusammenstellen usw. Die Transformation realer Wirtschaftsvorgänge in nominale Geldwertrechnungen und vice versa bedingt doch zugleich, da pflichte ich den Projektautoren bei, die begleitende Erläuterung des Wirtschaftsgeschehens, das sie hervorruft. Aber so wie das Rechnungswesen betriebswirtschaftlich-ökonomisch nur instrumentell existiert, so haben die Illustrationen, Belege, Geschäftsvorfälle usw. zunächst beim Einstieg in die Buchführung eben selbst nur eine instrumentelle, methodisch akzentuierte Bedeutung. Sie stellen die notwendige Verbindung zur Betriebswirtschaftskunde in einem enorm reduzierten Maße her, und zwar nur so lange, bis die Beherrschung des Mediums Rechnungswesen es erlaubt, sich wiederum seiner instrumentell bei ökonomischen, steuerlichen o.a. Zwecken zu bedienen. Die Verbindung der Fächer darf nicht ihre didaktisch-methodisch anders gelagerte Eigenständigkeit verdecken und damit methodische Fehler erzeugen.

Von den Zahlungen her wird die zunehmende Komplexität des systematisch-einfachen und dann doppischen Systems über die Geschäftsvorfälle mit entsprechenden, also kognitiv möglichst isomorphen komplexen Situationen einhergehen. In diesen kann dann mittels Teilanwendungen des mathematischen Kalkülsystems durchaus realitätsgemäß übend **gehandelt** werden. **Eigentlich nur darin erkenne ich die tatsächliche Handlungsorientierung.**

Ich will die theoretische Überlegung durch eine einfache Einstiegsphase in das Rechnungswesen erhellen, wie ich sie oft verwendet habe und wie sie wohl auch zugleich ganz im Sinne des Göttinger Versuchs erscheint.

> Werner hat für eine Klassenfahrt die Beiträge von je 20,- DM bei 18 Mitschülern - ihn eingeschlossen - eingesammelt und davon vereinbarungsgemäß 6 Wanderkarten zu je 4,50 DM und eine Sammelfahrkarte für den Bus für 95,- DM besorgt. Seine eigenen Auslagen für Tele-

fon und eine Straßenbahnfahrt von insgesamt 3,60 DM darf er einbehalten.

Bitte rechnen Sie den Rest mit dem Lehrer ab. Versuchen Sie, dieses schriftlich so übersichtlich wie möglich zu machen.

In vier erkennbaren Varianten erledigten die Sechzehnjährigen ihre Aufgaben. In allen Fällen jedoch ergab sich das strukturimmanente Grobgitter:

Einnahmen (18 x 20,--) 360,--	Ausgaben	
	6 x 4,50 =	27,--
	Bus	95,--
	Bahn	3,60
		125,60

Einnahmen	360,--
Ausgaben	125,60
	234,40

Nur durch Erfassung aller Einnahmen und Ausgaben läßt sich der Sollbestand errechnen. Darüber gibt es keinen Zweifel. Doch der hier einmal (!) notwendige Vergleich mit dem Ist kann nicht strukturrelevant für den Unterricht oder das System werden, wie es streckenweise das Projekt praktiziert. Dies sind und bleiben vielmehr von Anfang an die Zahlungen. An ihnen orientiert sich selbst hier konkret das Handeln in einer ganz einfachen Problemlösung.

Ich darf an die von KOSIOL bewußt vorangestellte Bewegungsbilanz erinnern, die in nuce in meinem kleinen Beispiel enthalten ist (vgl. KOSIOL 1976).

Ich nehme an, daß der Begriff der Wertströme, wie er in dem Grundlagenpapier verwendet wird (S. 31), letztlich den gleichen Sachverhalt meint, nämlich daß Güterströme durch die von erweiterten Ausgaben und Einnahmen begründeten Nominalbewegungen erfaßt werden.

Die theoretischen Aussagen der Verfasser zu den verschiedenen Beziehungen der Zeichen und Superzeichen innerhalb des doppischen Systems treffen wohl den Nagel auf den Kopf. Sie lassen sich aber für mich noch nicht auf das praktische Vorgehen des Versuchs sinnvoll übertragen. Der Begriff der Systemtheorie wird von PREISS/TRAMM besonders unter kybernetischem Aspekt auf einen didaktisch-methodischen **Prozeß** bezogen. M.E. ist aber der praktische Versuch, die Konsistenz der Informationsströme und die Bedeutung der für die Kybernetik wichtigen Größen und deren Definition usw. zu klären, noch nicht gelungen. Damit erst ergäbe sich eine wichtige Kontrolle für die Schlüssigkeit des Ansatzes. Da Lernhandeln für das Rechnungswesen, wie PREISS/TRAMM sagen, im wesentlichen (S. 32) kognitive, gedankliche Aktivität ist, bleibt zu fragen: Woran und wie wird diese erkannt, gemessen oder aktiviert? Eine Operationalisierung läßt sich bekanntlich allenfalls auf der Ebene des reinen Wissens, also der Reproduktion, gut erreichen. Erklärende verbale Äußerungen der Schüler gehören doch deshalb in der Lernkontrolle zu allen komplexeren Verstehensbereichen. Ich sehe darin durchaus ein "Sprachhandeln".

Genauere Überlegungen sollten ferner prüfen, ob die Belege als reine Informations- und Datenträger die notwendigen Impulse für den Schüler nicht sogar komplexer machen als die Nennung und Erläuterung des sog. Geschäftsfalles. Sucht der Schüler nicht eben diesen letztlich aus dem Beleg in einem analytischen Denkprozeß heraus, ohne damit für das Kalkülsystem selbst größeres Verständnis zu erlangen? Hinter dem Papierbeleg (der viele, viele Formen hat) steht ja nur, was eigentlich passiert ist.

Nach meinem Verständnis sind die, wie ich wirklich meine, hervorragenden Gedanken des Ansatzes in seiner Realisierung zum großen Teil untergegangen. Vom Kassenbericht aus entwickelt sich nach meinem Empfinden mit dem Sprung zur Inventur letztlich immer mehr eine Soll-Ist-Rechnung als Vergleich von Buch- und Inventurwerten. Übrigens: Jede "körperliche Inventur" simuliert im Schulbetrieb am Modell eine unbekannte Wirklichkeit. Ich zweifle, ob es bei dem Alter der Schüler einer so einfachen Anschaulichkeit bedarf.

Weiterhin finde ich: Die Einführung schafft sich für die einfachen Kreditvorgänge selbst große Schwierigkeiten, weil sie die simple Tatsache der zeitlich in die Zukunft gelegten realen Zahlungen unerwähnt läßt.

Die mediale Bindung an einen besonderen mit Waren ausgestatteten Raum in der Schule schafft unnötige Probleme. Anschaulichkeit oder Praxishandeln, Sortiment, Aktualität, Preisfeststellung, Verwaltung und Raumbedarf seien einfach als Denkanstöße dazu eingegebracht. Es geht zudem um eine Grundbildung für alle Branchen und Betriebsarten einschließlich z.B. der Banken, Versicherungen, Transportunternehmen und Verwaltungen. Die verbale begriffliche Nennung geeigneter Waren schafft sowieso aus der Vorstellung bei den Schülern inhaltliche und repräsentative Abbildungen, ohne zu viel Zeit zu beanspruchen. Der Handel mit Schulmöbeln z.B. würde im - m. E. nicht gegebenen - Notfall bei einer körperlichen Inventur solche Veranschaulichungsfragen immer lösen. Nach der vorgetragenen Definition soll ja aber Handeln gar nicht "corporeal", sondern kognitiv-aktiv verstanden werden. Dieses ist ein Widerspruch. Auch er muß wohl noch geklärt werden.

In einigen Fällen, so beim Anlagevermögen und den Forderungen und Verbindlichkeiten, erscheint mir der Erklärungsvorgang nicht als **kognitiv** anschaulich, also nicht als strukturgerecht. Die Ermittlung des Reinvermögens (S. 67) geht, wie ich zu zeigen versuchte, mit pagatorischen Mitteln einfacher. Zu bedenken ist, daß die meisten von uns sehr vertraute, gewohnte Methoden und Begriffe zunächst normalerweise höher als das Neue und Fremde schätzen. Nach FREUD müßte man letzteres sogar verdrängen wollen, wenn nicht der Wille zur Prüfung und vielleicht sogar zur Einsicht stärker ist; über den Willen hat aber FREUD weniger nachgedacht.

Die Herren Kollegen PREISS und TRAMM mögen aber vor allem überlegen, ob man nicht über einen sehr wenig strukturierten kleineren Betrieb - ich habe das im Extrem gezeigt - besser einzusteigen vermöchte. Anderenfalls kommt man in das Dilemma, zu viele Informationen in zu kurzer Zeit und nicht vollständig geben zu müssen. So kann auch die Schwierigkeit des Warenabschlusses durch einen Werde- oder Entstehungsprozeß bei einem konkreten kleinen Händler mit wenigen Artikeln äußerst hilfreich reduziert werden. Alle werden verstehen, daß ich bei einem Fahrrad, für das ich als Unternehmer 200,-- DM frei Laden ausgeben mußte, brutto 180,-- DM verdiene, sofern ich durch seinen Verkauf 380,-- einnehme.

Wieder sind es die Einnahmen und Ausgaben und deren Differenz!

Ich hoffe abschließend, mit dieser vorsätzlich geradezu harschen, doch mir einfach unerläßlichen - und ja auch herausgeforderten - Kritik das Wohlwollen der wahrlich geschätzten Göttinger Projektleiter nicht zu weitgehend verloren zu haben. Nichts war und ist für mich dabei wesentlicher als die Hoffnung, damit Anregungen einzubringen und einer Sache zu dienen, die mir so lange schon am Herzen liegt.

Literaturverzeichnis

Ausubel, David P./Novak, Joseph D./Hanesian, Helen: Psychologie des Unterrichts, Band 1, 2. Aufl., (Beltz) Weinheim und Basel 1980.

Gross, Hans Fritz: Verwirrung um die Rechnungsabgrenzung. In: Winklers Flügelstift, Juni 1958.

Gross, Hans Fritz/Nettelmann, Achim: Buchführung. Einführung in die Finanzbuchhaltung auf der Grundlage von Einnahmen und Ausgaben. (Gabler) Wiesbaden 1967.

Gross, Hans Fritz: Neue Didaktik des Rechnungswesens, 2. Aufl., (Merkur) Rinteln 1981.

Gross, Hans Fritz: Das Rechnungswesen als Teil einer allgemeinen Bildung. In: Wirtschaft und Erziehung, (39) 1987, S. 330 - 333.

Gross, Hans Fritz: Problemfach "Rechnungswesen" - Didaktische Überlegungen zur Überwindung einer Bildungsbarriere für Auszubildende in Verkaufsberufen. In: Kutscher, Günter/Schanz, Heinrich (Hrsg.): Berufsausbildung im Einzelhandel. Beiträge zur Neuordnung und Kritik, (Holland und Josenhans) Stuttgart 1988a, S. 135 - 162.

Gross, Hans Fritz: Mehr dispositives Arbeiten im RechnungswesenUnterricht. In: Wirtschaft und Erziehung (40) 1988b, S. 197 - 198.

Kosiol, Erich: Pagatorische Bilanz. Die Bewegungsbilanz als Grundlage einer integrativ verbundenen Erfolgs-, Bestands- und Finanzrechnung, (Duncker & Humblot) Berlin 1976.

Weber, Helmut Kurt: Betriebswirtschaftliches Rechnungswesen, (Vahlen) München 1978.

Harald Wedell

Einige Aspekte zur Grundlagenausbildung im "Betriebswirtschaftlichen Rechnungswesen" an wissenschaftlichen Hochschulen unter Berücksichtigung der Situation von Studienanfängern mit abgeschlossener kaufmännischer Berufsausbildung

1 Vorbemerkungen zum persönlichen Erfahrungshintergrund

Aus der Art, wie das Einladungsschreiben zu diesem Symposium abgefaßt wurde, war zu schließen, daß es sich hier gleichsam um einen geistigen Schlagabtausch handeln sollte, bei dem Zurückhaltung nicht angesagt wäre. Im Mittelpunkt der Auseinandersetzung sollen unterschiedliche Unterrichtskonzeptionen zum "Rechnungswesen" stehen. Nach dem bisherigen Verlauf der Veranstaltung ist dieser Wunsch in Erfüllung gegangen, wozu Teilnehmer und Referenten gleichermaßen beigetragen haben, indem sie ihre Beiträge in wohltuender Offenheit formulierten.

Um in bezug auf den "geistigen Schlagabtausch" weiterhin in der Sprache des Sports zu bleiben, müßte ich mich für diesen Wettkampf erst einmal qualifizieren. Auf den ersten Blick dürfte ich keine Startberechtigung verdienen, denn es fehlt mir jegliche Erfahrung im berufsbildenden kaufmännischen Schulwesen. Es sei deutlich betont: Ich habe bislang keinen Unterricht in "Rechnungswesen" an einer kaufmännischen Berufsschule abgehalten. Deshalb werde ich mich auch zurückhalten, wenn es um spezifische Probleme in diesem dualen Ausbildungssystem geht.

An **anderen** Stellen habe ich Erfahrungen im Bereich der "Didaktik des Rechnungswesens" sammeln können. Sie betreffen zunächst den Bereich der beruflichen Weiterbildung. So habe ich als Dozent und Fachprüfer für Betriebswirtschaftslehre und Rechnungswesen in Ausbildungsprogrammen zum "Praktischen Betriebswirt" und "Bilanzbuchhalter" sowie im "Fachwirte"-Programm mitgewirkt. Die Teilnehmer an diesen Maßnahmen hatten fast ausnahmslos eine kaufmännische Berufsausbildung vorzuweisen. Damit besteht die erste Verbindung zum hier zu diskutierenden Problemkreis in der Anknüpfung an Ausbildungsergebnisse des berufsbildenden Schulwesens.

Auch in meinem hauptberuflichen Tätigkeitsbereich steht das "Rechnungswesen" im Mittelpunkt. Im wirtschaftswissenschaftlichen Grundstudium an der Georg-August-Universität Göttingen vertrete ich gegenwärtig als Dozent und Prüfer die Gebiete "Buchführung und Jahresabschluß" sowie "Kosten- und Leistungsrechnung".

Für die selbständige Lehrtätigkeit an wissenschaftlichen Hochschulen wurde ein eigenes Lehrkonzept entwickelt, das ich hier in seinen Grundzügen später vorstellen möchte. Der materielle Kern des Programms ist in einem Lehrbuch niedergelegt (WEDELL 1988). Dieses Buch war in den ersten beiden Auflagen nur als Ersatz für eine Vorlesungsmitschrift gedacht. Ab der dritten Auflage ist es als eigenständiges Lehr- und Übungsbuch einsetzbar.

Eigene Erfahrungen mit dem Ausbildungskonzept konnten an den Universitäten Göttingen und Frankfurt gesammelt werden. Um Größenordnungen zu verdeutlichen, sei angeführt, daß im laufenden Sommersemester 1989 von mir eine Veranstaltung zur "Kosten- und Leistungsrechnung" mit über 1000 Teilnehmern durchgeführt wird. Die Übungsanteile zu diesem Programm werden von 13 wissenschaftlichen Hilfskräften (in 26 Parallelgruppen) bearbeitet.

Die erwünschte Stellungnahme zu dem "Reformkonzept" des Seminars für Wirtschaftspädagogik der Georg-August-Universität Göttingen, einer sog. "Wirtschaftsinstrumentellen Buchführung", wird sich nach meinem Erfahrungshintergrund nicht auf dessen Vor- oder Nachteile für eine Anwendung im berufsbildenden Schulwesen beziehen. Hierzu fehlt mir neben berufspraktischer Erfahrung auch die Sensibilität für die Notwendigkeit und die Besonderheiten detailliert lehrplanabhängiger Ausbildung.

Allerdings werde ich Kritik dort üben, wo sie über die Fragen der Didaktik des Rechnungswesens in berufsbildenden Schulen hinaus angebracht erscheint - nämlich bei mehr inhaltlichen Darstellungen im vorgelegten "Reformkonzept". Diese Kritikpunkte ergeben sich zum einen aus der Darstellung von Schwerpunkten meines Lehrkonzeptes, zum anderen aus einzelnen hervorgehobenen Sachaspekten.

2 Das Gebiet "Rechnungswesen" an der Nahtstelle zwischen kaufmännischer Berufsausbildung und Hochschulstudium

Auf eine besondere Weise berühren die Ausbildungsinhalte kaufmännischer Berufsschulen auch Grundlagenveranstaltungen im wirtschaftswissenschaftlichen Grundstudium - und umgekehrt. Einmal werden zukünftige Wirtschaftspädagogen in einem Sachgebiet ausgebildet, das für sie später große Bedeutung im beruflichen Alltag haben wird. Andererseits ist an den Universitäten seit Jahren eine ansteigende Zahl von Studienanfängern festzustellen, die über eine abgeschlossene kaufmännische Berufsausbildung verfügen. Dieser Gruppe - also Ihren Absolventen - will ich mich im Zusammenhang meiner Darstellungen näher widmen, weil Sie auch so einen Einblick in die Unterschiede der Grundlagenausbildung im "Rechnungswesen" gewinnen können.

Nach Aussage des Hauptgeschäftsführers des DIHT, Franz SCHOSER, schließen bundesweit "fast 50% der Abiturienten nach der Lehre ein Studium an" (Handelsblatt v. 16.05.1989, S. 6). Am Beispiel der Universität Göttingen - auf die ich mich in allen weiteren Ausführungen beziehen werde - ergibt das folgende Situation bei den Studienanfängern mit wirtschaftswissenschaftlichem Hauptfach:

Übersicht 1: Studienanfänger Wirtschaftswissenschaften an der Universität Göttingen ohne/mit kaufmännischer Berufsausbildung

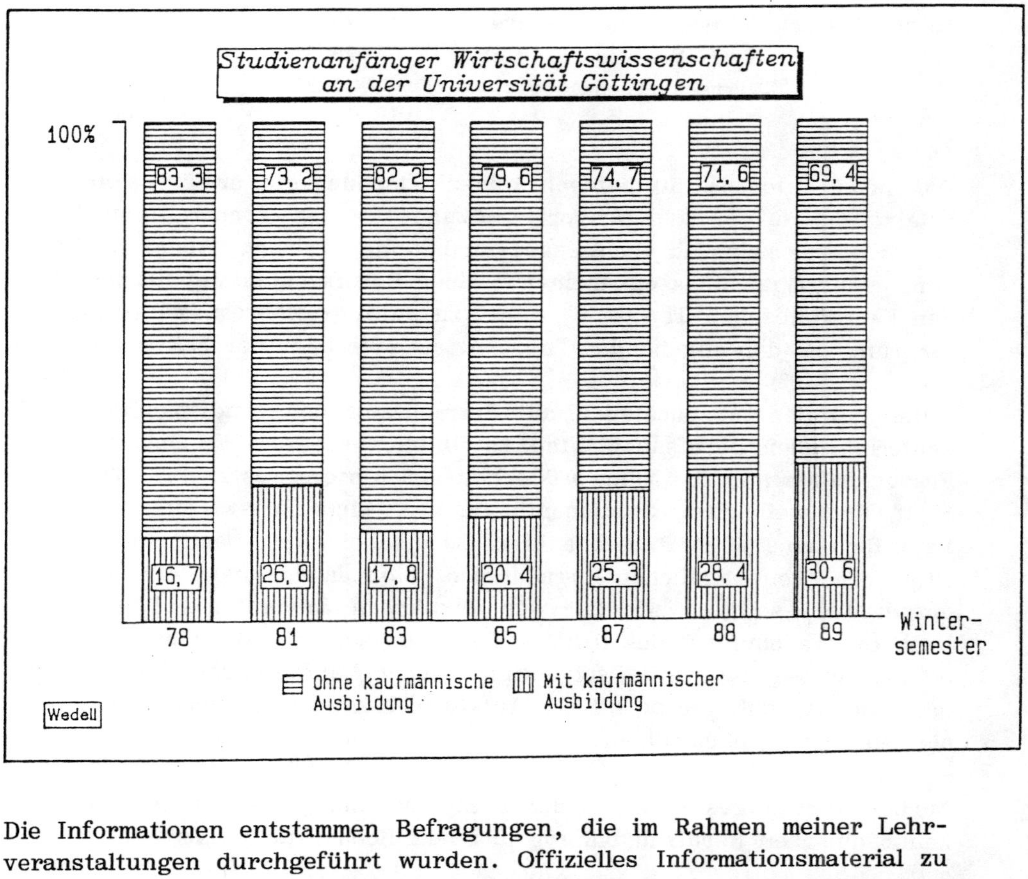

Die Informationen entstammen Befragungen, die im Rahmen meiner Lehrveranstaltungen durchgeführt wurden. Offizielles Informationsmaterial zu diesem Sachkomplex kann die Universitätsverwaltung nicht zur Verfügung stellen. Gleichwohl können die Befragungsergebnisse als repräsentativ angesehen werden: Im Frühjahr 1989 waren von den Vorlesungsteilnehmern ("Buchführung und Jahresabschluß") 878 Studenten bereit, den Fragebogen auszufüllen; davon waren 598 Erstsemester im wirtschaftswissenschaftlichen Hauptfach.

Innerhalb von zehn Jahren hat sich der Anteil von Studienanfängern mit abgeschlossener kaufmännischer Berufsausbildung nahezu verdoppelt - und das vor dem Hintergrund stark ansteigender Studentenzahlen!

Die Anteile von Studienanfängern mit kaufmännischer Berufsausbildung variieren in den Studiengängen erheblich:

Studienanfänger 1988/89 mit kaufmännischer Berufsausbildung

im Studienfach	Volkswirtschaftslehre	20,0%
	Betriebswirtschaftslehre	28,9%
	Wirtschaftspädagogik	40,3%

Der hohe Anteil im Studienfach Wirtschaftspädagogik erklärt sich nicht zuletzt aus der Einstellungsvoraussetzung für den Vorbereitungsdienst. Es wird zwar keine abgeschlossene Ausbildung verlangt. Aber die Forderung einer mindestens einjährigen, "einer Berufsausbildung nahekommenden kaufmännischen Tätigkeit", führt zu umfangreicherem Erfahrungshintergrund bei den angehenden Lehrern, als es früher der Fall war.

Aufschlußreich ist zusätzlich die Betrachtung der Studienanfänger mit kaufmännischer Berufsausbildung im Hinblick auf den Frauenanteil. Die Frauen haben hier die Männer überholt. Im Wintersemester 1988/89 wiesen 32,1% der weiblichen Studienanfänger mit wirtschaftswissenschaftlichem Hauptfach eine abgeschlossene kfm. Berufsausbildung nach - gegenüber 29,4% bei ihren männlichen Kommilitonen. Fünf Jahre zuvor war ihr Anteil gerade halb so groß wie der der männlichen Studenten (11,5%/22,6%). Nach Untersuchungen des DIHT soll eine Ursache für die stark gestiegene Studierneigung von Absolventinnen einer kaufmännischen Ausbildung darin liegen, daß gerade sie die Aufstiegschancen ohne Hochschulstudium als sehr gering einschätzen.

Zurück zur Fragestellung: Welcher Zusammenhang besteht zwischen der kaufmännischen Berufsausbildung und dem Hochschulstudium?

Nach den Bezeichnungen von Lehrveranstaltungen, die im wirtschaftswissenschaftlichen Grundstudium angeboten werden, könnte man annehmen, daß die berufserfahrenen Anfänger hier wesentliche Erleichterungen -

vor allem im Hinblick auf die Prüfungen zum Vordiplom - zugestanden bekommen müßten: Insbesondere die Gebiete des Rechnungswesens hätten sie doch bereits in den Abschlußprüfungen ihrer Ausbildung "bestanden".

Sicherlich werden sich einige (ältere) Teilnehmer dieses Symposiums an Vorteile erinnern, die sie selbst beim Übergang an die Hochschule hatten: Sie bekamen ihre schulischen Vorleistungen auf die (früher üblichen) Fächer "Buchführung", "Wirtschaftsrechnen" und "Finanzmathematik" angerechnet.

Die Anrechnung war darin begründet, daß die Hochschulen vergleichbare inhaltliche und methodische Ausrichtungen verfolgten. Zudem ermöglichten die unbegrenzte Wiederholbarkeit der Prüfungsversuche sowie die eingeführten "Schleppermethoden" ohnehin nur eine unzureichende individuelle Leistungskontrolle.

Beide Voraussetzungen bestehen seit den Studienreformen der 70er Jahre nicht mehr. Die Einführung der Zwischenprüfungen (genauer: Vordiplomprüfungen) mit begrenzter Wiederholbarkeit und genauen Identitätskontrollen ließ den Bedeutungsgrad von Prüfungsversuchen ansteigen.

Wichtiger aber war und ist die inhaltliche Veränderung, die der hier zu diskutierende Ausbildungsbereich "Rechnungswesen" erfuhr. Es erfolgte eine deutliche Abkehr von der vornehmlich abrechnungstechnisch ausgerichteten Ausbildung hin zu einer Darstellung von Instrumenten des Rechnungswesens, die mehr betriebswirtschaftliche Fragestellungen erfaßt. Auf sie werde ich später ausführlich eingehen.

Mit dem veränderten Ausbildungsinhalt wurden auch die Anerkennungsmöglichkeiten abgeschafft. Jeder Student muß im Rahmen der Vordiplomprüfung zwei Prüfungsleistungen zum Gebiet "Betriebswirtschaftliches Rechnungswesen" erbringen. Es handelt sich um die Gebiete "Buchführung und Jahresabschluß" sowie "Kosten- und Leistungsrechnung".

Daß Studienanfänger aufgrund ihrer vorausgegangenen kaufmännischen Berufsausbildung heute offensichtlich nur relativ geringe Erleichterungen bei der Bewältigung des Ausbildungsprogramms verspüren, zeigen Ergebnisse aus Befragungen. Sie werden von mir regelmäßig in einer Lehrveranstaltung für Studienanfänger gegen Ende des Semesters durchgeführt. Die Befragungen setzten ein, nachdem zu meinem Lehrkonzept ein eigenes Lehrbuch erschienen war - und dienen der Kontrolle sowie der Weiterentwicklung des Ausbildungsprogramms.

Zur gegenwärtigen Rückmeldung über den Umfang des Lehrprogramms kann folgende Information gegeben werden:

	Umfang des Lehrprogramms		
	zu gering	**gerade richtig**	**zu umfangreich**
Teilnehmer			
ohne Vorkenntnisse	0,9%	72,4%	26,7%
mit kfm. Ausbildung	2,7%	70,9%	26,4%
ohne Parallelveranstaltung	2,8%	61,7%	35,5%
mit Parallelveranstaltung	1,6%	73,8%	24,6%

Mit Überraschung kann zunächst festgestellt werden, daß die Einschätzung des Lehrprogramms nur wenig beeinflußt wird von einer vorausgegangenen kaufmännischen Berufsausbildung. Die Unterstützungsfunktion der Berufsausbildung bleibt in einem Rahmen, der auch erreicht wird, wenn Studenten ohne Berufsausbildung parallel zur Veranstaltung "Buchführung" eine weitere Lehrveranstaltung besuchen, in der betriebswirtschaftliche Schwerpunkte behandelt werden.

Der letzte Gesichtspunkt führt zwangsläufig zu den Fragen: Was ist denn so anders an der Hochschulausbildung in Rechnungswesen? Warum fällt es den ausgebildeten Kaufleuten nicht leichter, das Stoffprogramm zum Rechnungswesen zu bewältigen?

3 Ausbildungsziele in Grundlagenveranstaltungen zum "Betriebswirtschaftlichen Rechnungswesen"

Anders als der Lehrer an einer berufsbildenden Schule hat der Dozent an einer Hochschule keinen bis in alle Einzelheiten festgelegten Lehrplan zu erfüllen. Seine Rahmenbedingungen werden rechtlich mit dem Hochschulgesetz und der Prüfungsordnung gesetzt. § 8 des Nieders. Hochschulgesetzes definiert das Ziel des Studiums wie folgt:

> "Lehre und Studium sollen den Studenten auf ein berufliches Tätigkeitsfeld vorbereiten und ihm die dafür erforderlichen fachlichen Kenntnisse, Fähigkeiten und Methoden dem jeweiligen Studiengang entsprechend so vermitteln, daß er zu wissenschaftlicher oder künstlerischer Arbeit und zu verantwortungsbewußtem Handeln in einem freiheitlichen, demokratischen und sozialen Rechtsstaat befähigt wird".

Für den Grundlagenbereich des Studiums fordert beispielsweise die Prüfungsordnung für die wirtschaftswissenschaftlichen Studiengänge an der Universität Göttingen in § 2:

> "(2) ... Mit der Diplom-Vorprüfung soll der Kandidat nachweisen, daß er die inhaltlichen und methodischen Grundlagen der Wirtschaftswissenschaften erworben hat".

Im Mittelpunkt des Studiums steht demnach das Ziel, die Berufsfähigkeit der Absolventen zu erreichen, nicht die Berufsfertigkeit.

Die konkrete Ausformung oder Anpassung von Lehrkonzeptionen erfolgt in Abhängigkeit von Empfehlungen der Fachgremien, der Fachliteratur und nicht zuletzt im persönlichen Kontakt zu Hochschullehrern derselben Hochschule, um einen sinnvollen Studienaufbau zu erreichen. Zum Anforderungsprofil der Hochschulabsolventen sei die Stellungnahme der "Fachkommission für Ausbildungsfragen" der SCHMALENBACH-Gesellschaft angeführt (1988, S. 1037): Danach

> "... sollte durch die akademische Ausbildung eine Denkschulung angestrebt werden, die zur selbständigen Urteilsbildung und zur Lösung von Problemen, die sich in immer neuer und andersartiger Form stellen, befähigt".

Vor dem Hintergrund derartiger Empfehlungen - und vieler anderer, auch älterer Stellungnahmen zum Ausbildungsziel - ist zunächst auf den Unterschied im Ablauf der Hochschulausbildung im Vergleich zur kaufmännischen Berufsausbildung einzugehen. Die Aufteilung des Studienablaufs in Grund- und Hauptstudium führt zu einer besonderen Funktion der Grundlagenausbildung im Rechnungswesen, die aus der Übersicht 2 deutlich werden soll.

Übersicht 2: "Betriebswirtschaftliches Rechnungswesen" im Studium der Wirtschaftswissenschaften

"BETRIEBSWIRTSCHAFTLICHES RECHNUNGSWESEN" IM STUDIUM DER WIRTSCHAFTSWISSENSCHAFTEN

	Inhaltlicher Schwerpunkt: rechtlich			Inhaltlicher Schwerpunkt: wirtschaftlich	
GRUNDSTUDIUM (Pflicht)	Buchführung und Jahresabschluss			Kosten- und Leistungsrechnung	
HAUPTSTUDIUM Wahlbereich I	Finanzwirtschaft		Organisation, Leitung		Beschaffung, Absatz
Wahlbereich II	Steuerlehre	Prüfungswesen		Industriebetriebslehre	andere Zweiglehre Handel,...

Lehrveranstaltungen im Pflichtteil "Rechnungswesen", der für alle wirtschaftswissenschaftlichen Studiengänge verbindlich ist, müssen einerseits für solche Studenten, die im weiteren Studienablauf hier auf Vertiefungen verzichten, eine ausreichende Fachausbildung sicherstellen. Andererseits haben sie die Aufgabe einer **Zubringerfunktion** für Fächer des Hauptstudiums, in denen auf Inhalte der Grundlagenveranstaltungen zurückgegriffen wird. Hier sind - ausgehend von den Wünschen der jeweiligen Fachvertreter - recht unterschiedliche Ansprüche abzuwägen und umzusetzen.

Bei der Grundlagenausbildung an wissenschaftlichen Hochschulen kann und darf keine praktische Anschauung des Erfahrungsbereichs unterstellt werden, weil der Anteil von Studierenden mit fachbezogenen Vorkenntnissen gering ist. Zudem ist für diesen Ausbildungsinhalt nur ein äußerst schmales Zeitbudget vorgegeben. Für die inhaltliche Vermittlung im Rahmen der Vorlesung stehen über zwei Semester nur insgesamt 46 Unterrichtsstunden zur Verfügung, ergänzt um denselben Zeitumfang für Übungen - im Vergleich zu rund 300 Stunden lehrerbetreuter Ausbildungszeit im berufsbildenden Schulwesen.

Innerhalb der oben geschilderten Rahmenbedingungen ist das allgemeine Ausbildungziel fachbezogen zu konkretisieren. Hier hat sich im Bereich des Rechnungswesens folgende (neue) Situation ergeben:

Der Leitgedanke für eine geänderte Auffassung zum Gegenstand einer Grundlagenausbildung im "Betriebswirtschaftlichen Rechnungswesen" folgt den geänderten Anforderungen an die Absolventen wirtschaftswissenschaftlicher Studiengänge. Ausgebildet wird nicht mehr nur für eine eng umrissene kaufmännische Führungsaufgabe. Vielmehr ist die Breite im Einsatzbereich von Wirtschaftsakademikern ständig gewachsen. Dabei hat sich im Zuge steigenden Informationsbedarfs der Stellenwert betrieblicher Informationssysteme, zu denen auch das Rechnungswesen gehört, wesentlich erhöht.

Von einem Hochschulabsolventen wird nun aber weniger die Technik der Informationserarbeitung verlangt, als vielmehr die Fähigkeit, die unterschiedlichen Entscheidungsprobleme über den Einsatz bzw. die Anwendung spezieller Informationssysteme lösen zu können. Damit mußte sich die Ausbildung zum betriebswirtschaftlichen Rechnungswesen ändern:

vom vorrangig technikvermittelnden Inhalt zum problemorientierten Erfassen von Informationsaufgaben und deren Lösungsmöglichkeiten.

Der Gegenstand der Erarbeitung von so definierten (neuen) Grundlagen des Rechnungswesens bestand darin, zunächst den Gesamtumfang von Aufgabenstellungen im Rechnungswesen zu erarbeiten und sachgerecht zu gliedern. Anschließend war die problemorientierte Eingliederung von Ermittlungsmethoden für die angestrebten Informationen zu leisten. Dabei sollte m.E. auch auf die immer bedeutsamer werdenden - zuvor überwiegend vernachlässigten - Verknüpfungen von einzel- und gesamtwirtschaftlichen Informationszielen und Rechengrößen eingegangen werden.

Daß dieser Ansatz nicht so neu ist, wie er vielen erschienen ist oder auch noch erscheinen mag, soll mit zwei Beispielen dokumentiert werden:

Schon Wilhelm HASENACK, bei dem ich bis zu dessen Emeritierung einen Teil meiner Assistentenzeit verbringen konnte, fügte dem Titel seines Lehrbuches "Buchführung und Abschluß" als Unterzeile den Zusatz "im betriebswirtschaftlichen Gesamtzusammenhang" hinzu. Bereits 1964 wurde so (in der am weitesten entwickelten Form seines didaktischen Ansatzes) deutlich gemacht, daß Buchungstechnik und betriebswirtschaftlicher Gesamtzusammenhang eine Einheit bilden.

Auch Hanns LINHART hat in einer beispielhaften - heute wohl kaum noch vertretenen - sprachlichen Klarheit schon 1953 den Unterschied hervorgehoben, um den es bei unserem Diskussionsgegenstand "Rechnungswesen" offensichtlich geht. Er betrifft den Gegensatz zwischen technikorientierter Stoffvermittlung und informationsorientierter Darstellung von Rechensystemen und der darin zu erarbeitenden Datenstruktur. Zwei Zitate aus seiner Schrift "Kapitalwirtschaft und Kapitalrechnung" (Berlin 1953) sollen diesen Gegensatz verdeutlichen:

> "Buchhalter ist, wer buchen kann. Er beherrscht die Technik der Kapitalrechnung. Betriebswirt ist, ... wer Sinn und Bedeutung der Kapitalrechnung für den Markt und die Verkehrswirtschaft verstehen und erklären kann" (S. 62).

> "Es ist ja auch viel einfacher, das Rechnungssystem von der formalen Seite, losgelöst vom konkreten Fall und seines praktischen Inhalts entleert, zu schildern. ... Erst die lebendige Verbindung von Kapitalwirtschaft und Kapitalrechnung macht die wechselseitige Systembezogenheit und Systemabhängigkeit klar, ihr Verständnis erst zeichnet den Betriebswirt aus. Aus dieser Verbindung eröffnen sich pädagogische Perspektiven, die öde Systemspielerei der formalen Buchführung, wie sie seit Generationen betrieben wird, zu überwinden" (S. 69).

Diese Hinweise sollen dazu dienen, einen Teil der gedanklichen Grundlagen zu beschreiben, auf denen mein Ausbildungskonzept aufgebaut wurde. Die Beschreibung dieses Konzeptes geht in knapper Form aus dem

Vorwort zu meinem Lehrbuch hervor - wofür folgende Auszüge beispielhaft dienen sollen:

> "Abweichend zu üblichen Büchern zum Gebiet Rechnungswesen wird der Lernerfolg nicht darin gesehen, alle denkbaren Wertbewegungen in Betrieben richtig verbuchen zu können. Anliegen ist vielmehr, zunächst die Informationsbedürfnisse von Entscheidungsträgern im wirtschaftlichen Bereich zu veranschaulichen. Anschließend sollen Datenstruktur und Verrechnungstechnik in Rechnungszweigen als Ergebnis zweckbezogener und entsprechend wandlungsfähiger Gestaltungsprozesse erkannt werden.
>
> Die Darstellung wird zunächst eingeengt auf Fragen in rechtsbezogenen Periodenrechnungen (Buchführung und Jahresabschluß). Wirtschaftlich ausgerichtete Informationsprobleme werden in einem Abschnitt über kalkulatorische Rechnungen behandelt (sog. Kosten- und Leistungsrechnung).
>
> Neben ausschließlich einzelwirtschaftlich ausgerichtetem Datenmaterial werden auch gesamtwirtschaftlich bedeutsame Bestands- und Erfolgsgrößen behandelt. Auch sie haben ihren Ursprung letztlich in Einzelwirtschaften. Ausführungen zur Wertschöpfungsrechnung sollen dazu beitragen, die Kluft zwischen betriebs- und volkswirtschaftlichem Rechnungswesen zu überbrücken".

Im Ablauf meines Vortrages ergibt sich nun ein Problem: Aus der Beschreibung meines Ausbildungszieles im Grundlagenbereich zum Rechnungswesen ist zu ersehen, daß es sich hier nicht schwerpunktmäßig um Buchführung im Sinne von Buchungstechniken handelt. In den Materialien zu diesem Symposium (vgl. PREISS/TRAMM) wird das Rechnungswesen aber offensichtlich im wesentlichen mit dieser "Buchführung" gleichgesetzt, weil der zur Zeit verbindliche Stoffplan für berufsbildende Schulen diese Ausrichtung vorsieht. Entsprechend wird das Reformkonzept auch als "Wirtschaftsinstrumentelle Buchführung" bezeichnet.

Um eine nützliche Diskussionsgrundlage zu liefern, soll hier in den weiteren Ausführungen gezeigt werden, welchen Stellenwert die (vergleichbare) "Buchführung" im Rahmen meines Ausbildungskonzeptes hat. Hierzu dient ein Abriß der Einführungsphase, der mit einigen Schaubildern aus dem Lehrprogramm untermauert wird.

4 Schwerpunkte der Ausbildung im Bereich "Buchführung und Jahresabschluß"

4.1 Aufgabenbezogene organisatorische Gliederung des "Betriebswirtschaftlichen Rechnungswesens"

Aus der traditionellen Umschreibung "Wirtschaften heißt wählen" kann der allgemeine Inhalt des betriebswirtschaftlichen Rechnungswesens abgeleitet werden. Gerechnet wird überall dort, wo man hofft, über die erarbeiteten Informationen, also über die Daten, seine persönlichen Wirtschaftsziele besser erreichen zu können. Auf der Grundlage von erarbeiteten Daten für Entscheidungsalternativen wird die zielbezogen besser zu beurteilende Möglichkeit gewählt. Dieser nach heutiger Sprachregelung "entscheidungsbezogen" zu nennende Ansatz zum Rechnungswesen kennzeichnete schon nach SCHMALENBACH den Ausgangspunkt einzelwirtschaftlicher Rechnungsführung: Zunächst ging es um die Feststellung der Erfolgswirksamkeit von einzelnen geschäftlichen Transaktionen, beispielsweise einer von SCHMALENBACH zur Erklärung benutzten "Expedition nach Indien" (1953, S. 14).

Erst mit der Regelmäßigkeit bestimmter Geschäftshandlungen, also mit der Anlage der Betriebstätigkeit auf Dauer, wurden Periodenrechnungen entwickelt. Auch bei ihnen lag die Zentralaufgabe in der Erfolgsermittlung. Letztlich sollte eine Beurteilung der Betriebsleistung im Vergleich zu Planvorgaben oder anderen Handlungsmöglichkeiten erreicht werden.
Die Entwicklung von Aufgabenstellungen des Rechnungswesens auf der Grundlage des entscheidungsbezogenen Ansatzes ist m.E. der günstigste Ausgangspunkt für den Aufbau des Lehrprogramms. Dabei lassen sich sehr leicht die Interessen der Studierenden wecken - denn nach Möglichkeiten zu suchen, mit denen man Geld verdienen kann, ist offensichtlich eine menschliche Eigenschaft, die überwiegend angeboren zu sein scheint. Hier kann nach eigener Erfahrung eine - wie ACHTENHAGEN/ LÜDECKE/SEMBILL für die didaktische Ausrichtung fordern - positive "emotionale Befindlichkeit" erzeugt werden, die zum fachlichen Interesse hinführt (1988, S. 51, 63). Dabei wird unter Interesse verstanden, daß der Ausbildungsinhalt für den Auszubildenden deutlich erkennbar von persönlichem Belang sein kann oder später werden könnte.

Den Einstieg in die konkrete Behandlung von Rechnungen zur Erfolgsermittlung bildet eine Betriebsgründung mit daran anschließender erster Wirtschaftsperiode. Mit SCHUMPETER erklärt, wird die Gründung im Regelfall nicht nur mit eigenen Finanzmitteln durchgeführt werden können, weil der Unternehmer mit Idee zumeist in der Lage des Mittellosen ist.

Mit der Beteiligung eines Gesellschafters oder auch mit der Kreditaufnahme zur Beschaffung von Produktionsmitteln entsteht deutlich das Problem, wie ein Gewinn, ein Überschuß, ermittelt werden kann.

Der Bestand in der Kasse kann wohl kaum als Vergleichsgröße innerhalb eines Abrechnungszeitraumes dienen. Der fortlaufende Geld-Güter-Kreislauf im Betrieb verdeckt die "Kassen"-wirksamen Erfolge. Also muß der Aufbau des Rechensystems über die Kasse, genauer: über den liquiditätsmäßig-finanziellen Bereich hinaus ausgedehnt werden. Dies geschieht deshalb, weil Kreditaufnahmen zwar Zunahmen beim Kassenbestand bedeuten können, die aber nicht mit Gewinn verwechselt werden dürfen.

Hier zeigt sich für den Auszubildenden frühzeitig als wesentlicher Zusammenhang, daß offensichtlich Gewinn und Zahlungsmittelbestand Größen sind, die höchstens mittelbar etwas miteinander zu tun haben.

Es entsteht nun die Frage, wie man die zur Erfolgsermittlung benötigten Daten erfassen kann. Dabei müssen neben den vorhandenen Realgütern wohl auch die Mit-Eigentumsrechte von Gesellschaftern sowie die Ansprüche Dritter (Lieferanten, Banken) berücksichtigt werden.
Wie nun diese Abbildung der wertmäßigen Struktur einer Wirtschaftseinheit erfolgt, wie man aus dem Vergleich solcher Rechenergebnisse auf die wirtschaftliche Lage schließen kann, steht im Mittelpunkt des einführenden Teils der Lehrveranstaltungen zu "Buchführung und Jahresabschluß".

Dabei erfolgt eine Strukturierung der Einflußgrößen für die Erfassung des Betriebsgeschehens nach sachlichen und rechtlichen Gesichtspunkten. Man gelangt zu einer Rechnung, in welcher der Sachbereich, belegt mit dem Ausdruck **Vermögen**, einem Rechtsbereich gegenübergestellt wird. Der für den "Gegenpol" zum Vermögen gebräuchliche Ausdruck **Kapital** zeigt, wie sehr diese Rechnung an eine Rechts- und Wirtschaftsverfassung gebunden ist, in der es Privateigentum an Produktionsmitteln und Kreditfinanzierung gibt.

Die Interessen der verschiedenen "Kapitalisten" am Ergebnis der Unternehmenstätigkeit führen zu einem differenzierten Auftrag an das Rechnungswesen (vgl. Übersicht 3):

Traditionell fallen die Entnahmeinteressen der Eigentümer und die Interessen der Gläubiger auseinander. Entnahmeinteressen für private oder andere geschäftliche Zwecke stehen dem Wunsch gegenüber, neben einer Erfüllung periodischer Zinszahlungen zur weiteren Anspruchswahrung eine Vermögensbindung im Schuldnerunternehmen zu erreichen.

Übersicht 3: Informationsinteressenten und Informationsziele

INFORMATIONSINTERESSENTEN UND INFORMATIONSZIELE

	INTERNER ADRESSATENKREIS	EXTERNER ADRESSATENKREIS
periodische Informationen	Abbildung der Schuldendeckung ⟷ Darstellung der Erfolgslage (Gewinn/Verlust, Wertschöpfung)	
situationsbedingte Informationen	Sortimentsplanung und -kontrolle Preiskontrolle Investitionsplanung ...	Daten zur Überprüfung der Vertragssicherheit und Förderungswürdigkeit

Auch der Staat als Steuergläubiger richtet sein Interesse auf die Ergebnisse der Wirtschaftstätigkeit in den Unternehmen, um Steuerbeträge einzufordern. Dem steht wiederum der Wunsch von Steuersubjekten gegenüber, diese Belastungen zu begrenzen - soweit dies durch Gestaltung der Erhebungsgrundlagen möglich ist. Die Betroffenheit der Gläubiger von Ergebnisdarstellungen und möglichem Vermögensabbau bildet dann auch den neuen, zusätzlichen Ausgangspunkt zu einer Erläuterung des nun mehr rechtlich zu erklärenden Auftrages an das Rechnungswesen.

Bei den periodischen Informationen zur Erfolgslage wird ein Spannungsverhältnis deutlich, das in der Ausbildung vertieft behandelt wird. Hier soll es durch Einfügen der Pfeile in die Übersicht 3 deutlich gemacht werden. Am Beispiel "Gewinn" sind folgende Polaritäten zu erkennen:

erzielter Gewinn als Leistungsmaßstab
oder
belastbarer Gewinn für Steuer- und Entnahmezwecke.

Je nach wirtschaftlicher Lage des Unternehmens verschieben sich die Interessen von der steuermotivierten Gewinnverschleierung bis hin zur Beschönigung der Erfolgslage, um die Kreditwürdigkeit zu verbessern.

Wie können nun die verschiedenen am Leistungsprozeß beteiligten Gruppen zu den benötigten Informationen gelangen?

Für den internen Interessentenkreis, vornehmlich die sogenannte Geschäftsleitung, stehen alle Wege zur Beschaffung von Daten und ihrer Verarbeitung offen.

Der Kreis externer Interessenten ist für eine objektivierte Darlegung von Daten auf "ehrenwerte" Vertragspartner angewiesen oder muß, weil diese Ehre in den verschiedensten Wirtschaftsepochen immer eine leicht geopferte Tugend war, auf den Gesetzgeber vertrauen. **Er** soll die Sicherheit des Rechtsverkehrs wahren. **Er** soll zur Anspruchssicherung beitragen, indem er Vorschriften erläßt, die eine Beeinträchtigung von Fremdansprüchen verhindern. Diesen Auftrag hat der Gesetzgeber angenommen und in den vergangenen Wirtschafts- und Rechtsepochen in verschiedenster Weise erfüllt.

An dieser Stelle im Ausbildungsablauf bekommt das Rechnungswesen seine Komplexität, seine Differenziertheit nach Informationszielen. An diesem Punkt der Behandlung von Informationszielen tritt die **Bilanz** in den Mittelpunkt. Ihr "Kernzweck" ist (nach MOXTER) die "Konkursvorsorge", die "Information über Schuldendeckungsmöglichkeiten" (MOXTER 1978, S. 1629). Es geht um den "Schutz derjenigen, die durch Zahlungseinstellung beziehungsweise Konkurs eines Schuldners Vermögensnachteile erleiden können" (MOXTER 1978, S. 26).

Wenn die Veränderung des Eigenkapitalbestandes innerhalb eines Zeitraumes als "Erfolg", in den Formen Gewinn oder Verlust, erkannt wurde, jeder ermittelte Erfolg aber abhängig ist vom Wertansatz für Vermögen und Schulden, entsteht die Frage nach dem "richtigen" Erfolg. Hier stehen sich rechtliche und betriebswirtschaftliche Belange gegenüber und führen zu einer Aufteilung der Aufgabenstellungen im betriebswirtschaftlichen Rechnungswesen (vgl. Übersicht 4):

Zur Erläuterung dieser Übersicht einige Erklärungen:

Der Gesetzgeber hat für unterschiedlichste Zwecke Rechtsnormen erlassen, die sich unter dem Oberziel Anspruchswahrung zusammenfassen lassen. So die Vorschriften zur bürgerlich-rechtlichen Rechenschaftspflicht des Beauftragten (§ 666 BGB), die inhaltlich als belegbegründete Einnahmen-Ausgaben-Rechnung erklärt wird (§ 259, Abs. 1 BGB);
die sogenannte Buchführungspflicht der Kaufleute, die mit den §§ 238ff. HGB die Darstellung des Verhältnisses von Vermögen und Schulden in den Mittelpunkt stellt;
die Regelungen zur Konkursvorsorge mit den Kontrollbereichen Zahlungsfähigkeit (im Rechtssinne) und Schuldendeckung (§ 102 Konkursordnung, oder z.B. § 130 a HGB mit dem Konkursgrund Überschuldung)

und nicht zuletzt
die strafrechtlichen Folgen von Verstößen gegen die Buchführungspflichten im § 283 StGB, die dem Gesichtspunkt Anspruchswahrung erst Nachdruck verleihen.

Übersicht 4: Aufgabenstellungen des betriebswirtschaftlichen Rechnungswesens

AUFGABENSTELLUNGEN DES BETRIEBSWIRTSCHAFTLICHEN RECHNUNGSWESENS

Erfüllung gesetzlicher Aufträge mit dem Ziel "Anspruchswahrung" z.B. § 666 BGB, §§ 238 ff.HGB, § 102 KO, § 130a HGB, § 283 StGB	Vermittlung entscheidungsrelevanter Informationen zur Planung und Kontrolle des Leistungsprozesses

Die rechtlichen Ausgangspunkte stehen im Gegensatz zu den betriebswirtschaftlichen Notwendigkeiten. Danach sind Daten zur Planung und Kontrolle des Leistungsprozesses im Gesamtbetrieb und in den betrieblichen Teilbereichen zu erarbeiten.

Als Folgerung aus dieser Spannungssituation zwischen den Interessentengruppen hat sich eine Aufteilung des Rechnungswesens nach rechtlichen und betriebswirtschaftlichen Gesichtspunkten ergeben. Die Praxis zeigt diese Aufteilung in der organisatorischen Gliederung des Rechnungswesens, deren Grundprinzip die Übersicht 5 zeigt.

Gegenüber vorherrschenden Gliederungsvorschlägen wird hier auf die Einrichtung selbständiger Arbeitsbereiche für Planung und Statistik verzichtet. Die Erarbeitung von Grundlagen zur Unternehmensplanung sowie die Auswertung des rückblickend erarbeiteten Informationsmaterials werden als regelmäßige Aufgaben der genannten Zweige des Rechnungswesens verstanden. Planbilanzen oder Plankosten und deren Abweichungsanalyse sind danach in den sachlich zuständigen Teilbereichen des Rechnungswesens zu erarbeiten.

Übersicht 5: Aufgabenbezogene organisatorische Gliederung des betriebswirtschaftlichen Rechnungswesens

AUFGABENBEZOGENE ORGANISATORISCHE GLIEDERUNG DES BETRIEBSWIRTSCHAFTLICHEN RECHNUNGSWESENS

Rechnungszweig	FINANZPLANUNG und -KONTROLLE	FINANZ-BUCHFÜHRUNG	KOSTEN- und LEISTUNGSRECHNUNG
Rechnungsziel	Sicherung des finanziellen Gleichgewichts	Einblick in die Vermögens- und Erfolgslage	Leistungskontrolle und Betriebsdisposition
Rechengrößen	Ausgaben und Einnahmen, Auszahlungen und Einzahlungen	Vermögen und Kapital Aufwendungen und Erträge	kalkulatorisches Vermögen/Kapital Kosten und Leistungen

Aus den Rechnungszielen und den organisatorischen Vorkehrungen zur Informationsvermittlung läßt sich nun der Begriffsinhalt vom "Betriebswirtschaftlichen Rechnungswesen" herleiten:

> **Das BETRIEBSWIRTSCHAFTLICHE RECHNUNGSWESEN umfaßt die ziffernmäßige Erfassung betrieblicher Strukturen und Prozesse und die Aufbereitung des Datenmaterials nach zweckgerichteten Gesichtspunkten für spezielle Informationsbedürfnisse.**

An dieser Stelle im Ausbildungsablauf kann mit der Übersicht über die verschiedenen Arbeitsbereiche zweckmäßig bereits auf die Bedeutung von Fachausdrücken für bestimmte Sachverhalte hingewiesen werden. Beispielsweise geschieht dies mit einer "Alltagsgeschichte":

> Wie in solchen Geschichten üblich, treffen sich zwei Bekannte, von denen einer sich gerade ein neues Auto gekauft hat. Er wird gefragt, ob er sich denn diesen **Aufwand** leisten könne, so viel **Geld ausgeben** könne, wo das Fahrzeug doch sicherlich ein **Vermögen gekostet** habe. Zusätzlich entsteht Neugier nach der **Finanzierung** dieser **Investition**. Er habe sich auf der Bank sein **Kapital auszahlen** lassen, wird er beruhigt - und außerdem habe er auch noch **Schulden** gemacht ...

Der allgemeine Sprachgebrauch benutzt die oben hervorgehobenen Ausdrücke mehr als Abwechslung in der Wortwahl, nicht aber als genaue Umschreibung für einen bestimmten Sachverhalt. Eigentlich meint er hier immer nur "Geld bezahlen". Diese Ausdrucksweise mag so lange unbeanstandet bleiben, wie jeder weiß, was gemeint ist. Erst bei genaueren, differenzierteren Beschreibungen von Sachverhalten muß auch im Wirtschaftsbereich auf eine fachbezogen anerkannte Wortwahl Wert gelegt werden. Dann entsteht auch eine Notwendigkeit, die beispielsweise für den Bereich Medizin als selbstverständlich gilt - nämlich, Sachverhalte (beispielsweise vor einer Operation) begrifflich so zu erfassen, daß jeder Fachkundige damit diesen, und auch nur diesen Fall beschrieben bekommt. Aber diese Einsicht in die Notwendigkeit einer Sprachdisziplin ist bei Wirtschaftsstudenten nur mit größten Anstrengungen zu erreichen und muß - im Sinne einer wirkungsvollen Zubringerfunktion für das Hauptstudium - als eigenständiges Ausbildungsziel begriffen werden.

4.2 Bilanz und Buchführung als Informationsquellen und Ausbildungsinhalte

Aus dem zuvor erläuterten Einführungsteil der Lehrveranstaltungen kann gefolgert werden, daß sachbezogen zunächst die Bilanz im Mittelpunkt der Darstellung steht. Ihr Grundaufbau, ihre Gliederung nach Informationszwecken der Schuldendeckung und der Bilanzenvergleich zur Erfassung von Risiko und globaler Erfolgslage bilden zunächst den Schwerpunkt des Lehrprogramms.

Bei der - sehr intensiven - Erörterung der Bilanz als Informationsquelle tritt immer wieder das Bewertungsproblem in den Vordergrund. Alle Fragen zu Abschreibungen vom abnutzbaren Anlagevermögen, bei Waren oder auch bei Forderungen, die Fragen zur "richtigen" Bemessung von Rückstellungen, z. B. für Betriebsrenten, sind vorrangig keine Fragen der Buchungstechnik. Es sind Fragen, die im Zusammenhang ihrer Auswirkungen auf den Bilanzinhalt und seine Aussagen im Zeitvergleich zu sehen sind.

Die inhaltliche Bearbeitung der angeführten Einzelfragen erfolgt vor dem Hintergrund der Unterschiede des Fortführungs- oder Zerschlagungskonzepts. Im Ergebnis wird gezeigt, daß "Erfolg" das ist, was im Rahmen rechtlicher Bilanzierungs- und Bewertungsvorschriften als Veränderung des Eigenkapitals innerhalb einer Periode erfolgte - wobei die rechtlichen Regelungen dem Grundsatz der Anspruchswahrung unter dem Leitgedanken einer Fortführung der Unternehmenstätigkeit folgen.

Der Problemkreis Bilanz wird im "Reformvorschlag" in einer mich überraschenden Weise behandelt. Auf einige Passagen möchte ich näher eingehen:

Es erscheint den Verfassern "ausgesprochen unzweckmäßig, für die Bilanz ein mentales Modell über die Analogie zur zweischaligen Waage aufzubauen, da ein solches Modell den Zustand der Unausgeglichenheit (eine Schale kann schwerer sein als die andere) als Normalfall unterstellt, der erst durch gezielte Eingriffe beseitigt wird" (PREISS/TRAMM, S. 67). Gerade der so kritisierte Sachverhalt ist der Zentralpunkt jeder "Bilanz": Es werden für bestimmte Erfassungsbereiche **Proportionen** gebildet. Beispielsweise wird schon im allgemeinen Sprachgebrauch "Bilanz gezogen", was nur meint, bestimmte erwünschte Ereignisse den unerwünschten gegenüberzustellen und so nach dem Überwiegen eines Bereichs zu fragen. Das ist auch das Vorgehen beim Aufstellen einer Unfallbilanz nach der Neujahrsnacht, einer Auswärtsbilanz im Sport, ...

Auch im wirtschaftlichen Bereich ist es geradezu wesensbestimmend, daß eine Bilanz, bezogen auf die originären Erfassungsmerkmale, unausgeglichen ist. Das ist der Fall bei einer Handels- oder Zahlungsbilanz oder auch in den Bilanzen sozialistischer Staaten, beispielsweise in den Formen von Arbeitskräfte- oder Materialbilanzen. Dort werden Planvorgaben mit den erreichten Wirtschaftsergebnissen verglichen, was, wie wir regelmäßig erfahren, häufig nicht zu einer Übereinstimmung führt.

Der Grundgedanke der **Bilanz als Proportion** kennzeichnet auch deren betriebswirtschaftlichen und vor allem rechtlichen Inhalt. Um mich hier nur auf die rechtliche Seite zu beschränken, erscheint in der Legaldefinition der Bilanz im § 242 HGB gerade die Unausgeglichenheit als Wunschergebnis: Die Bilanz des Kaufmanns ist ein "das Verhältnis seines Vermögens und seiner Schulden darstellender Abschluß". Das Eigenkapital ist für den Gesetzgeber nur eine Überdeckung der Schulden, die er bei seinem Ausgangspunkt für die Zielsetzung der Rechnungslegung (Abbildung der Schuldendeckungsfähigkeit) begrüßt (vgl. Übersicht 6).

Selbstverständlich werden Bilanzen bei schriftlicher Niederlegung zum Ausgleich gebracht, indem ein Differenzposten zu den Erfassungsgrundlagen eingefügt wird. In den Bilanzen von Kaufleuten wird das Eigenkapital eingesetzt - oder "ein nicht durch Eigenkapital gedeckter Fehlbetrag".

Eine Veränderung der Vermögenssumme läßt - bei gleichbleibendem Schuldenstand - die Saldofunktion des Eigenkapitals als Schuldenüberdeckung erkennen. Dies kann auch dazu führen, daß aus einer ehemaligen Schuldenüberdeckung schließlich eine Überschuldung wird.

Übersicht 6: Bilanzinhalt und Bilanzaussagen

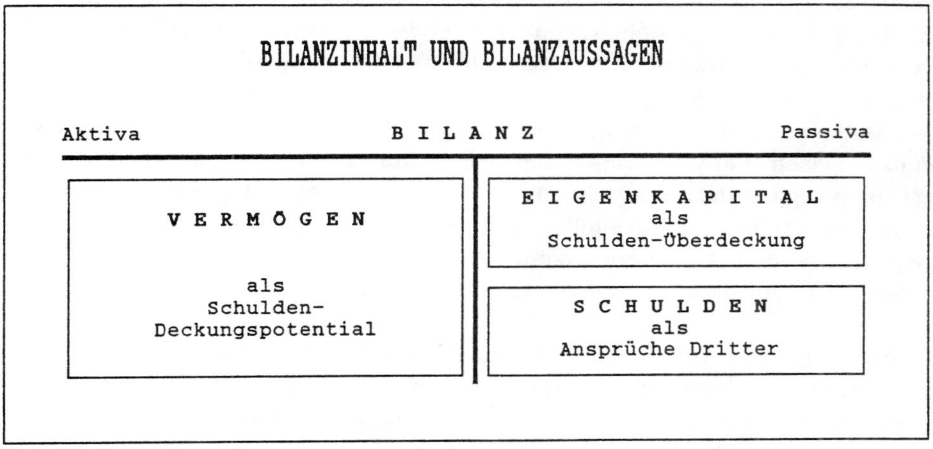

Auch wenn in dem Reformvorschlag - für mich überraschend - "lediglich aspektenhafte Unterschiedlichkeit der beiden Bilanzseiten" (S. 67) gesehen wird, verwundert dieses noch mehr als die oben zunächst angeführte Aussage. Die doppelseitige Strukturerfassung mit der Bilanz ist mehr als betragsmäßige Gleichheit. Hier liegt, zumindest nach meiner Auffassung, ein viel aussagefähigerer Ansatzpunkt zur Erklärung von Wirtschaftsstrukturen im "kapitalistischen System", den die Autoren des Reformkonzepts offensichtlich nicht sehen.

Im Vergleich zu meiner Ausbildungskonzeption wird hier die Bilanz recht stiefmütterlich behandelt. So wird z.B. das Bewertungsproblem völlig vernachlässigt, indem "Einstandspreise" vorgegeben werden (vgl. PREISS 1988, S. 22). Die Angabe von solchen festliegenden Werten allein wird schon als "ganzheitliche Sicht", "dem Leitgedanken der Ausbildung für den qualifizierten Sachbearbeiter" folgend, angesehen (ebenda).

Andere Unstimmigkeiten lassen sich hier anschließen: So wird das Vermögen als "(veräußerbares) Schuldendeckungspotential"(PREISS/TRAMM, S. 66) erklärt, worunter auch eine Bewertung zu Veräußerungswerten verstanden werden könnte - was zumindest für die rechtliche Jahresbilanz nicht zutreffen darf.

Insgesamt scheint mir die Bilanz im "Reformvorschlag" nur als (notwendige) Vorstufe zur Buchführung angesehen zu werden. Hier liegt ein großer Unterschied zu meiner Auffassung von Lehr- und Lerninhalten im Bereich der Bilanz. Dort wird sie, mit ihrer Vorstufe Inventar, als Zentralpunkt der Rechnungs- und Rechenschaftslegung erklärt.

Sicherlich werden bei Ihnen jetzt vermehrt Fragen auftauchen, die sich auf den Zeitpunkt beziehen, an dem endlich traditionell gebucht wird. Ich kann Sie beruhigen: Es wird auch an Hochschulen gebucht, sicherlich auch nicht zu wenig; nach Meinung vieler Studenten eher schon zuviel. Gebucht wird allerdings erst, nachdem der Ausgangspunkt des Bereichs, dessen Veränderungen aufgrund von Handelsgeschäften oder Bewertungsvorgängen auf Konten erfaßt werden sollen, eingehend behandelt wurde. Damit ist sichergestellt, daß jeder Buchungsfall aus seiner Wirkung heraus den Abrechnungseinheiten der doppelten Buchführung, den Konten also, zugeordnet werden kann.

Die Betonung der Bilanz als Informationsquelle über tatsächlich vorhandene Güter und Rechtstitel zeigt auch, daß das, was zwischen zwei Bilanzstichtagen auf der Grundlage von beweiskräftigen Belegen in der Buchführung erfaßt wird, wahrscheinlich nicht mit dem übereinstimmen wird, was als Ergebnis einer Istaufnahme, der Inventur, vorliegen wird.

Der Auszubildende soll deutlich erkennen, daß "Bilanz" und "Buchführung" zwei verschiedene Dinge sind. Im Vordergrund der Buchführung steht letztlich die Kontrollfunktion über Abläufe im Zeitraum. Diese Kontrolle wird erreicht, indem die Ergebnisse der Buchführung

- Einzelheiten der Beständebewegungen zeigen und

- die Abstimmung der Buchführungsergebnisse mit den Inventur- bzw. Bilanzdaten Rückschlüsse auf die Organisation des Betriebes und auch seines Abrechnungssystems zulassen.

Dieser Sachverhalt soll anhand einer Übersicht aus meiner Veranstaltung und mit einem Auszug aus dem Lehrbuch beschrieben werden (WEDELL 1988, S. 106):

> Es "stehen am Anfang und am Ende eines Rechnungsjahres aufgrund tatsächlicher Bestandsaufnahme Istwerte. Zwischen diesen Begrenzungspunkten erfolgt die Buchung von Geschäftsfällen auf den Konten. Hier werden dann nur Sollwerte abgerechnet, weil zwischen den Daten des Belegmaterials und tatsächlichen Mengen- und Wertvorgängen Abweichungen auftreten können, die zu den erklärten Ab-

stimmungsbuchungen führen. Aus deren Umfang lassen sich Rückschlüsse auf Fehlerquellen in der Betriebsorganisation ziehen".

Mit dem überzeichnenden Beispiel "Ladendiebe geben keine Belege" kann der Zusammenhang am deutlichsten veranschaulicht werden. Dieser Fall zeigt zugleich einen wichtigen Bereich zur Auswertung von Buchführungsergebnissen: Die Feststellung, Verbuchung und Auswertung von sog. Inventurdifferenzen. Noch wichtiger aber ist, daß dieser Zusammenhang zwischen Buchführung und Bilanz überhaupt erkannt wird.

Die Verfasser des "Reformkonzepts" heben den oben erklärten, lange bekannten Ausbildungsinhalt zur Unterschiedlichkeit von Buchführung und Bilanz in einem Maße hervor, daß der Eindruck entstehen kann, hier müßte am deutlichsten reformiert werden. Man kann den Verfassern schwerlich zustimmen, wenn sie hier das "zentrale Element" des "wirtschaftsinstrumentellen Rechnungswesenunterrichts" liegen sehen (S. 43). Diese Betonung deutet darauf hin, daß offensichtlich doch die Buchungstechnik in diesem Mittelpunkt stehen soll - und nicht die wirklich materiellen Probleme des rechtlich ausgerichteten Rechnungswesens, die m.E. zunächst im Bilanzbereich liegen.

Auch scheint es mir übertrieben, im Soll-Ist-Vergleich einen Anknüpfungspunkt zur pauschalen Kritik bisheriger Lehrkonzeptionen zu sehen. Neu ist dieser Lernabschnitt wirklich nicht. In jedem Lehrbuch wird mit den Kontenüberschriften die Unterschiedlichkeit von Buchführung und Bilanz betont. "Aktiva" und "Passiva" sind eben etwas anderes als "Soll" und "Haben" - was auch kritisierte Lehrbücher, beispielsweise SCHMOLKE/DEITERMANN (1969, S. 35 - 37), schon lange erläutern.

Man sollte darüber diskutieren, ob umfangreichere Übungen zu Abstimmungsbuchungen mehr zum (dauerhaften) Verständnis dieses Sachverhalts hinführen - oder ob hier letztlich nicht nur eine Aufblähung des Buchungsapparates betrieben wird, die bei Auszubildenden wieder die Aussagewirkung des relevanten Materials in den Hintergrund drängt. Wenn solche Buchungen erfolgen, müssen sie auch praktisch relevant sein. Das ist bei der "Kassendifferenz", wie hier bereits gestern in der Diskussion festgestellt wurde, wohl nicht der Fall. Auch die Differenzen im Warenbereich werden nur als Ausnahmefall derart quantifiziert werden können, weil hierzu eine ausgebaute Lagerbuchführung (permanente Inventur) erforderlich ist. Das aber ist zumindest im Erklärungshintergrund "Handel" wohl ein Ausnahmefall. Also versagt gerade im Zentralbereich dieses Wirtschaftszweiges das "zentrale Element" des Buchführungsunterrichts. Wenn die Funktionen von Eröffnungs- und Abschlußkonto des Buchführungsbereichs nicht nur als "Hilfskonstruktionen" begriffen und erklärt werden, ist m.E. für ein Verständnis des Soll-Ist-Vergleichs mehr gewonnen als durch intensive Übung von Abstimmungsbuchungen mit den dabei auftretenden Zuordnungsproblemen auf Erfolgskonten.

Die Verfasser wählen für den Abgleich des Buchführungsergebnisses mit dem Inventurergebnis die Bezeichnung "Buch-Ist-Vergleich" (S. 30). Diese Begriffswahl halten sie gegenüber dem "Soll-Ist-Vergleich" für "unzweideutiger". Zu fragen ist aber, ob diese bislang nicht eingeführte Benennung nicht eher Anlaß zu Fehldeutungen des Sachverhalts geben kann als beispielsweise der Soll-Ist-Vergleich.

Wortbildungen mit dem Stamm "Buch-" haben traditionell den Bezug zum Buchwert und nicht zum Buchbestand. Der Buchwert ist das Ergebnis eines Bewertungsvorganges, also bilanzbezogen, und nicht das Sollergebnis der Buchführung. Ein Buchgewinn, beispielsweise als Ergebnis einer vorgenommenen Wertaufholung, zielt wiederum vom sprachlichen Ansatz her auf den Buchwert und nicht zur Buchführung. Auch das Verfahren der Buchwertabschreibung kann hier zu begrifflichen Abgrenzungsproblemen führen.

Es erscheint unangebracht, den tatsächlichen Zusammenhang des Soll-Ist-Vergleichs mit einem Ausdruck zu belegen, der Mißdeutungen hervorrufen kann. Wenn betont sprachliche Klarheit erreicht werden soll, bietet sich eher der "Buchführungs-Inventur-Vergleich" an.

Zurück zu meinem Lehrprogramm:

Während die Behandlung der Bilanz überwiegend dem Informationsziel Schuldendeckung folgt, wird die Ausbildung im Bereich Buchführung, nachdem die Erfassungstechnik erklärt und eingeübt wurde, zusätzlich unter den Gesichtspunkt der **Erfolgskontrolle** gestellt. Ausgangspunkt ist die interessenbezogen unterschiedliche Interpretation von Erfolg, der zunächst umfassend mit der Wertschöpfung beschrieben werden kann (vgl. Übersicht 7).

Bei der Darstellung von Wertschöpfungsgrößen ist darauf zu achten, daß die unterschiedlichen Anspruchsgrundlagen für Einkommenszuweisungen erklärt werden: Vertragsbestimmte Einkommen (Löhne, Gehälter, Zinsen) stehen vor einem Restposten, der den Eigentümern und anteilig dem Staat als erfolgsabhängige Steuern zugewiesen wird. Aussagen zu betriebswirtschaftlichen Lohnquoten können die hier deutlich erkennbaren Vorgänge der Einkommensverteilung im Unternehmen transparent machen.

Übersicht 7: Entstehung und Verteilung der Wertschöpfung

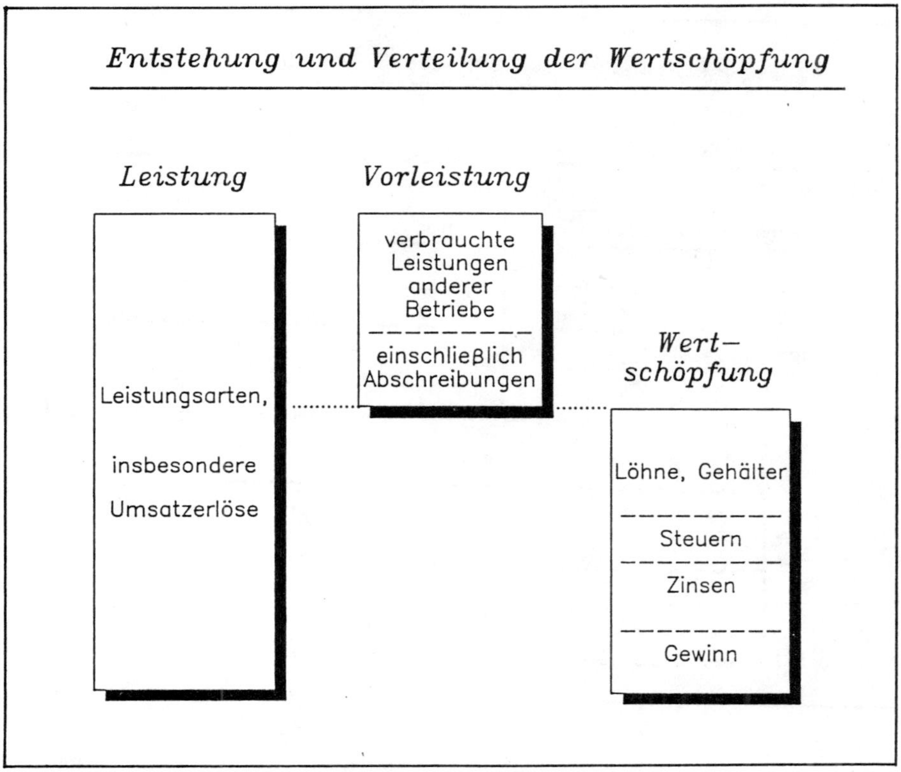

Die umfassende Behandlung der Erfolgsfähigkeit von Unternehmen wird anschließend wieder auf die rechtlichen - hier auch betriebswirtschaftlichen - Belange eingeengt. Es geht um die Analyse der Veränderung, die das Eigenkapital im Kontrollzeitraum erfahren hat. Zwar zeigt der Bilanzenvergleich bereits die Größe Gewinn (oder Verlust). Diese Erfolgsziffer sagt aber nichts darüber aus, **wie** es dazu gekommen ist, welche Erfolgsbereiche mit welchen Erfolgsbeiträgen für den Periodenerfolg maßgeblich gewesen sind. Hierfür ist der Aufbau einer Veränderungsrechnung für das Eigenkapital erforderlich, in welcher den Erträgen die Aufwendungen gegenübergestellt werden. Diese Rechnung wird allgemein als "Erfolgsrechnung" bezeichnet (vgl. Übersicht 8).

Übersicht 8: Abrechnung von Erfolgsbeiträgen

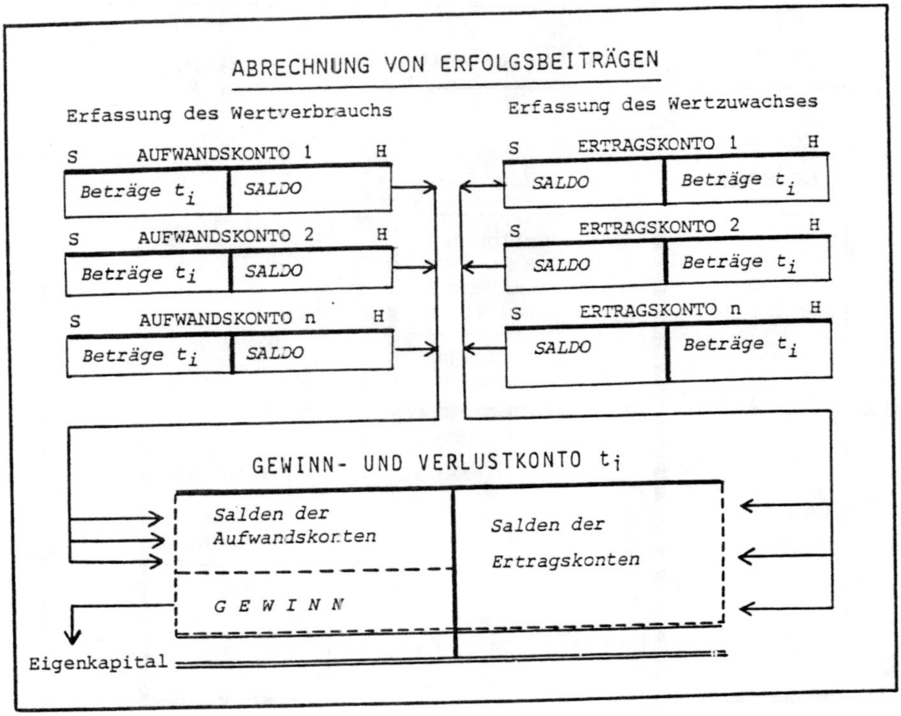

Der Aufbau einer solchen Erfolgsrechnung nimmt einen zeitlich umfangreichen Anteil des Lehrprogramms in Anspruch. Der Auszubildende soll den Sachzusammenhang des Kontrollsystems erkennen und selbst ein Abrechnungssystem entwickeln können, das seinen Kontrollzielen, seinen Informationsbedürfnissen, entspricht. Aus meiner Sicht könnte dieser inhaltliche Teil des Ausbildungsprogramms als "zentrales Element" bezeichnet werden, indem hier die Erarbeitung entscheidungsrelevanter Informationen erfolgt bzw. vorbereitet wird.

In diesem Bereich der Stoffbehandlung werden dann wieder Fragen nach den Auswirkungen von Handelsgeschäften und innerbetrieblichen Vorgängen auf Kontrollbereiche gestellt:

- Wie sieht es mit der Finanzlage aus?
- Welche Veränderungen erfahren Relationen der Schuldendeckung?
- Und vor allem: Sollen bestimmte Erfolgsvorgänge auch für eine betriebswirtschaftliche Beurteilung des Leistungsergebnisses herangezogen werden?

Mit dem zuletzt angesprochenen Kontrollbereich werden Fragen nach der Abgrenzung zwischen dem Unternehmens- und Betriebserfolg aufgeworfen. Die Lösungen, die Konzepte zum Aufbau eines entsprechenden Kontenrahmens liefern, oder der Gliederungskatalog des Erfolgsbereichs lt. HGB führen zu einem Einblick in das Abrechnungssystem, wie er nach rechtlicher Auffassung ordnungsgemäß ist. Auch das Lehrmaterial zeigt hier den Ausgangspunkt zur aussagefähigen Gliederung von Erfolgsbeiträgen (vgl. WEDELL 1988, S. 239 - 244).

Wie die Kontenführung aufzubauen ist, erleben die Auszubildenden, indem sie die Ausgangssituation der Darstellung - sie erinnern sich an den "Modellbetrieb" - jetzt nicht mehr nur über den Bilanzvergleich beurteilen müssen. Sie erhalten in einer neuen Aufgabe, die zu demselben Periodenerfolg hinführt, Angaben über die kumulierten Bewegungen im Zeitablauf und können eine Analyse der Erfolgsquellen selbst vornehmen. Erst an dieser Stelle wird die Idee des Kontenrahmens vorgetragen, weil sie hier inhaltlich eine überzeugende Rechtfertigung findet: Die Trennung von Erfolgsbeiträgen nach Verursachungsbereichen und zeitlichem Anfall liefert über die Ordnungsfunktion des Kontenrahmens hinaus eine materielle Aussagekraft.

Einblicke in die Erfolgsstruktur bundesdeutscher Großunternehmen lassen diesen Ausbildungsabschnitt anschaulich gestalten, indem der Erfolg des Unternehmens (EU) in seine Bestandteile Betriebserfolg (EB), Finanzerfolg (EF) und neutraler Erfolg (EN) zerlegt wird. Ein Auswertungsergebnis (nach altem Handelsrecht) aus einem eigenen Analyseprogramm soll zur Veranschaulichung dienen (vgl. Übersicht 9).

In diesem Ausbildungsabschnitt zeigen sich größte Abweichungen zu dem "Reformvorschlag". Einmal am Beispiel Abschreibungen erläutert, ist nach Meinung der Verfasser "dabei lediglich zu erarbeiten, warum es sinnvoll ist, für die Abnutzung ein eigenes Aufwandskonto zu führen" (S. 80). Näher sollte es liegen, Leistungsteilbereiche zu kontrollieren und die dabei anfallenden Abschreibungen auf Gebäude, Fuhrpark, Geschäftsausstattung usw. auch den betreffenden Verursachungsbereichen zuzuordnen. Autofahren besteht eben nicht nur aus dem Benzinverbrauch, sondern auch aus Fahrzeugentwertung; Probleme in der Zuordnung von Abschreibungsbeträgen nach Kontenrahmen oder HGB-Gliederung stellen hier eine zusätzliche, inhaltliche Ergänzung des Lernabschnitts dar, nicht aber eine Reglementierung.

Übersicht 9: Angewandte Erfolgsanalyse

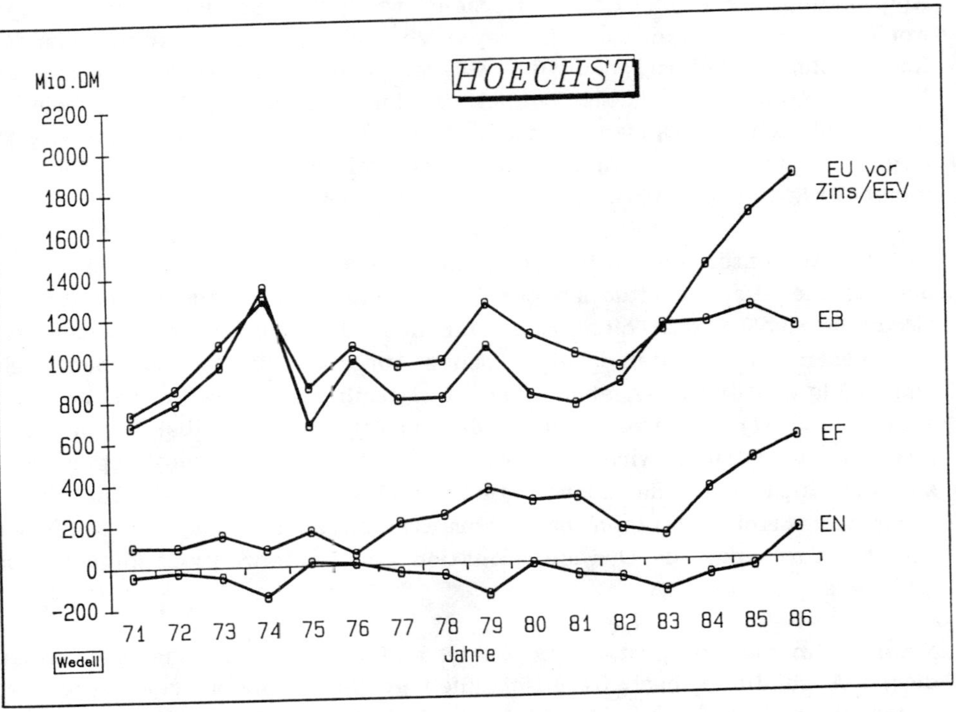

Neben der Frage nach einer Zuordnung von Erfolgsbeiträgen für Anlagenentwertung stehen Einflüsse auf die Höhe von Abschreibungsbeträgen im Mittelpunkt. Gerade hier kann veranschaulicht werden, wie Zahlungs- und Erfolgsvorgänge auseinanderfallen, wie durch eine Aufwandsvorverlagerung bei degressiver Abschreibung Liquiditätsvorteile aus aufgeschobenen Steuerzahlbeträgen entstehen können, wie daraus eine zusätzliche Zinswirkung entsteht, wie also Fragen der Steuervorteilswahrung in die handelsrechtliche Rechnungslegung einfließen. Hier wird deutlich, daß nur für den buchenden Buchhalter die Buchführung zur Buchungstechnik wird - in der Ausbildung von angehenden Kaufleuten aber der materielle Hintergrund erst Zusammenhänge erkennen läßt und (vielleicht) auch fachliches Interesse bis hin zur zweckmäßigen Gestaltung des Abrechnungssystems wecken kann.

Bei der Analyse von Erfolgsvorgängen stoßen die Auszubildenden wieder an die Grenzen der rechtlichen Rechnungslegung, die auch im Anschaffungswertprinzip begründet sind. Allein mit dem Fall "Unternehmerlohn" kann die Betroffenheit wieder geweckt werden, die für weitergehende Darstellungen im Bereich der Kosten- und Leistungsrechnung benötigt wird. Hier können erneut die Aufgabenstellungen des Rechnungswesens aufgegriffen werden und nach inhaltlicher Diskussion zur notwendigen begrifflichen Abgrenzung führen:

- Welches sind die Informationsaufträge in den Rechnungszweigen?
- Wo liegen die Unterschiede in den Kontrollgrößen Ausgaben, Auszahlungen, Aufwendungen und Kosten? ...

Nach dieser Beschreibung von Schwerpunkten der Einführungsveranstaltung "Buchführung und Jahresabschluß" soll zusammenfassend zum Ausbildungsziel zurückgekommen werden: Der Auszubildende soll erkannt haben, welche Folgen diese Maßnahme oder jene Handlung hat, soweit sie rechtliche Relevanz im Rahmen der Buchführungspflichten besitzt. Er soll Zusammenhänge mit Hilfe des Rechnungswesens erkennen. Hier ist es angebracht, auf ein schon 1966 von GUTENBERG definiertes Ausbildungsziel von Wirtschaftsakademikern hinzuweisen: Der Studierende soll lernen, "zu welchen Konsequenzen eine Maßnahme in einem Teilbereich in anderen Teilbereichen des Unternehmens führt, z.B. eine Kapazitätsausweitung oder Umstellung im Beschaffungs-, Lager-, Finanz- oder Absatzbereich" (1966, S. 11).

Wie beurteilen nun Studenten, insbesondere auch solche mit vorausgegangener kaufmännischer Berufsausbildung, diesen didaktischen Ansatz? Wie stehen sie der Verbindung von betriebswirtschaftlichen mit rechtlichen und buchungstechnischen Inhalten gegenüber? Ergebnisse der Befragung von 1989 zeigen folgende Einstellungen:

	Gewünschte Ausrichtung des Lehrprogramms		
	mehr rechtlich	**mehr betriebswirtschaftlich**	**mehr buchungstechnisch**
Teilnehmer			
ohne Vorkenntnisse	9,1%	65,8%	25,1%
mit kfm. Ausbildung	9,9%	76,8%	13,3%
ohne Parallelveranstaltung	8,5%	66,0%	25,5%
mit Parallelveranstaltung	10,0%	70,0%	20,0%

Offensichtlich sind Studenten mit kaufmännischer Ausbildung "buchführungsmüde". Sie interessieren sich nun mehr für Zusammenhänge und haben selbst erkannt, wie gefährlich eine Betonung von Einzelheiten der Abrechnung für das Erkennen von Zusammenhängen sein kann. Daß diese Einsicht in den Stellenwert des Rechnungswesens im Rahmen der Grundlagenausbildung nicht nur aufgrund einer abgeschlossenen Berufsausbildung entsteht, zeigen die Antworten von Studienanfängern, die parallel eine Lehrveranstaltung mit betriebswirtschaftlichem Schwerpunkt besuchen.

Gegenwärtig kann festgestellt werden, daß die Studenten das Ausbildungskonzept zustimmend aufnehmen und damit letztlich auch das Ausbildungsziel wissenschaftlicher Hochschulen überzeugt verfolgen. Nicht zuletzt ist eine außerordentlich hohe Teilnahmefrequenz über das gesamte Semester ein Indiz für eine - gegenüber früheren Zeiten - gewandelte Einstellung zum Ausbildungsbereich "Buchführung und Jahresabschluß".

Wenn es erlaubt ist, was ich einmal unterstelle, möchte ich am Ende der Ausführungen zu inhaltlichen Schwerpunkten der Grundlagenausbildung zusammenfassend das Generalthema, unter dem diese Veranstaltung - wie auch das Forschungsprojekt des Seminars für Wirtschaftspädagogik - steht, (mit der Bitte um Nachsicht) abwandeln: Der Auszubildende soll in den Lehrveranstaltungen zum Betriebswirtschaftlichen Rechnungswesen lernen und später dann gelernt haben, mit Hilfe der Daten des Rechnungswesens in komplexen ökonomischen Situationen zu denken und zu handeln.

5 Stellenwert der EDV im Bereich der Vermittlung von Grundlagen zum "Betriebswirtschaftlichen Rechnungswesen"

Nun (endlich) zu der - faustisch abgewandelten - Frage: "Wie hältst Du's mit der EDV?" Oder anspruchsvoller ausgedrückt: Wie soll die technische, handwerkliche Verarbeitung der Unternehmensdaten, also die Datenverarbeitung, in der Grundausbildung zum Rechnungswesen veranschaulicht bzw. vorgenommen werden?

Bis zum Aufkommen der elektronischen Abrechnungs- und Speichermedien war diese Frage schnell beantwortet: Die abrechnungstechnischen Einzelheiten sind abhängig von den benutzten Organisationsmitteln. Deren technische Weiterentwicklung lief oft schneller ab als der Ausbildungsgang des Studenten. Ohnehin war das Ausbildungsziel nie die Erlangung von Fertigkeiten an Buchungsmaschinen. Meines Wissens hat es auch an keiner bundesdeutschen Hochschule Maschinen zur Durchschreibebuchführung gegeben, an denen buchungstechnische Fertigkeiten erlernt wurden.

Die Frage ist nun, ob und, wenn ja, wie die neueren Entwicklungen in der technischen Erfassung, Verrechnung und Speicherung von Daten in die Ausbildung einfließen sollen.

Im Gegensatz zu herkömmlichen Organisationsmitteln erschließen sich neue Aspekte der materiellen und didaktischen Nutzung. Auf der materiellen Ebene wird die Spezialisierung der Teilbereiche des Rechnungswesens aufgehoben: Der Zugriff auf den Datenstamm des Unternehmens kann für jede Abteilung des gesamten Informationssystems erschlossen werden. Ausgehend von den Grunddaten können die speziellen Informationsaufträge bearbeitet werden. Diese Verarbeitung geschieht im Bereich interner und externer Informationsvermittlung. Damit ist erstmals eine zeitgleiche Verzahnung des Informationssystems möglich, was zu einer vor allem reaktionsschnelleren Disposition führen kann.

Wie soll dieses betriebliche Informationssystem in der Ausbildung veranschaulicht werden? Soll nun jemand am Computer buchen können oder es erlernen? Dann müßte er als Student der Wirtschaftswissenschaften beispielsweise auch
die Finanzplanung,
die Kostenstellenrechnung,
die Ermittlung entscheidungsrelevanter Stückkosten,
die Investitionsplanung,
das Bestellwesen usw. unter dem Einsatz des Computers lernen?

Jeder, der sich einmal die Mühe gemacht hat, ein bestimmtes Anwenderprogramm zur Finanzbuchführung zu "erlernen", wird von dem benötigten Zeitaufwand überrascht worden sein. Dabei bleibt noch unberücksichtigt, daß **er** - im Gegensatz zu jungen Auszubildenden - seine Kenntnisse unter Vorhandensein eines Wissensvorsprunges erweitern wollte: **Er** kannte bereits die Inhalte des Abrechnungsbereiches und die Merkmale der zu verarbeitenden Daten und wollte jetzt lernen, wie diese Abrechnung mit neuen Organisationsmitteln erfolgt.

Wenig erfreut wird er auch gewesen sein, als er feststellte, daß er seine neu erworbenen Kenntnisse bei einem Konkurrenzprogramm zur Buchführung wiederum nur wenig einsetzen konnte. Derselbe materielle Sachverhalt kann offensichtlich in den Konkurrenzprodukten der neuen elektronischen Buchführungssysteme technisch recht unterschiedlich verarbeitet werden.

Für jemanden, der in den Sachbereich "Rechnungswesen" **neu** eindringen soll, stellt sich nun die Frage: Kann ich die Sachinhalte leichter erfassen, wenn ich sie unter Anwendung der EDV kennenlerne, oder ist es nicht zweckmäßiger, zunächst genau zu erfahren, **was wofür** abgerechnet werden soll. Erst dann möchte oder soll ich kennenlernen, **wie** die Abrechnung technisch geleistet werden kann.

Dies ist m.E. die Zentralfrage, von der aus die didaktischen Ansätze zum Einbau der EDV-Buchführung in die Grundlagenausbildung zu beurteilen sind. Wenn das Ausbildungsziel vorrangig in der Vermittlung von Buchungsfertigkeiten gesehen wird, steht einer frühzeitigen Anwendung von aktuellen Organisationsmitteln der Praxis selbstverständlich nichts im Wege. Hier kann ich nur wieder auf das angeführte Zitat von Hanns LINHART verweisen, das deutlich die beiden möglichen Pole der Ausbildung im "Rechnungswesen" veranschaulicht.

Für die dargestellten Ausbildungsziele in Grundlagenveranstaltungen an wissenschaftlichen Hochschulen ist es m.E. wichtiger, zunächst die Zusammenhänge von Informationszielen, informierenden Daten und deren interessenbezogener Gestaltung zu erkennen - und dies mit sehr begrenztem Detailanspruch an die Erfassungstechnik zu vermitteln. Und hier kann die Lernarbeit mit dem "Kontenblatt" sicherlich weiterhin gute Ergebnisse liefern. Sie tut es ja auch seit vielen Jahren, in denen trotz eingeführter Verfahren der Maschinenbuchführung diese handwerkliche Buchungstechnik mehr didaktisches Hilfsmittel als Einblick in Abrechnungstechniken der Praxis darstellt. Diese Ausbildungsgrundlage vermittelt den ständigen Überblick über die erarbeitete Datenstruktur. Hierauf aufbauend lassen sich später relativ leicht, soweit fachbezogen erforderlich, abrechnungstechnische Fertigkeiten erarbeiten, die über die bloße Eingabe von Buchungssätzen hinausgehen, die also auch die schwierigeren Kontierungsfragen einschließen.

Eine parallel zur Erarbeitung materieller Fachgrundlagen verlaufende Einweisung in EDV-Abrechnungstechniken zur Buchführung birgt die Gefahr in sich, daß dann der Lernerfolg vorrangig in der richtigen Dateneingabe gesehen wird und nicht in der Festlegung der Eingabegrößen. Anders ausgedrückt:

> **Je mehr sich die Informationsverarbeitung in ihren Rechenabläufen unsichtbar macht - was bei der Speicherbuchführung der Fall ist - umso wichtiger ist es in der Ausbildung, zunächst den materiellen Hintergrund umfassend zu erläutern, ehe man die (übliche) Beschränkung der Benutzeroberfläche auf eine Buchungszeile kennenlernt.**

Daß dabei Mißverständnisse auftreten können, liegt an den teilweise angewendeten systemfremden Erfassungstechniken. Zuweilen wird z.B. die Haben-Seite - äußerst unglücklich! - mit einem Minuszeichen eingeleitet, was wieder den Eindruck erwecken kann, bei der Buchführung gehe es um die Erfassung von Plus-Minus-Vorgängen. Wenn in der EDV-Anwendung mit unglücklichen Benutzerführungen gearbeitet wird, können

Bemühungen zur Vermittlung von Zusammenhängen in der Buchführung schnell ins Leere laufen.

Mit der Aussage zum Einsatz von EDV-Programmen zur Finanzbuchführung im Bereich der Grundlagenausbildung ist nichts über die grundsätzliche Bedeutung der EDV im Ausbildungsbereich gesagt.

Studenten sollen und müssen kennengelernt haben, welche faszinierenden Möglichkeiten die moderne Datenerfassung und -verarbeitung bieten kann. Der Computer kann viele Daten speichern, sie rechentechnisch äußerst schnell verknüpfen und zu zielgerichteten Informationen verarbeiten. Dieser Vorteil ist weniger deutlich zu erkennen, wenn er in einem Anwendungsbereich gezeigt wird, der - wie es bei der Speicherbuchführung der Fall ist - an rechtlich sehr enge Ordnungsmäßigkeitsanforderungen gebunden ist.

Das Interesse von Auszubildenden an der oft mühsamen Einarbeitung in die unausweichlichen EDV-Grundlagen kann m.E. eher geweckt werden, wenn die Aussicht besteht, sich ein wirklich entscheidungsrelevantes Abrechnungssystem zu erschließen. Die Anwenderprogramme zur Investitionsrechnung (mit den programmierten - von Hand unangenehm durchzuführenden - Rechenoperationen) oder Programme zur Kontrolle von betrieblichen Leistungsteilbereichen oder zur Bilanz- und Erfolgsanalyse können hier die ganzen Vorteile der neuen Informationstechnik verdeutlichen. Insbesondere kann der Student durch eine Variation der Eingabedaten und ggf. auch der Auswertungsvorgänge erkennen, welche Auswirkungen sich bei bestimmten Zielgrößen ergeben.

Besonders deutlich wird das Denken in Zusammenhängen unter Nutzung der Wenn-Dann-Simulation gefördert, wenn die EDV über den Einsatz von Unternehmensplanspielen eingeführt wird. Hier beschleunigen die elektronischen Abrechnungssysteme die Ermittlung von Auswirkungen der Datenänderungen, beispielsweise bei der Kapazitätsauslastung, der Preisstellung, den Kosten für Produktionsmittel usw. Hier ist die EDV ein aktives Instrument des Lernens!

Wenn solche Programme zudem mit einer guten Hilfe-Unterstützung ausgestattet sind, werden viele Auszubildende freiwillig diesen Schritt zu (noch) relativ neuen Organisationsmitteln der Datenverarbeitung vornehmen und somit das ohnehin schmale Zeitbudget für das Ausbildungsprogramm "Rechnungswesen" entlasten.

Der letztgenannte Gesichtspunkt (Hilfe-Unterstützung) führt mich zu einem anderen Einsatzbereich der EDV in der Ausbildung: Zur Entwicklung und dem Einsatz von Lernprogrammen. Dabei lernt der Benutzer beispielsweise nicht vorrangig, wie eine EDV-Buchführung arbeitet, sondern er erarbeitet sich Abrechnungstechniken der Buchführung mit einem EDV-Lernprogramm. Das sollte allerdings alle rechtlichen Beschränkungen enthalten, damit später in der Berufspraxis nicht "umgelernt" werden muß. Bei solchen Lernprogrammen besteht gegenüber dem herkömmlichen Lehrbuch der Vorteil darin, daß ein Auszubildender sich (mit eingebauten Lernerfolgskontrollen) selbst trainieren kann, dabei die Lerngeschwindigkeit selbst festlegt und auch Fertigkeiten auf höherem Niveau erarbeitet, die für bestimmte Berufsfelder wichtig sind. Dies aber ist eine andere Perspektive, die mehr in den Bereich des "programmierten Lernens" fällt, der im Rahmen dieses Symposiums nicht diskutiert werden sollte. Gleichwohl eröffnen sich hier im Zusammenhang mit der weiteren Entwicklung der EDV als Informationsmittel Ansätze für neue Lehr- und Lernkonzeptionen, die auch für die Vermittlung von Kenntnissen und Fertigkeiten im - praxisgerechten - Rechnungswesen eine nicht zu unterschätzende Bedeutung haben können.

Literaturverzeichnis

Wedell, Harald: Grundlagen des betriebswirtschaftlichen Rechnungswesens, (mit 120 Kontrollfragen, 32 Übungsaufgaben und 2 Prüfungstests), 5., überarb. Aufl., NWB-Verlag, Herne/Berlin 1988.

Fachkommission für Ausbildungsfragen der Schmalenbach-Gesellschaft - Deutsche Gesellschaft für Betriebswirtschaft e.V.- für den Bereich des Studiums der Allgemeinen Betriebswirtschaftslehre (Verf.): Anforderungsprofil für die Hochschulausbildung in Allgemeiner Betriebswirtschaftslehre, in: ZfbF (11/1988), S. 1037.

Preiß, Peter/Tramm, Tade: Wirtschaftsinstrumentelle Buchführung - Grundzüge eines Konzepts der beruflichen Grundqualifikation im Umgang mit Informationen über Mengen und Werte, als Manuskript vervielfältigt, Göttingen 1989.

Schmalenbach, E.: Dynamische Bilanz, 11. Aufl. 1953, S. 14.

Achtenhagen, Frank/Lüdecke, Sigrid/Sembill, Detlef: Zur Rolle und Bedeutung "emotionaler Befindlichkeit" für das Lernen, Denken, Handeln in komplexen ökonomischen Situationen, in: Zeitschrift für Berufs- und Wirtschaftspädagogik, 1/1988, S. 51, 63.

Moxter, A.: Der Einfluß der EG-Bilanzrichtlinie auf das Bilanzsteuerrecht, in Betriebsberater 1978, S. 1629.

Moxter, A.: Bilanzlehre, Wiesbaden 1974, S. 26.

Preiß, Peter: Softwareentwicklung im Rahmen einer didaktisch-curricularen Neukonstruktion des Unterrichts in kaufmännischen Kernfächern, Zeitschrift für Berufs- und Wirtschaftspädagogik, 1/1988, S.22.

Wedell, Harald: Grundlagen des betriebswirtschaftlichen Rechnungswesens, 5. Aufl., (Herne) Berlin 1988.

Gutenberg, E.: Der Diplom-Kaufmann als Revisor, Ausbildungsprinzipien der Universität und Interne Revision als praktisches Training für Führungskräfte der Wirtschaft, in: ZIR 1966, S. 11.

Peter Preiß und Heiko Seemann

Erhebung von Vorwissen zum Inhaltsbereich Rechnungswesen

1 Vorbemerkungen

Mit dem vorliegenden Text stellen wir den im Rahmen des Forschungsprojekts "Lernen, Denken, Handeln in komplexen ökonomischen Situationen - unter Nutzung neuer Technologien in der kaufmännischen Berufsausbildung" am Seminar für Wirtschaftspädagogik entwickelten Vorwissenstest für Rechnungswesen vor. Die Notwendigkeit einer über den Vorbildungsgrad (zuletzt besuchter Schultyp und Abschluß) hinausgehenden Vorwissensanalyse ergab sich im analytischen und konstruktiven Kontext des Projekts. Auf die Darstellung der unter testtheoretischen Gesichtspunkten vorgenommenen Analysen und der Zusammenhänge der erzielten Ergebnisse mit anderen Variablen verzichten wir in diesem Text (dazu mehr im Projekt-Zwischenbericht bei ACHTENHAGEN/PREISS/ENGELHARDT/JOHN/LÜDECKE/SEEMANN/SEMBILL/WOLF 1987). Hier wollen wir uns auf die Ergebnisdarstellung im Rahmen didaktischer und lerntheoretischer Argumentationen konzentrieren.

2 Bedeutung des Vorwissens für Unterrichtsplanung und -forschung

Die in das kaufmännische Schulwesen eintretenden Jugendlichen besitzen aufgrund verschiedener Erfahrungen in Familie, Freizeit und Ferienjobs sowie durch den bisherigen allgemeinbildenden Unterricht (insbesondere Arbeitslehre und Betriebspraktikum) ein Vorwissen über ökonomische Situationen. Damit verfügen sie mit unterschiedlicher Genauigkeit über Begriffe, Theorien und Fertigkeiten, die im Rahmen des Buchführungsunterrichts thematisiert werden.

Jede Unterrichtsplanung enthält explizite oder implizite Annahmen über das Vorwissen der Schüler, das bei der Wahl der Unterrichtseinstiege, Motivationsphasen, Veranschaulichungen, Fragestellungen und Übungen berücksichtigt wird. Flexible Unterrichtsplanungen sehen vor, das spezifische Vorwissen einzelner Schüler im Unterrichtsverlauf zu ermitteln, um daraufhin Lernobjektzuweisungen und Lernhilfen abzustimmen. Diese Ermittlungen müssen jedoch zwangsläufig punktuell bleiben.

In einer didaktischen Konzeption, die das Handeln der Schüler, d.h. die individuelle aktive Auseinandersetzung mit dem Lerngegenstand in den Mittelpunkt stellt und die davon ausgeht, daß neues Wissen mit den Mitteln der vorhandenen kognitiven, emotionalen und motivationalen Strukturen - damit sind nicht nur formale, sondern auch **inhaltlich** ausgeprägte Strukturen gemeint - wahrgenommen, verarbeitet und evtl. integriert wird (AEBLI 1980), kommt u.a. dem fachspezifischen Vorwissen eine besondere Bedeutung zu (MANDL/FRIEDRICH/HRON 1986, S. 196f.).

AEBLI (1981, S. 233) fordert, neue Begriffe und Einsichten an das erfahrene - nicht nur an das begriffliche - Vorwissen der Schüler anzuknüpfen und zu zeigen, daß es dieses in einer neuen Weise ordnet. Diese Verbesserung der Kohärenz des systematischen Weltwissens ist gerade in der Berufsbildung der Weg zu wirkungsvollem praktischem Handeln, der dem "billigen" Weg des Erlernens "blinder, automatisierter Handgriffe" vorzuziehen ist (ebenda, S. 230).

Bei der Betrachtung des Vorwissens als kognitives System kann man die Auseinandersetzung des lernenden Subjektes mit dem im Unterricht neu dargebotenen Lernstoff mit PIAGET 1976 als Assimilations- und Akkommodationsprozesse sehen, die zu neuen kognitiven Strukturen führen. Wichtig erscheint uns dabei, daß nicht nur der neue Lehrstoff mit den vorhandenen Strukturen wahrgenommen wird (Assimilation) und zu deren Wachsen und Ausdifferenzierung führt (Akkomodation), sondern daß in weiteren kognitiven Prozessen (Äquilibrationsformen) diese neuen Strukturen mit anderen kognitiven Untersystemen interagieren, d.h. sich stabilisieren und zu Ganzheiten vereinigen können. Dies bedeutet, daß Vorwissen nicht nur den Erwerb neuen Wissens strukturell beeinflußt (WEINERT/WALDMANN 1988, S. 190ff.), sondern auch die dauerhafte Behaltensleistung und die Transferfähigkeit der neuen Lerninhalte (AUSUBEL/NOVAK/HANESIAN 1980, S. 201ff). Ferner bedeutet dies, daß die Lerninhalte getrennter Fächer auch im Zusammenhang betrachtet werden müssen.

Besonders ist eine induktive Unterrichtsgestaltung im Sinne von GERDSMEIER 1979 oder ein Lernen im und am Modell (TRAMM 1984), wo Schüler sich aktiv mit komplexen **Situationen oder Situationsbeschreibungen** auseinandersetzen sollen, auf die Berücksichtigung von Vorwissen angewiesen, weil Situationen nur lernbedeutsam sind, wenn sie intern repräsentiert werden können - also mit den vorhandenen kognitiven Strukturen wahrnehmbar sind. Im Sinne eines handlungsorientierten Unterrichts und der damit den Schülern eröffneten Freiräume für Prozesse der Zielbildung, Generierung und Ausführung von Handlungsplänen sowie deren Bewertung kommen die Annahmen über Vorwissen, Voreinstellungen, Motivationen und allgemeinen intellektuellen Fähigkeiten in den vorgegebenen und/oder nicht vorgegebenen Arbeitsaufträgen und Lernhilfen zur Geltung.

In dem von WITT (1988, S. 51 - 75) in Anlehnung an komplexere Schemata zum Zweck der Unterscheidung von Handlungsbegriffen entwickelten Modell für den Vollzug von Lerntätigkeit wird das thematische Vorwissen als eine interne Voraussetzung zur Verarbeitung von Lernobjekten und Rückmeldungen von Lehrern, Mitschülern und Lernmaterialien gesehen. Danach hängen Lerneffekte kausal nur davon ab, ob die Lernsituation zur kognitiven Struktur des Schülers paßt. Wissenszuwachs wird über die Lerntätigkeit des Schülers erreicht, über die Handlungen des Lehrers hingegen nur indirekt beeinflußt.

Auch die von REETZ 1984 für die Lehr-Lern-Prozeß-Planung als wichtig erachteten persönlichkeitsorientierten Kriterien, subjektive Bedeutsamkeit und subjektiv adäquate Faßlichkeit von Lehr-/Lernzielen und -inhalten, erfordern Informationen über inhaltsspezifische Voreinstellungen und -strukturierungen.

3 Leitgedanken der formalen und inhaltlichen Gestaltung des Tests

Aus Sicht der **Lehr-Lern-Forschung** erscheint es notwendig, Instrumente zu entwickeln, mit denen **individuelle** kognitive **Strukturen** erfaßt werden können, um Aussagen über die Integration von Unterrichtsinhalten im Unterrichtsprozeß und deren Auswirkungen auf die Lernergebnisse zu gewinnen. Da Strukturen oder Teilstrukturen in ihrem systemischen Charakter und nicht isolierte Wissensbestände diese Integration determinieren, erscheinen Rekonstruktionen über die durchschnittliche Verfügbarkeit **einzelner Wissenselemente** nur begrenzt verwertbar. Im Sinne einer evaluativen Fragestellung bezüglich stattgefundener Lernprozesse kann aber auch dies interessant sein.

Um einerseits einen **ersten** Zugriff auf die Entwicklung ganzheitlicher Verfahren zur Erhebung individueller kognitiver Strukturen zu unternehmen und andererseits curriculare Neukonstruktionen in den Fächern Rechnungswesen und Betriebswirtschaftslehre nicht lediglich auf Annahmen über mögliche Vorkenntnisse zu gründen, wurden im Verlauf des Forschungsprojekts Vorwissenstests zu den Inhaltsbereichen Betriebswirtschaftslehre, Rechnungswesen und EDV entwickelt, die einen ersten, schnellen und vorläufigen Zugriff auf die Vorwissensbestände bei den Schülern ermöglichten.

Die Tests erprobten wir in Vorversionen an Haupt- und Realschulen sowie bei Studenten der Wirtschaftspädagogik. In der daraufhin überarbeiteten Fassung setzten wir sie in zwei aufeinanderfolgenden Jahren in jeweils 4 Klassen an zwei Schulen ein. An der ersten Erhebung (August 1986) nahmen 118, an der zweiten (August 1987) 115 Schüler teil.

Die inhaltliche Orientierung für die Tests in Betriebswirtschaftslehre und Rechnungswesen erfolgte an zentralen Begriffen aus den Inhaltsbereichen des 1. Halbjahres der Richtlinien für das Berufsgrundbildungsjahr (und damit auch der zweijährigen Berufsfachschule und der Berufsfachschule für Realschulabsolventen) Wirtschaft und Verwaltung (DER NIEDERSÄCHSISCHE KULTUSMINISTER 1987). Es war nicht beabsichtigt zu erheben, ob Lernziele des Lehrplanes schon von vornherein erreicht oder nicht erreicht waren, um eventuell mit dem gleichen Test oder einer Parallelform den Lernerfolg zu evaluieren.

Die formale Gestaltung mit Multiple-choice-Aufgaben wurde vor allem gewählt, um den Test schnell auswerten und Lehrern und Schülern eine unmittelbare Rückmeldung geben zu können. Außerdem sollten sprachliche Ausdrucksmöglichkeiten der Schüler die Testergebnisse möglichst wenig beeinflussen.

Bei der Formulierung der Fragen berücksichtigten wir, daß die Aufgaben eine grobe Orientierung über die für das Fach Rechnungswesen relevanten Erscheinungen des alltäglichen Lebens vermitteln sollten. Deshalb wurden vielen Items eine kurze "situative Einleitung" vorangestellt sowie eine berufsbezogene Darstellungsweise und Sprache gewählt. Wir versuchten, die Aufgaben im Schwierigkeitsgrad so zu gestalten, daß die Schüler weder Mißerfolge noch einen vollständig mühelosen Kenntniserwerb antizipieren konnten.

In einer Vorinformation auf dem Deckblatt wurde den Schülern mitgeteilt, daß bei jeder Aufgabe nur eine Lösung richtig wäre. Die Durchführung des Tests dauerte 30 Minuten; viele Schüler benötigten deutlich weniger Zeit.

4 Testaufgaben mit Verteilung der Lösungen

Antworten / Fragen

99,6 % 1. Ein Kaufmann teilt seinem Lieferanten mit: "Ich kann die Rechnung im Moment nicht bezahlen. Mir fehlen die flüssigen Mittel." Dem Kaufmann fehlen z.B.:

17,6 % a) Kundenforderungen.
2,2 % b) Vorräte.
6,9 % c) Überweisungsformulare.
2,2 % d) Wertpapiere.
70,8 % (X) e) Bankguthaben.

99,1 % 2. Zu den Aufgaben eines Buchhalters gehört

7,3 % a) der Verkauf von Waren.
32,2 % b) die Festlegung der Verkaufspreise.
46,8 % (X) c) das Festhalten von Geschäftsvorfällen.
0,0 % d) die Einstellung eines neuen Kassierers.
7,3 % e) die Ermittlung von geeigneten Lieferanten.

3.

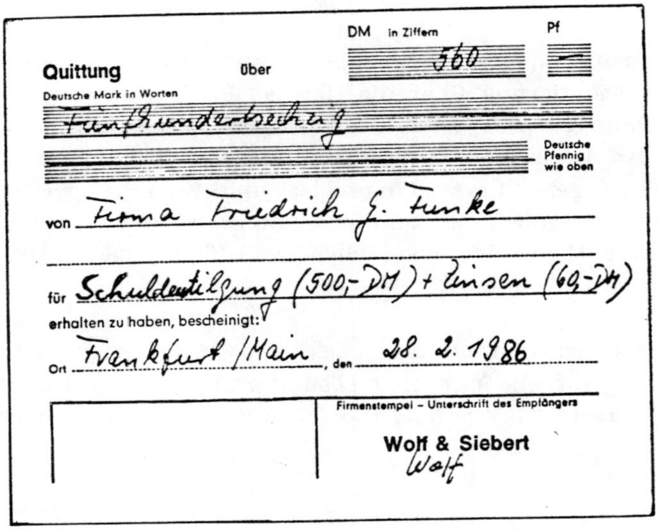
Quittung über DM in Ziffern 560 Pf –
Deutsche Mark in Worten Fünfhundertsechzig
Deutsche Pfennig wie oben
von Firma Friedrich G. Funke
für Schuldentilgung (500,- DM) + Zinsen (60,- DM)
erhalten zu haben, bescheinigt:
Ort Frankfurt/Main, den 28. 2. 1986
Firmenstempel – Unterschrift des Empfängers
Wolf & Siebert
Wolf

99,1 % Der vorliegende Beleg gibt Auskunft darüber, daß

7,3 % a) die Firma Wolf & Siebert der Firma Friedrich G. Funke einen Kredit über DM 560,-- gewährt hatte.
8,2 % b) die Firma Friedrich G. Funke der Firma Wolf & Siebert einen Kredit über DM 560,-- gewährt hatte.
15,0 % c) die Firma Wolf & Siebert der Firma Friedrich G. Funke einen Betrag von DM 560,-- ausgezahlt hat.

54,9 % (X) d) die Firma Friedrich G. Funke der Firma Wolf & Siebert einen Betrag von DM 560,-- ausgezahlt hat.

13,7 % e) die Firma Friedrich G. Funke sich verpflichtet, DM 560,-- an die Firma Wolf & Siebert zu zahlen.

100,0 % 4. Anhand des folgenden Beleges läßt sich erkennen, daß

2,6 % a) die Elektrogroßhandlung K. Wirtz der Dresdner Bank einen Betrag von DM 1.078,-- schuldet.

67,4 % (X) b) Gustav Richter einen Betrag von DM 1.078,-- an die Elektrogroßhandlung K. Wirtz überweist.

5,2 % c) Herr Gustav Richter der Elektrogroßhandlung K. Wirtz vor einiger Zeit eine Rechnung über DM 1.100,-- zugeschickt hat.

20,2 % d) Herr Gustav Richter der Dresdner Bank einen Betrag von DM 1.078,-- gutschreibt.

4,3 % e) Herr Gustav Richter bei der Dresdner Bank das Konto Nr. 35687 besitzt.

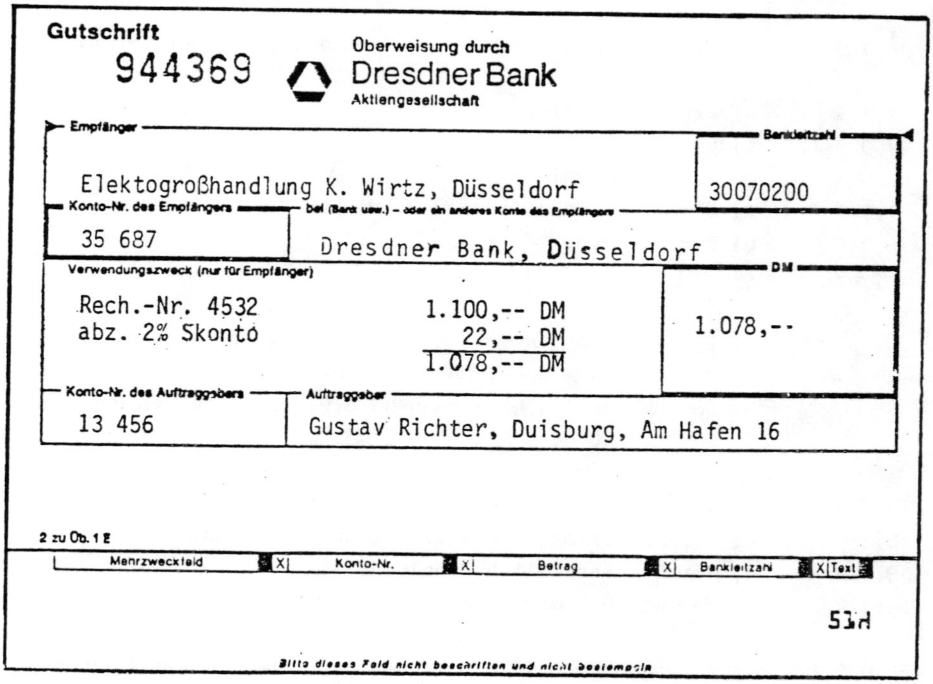

Gutschrift

944369

Überweisung durch Dresdner Bank Aktiengesellschaft

Empfänger: Elektogroßhandlung K. Wirtz, Düsseldorf

Bankleitzahl: 30070200

Konto-Nr. des Empfängers: 35 687

bei (Bank usw.) – oder ein anderes Konto des Empfängers: Dresdner Bank, Düsseldorf

Verwendungszweck (nur für Empfänger):
Rech.-Nr. 4532 1.100,-- DM
abz. 2% Skonto 22,-- DM
1.078,-- DM

DM: 1.078,--

Konto-Nr. des Auftraggebers: 13 456

Auftraggeber: Gustav Richter, Duisburg, Am Hafen 16

2 zu Ob. 1 E

Mehrzweckfeld X | Konto-Nr. X | Betrag X | Bankleitzahl X | Text

51H

Bitte dieses Feld nicht beschriften und nicht bestempeln

99,1 %		5. Zu Beginn eines neuen Jahres bleiben viele Betriebe mit dem Hinweis auf eine "INVENTUR" geschlossen. Inventur ist eine
20,6 %		a) Gewinn- und Verlustrechnung.
4,3 %		b) kontenmäßige Gegenüberstellung der Vermögenswerte.
21,9 %		c) Liste über Vermögensgegenstände.
32,6 %	(X)	d) mengen- und wertmäßige Erfassung aller Vermögens- und Schuldenwerte.
19,7 %		e) Aufstellung sämtlicher Rechnungen des zurückliegenden Jahres.
97,0 %		6. Was ist eine Bilanz?
43,4 %		a) Die Gewinn- und Verlustrechnung eines Unternehmens.
2,6 %		b) Der Haushaltsausgleich des Bundes.
1,7 %		c) Eine körperliche Bestandsaufnahme.
6,4 %		d) Der Reingewinn eines Unternehmens.
42,9 %	(X)	e) Die Gegenüberstellung von Vermögen und Kapital.
98,7 %		7. Welcher Posten zählt zum Vermögen eines Betriebes?
7,7 %		a) Ein Bankkredit.
27,9 %	(X)	b) Die Geschäftsausstattung.
54,5 %		c) Das Eigenkapital.
1,7 %		d) Sämtliche Schulden des Betriebes.
6,9 %		e) Nur Bargeld.
98,7 %		8. Ein Fabrikant kommt am 3.1.86 abends nach Hause und erzählt seinem Sohn, daß im Unternehmen im Jahre 1985 ein Gewinn von 1,5 Millionen DM erwirtschaftet worden sei. Gewinn ist gleichzusetzen, mit ...
16,3 %		a) Verkaufserlösen abzüglich Steuern und Abschreibungen.
18,3 %		b) Verkaufserlösen abzüglich Löhne und Gehälter.
9,0 %		c) Vermögen abzüglich Schulden.
16,7 %		d) dem Kassenbestand am Ende eines Verkaufstages eines Jahres.
38,6 %	(X)	e) Erträgen abzüglich Aufwendungen eines Geschäftsjahres.

99,1 % 9. Was ist unter einem "täglichen Kassenbericht" zu verstehen?

2,2 % a) Die Feststellung eines Fehlbetrages in der Tageskasse.
57,1 % (X) b) Das Verzeichnis aller Einzahlungen und Auszahlungen eines Tages mit dem Anfangs- und Endbestand.
14,2 % c) Der Vergleich des Kassenbestandes mit den Kassenbons.
15,9 % d) Der Tagesumsatz im Barverkauf.
9,9 % e) Der Bericht des Kassierers über den Bestand an Wechselgeld (Scheine und Münzen).

99,1 % 10. Ein Freund Ihrer Familie hat eine Eisdiele eröffnet. Nach einem Jahr fragen Sie ihn, ob er mit dem Geschäft zufrieden sei. Er antwortet: "Ja, mein Eigenkapital ist gestiegen." Was ist mit dem Begriff "Eigenkapital" gemeint?

2,2 % a) Bares Geld.
18,9 % b) Bargeld und Bankguthaben.
23,2 % (X) c) Vermögen abzüglich Schulden.
9,0 % d) Bargeld, Bankguthaben, Forderungen.
45,9 % e) Privatvermögen eines Kaufmanns.

100,0 % 11. In der hiesigen Tageszeitung steht folgende Anzeige: "Gutgehende Gaststätte einschließlich Inventar zu verkaufen." Welche Aussage über das Inventar ist richtig?

0,4 % a) Inventar ist gleich Inventur.
1,3 % b) Auch die Stammgäste zählen zum Inventar.
33,9 % (X) c) Das Inventar besteht aus den betriebseigenen Gegenständen, die in der Inventur aufgenommen werden.
2,2 % d) Nur die Vorräte zählen zum Inventar.
62,2 % e) Nur die Einrichtungsgegenstände der Gaststätte zählen zum Inventar.

97,0 % 12. Aus dem folgenden Kontoauszug wird ersichtlich, daß

9,4 % a) Herr Stefan S. DM 649,90 Schulden bei der Städtischen Sparkasse hat.
19,3 % b) Herr Stefan S. DM 549,90 Guthaben bei der Städtischen Sparkasse hat.

30,0 % c) Herr Stefan S. am 22.4. DM 100,-- erhalten hat (Überweisung).

24,0 % (X) d) Herr Stefan S. am 1.5. DM 200,-- von seinem Konto abgehoben hat.

14,2 % e) Herr Stefan S. an Herrn Woll DM 400,-- Gehalt für den Monat April überwiesen hat.

Kontonummer 7437 STAEDTISCHE SPARKASSE

Buch.-Tag	Text/Scheck-End-Nr./Verwendungszweck	Primanota	Wert	Umsatz	S – Soll H – Haben
2204	LAST 21.04 WEENDERSTR	998002	2104		100,00S
2904	WOLL	999001	3004		400,00H
	LOHN/GEHALTSZAHLUNG MON.04				
0205	BAR 01.05	998008	0105		200,00S

KONTOAUSZUG

Kontoinhaber

HERRN
STEFAN S.
EMIL-NOLDE-WEG 1

Alter Saldo		
549,90 HABEN		
Neuer Saldo		
649,90 HABEN		
Auszug vom	Auszug-Nr.	Blatt-Nr.
0 5.05.86	8	1

Verwendungszweck

UNSER ANGEBOT ZUR GELDANLAGE-SPARKASSENBRIEFE
5.25 PROZENT FUER 5 JAHRE - 5 PROZENT 4 JAHRE

96,6 % 13. Was versteht man darunter, wenn ein Fabrikant seine Maschine "abschreibt"?

34,3 % a) Die Maschine ist schon zu alt und soll durch eine neue ersetzt werden.

14,2 % (X) b) Er verteilt den Anschaffungspreis auf die Jahre der Nutzung.

7,3 % c) Er vermindert seinen Maschinenbestand.

9,9 % d) Er sorgt dafür, daß die Maschine aus den Geschäftsbüchern verschwindet.

30,9 % e) Er trägt die Zählerstände an der Maschine in die Produkterstellungsliste ein.

96,1 % 14. Großunternehmen veröffentlichen ihre Bilanz in den Zeitungen. Was kann man in der Bilanz ablesen?

7,3 % a) Die Zahl der Beschäftigten in der Unternehmung.
3,0 % b) Das Ansehen des Betriebes in der Bevölkerung.
32,2 % c) Die jährliche Produktionsleistung der Maschinen.
24,9 % d) Anzahl und Wert der erhaltenen Aufträge.
28,8 % (X) e) Den Bestand an Zahlungsmitteln.

100,0 % 15. Eine Unternehmung hat im Jahre 1985 einen Gewinn von DM 90.000,-- gemacht. Das besagt, daß ...

20,6 % a) sich in der Kasse der Unternehmung DM 90.000,-- befinden.
29,2 % b) die Unternehmung Waren im Wert von DM 90.000,-- verkauft hat.
25,3 % (X) c) der gesamte Ertrag den gesamten Aufwand um DM 90.000,-- übersteigt.
12,9 % d) die Unternehmung die Waren um DM 90.000,-- teurer verkauft als eingekauft hat.
11,6 % e) das Unternehmen im Jahre 1985 DM 90.000,-- investiert hat.

99,6 % 16. Anhand des folgenden Beleges läßt sich erkennen, daß

10,7 % a) die Werner Weber KG 10 Tauchsieder und 15 Elektro-Warmluftöfen gekauft hat.
82,4 % (X) b) die Firma Karl Wirtz 10 Tauchsieder und 15 Elektro-Warmluftöfen gekauft hat.
0,4 % c) die Firma Karl Wirtz der Firma Werner Weber KG Tauchsieder und Elektro-Warmluftöfen anbietet.
1,3 % d) die Firma Werner Weber KG der Firma Karl Wirtz Tauchsieder und Elektro-Warmluftöfen anbietet.
4,7 % e) die Firma Karl Wirtz einen Umsatzsteuerbetrag von DM 183,40 an das Finanzamt abzuführen hat.

Werner Weber KG · *Fabrikation von Elektrogeräten*

Werner Weber KG · Adlerstraße 31 · 6780 Pirmasens

Firma
Karl Wirtz
Berliner Allee 10

4000 Düsseldorf

Rechnung

Nr. 2345 K

Ihre Zeichen / Bestellung Nr. / Datum	Unsere Zeichen	Unsere Auftrags-Nr.	vom
K 8/8275/23.02.86	Em/4	K 4798	10.03.86
Versandbedingungen	**Versandart**	**Versanddatum**	**Lieferschein-Nr.**
frei	LKW	03.03.86	327589

Pos.	Art.-Nr.	Bezeichnung der Lieferung	Menge und Einheit	Preis je Einheit DM	Betrag DM
1	TS 12	Tauchsieder	10	8,--	80,--
2	EW 26	Elektro-Warmluftofen	15	82,--	1.230,--
		netto			1.310,--
		+ Umsatzsteuer			183,40
					1.493,40

Zahlungsbedingungen
Innerhalb 3 Wochen ab Rechnungsdatum 2% Skonto oder nach 30 Tagen netto.

Kontoverbindungen
Kreissparkasse Pirmasens (BLZ 542 500 10) Konto-Nr. 612 345
Postscheckamt Ludwigshafen (BLZ 545 100 67) Konto-Nr. 67 80 – 67

<u>97,8%</u> 17. **Was zählt zu den Schulden eines Betriebes?**

8,6 % a) Die Forderungen an Kunden.
3,4 % b) Das Warenlager.
60,9 % (X) c) Ein Bankkredit zur Finanzierung einer neuen Computerausstattung.
19,3 % d) Das Guthaben bei der Bank.
5,6 % e) Der Maschinen- und Fuhrpark.

99,6 % 18. Welche Aussage über Konten ist richtig?

11,6 % a) Konten gibt es ausschließlich bei Banken.
15,0 % b) Konten bestehen entweder aus "Sollseiten" oder aus "Habenseiten".
0,4 % c) Die Konten werden in der Bilanz eingerichtet.
13,7 % d) Auf Konten wird ausschließlich Geld gebucht.
58,8 % (X) e) Auf Konten werden Zugänge und Abgänge verbucht.

100,0 % 19. Die beiden befreundeten ausgebildeten Verkäuferinnen Katrin und Silke machen die Boutique "Janine" auf. Dazu haben sie DM 100.000,-- Fremdkapital aufgenommen. Welche Aussage ist richtig?

2,2 % a) Die Boutique ist DM 100.000,-- wert.
2,2 % b) Katrin hat ihren Lotteriegewinn von DM 100.000,-- als Fremdkapital in die Boutique investiert.
79,4 % (X) c) Katrin und Silke haben für die Einrichtung der Boutique einen Kredit von DM 100.000,-- aufgenommen.
15,5 % d) Die Waren, die sie mit den DM 100.000,-- gekauft haben, gehören zum Fremdkapital.
0,9 % e) Katrin und Silke haben schon für DM 100.000,-- Waren an Kunden verkauft.

97,8 % 20. Die Volksbank teilt ihrer Kundin Ruth G. am Jahresende mit: "Der Saldo Ihres Kontos Nr. 2643 lautet: DM 154,62 Guthaben." Welche Aussage über den Saldo der Kundin Ruth G. ist richtig?

5,6 % a) Die Kundin hat im Laufe des Jahres 1985 DM 154,62 ausgezahlt bekommen.
6,0 % b) Die Kundin hat im Laufe des Jahres 1985 DM 154,62 Wechselgeld erhalten.
13,3 % c) Die Kundin muß DM 154,62 einzahlen, um ihr Konto auszugleichen.
42,9 % (X) d) Seit der Eröffnung des Kontos Nr. 2643 sind DM 154,62 mehr eingegangen als abgegangen.
30,0 % e) Die Kundin hat im Jahre 1985 DM 154,62 Zinsen erhalten.

5 Ergebnisinterpretation

Die Ergebnisse zeigen, daß die Schüler die Fragen fast vollständig und dabei einen großen Teil richtig beantwortet haben. Damit deutet nicht nur der relativ hohe Anteil richtiger Antworten, sondern auch ein großer Teil von Antworten in der Nähe der richtigen Lösungen auf ein Vorwissen in diesem Inhaltsbereich hin.

Bei einer genaueren Betrachtung der Aufgaben mit unterdurchschnittlich richtigen Lösungen ist festzustellen, daß es die geringsten Vorkenntnisse zu dem Begriff "Abschreibungen" (Aufgabe 13: 14,2 %) gab. Sehr große Schwierigkeiten bereitete auch die Interpretation des komplexen und mit vielen Abkürzungen versehenen Beleges "Kontoauszug" in Aufgabe 12 mit 24,0 % richtigen Lösungen. Ebenfalls unterdurchschnittlich richtig beantwortet wurden die Fragen zu den in traditionellen Lehrbüchern (SCHMOLKE/DEITERMANN 1985) in Verbindung mit Verweisen auf Rechtsnormen häufig deduktiv eingeführten Begriffen "Inventur" (Aufg. 5), "Bilanz" (Aufg. 6 und 14), "Vermögen" (Aufg. 7) und "Inventar" (Aufg. 11). Es ist mehr als zweifelhaft, ob am Anfang des Rechnungswesenunterrichts durch Verweis auf Gesetzestexte und eine abstrakte Gliederung des Inventars ein richtiger Aufbau der Begriffe und eine Vorstellung von den notwendigen Handlungen im Berufsleben einschließlich einer Sinnvermittlung erfolgen kann. Auch durch eine stark reduzierte Abbildung eines Beispielinventars mit Verweis auf nicht abgebildete gesonderte Verzeichnisse werden u. E. diese grundsätzlichen Defizite nicht behoben.

Weiterhin fällt auf, daß die ökonomisch zentralen Begriffe "Gewinn" (Aufg. 8 und 15) und "Eigenkapital (Aufg. 10) auch im unterdurchschnittlich richtigen Bereich liegen. Dabei bestehen bei dem Gewinnbegriff starke Tendenzen, diesen den anderen zentralen ökonomischen Begriffen "Verkaufserlösen" oder "Kassenbestand" zuzuordnen. Bei dem Begriff "Eigenkapital" ist zu vermerken, daß ein Teil der Schüler ihn mit Bargeld und Bankguthaben, besonders viele ihn aber mit dem Privatvermögen eines Kaufmanns gleichsetzen. Von uns wird dies als Hinweis auf eine notwendige differenzierende Erarbeitung dieser Begriffe gedeutet.

Am besten gelöst wurde Aufgabe 16 "Interpretation einer Rechnung". Über 60 % richtige Lösungen gab es bei den Fragen zu den Begriffen "Fremdkapital" (Aufg. 19), "flüssige Mittel" (Aufg. 1), "Schulden" (Aufg. 17) und "Überweisungsbeleg" (Aufg. 4). Zu diesem Themenbereich "Rechnung - Schulden - Bezahlen" scheinen also die besten Vorwissensbestände und auch Erfahrungen im Umgang mit Belegen vorhanden zu sein. Da dies auch in beruflichen Verwendungssituationen häufig gebrauchte Belege sind, spricht vieles dafür, daß der Umgang mit Belegen auch für die Einführung in Themenbereiche genutzt werden kann und nicht erst am Ende eines Lehrgangs eingeführt werden muß. Wichtig erscheint uns der Hinweis, daß Belege dann in der Komplexität reduziert und übersichtlich gestaltet sein sollten - ohne damit an sachlicher Richtigkeit zu verlieren.

Eine Gesamtauswertung der Fragen wurde nach der Art der Fragestellung vorgenommen. Dabei haben wir unterschieden in Aufgaben mit Belegen und Aufgaben, die einen Kontext schildern und daran anschließend nach einem Begriff fragen, sowie Aufgaben, die lediglich aus einer Fragestellung bestehen. Echte Situationsaufgaben waren nicht vorhanden. Die Auswertung ergibt folgende Verteilung:

Lösung	Beleg-Aufg. 3,4,12,16	kontextbezog. Fragen 1,5,8,10,11,15,19,20	Begriffsfragen 2,6,7,9,13,14,17,18	Gesamt 1 - 20
richtig	57,2 %	43,4 %	42,2 %	45,6 %
falsch	41,6 %	55,9 %	55,9 %	53,0 %
keine	1,2 %	0,8 %	2,0 %	1,3 %

Aus diesem Ergebnis kann gefolgert werden, daß Belege nicht schwieriger zu verstehen sind als rein verbale Schilderungen und daß Situationsschilderungen, die lediglich als "Aufhänger" für Fragen dienen, in diesem Test keine Vorteile brachten.

Obwohl aufgrund der geringen Anzahl von Belegen keine generelle Aussage über die leichtere Verarbeitbarkeit von Belegen zu trefffen ist, wird eine solche Hypothese durch die Schülerbefragungen von PAWLIK (1980, S. 38) gestützt.

Literaturverzeichnis

Achtenhagen, Frank/Preiß, Peter/Engelhardt, Wolfgang/John, Ernst G./ Lüdecke, Sigrid/Seemann, Heiko/Sembill, Detlef/Wolf, Günter: Lernen, Denken, Handeln in komplexen ökonomischen Situationen - unter Nutzung neuer Technologien in der kaufmännischen Berufsausbildung, Berichte des Seminars für Wirtschaftspädagogik der Georg-August-Universität, Band 11-1, 11-2, Göttingen 1987.

Aebli, Hans: Denken: Das Ordnen des Tuns, 2 Bände, (Klett-Cotta) Stuttgart 1980, 1981.

Ausubel, David P./Novak, Joseph D./Hanesian, Helen: Psychologie des Unterrichts, Band 1, 2. Aufl., (Beltz) Weinheim und Basel 1980.

Gerdsmeier, Gerhard: Induktiver Wirtschaftslehreunterricht - Begründung, Merkmale und Verlaufsmodelle. In: Bildung und Erziehung (32) 1979, S. 25 - 42.

Mandl, Heinz/Friedrich, Helmut Felix/Hron, Aemilian: Problemrepräsentation und Vorwissen. In: Weidenmann, Bernd/Krapp, Andreas u.a. (Hrsg.): Pädagogische Psychologie, (Urban & Schwarzenberg), München, Weinheim 1986, S. 143 - 218.

Der Niedersächsische Kultusminister: Richtlinien für den Unterricht in den berufsbezogenen Fächern im Berufsgrundbildungsjahr im Berufsfeld Wirtschaft und Verwaltung, Hannover, Mai 1987.

Pawlik, Waltraude: Fachdidaktik des Unterrichts in Rechnungswesen. In: Zeitschrift für Berufs- und Wirtschaftspädagogik, 1980, S. 33 - 42.

Piaget, Jean: Die Äquilibration der kognitiven Strukturen, (Klett) Stuttgart 1976.

Reetz, Lothar: Wirtschaftsdidaktik, (Klinkhardt) Bad Heilbrunn/Obb. 1984.

Schmolke, Siegfried/Deitermann, Manfred: Kaufmännische Buchführung für Wirtschaftsschulen, 1. Teil: Einführung in die kaufmännische Buchführung, 16. Aufl., (Winklers) Darmstadt 1985.

Tramm, Tade: Übungsfirma als Lernumwelt. In: Kell, Adolf/ Lipsmeier, Antonius (Hrsg.): Berufliches Lernen ohne berufliche Arbeit, Beiheft 5 der Zeitschrift für Berufs- und Wirtschaftspädagogik, Wiesbaden 1984, S. 60 - 74.

Weinert, Franz E./Waldmann, Michael R: Wissensentwicklung und Wissenserwerb. In: Mandl, Heinz/Spada, Hans (Hrsg.): Wissenspsychologie. (Psychologie Verlags Union) München, Weinheim 1988, S. 161 - 199.

Witt, Ralf: Zur logischen Struktur und moralischen Relevanz technologischer Theorien in der Fachdidaktik des Wirtschaftslehreunterrichts. In: Twardy, Martin (Hrg.): Handlung und System. (Verlagsanstalt Handwerk) Düsseldorf 1988, S. 51 - 75.

Kernpunkte der Diskussionen

1 Vorbemerkungen

Die Programmplanung hatte viel Zeit für Diskussionen vorgesehen - sowohl im Anschluß an jedes Referat als auch für die Zusammenfassung. Mit Genehmigung der Teilnehmer wurden alle Beiträge aufgezeichnet und anschließend ausgewertet. Dabei zeigte sich, daß
- die von den Teilnehmern für wichtig gehaltenen Punkte fast ausnahmslos in den Beiträgen angesprochen worden waren;
- bei vielen Themen Meinung gegen Meinung stand;
- insgesamt von allen die Überzeugung geteilt wurde, nach der über die Berücksichtigung, Schwerpunktsetzung bzw. Nichtberücksichtigung dieser Punkte nur im Rahmen übergreifender Konzepte entschieden werden könnte und sollte - so wie dieses beispielhaft von der Göttinger Projektgruppe vorgestellt worden war.

Vor diesem Hintergrund werden hier zentrale Aspekte der Diskussion aufgelistet. Dabei handelt es sich um Probleme, auf die bei einer fachdidaktischen Planung des Rechnungswesenunterrichts einzugehen ist - unabhängig davon, wie man sie zu lösen versucht. Diese Liste ist dabei in Ergänzung und im Kontext der Punkte zu lesen, die in den einzelnen Referaten angesprochen werden. Insofern ergibt sich eine relative Vollständigkeit des fachdidaktischen Problemspektrums erst aus der Kenntnisnahme des gesamten Bandes.

2 Problembereiche

(a) Das Fach Rechnungswesen im Fächerkanon
- Sollte das Rechnungswesen unter dem Aspekt der Unternehmenssteuerung zum zentralen ökonomischen Kernfach ausgebaut werden?
- Sollte das Rechnungswesen nur bis zum technischen Verständnis der Doppik vorangetrieben werden - bei Verlagerung der Spezialfragen und -buchungen in die Betriebswirtschaftslehre?
- Sollte das Kaufmännische Rechnen in das Rechnungswesen integriert werden?
- In welchem Maße könnte es über die Anreicherung/Ausweitung des Rechnungswesens zu einer Überforderung der Schüler kommen?
- Sollte die Rolle des Rechnungswesens von übergeordneten Integrationsmöglichkeiten, z.B. dem Lernbüro, her bestimmt werden?
- Welcher Grad der Beherrschung von Aufgaben des Rechnungswesens sollte angestrebt werden?

- Wie sollten Ansprüche der kaufmännischen Praxis und pädagogische Zielsetzungen ausbalanciert werden?
- Sollten die Unterrichtsziele und -inhalte in der Grundausbildung adressatenspezifisch ausdifferenziert werden?
- In welchem Maße wäre die Diskussion um die Ausgestaltung des Rechnungswesenunterrichts in die Debatte um das Verhältnis von Allgemeinbildung und Berufsbildung einzubringen (z.B. Probleme des Buchens im Verhältnis zu Bilanzanalysen)?

(b) Wissenschaftsbezug des Faches Rechnungswesen

- Sollte der Rechnungswesenunterricht einem einzelnen Wissenschaftsansatz, einem Substrat verschiedener wissenschaftlicher Positionen oder - wie bisher - einem Konglomerat überlieferter Vorstellungen folgen?
- Nach welchen Kriterien sollten Entscheidungen für Schwerpunktsetzungen fallen?
- Ließen sich Schwerpunktsetzungen stimmig durchhalten oder erforderten sie unter Aspekten der Praxis, der schulischen Möglichkeiten und/oder der Schülerfähigkeiten Modifikationen bzw. Ergänzungen?

(c) Didaktisch-methodische und mediale Strukturierung und Sequenzierung

- Ließe es sich verantworten, weiterhin an dem didaktischen Muster "Vom Einfachen zum Komplexen" festzuhalten?
- Sollte nicht in stärkerem Maße als bisher die Einsicht berücksichtigt werden, daß ein erfolgreiches Erlernen komplexer Strukturen ein komplexes Lernangebot voraussetzte?
- Sollte nicht zur Kenntnis genommen werden, daß in stärkerem Maße als bisher die weit verbreitete Ansicht zu überdenken wäre, nach der man erst Fakten für sich lernen müßte, bevor man sie anzuwenden und zu verknüpfen in der Lage wäre?
- In welchem Maße sollten die Entscheidungen für eine bestimmte inhaltliche Struktur und Sequenz ihre Entsprechung im didaktisch-methodischen und medialen Bereich haben?
- Welche Rolle käme hier der EDV zu?
- Zu welchem Zeitpunkt sollte die EDV in welcher Form eingeführt werden?
- Welche Rolle im Unterricht sollte das T-Konto spielen?
- Wie sollten und könnten Möglichkeiten, Notwendigkeiten und Anwendungsformen des Rechnungswesens im betrieblichen, öffentlichen und privaten Bereich veranschaulicht werden?

- Sollte ein betriebliches Modell aufgebaut werden, bevor man mit dem Buchen begänne? Sollte ein Modellunternehmen für die Ausgestaltung des Rechnungswesenunterrichts grundlegend sein?

(d) Kontenrahmen als Spezialproblem
- Sollte ein einheitlicher Kontenrahmen für das kaufmännische Schulwesen eingeführt werden?
- Sollte dieser Kontenrahmen dem Bereich der Wirtschaft entnommen werden (z.B. der Industriekontenrahmen)?
- Sollte ein Schulkontenrahmen konstruiert werden?
- Sollten die Schüler einen Kontenrahmen entwickeln?
- Wann sollte ein Kontenrahmen eingeführt werden?
- Wie ließen sich inhaltliche Überlegungen zum optimalen Kontenrahmengebrauch mit der AkA-Praxis vereinbaren?

(e) Programmierte Prüfungen als Spezialproblem
- Sollte nicht auf die AkA politischer Druck ausgeübt werden, um diese Institution zur Offenlegung ihrer didaktischen Gestaltungsprinzipien zu bewegen?
- Wie könnte sichergestellt werden, daß die Prüfungspraxis der AkA nicht zur Behinderung fortschrittlicher Ausbildungskonzepte in Betrieben und Berufsschulen führte?

Autoren- und Teilnehmerverzeichnis des Symposiums

Achtenhagen, Frank, Dr., Univ.-Prof., Seminar für Wirtschaftspädagogik der Georg-August-Universität Göttingen.

Bartels, Gisela, Dipl.-Hdl., OStR'in, Berufsbildende Schulen I Northeim.

Blatt, Rudolf, Dr., OStD, Schriftleiter "Wirtschaft und Erziehung", St. Ingbert.

Breitwieser, Horst, Dipl.-Hdl., Hoechst Aktiengesellschaft, Kaufmännische Aus- und Weiterbildung, Frankfurt am Main.

Bromberg, Heidrun, stud. rer. pol., Seminar für Wirtschaftspädagogik der Georg-August-Universität Göttingen.

Brunner, Werner, Dr., OStD, Staatliche Berufsschule II mit Berufsaufbauschule Aschaffenburg.

Döring, Alfred, Dipl.-Hdl., LRSD, Bezirksregierung Braunschweig.

Englich, Bernd, Dipl.-Hdl., OStR, Niedersächsisches Kultusministerium, Hannover.

Frenzel, Hans-Joachim, Dipl.-Vw., OStR, Berufsbildende Schulen I Northeim.

Getsch, Ulrich, Dipl.-Hdl., Dipl.-Kfm., StR, Seminar für Wirtschaftspädagogik der Georg-August-Universität Göttingen.

Gross, Hans Fritz, Dr., Professor, Berlin.

Hoppe, Hans-Joachim, Dipl.-Hdl., StD, Studienseminar Oldenburg.

Hunsche, Matthias, Dipl.-Hdl., StR, Berufsbildende Schulen Einbeck.

John, Ernst G., Dipl.-Hdl., Akad. Direktor, Seminar für Wirtschaftspädagogik der Georg-August-Universität Göttingen.

Kache, Peter, Dipl.-Kfm., StD, Studienseminar Braunschweig.

Kiel, Dieter, Dipl.-Hdl., LRSD, Bezirksregierung Hannover.

Klauß, Kurt, StD, Niedersächsisches Kultusministerium, Hannover.

Knaut, Horst, Dipl.-Hdl., Dipl.-Kfm., OStD, Bundesvorsitzender des VLW, Berlin.

Küchemann, Rudi, Dipl.-Kfm., Kaufmännischer Leiter, Fischer & Porter GmbH, Göttingen.

Kunze, Herbert, Dipl.-Hdl., Ministerialrat, Niedersächsisches Kultusministerium, Hannover.

Lamprecht, Werner, Dipl.-Hdl., StD, Studienseminar Osnabrück.

Langenheim, Heike, stud. rer. pol., Seminar für Wirtschaftspädagogik der Georg-August-Universität Göttingen.

Lüer-Wilkens, Gabriele, Dipl.-Hdl., Interdisziplinäres Graduiertenkolleg und Seminar für Wirtschaftspädagogik der Georg-August-Universität Göttingen.

Masselink, Heinrich, Dipl.-Hdl., LRSD, Bezirksregierung Weser-Ems, Osnabrück.

Mehnert, Alwin, StR, Berufsbildende Schulen Einbeck.

Melz, Dieter, Dipl.-Hdl., StD, Studienseminar Hildesheim.

Moeller, Anke, Seminar für Wirtschaftspädagogik der Georg-August-Universität Göttingen.

Nette, Joachim, Dipl.-Hdl., StR, Berufsbildende Schulen Einbeck.

Platzeck, Hans-Werner, Dipl.-Hdl., OStR, Berufsbildende Schulen Einbeck.

Preiß, Peter, Dipl.-Hdl., Dipl.-Betriebsw., Seminar für Wirtschaftspädagogik der Georg-August-Universität Göttingen.

Reimers, Jürgen, Dipl.-Hdl., StD, Studienseminar Stade.

Reinhardt-Drischler, Luise, Dr., LRSD'in, Bezirksregierung Lüneburg.

Reinisch, Holger, Dr., Akad. Rat, Universität Oldenburg.

Rickenbacher, Urs M., mag. oec., Institut für Wirtschaftspädagogik der Hochschule St. Gallen, Schweiz.

Schiefenhövel, Winfried, Dipl.-Hdl., OStD, Stv. Landesvorsitzender des VLWN, Meppen.

Schmidtpott, Reimer, Dipl.-Hdl., LRSD, Bezirksregierung Lüneburg.

Schunck, Axel, Dipl.-Hdl., Seminar für Wirtschaftspädagogik der Georg-August-Universität Göttingen.

Seelemann, Charlotte, Dipl.-Hdl., Seminar für Wirtschaftspädagogik der Georg-August-Universität Göttingen.

Seemann, Heiko, Dipl.-Hdl., Seminar für Wirtschaftspädagogik der Georg-August-Universität Göttingen.

Sommer, Klaus-Jörg, Dipl.-Hdl., LRSD, Bezirksregierung Weser-Ems, Osnabrück.

Strauß, Bernd, Dipl.-Hdl., OStR, Berufsbildende Schulen I Northeim.

Techen, Dietrich, Dipl.-Kfm., LRSD, Bezirksregierung Braunschweig.

Tolle, Heike, M. A., Seminar für Wirtschaftspädagogik der Georg-August-Universität Göttingen.

Tramm, Tade, Dipl.-Hdl., Seminar für Wirtschaftspädagogik der Georg-August-Universität Göttingen.

Tschöke, Walter, Dipl.-Hdl., StD, VLWN, Osnabrück.

Wedell, Harald, Dr., Akad. Oberrat, Seminar für Betriebswirtschaftslehre der Georg-August-Universität Göttingen.

Weyel, Klaus, Dipl.-Hdl., OStD, Bezirksregierung Lüneburg.

Wicke, Eberhard, Dipl.-Hdl., StD, Studienseminar Hannover.